《媒体人新闻业务守则》

MEITIREN
XINWEN YEWU
SHOUZE SHIYI

释 义

《媒体人新闻业务守则》编写组/编著

中国政法大学出版社

2015·北京

《媒体人新闻业务守则》
编写组名单

组　长　徐　迅

成　员　阴卫芝　王松苗　李国民
　　　　季为民　庄永志　周　俊
　　　　金君俐　袁志坚　孙兆华

编写组人员简介

徐　迅　中国政法大学兼职教授，中国政法大学传播法研究中心执行主任，中央人民广播电台原法律顾问、高级编辑。

阴卫芝　中国政法大学新闻与传播学院新闻学研究所所长、教授，中国政法大学传播法研究中心副主任。

王松苗　中国政法大学兼职教授，《检察日报》原总编辑，高级编辑，评论员。

李国民　《检察日报廉政周刊》主编，主任记者。

季为民　中国社会科学院青年人文社会科学研究中心研究员，中国社会科学院团委书记。

庄永志　南京大学新闻传播学院广电系主任、副教授，中央电视台《焦点访谈》原主编。

周　俊　中国人民大学新闻学院副教授，中国人民大学新闻与社会发展研究中心研究员。

金君俐　《宁波日报》总编室主任，宁波大学新闻传播学院副院长，高级编辑。

袁志坚　《宁波晚报》副总编，高级记者。

孙兆华　中国经济报刊协会副会长，中华全国新闻工作者协会原国内部主任。

序一

推动新闻采编工作更专业
规范的新规制

张虎生[1]

在广大新闻工作者学习、践行马克思主义新闻观蔚然成风的今天,《〈媒体人新闻业务守则〉释义》(以下简称《〈守则〉释义》)课题成果的付梓面世,无疑是一部切合时宜、务实管用,推动新闻采编工作更专业、更规范的新规制。由衷地赞赏业界中有识之人选定这一着力操作性层面规制建设的科研项目,并精心组织专家学者团队历经5年的悉心调研和反复修改,一部详尽而又实用的《〈守则〉释义》终于与读者见面。我有幸最先读到样书,欣喜地披览全书之后,《〈守则〉释义》的"三性"给人印象深刻。

一是科学性。《〈守则〉释义》是一部以我国现行的法律以及业已颁行的新闻职业道德准则、新闻传播一般规范为准绳的新闻职业规范性文件。其作用是对《中国新闻工作者职业道德准则》在操作层面的补充和完善。尽管《〈守则〉释义》于法有据并属于自律规范,但仍然吸收了一些国外著名的专业规范以及中外专家学者的中肯建议,其共同特点就是建立在科学研究和实践检验的基础之上,因而科学性、操作性明显提升。以"明确交代消息来源"为例,不仅明确了新闻事实的定义与背景,要求具有道德、政策和法律依据,而且列举了中外典型案例以及对新闻职业规范的规制。值得称道的是,《〈守则〉释义》每个章节的末尾均有"编写组观点"。比如在"消息来源"部分,指明"既要求媒体使用有明确出处的信息,通过多源信息的求证和核实,确保报道的真实、平衡和全面",又要求从"明确交待消息来源"、"法定消息来源"、"权威消息来源"、"匿名消息来源"、"付费的消息来源"、"引语"、"与消息来源保持距离"、"尊重采访报道对象的合理要求"等不同角度,确保消息来源的真实性、客观性、公正性。如此科学严谨的规程和方法,使本书实属难能可贵、开卷有益的实用教材。

二是缜密性。涵盖全面、论述专业、自成体系,是《〈守则〉释义》的又一特点。课题组论述的9个子课题,几无疏漏地列出新闻工作者时常会面对的困惑

---

[1] 作者为《人民日报》原副总编辑。

和难点，从采集消息、编写稿件到更正答辩、接受投诉涵盖了各个环节。坦率地说，随着各类媒体的空前勃兴及公众民主权利内涵的拓展和充实，业界同仁在保证事实信息的准确和观点信息的公正的同时，也越来越多地必须明晰认识、正确应对有违新闻传播基本原理和已有规制的诸多问题。《〈守则〉释义》就此有理有据地作出系统而专业的阐释和规定，尽管大多仍具有"底线规范"价值，属于自律规范，但不失为《中国新闻工作者职业道德准则（2009）》在操作性方面重要的补充与完善。《〈守则〉释义》的缜密性不仅贯穿全书始终，而且体现于每个子课题的规制性、专业性、权威性上面。以"事实与意见"为例，开宗明义指明：新闻工作者既要客观报道新闻事实，又要理性传播公众意见。在列举典型案例，征引信实的道德、政策、法律依据，集纳相关的中外认同的理论观点之后，精辟地点睛：传播信息是媒体的基本功能，信息包括事实信息与意见信息。在现代社会，媒体的行为不仅影响着"事实"的出现，而且左右着"意见"的生成。作为新闻媒体，在及时、客观、准确传播事实信息的同时，还要保障公众的知情权、参与权、表达权、监督权。然而，必须坚守"事实与意见分离"的原则，切实做到事实陈述与观点表达泾渭分明。上述层层递进的缜密论述理应是我国新闻工作者恪守的"底线思维"和践行的"底线规范"。

三是实操性。源于实践、博采众长、潜心研判、操作性强，当属《〈守则〉释义》尤其值得称道的鲜明特点。《〈守则〉释义》内容从规制大众传播的信息采集及内容传播的各种规范中抽象出来，并以专业媒体工作者便于理解和使用的格式和文字加以表达，具有很强的实际操作性。每遇到难以把握和决断的问题时，一册在手，只要翻检研读即可找到精当的答案和对策，确保新闻报道的真实与公正，维护大众传播内容良好的格调与品位。《〈守则〉释义》中第八个子课题"更正、答辩与道歉"，以往总是媒体人普遍缺乏积极性和主动性的避忌，"宁可赔钱、不愿更正"甚至成为媒体及其从业者的思维定式，更不待说答辩和道歉了。尽管我国早已发布了多个相关的法律制度和职业道德规范，但"执行难"仍不时困扰着传媒界。在列举典型案例与事件、引述中外相关的职业规范以及理论观点后，课题组强调：更正、答辩与道歉在我国已有比较充分的道德、政策和法律依据，真实是新闻的生命，所有有损真实性的报道都应当被纠正。本《〈守则〉释义》制定的"更正与答辩的程序"即属将解决更正与答辩落到实处的制度安排。其中包括的更正与答辩如何启动、刊播更正与答辩的期限、版面与节目时段以及方式、执行更正与答辩程序的例外情况，都具有很强的实际操作性。至于赔礼道歉，《〈守则〉释义》细列了新闻报道失实、不公正、伤害公众情感三种类型，无论是道德责任的赔礼道歉，还是法律责任的赔礼道歉，主动承认并纠正错误，以真诚道歉挽回负面影响，正是传媒维护自身公信力的最佳选择。总之，《〈守则〉释义》以其自律性、实操性的明显增强，为我国新闻工作者自律意识的提升，从而合力推进国家新闻事业的健康发展，提供了一份视野开阔、与时俱进、更臻完善的新闻采编工作规范。为此，请接受一个老新闻工作者的由衷祝贺和深切谢忱。党的十八大开启了全面建成小康社会的新征程。实现中华民族伟大复兴的中国梦，要求新闻传播事业提供强大的舆论支持和精神动力。而做好新闻宣传工作，首先需要与时俱进的科学理论指导。对所有传统媒体和新兴媒体人来说，马克思主义新闻观是统领和指导我们从事新闻传播工作的根本章法，也是夯实新闻工作根底的必修课和基本功。新闻学是公认的实践性最强的学科之一，新闻从业人员在每天的工作中都会感受到：无论是选题策划还是典型选择，无论是采访还是写作，无论是内容编辑取舍还是版面页面呈现，无论是标题拟定还是把关审发，都面对着一个把马克思主义新闻观的基本原理与新闻实际操作完美结合、精彩呈现的永恒课题。新闻观不是抽象的，而是十分具体的，无所不在地渗透在新闻传播工作的各个环节、各个方面。在深入学习、坚定践行马克思主义新闻观的同时，不懈地源于实践、积累经验，着力从操作性层面丰富和完善已有的规制，确保新闻报道的真实与公正，保持大众传播内容良好的格调与品位，不仅是新闻工作者践行马克思主义新闻观的题中应有之义，而且是致力推进社会主义新闻事业健康发展的一项意义深远的基本建设。

2015 年 6 月

序二

建立新闻业务规范的系统工程

魏永征[1]

《〈媒体人新闻业务守则〉释义》（以下简称《〈守则〉释义》）是近年来媒体法和媒体伦理研究的一项重要成果。编写组组长徐迅早已从事多年大众传播规范化的探索，另有成员9人，历时5年，还有十多位新闻传播法研究生先后参与其中，易稿不知凡几，堪称一项系统工程。

首先，这是一项以科学方法取得的研究成果。他们主要采用文献研究方法，即收集国内外的各种法律、法规和其他规范性文件，大量案例，以及有关研究论作，并在此基础上进行归纳、分析和综合、概括、分类，提出恰当的命题。据悉，形成的《〈守则〉释义》初稿达80万字，由此推测，此项研究积累的资料字数可能以千万计。同时辅之以访谈，听取若干业内人士的意见。由于研究成员都正在或曾经从事过新闻实务，系统的实地考察这一项基本可以省略。这种典型的质化研究或定性研究的方法，是与本项研究的任务——旨在提出并确立新闻业务的合理而可操作的规范，即揭示新闻传播行为的质的规定性相适应的。这里应该没有量化研究的用武之地，虽然近来学界高度推崇量化研究并且有把它看做是主要科学方法之势。

由此形成的《守则》52条，披沙拣金，高度凝练，不过1万多字，貌似简单，其实基础厚实，内涵深邃。

由于行为规范往往最终浓缩为此类条文的形式，有些学人未免看得过于轻易，以为可以拍拍脑袋，下笔即是。面对这项工程，那些醉心于当年邓拓所批评的"伟大的空话"的"治学"方式的专家、教授，应该有所自省。

其次，这还是一项立足于中国特色的研究成果。徐迅曾经提出过探索对媒体法和媒体伦理相结合的媒体内容规范模式，称之为"第三种规范"。这条思路符合传播行为的规律。信息和意见传播作为一种社会行为，当然必须接受法律的约束；但是传播活动又是高度个性化、自主性的行为，在今天数字环境下尤其如此，所以即使制定了以强制为特征的法律，也有"网漏吞舟之鱼"、难以操作之

---

[1] 作者为传媒法学者。

缺，这就必须以行为人自觉遵守为基础。在媒体业界，如何将法的他律和伦理的自律有机结合起来，是一个国际性的话题，人们或称之为"共律"（co-regulation）。这部《〈守则〉释义》中提出的许多规范，正是建立在我国现行法律基础上的，可以认为是探索"第三种规范"的实践，也就是在媒体业界推行"共律"的尝试。

不过，中西新闻体制截然不同，所以"共律"的性质和途径也存在很大的差异。在西方新闻自由制度基础上的"共律"，旨在补救新闻自由的缺失，是以政府"最少介入原则"为前提的，媒体和媒体自律组织独立于政府，虽然"共律"概念提出已近二十年，在若干国家也不乏成功的做法，但是往往表现为媒体和媒体界与政府之间的博弈和抗衡。英国在 2011 年《世界新闻报》事件之后，通过国会探求改善对报刊规管的途径，既要摆脱过去 PCC（报刊投诉委员会）"无牙老虎"的困境，又要避免政府直接介入。经过广泛而持续的讨论，提出了一定措施，但至今在政府、媒体和公众之间尚未达成共识，虽然不妨看作是英国人对于新闻自由的珍视和规制媒体的慎重，但在我们这里也许无法耐受这样的拖延。

中国的新闻媒体历来直接或间接隶属于一定的党和政府部门，媒体和媒体组织从来不是独立于政府之外的。不只是法律、法规，就是主管部门下达的各种规范性文件，也都具有不同等级的强制性。但是应该看到，随着社会主义法律体系的形成，已经出台了许多适用于媒体的各种法律规范，这部《〈守则〉释义》所整理的内容就表明，它的主流是合理的，是兼顾媒体和公共利益的，是具有初步系统性的。可以说，在媒体领域，目前许多问题已经不是无法可依，而是有法不依；有法不依的主要原因是有关法律规定还没有形成普遍的共识和信仰，甚至还不为人们所知。这部《〈守则〉释义》的功能之一，就是在现行法律和媒体人之间搭起一座桥梁，力图将强制性的法律和政策规定化为媒体人自觉遵行的行为准则，还可以提醒有关管理部门也切实依法执法，不要指挥媒体干那些违背法律规定、有损公共利益的事情。

在就行为制定有关规范之后，《〈守则〉释义》以八、九两部分来解决对违反守则行为的救济和制裁。可能出于权限方面的考虑，没有涉及媒体行业组织和管理部门，虽然后者无论在制度上还是实际措施上也都已有所规范。但还是可以认为，《〈守则〉释义》为建立中国特色的媒体"共律"设计了初步的蓝图。

最后，这更是一项尊重规律、尊重道义的研究成果。《〈守则〉释义》的作者是一群学人。他们既无号令群媒的权柄，也无一呼百应的影响，作为一份纯属学术研究的成果，能够在媒体界推广吗？

行为规范来源于生活，来源于人们对于长期生活中形成的社会关系的认识和反映。媒体规范是随着大众传播业的形成而形成的，积数百年的实践，在媒体与受众、媒体与消息源、媒体与报道当事人（相对人）、媒体与政府、媒体与司法、媒体所服务的公共利益和自身利益等之间，都形成了一定的规则，凡符合这些规则的行为，对各方都有利，反之则有害；还有些行为，则需权衡利弊，遵循伤害最小的原则，以满足特定的公共利益，这也有一定的规则可循。这部《〈守则〉释义》主要就是集中了这些有关规则，在不同社会里或许制度不同、文化不同、媒介体制不同，在有关规则的实施中或许也有差异，但是其基本原则是共同的。因为这些原则符合传播活动的基本规律，符合人们在传播活动中形成的基本道义。

这部《〈守则〉释义》没有包含出于其他考虑而订立的那些特殊规则。

正如马克思所说："理论只要说服人，就能掌握群众；而理论只要彻底，就能说服人。所谓彻底，就是抓住事物的根本。"制定行为规范，同样也是如此。

相信这部《〈守则〉释义》会得到业界的认同。

2015 年 4 月 27 日于上海悉尼阳光

序三

方圆成于规则

陈昌凤[1]

这是迄今为止中国新闻传播史上最成体系、最为详尽的媒体工作者守则，其系统性、前沿性，即使在世界新闻传播界也属凤毛麟角，它博采众长又突出中国特色，力求科学、体系又兼具前沿性，既是一套媒体工作者的守则，也是媒体工作者自我保护的有益指南。

首先，这部守则及其释义，是中国第一部系统而详尽的媒体工作者新闻业务守则。它的九大部分，涵盖了新闻业务工作的各个环节、各个方面乃至善后工作，其对于从信息源到最后违反守则的投诉与处罚，都作了详尽的规范和解读，这在过去已有的中国和其他各国的媒体工作者守则中也属罕见。释义部分则包括了定义与背景、典型案例、依据、编写组观点，内容详实丰富，分析有深度。

其次，它是一套有理论指导的实务工作指南。其总体框架是在理论指导下进行规划的，各部分的定义与背景力求准确、学理严密；一些涉法案例的分析中包括了权威的法院判决书等资料；依据则包括了道德依据、政策依据、法律依据等各个方面；编写组的观点注重提炼，重视学理性。它的思路从实践中来，又将分析和研究反哺应用于实践，使中国的媒介伦理学研究具有了更加坚实的现实性基础。

再次，它重视新闻职业与社会各系统的关联性，引证广泛，并注重规范的权威性。在法律依据方面，它全面而丰富的涉猎与引用，令人叹为观止。仅第一部分"信息来源"部分，就涉及《中华人民共和国民法通则》（2009 修正）、《中华人民共和国海上交通安全法》（1984）、《最高人民法院关于审理名誉权案件若干问题的解释》（1998）、《中华人民共和国气象法》（2014 修正）、《中华人民共和国测绘法》（2002）、《中华人民共和国传染病防治法》（2013 修正）、《中华人民共和国突发事件应对法》（2007）、《中华人民共和国政府信息公开条例》（2008）、《中华人民共和国防震减灾法》（2008）、《中华人民共和国水污染防治

---

[1]　作者为清华大学新闻与传播学院教授、副院长、博士生导师，中国新闻史学会会长，教育部高等学校新闻传播学类专业教学指导委员会副主任委员，国务院学位委员会新闻传播学科组成员。

法》（2008 修订）、《中华人民共和国著作权法》（2010 修订）、《中华人民共和国刑法》（2011 修正）、《出版管理条例》（2011 修订）等。在政策依据方面，它涉及了《关于禁止有偿新闻的若干规定》（1997）、《报刊刊载虚假失实报道处理办法》（1999）、《新闻记者证管理办法》（2009）、《关于严防虚假新闻报道的若干规定》（2011）等规定。从引证中可以看出，作者们经过了大量艰苦的文献梳理工作，也为新闻从业者从纷繁复杂的规范中找出了核心规则，是一个非常好的工作指南。

最后，它博采众长又兼具前沿性。它不仅继承了中国新闻业界的规范传统，而且将世界各国值得借鉴的方面都吸收了进来，比如关于信息源部分，它把 21 世纪初美国在杰森·布莱尔事件引发的媒体对匿名信息源等方面的再规范内容吸纳了进来。它同时也吸收了国内最新的媒体规范，比如引用了近年《法制晚报》等媒体内部规定等内容。这部规范和解读著作也都直面了媒体技术带来的新挑战，纳入了微博的相关规范，充分体现了其前沿性。

中国共产党在新中国成立以前，并没有制定专门的新闻行业自律文件和规范，但涉及了一些相关原则，比如 1942 年以延安《解放日报》为典型的党报整风运动、1947 年解放区新闻界开展的反客里空运动。中国在新闻业的规范上并不算先进，最早的《中国新闻记者信条》1942 年才出现，而美国早在 1908 年就有了系统的《新闻工作者守则》。新中国成立后，1949～1952 年间颁布了一系列新闻政策和法规。1978～1985 年间，新闻失实问题在中国受到各方面的关注，于是相关部门着手研究和制定自律规范。20 世纪 80 年代初，邓小平等领导也就真实性问题发表过讲话和指示。这些，都为后来的新闻业规范奠定了一定基础。新中国第一个全国性新闻行业自律规范，直到 1991 年才在中宣部、中国记协的努力下，由中国记协理事会通过，名称为《中国新闻工作者职业道德准则》，这是以非常粗线条的方式作出的规范，要求包括"全心全意为人民服务"等 8 条。研究方面也相当薄弱，直到 1979 年 12 月，复旦大学新闻系编印的内部刊物《外国新闻事业资料》上发表了译文"新闻道德的准则"，才有了新中国新闻伦理研究的最早文献。1988 年中国新闻出版社出版的译丛之一——《美国新闻道德问题种种》，是国内第一本有关新闻职业道德的译著。专业教育方面，直到 1994 年，复旦大学新闻学院才开设了中国最早的《新闻法规与新闻职业道德》课程。

近年来中国的新闻业界失范现象备受关注，饱受社会诟病，加上新媒体技术对传统新闻业带来的冲击，几乎令新闻业面临生死存亡的困境。中国媒介伦理呈现纷繁复杂的状况，中国记协主持的国家社科基金特别委托项目"新闻行业自律的体制与机制研究"的调查显示，新闻从业者认为煽情新闻、有偿新闻、虚假新闻等仍是中国新闻行业较严重的失范现象。中国有关部门一直在加强新闻行业的

治理与净化。在全球范围内，据对 Web of Science 数据库中的 ISI Web of Knowl-
edge 收录的 SCI、SSCI、A&HCI 期刊论文的统计，在新闻、广告、公关、新媒体
等各个媒介伦理研究领域的论文都在不断上升和丰富，这在某种程度上说明目前
传播领域的规范问题值得特别重视。中国新闻业失范的核心原因，是中国长期未
把新闻的专业性当成根本。而新闻业如果没有专业性，那它就真的会失去生存的
正当性。一个行业的专业化过程，一般要具备一些基本的条件，除了能成为全时
的职业、设有教育机构和专业协会，更要有自律准则[1]。正如克利福德·克里
斯蒂安（Clifford G. Christians）等所著的《媒介伦理：案例与道德推理》前言所
论，面对突然发生的现实事件，我们不得不作出合乎传播伦理的判断时，常常是
出于习惯性思维而非深思熟虑所为，就像司机开车时突然遭遇坑洼，几乎是一种
即时反应。在应激状态下，如何能够作出正确的判断和决策？我们既需要理论的
指导，又要在众多的案例中找寻规律和具有可操作性的模式，从而培养出一种快
速的判断能力，这部《〈守则〉释义》，对中国的新闻工作者而言是一个很有效
的业务工作指南。

编写组组长徐迅老师是一位充满职业情怀的新闻工作者和传播法专家。近些
年，随着新闻职业生态的更加复杂化，新闻从业者触犯法律的事件频频发生，这
令徐老师忧心忡忡：如今记者与警察打交道越来越多了，我们得做点儿什么！因
此，这部守则的出发点，还是在保护新闻工作者免受触犯法律带来的严重后果之
累。编者对中国新闻业、对中国新闻界同行的拳拳之心，令人感动和感叹。徐老
师写的相关内参文章得到了中央主管领导和部委领导的层层批示，直接引发了教
育部要求新闻传播院系加强媒介伦理与法规课程建设的指示，为此，教育部新闻
传播学教学指导委员会在 2014 年春，组织了全国新闻与传播教育界从事媒介法
与伦理教师的培训工作，徐老师与本书编写组的另一位核心成员阴卫芝老师曾莅
临授课。徐老师在全国记者的职业培训中、在多所大学的讲坛上不遗余力地为中
国新闻工作者的规范鼓与呼。2010 年 8 月在清华大学举办的"'媒介伦理与法
治'理论与实践"国际论坛上，她向国内外媒介伦理、媒介法规的学者们作过
主题演讲，引发了国内外学者的关注。近几年徐老师主持的中国政法大学传播法
研究中心在媒介法与伦理、侵权责任立法等方面做了大量的研究工作，也使新一
代的年轻学者如阴卫芝老师等得到培养并脱颖而出。

这部著作系统而深入的梳理，也引出了一些值得我们反思的问题，比如对新
闻从业者而言，法律与政策依据之纷繁复杂、道德依据之薄弱，都到了不适当的
程度——这一点，从上文所列的众多法规和政策、唯一的道德规范中可见一斑。

[1] H. Wilensky, "The Professionaliziation of Everyone?", *American Journal of Sociology*, 1964（70），
pp. 137~158.

他律严格甚至多得可能令新闻从业者无所适从，而自律却相当薄弱，在道德依据方面，全国只有一个虽经多次有价值的补充与修订仍显得比较粗线条的《中国新闻工作者职业道德准则》（2009修订）。他律严而自律松的局面，导致了法律与道德之间的严重失衡。同时，一部守则都是有时限特征的，它不可能穷尽未来所有的问题，比如这部守则中尽管已经注重了微博等前沿的问题，但是社交媒体新形态带来的更多问题，比如微信朋友圈等就难纳入，因此对守则的抽象性、详略性的把握，确实也是一个难题。

此外，一般的伦理规范体系，通常有一条居于主导地位、对其他规范起决定作用的最根本的原则，通常是一条基本原则加上若干具体的规范。比如1991年制定并于2009年修订的《中国新闻工作者职业道德准则》，明确了全心全意为人民服务是社会主义新闻工作的根本宗旨和职业道德的基本原则。基本原则是不同的伦理规范体系相互区别的最根本的标志。这条基本原则是体系的核心，是新闻工作者从事新闻业务活动必须遵循的标尺。世界上最初的新闻传播伦理的基本原则是新闻自由，但是随着新闻实践的复杂化，新闻自由出现了被滥用的情形，从党派攻讦到黄色新闻，从广告控制到资本垄断，冲击了基本原则，于是社会责任这一新的基本原则应运而生，新闻工作者必须恪守对社会和公众的责任和义务。[1] 中国的实践情况比较特殊，由此给"最根本的原则"的确立带来了困难。因此，对守则的纲领性和灵魂性的内容，需要我们在未来的研究中去发掘、发现。

2015年6月于北京

---

〔1〕 黄瑚编著：《新闻传播伦理与法规实用教程》，高等教育出版社2011年版，第4~5页。

序四

实现对监督者的监督

梅宁华[1]

编写新闻采编人员职业行为规范，是一项开创性的工作，对中国新闻界和媒体从业人员有非常重要的意义。特别是在媒体形态发生极大变化且仍在快速变化的条件下，制定新闻采编人员的行为规范尤显重要。

新闻产品是一种特殊产品，对社会舆论和人们的认知起着导引和启迪作用。在现代社会中，新闻产品的生产方式决定着社会形态的模式是稳定还是动荡，是对立还是融合，是真实还是虚假。能否提供优质新闻产品，取决于新闻生产者的道德素养和职业水准。而新媒体形态的出现加剧了媒体间的竞争，导致新闻产品质量的恶化，这无疑是新闻业的危机。

要重塑新闻业的公信力，必须有业界强有力的自律机制，实现对监督者的监督。这个新闻采编人员职业行为规范，正是为此而产生的，可谓正当其时。最重要的是通过规范，可使相关人员明辨是非，而不自以为是，这在自媒体泛化的环境下尤其重要。新闻产品的优与劣，必须符合社会期待与公序良俗，而不是个人判断。任何权利包括新闻生产者的权利，都是有边界和底线的，这应该成为业界的共识。

这个规范是一个必要的尝试，还需要在实际运作中完善。除了对新闻从业者的一般性要求，还需要从中国新闻环境的特点出发，不断总结新的特征，创立中国新闻业自己的表述体系，在中国新闻发展进程中发挥应有作用。

2015 年 6 月 12 日

---

[1]　作者为北京市新闻工作者协会主席、北京市新闻道德委员会主任。

十年磨一剑

——编写组长的话

徐迅

　　2000～2002年，我从中央人民广播电台的采编岗位到原国家广电总局总编室（后改为宣传管理司）挂职工作，这是我关注传播内容管理模式的开端。为探索大众传播内容管理法制化的路径，我曾先后主持或参与组织了三个手册一类专业规范的制作：一是2006年结项的《广播电视节目审议规则（建议稿）》，由中国广播电视协会在2007年作为"内部资料"在业内交流；二是2008年结项的《互联网视听节目内容审核参考手册》，由国家广电总局网络视听节目管理司指导并推荐给全国网络业，供传播视听节目时参考；三是2012年结项的《媒体人新闻业务守则》，2015年由中国政法大学出版社出版。这三个项目成果有相互继承的关系。我的论文"探索第三种规范——对媒体法与媒体伦理结合模式的研究"（载《国际新闻界》2008年第8期）记录了我对制作这类专业规范的理论思考。

　　几天前整理自己的业务资料，翻出了《广播电视节目规则（讨论稿第一稿）》，产生时间是2005年8月。细细想来，我与行业规范类的研究结缘已十年有余。不仅理论方面的思考日渐成熟，对许多规范的细节及理由也早已烂熟于心。说十年磨一剑，此言不虚。

　　《媒体人新闻业务守则》2009年6月开始制作，编写组共10人，分别来自报纸、广播、电视、网络以及新闻院校、科研机构、行业协会；专业背景包括新闻传播学、法学、伦理学、文学等；职业包括记者、编辑、制片人、总编、法律顾问、研究员、教授等。令人感到骄傲的是，所有编写组成员不论现在处于何种岗位，都做过职业记者与编辑，并在相关领域中有理论建树。由于了解我国新闻界实际情况，熟悉管理模式及要求，也较为理解新闻工作者的诉求，因此我们十分重视守则的操作性与实用价值。编写组四次开会听取了30余名业内人士的意见。在原中国记协国内部主任孙兆华的协调下，宁波日报社提供了资金支持。可以说，本守则从设计、立项、制作、修改及出版全部源于中国新闻界业内人士的自觉行动，是媒体人自己给自己制作的规范，是典型的自律行动。

　　守则的内容主要是规范各类新闻媒体的从业者在采编过程中的共性问题，分为"条文版"和"释义版"两部分。"条文版"全名为《媒体人新闻业务守则》，共3.3万字，由两部分组成：一是守则条文，共52条，是采编行为规范及处理纠纷的程序；二是附件，由若干个具有参考及实用价值的国内外媒体的专业规范或联合国等国际组织以及学术研究成果组成。由于守则条文的大部分内容有法律依据，因此具有底线规范的性质，并不是很高的标准。职业新闻工作者按照守则的标准执业，可以有效地避免法律风险。"释义版"全名为《〈媒体人新闻业务守则〉释义》，按照条文顺序，一条条地介绍了这些条文产生的依据。这些依据包括：定义与背景、道德依据、政策依据、法律依据、中国司法案例、参考依据（包括中外媒体相关规范选辑、中外典型事件选辑与评析、中外理论观点）、课题组观点。释义版成果近80万字，可以作为守则推广过程中的辅导教材。其中"条文版"以及"释义版"中的"课题组观点"是本编写组的核心贡献。现在读者所见的释义版中的诸多案例除注明引注的外，均为编写组成员根据公开的论文、报刊、媒体网站（包括两微一端）、较大商业网站、微博平台、有可信赖信源的微信（公号）信息重新编写、重述而成。仅此说明。

　　网络时代，公民的表达自由得以充分实现。虽然法律的标准是明确的，但人们对什么是"好的表达"或者"负责任的传播"却远没有达成共识。这从一些有关表达的法律纠纷频出中可以得出结论，甚至某些知识精英也不明就理，深陷其中。我们认为，使全民对好的表达标准形成共识，职业新闻工作者及专业媒体负有不可推卸的责任。

　　我们希望：守则可以为我国职业新闻工作者形成行规提供基础。新闻单位可以本守则为蓝本，根据实际情况增删、修改或补充；也可以另起炉灶，产生本媒体自己的规范。这些规范应当符合《劳动合同法》第4条规定的原则和程序，成为媒体内部的规章制度，作为媒体与员工的劳动合同、聘用合同的附件加以签署，并人手一册，使守则内容因合同约定而产生必要的约束力。

　　本次出版的是守则全部成果的缩减版，约30万字。编写组准备根据法律发展及实践变化，对守则成果每三年修改一次。

　　我们期待着中国新闻界在表达标准方面的行业共识可以早日形成。

2015 年 6 月 20 日

目 录
C O N T E N T S

基本原则 ……………………………………………………………… 1

一、信息来源 ………………………………………………………… 2

　　1. 明确交待消息来源 …………………………………………… 2

　　2. 法定消息来源 ………………………………………………… 7

　　3. 权威消息来源 ………………………………………………… 10

　　4. 匿名消息来源 ………………………………………………… 15

　　5. 付费的消息来源 ……………………………………………… 20

　　6. 引语 …………………………………………………………… 24

　　7. 与消息源保持距离 …………………………………………… 30

　　8. 尊重采访报道对象的合理要求 ……………………………… 34

二、公共事务 ………………………………………………………… 38

　　9. 公共利益 ……………………………………………………… 38

　　10. 国家秘密 ……………………………………………………… 43

　　11. 公开政府信息 ………………………………………………… 48

　　12. 报道突发事件 ………………………………………………… 52

　　13. 批评报道 ……………………………………………………… 56

　　14. 隐性采访 ……………………………………………………… 60

三、他人权益 ………………………………………………………… 64

　　15. 尊重他人权益 ………………………………………………… 64

　　16. 民族 …………………………………………………………… 71

　　17. 宗教 …………………………………………………………… 75

　　18. 名誉 …………………………………………………………… 79

　　19. 隐私 …………………………………………………………… 84

20. 肖像 ································· 95
21. 版权 ································· 99
22. 未成年人 ····························· 106
23. 暴力 ································· 117
24. 性 ·································· 123
25. 悲伤 ································· 133
26. 死亡 ································· 145

四、事实与意见 ····························· 150

27. 客观与理性 ··························· 150
28. 事实与意见分离 ······················· 154
29. 公正评论 ····························· 161

五、利益冲突 ······························· 176

30. 避免利益冲突 ························· 176
31. 相关刑罚风险 ························· 181
32. 有偿新闻 ····························· 193
33. 兼职与社会活动 ······················· 197
34. 新闻报道与经营活动分开 ················· 201
35. 使用微博等社交媒体 ··················· 206
36. 反对不正当竞争 ······················· 212

六、专业报道 ······························· 216

37. 案件报道 ····························· 216
38. 人质（绑架）事件报道 ··················· 254
39. 财经报道 ····························· 256
40. 科技报道 ····························· 262
41. 健康报道 ····························· 265
42. 图片报道 ····························· 268

七、语言与文字 ····························· 278

43. 基本用语用字标准 ····················· 278
44. 避免语言文字伤害 ····················· 285
45. 减少语言文字差错 ····················· 288

八、更正、答辩与道歉 ································· 291

　　46. 更正 ·· 291

　　47. 答辩 ·· 295

　　48. 更正与答辩的程序 ························· 297

　　49. 道歉 ·· 298

九、违反《守则》规范的投诉与处罚 ············· 303

　　50. 受理投诉的机构 ··························· 303

　　51. 处理投诉的原则 ··························· 305

　　52. 违反《守则》规范的责任 ················ 307

后记 ··· 313

基本原则

真实、准确原则

事实是第一性的，是新闻的本源；新闻是第二性的，是对客观事实的如实报道。真实是新闻报道的基本要求。新闻工作者应努力寻找事实，准确叙述事实。对事实的报道必须准确无误，从总体上、本质上和发展趋势上反映事实。

全面、客观、公正原则

对事实的报道不仅应该准确无误，而且应该全面、客观、公正。客观真实地反映社会生活，就是要全面地从其背景、条件、事件之间的普遍联系中对事实进行总体把握；从实际出发，秉持公平的、平等的态度，尊重各方表达意见的权利，保持公正的立场。

避免利益冲突原则

为确保新闻的真实、准确、客观、公正，应避免新闻媒体来自外部、内部的利益冲突，避免新闻工作者自身的利益冲突。拒绝有偿新闻或有偿不闻，坚持报道回避原则。

公共利益与他人权益兼顾原则

媒体应努力满足公众对公共事务的知情权，为公共利益服务。但公共利益应当严格界定，避免以公共利益为借口侵犯公民、法人的合法权益。

减少伤害原则

对报道相关各方保持尊重，采取谨慎与克制的态度，最大限度地减少报道给个人、行业以及社会秩序带来的伤害。在使用新闻价值进行判断时，应同时考虑社会价值、传播目的和传播效果。

一、信息来源

1. 明确交待消息来源

> 1.1 尽可能明确、具体地交待报道的消息来源。
> 1.2 在电视专题片、纪录片中使用"真实再现"手法时，应在画面上标注。
> 1.3 报道应有两个以上消息来源相互印证。
> 1.4 对核心事实应当反复验证，确保真实，且平衡呈现各方的事实与观点。

【定义与背景】

（一）定义

消息来源应尽可能明确、具体，应在报道中明确消息的出处或消息提供者的身份。通常情况下，不依靠单一消息来源做报道，报道应有两个或多个消息源来相互佐证。不需要交待消息来源的属于报道中的例外。

（二）背景

真实是新闻的生命，尽可能还原事实是新闻媒体的主要职责之一。报道中如有过多不明确的消息来源，比如报道所使用的信息出处不详或无出处、采访对象化名或匿名等，均会让报道的真实性打折扣。若新闻工作者本人就是消息来源，应在报道中解释。

【典型案例】

案例一： **《山西晚报》报"毛阿敏八成不来太原"**
引来 15 万元的赔偿

案例概述： 2001 年 5 月 17 日，山西日报社下属的《山西晚报》刊载了一篇主题为"毛阿敏八成不来太原"、引题为"东京阑尾炎紧急住院"的文章。《山西晚报》根据《金陵晚报》报道的毛阿敏因突患急性阑尾炎于 5 月 11 日在日本东京一家医院进行紧急手术、医生要求她必须休息治疗 20 天方能出院、毛已取消原定 5

月 17 日在四川及 18 日在福建的两场演出等事实，在转载中，推测原定将出席 5 月 25 日太原"华夏之夜"大型明星演唱会的毛阿敏可能缺席，从而在文章结尾加了一句猜测性的推论："对山西太原歌迷来说，期待已久的 5 月 25 日省体育场'华夏之夜'大型明星演唱会上一睹毛阿敏风采的愿望恐怕也要泡汤了。"

2001 年 5 月 21 日，演出活动主办单位太原市外国企业服务有限公司（下称外企公司）在太原召开新闻发布会，宣布毛阿敏将不会缺席演唱会，并出示了由毛阿敏发自上海的内容为"祝山西人民愉快，5 月 25 日相会在太原！"的传真件。《山西晚报》5 月 22 日以"毛阿敏如期来太原"为题对此进行了报道，并配发了毛阿敏的传真照片。5 月 25 日晚，毛阿敏如期来到太原演出。

演出结束后，外企公司认为此次演出没有一家赞助单位，退票多，门票收入少，都是《山西晚报》报道中那句"毛阿敏八成不来太原"造成的。于是，该公司以《山西晚报》捏造事实，使其名誉、经济遭受巨大损失为由，将《山西日报》诉至太原市中级人民法院，要求被告赔偿其经济损失及名誉损失共计 140 余万元。

太原市中级人民法院一审认为，被告《山西日报》下属的《山西晚报》未履行法定审查核实义务，就作出了"毛阿敏八成不来太原"的错误的推断性新闻，对广大读者产生误导，给原告举办的演唱会带来了不良影响，其主观上有过错。《山西晚报》发布的虚假消息给原告的门票收入造成了影响，导致原告已售出的门票被退回，预期的经济利益无法实现，形成了一定的损害事实。从而于 2002 年 1 月 30 日作出一审判决，判令《山西日报》赔偿原告退票经济损失及增加的广告费经济损失计 87 万余元。《山西日报》不服，上诉至山西省高级人民法院，二审改判报社赔偿 15 万元。[1]

案例二：　　　报料人、采访对象均由记者安排，
**　　　　　　　注定了"纸包子"的虚假性质**

案例概述： 2007 年 7 月 8 日晚 7 时，北京电视台生活频道（BTV - 7）《透明度》栏目播出"纸做的包子"。节目一开始就援引"业内人士马先生"的报料，称：用废纸制作肉馅"已经成了行业内公开的秘密"。记者在朝阳区十字口村展开了暗访，并联系了朝阳区左家庄工商执法人员对这些商铺进行了突击检查。镜头显示：相关商贩因为没有营业执照和卫生许可证，其窝点被当场取缔。节目最后还通过海淀区的卫生执法人员提醒观众了解、识别纸箱馅包子的方法。

节目后来被证实是一则"假新闻"。2007 年 7 月 18 日晚间，北京电视台在

〔1〕 载正义网，转引自周泽："新闻业亟待法律关照——对一起新闻官司的思考"，载《法制日报》2002 年 4 月 23 日。

《北京新闻》中称,"纸馅包子"被认定为虚假报道,北京电视台向社会深刻道歉。北京市第二中级人民法院以损害他人商品声誉罪判处訾北佳有期徒刑一年,并处罚金人民币 1000 元。

法院判决显示,被告人訾北佳于 2006 年 3 月底应聘到北京电视台生活频道《透明度》栏目组担任编导工作,是临时工作人员。2007 年 6 月,他在选题会上汇报了有关用碎纸加工包子的线索,并说是郑某某提供的线索,其实与郑某某没有任何关系。(证人郑某某于 2007 年 7 月 14 日所写的"关于《纸做的包子》节目新闻线索的说明"证明:他是按照訾北佳的要求提供所谓的《纸做的包子》新闻线索的来源。)他通过走访未发现此种情况。为了完成选题,不影响播出,以及由于其要与台里签订正式的派遣劳务合同,就有了自导自演的想法。2007 年 6 月中下旬,他以工地负责人的身份先后 6 次前往朝阳区太阳宫乡十字口村 13 号院,以为工地订购大量早餐为由,与 4 个外地人商量为其制作包子等早餐。后来他与张沄江去买材料,带着捡的一个纸箱,再次找到该户让他们用其自带的面粉、肉馅包包子。又让他们把纸箱用大盆泡了,将碎纸与肉馅搅在一起,说是用来喂狗。他把这个过程拍下来,并把包子扔弃了。次日,他再次来到十字口村,随意找到一名男青年,将事先写好的肉和纸的比例关系的台词叫男青年背,然后,他以发问者的身份问,让该青年按台词回答,并窃录了谈话过程。在节目后期制作时,他将与该青年的对话内容配置在卫某某等人用纸做包子的画面上,作为包子制作现场的对话。他又告知栏目摄像高某某,爆料人不愿出境,让高替一下。高某某就是节目中出现的"马先生"。(证人高某某为北京电视台《透明度》栏目摄像人员,他的证言显示:2007 年 6 月底的一天,訾北佳对他说举报人不愿意出现,让他代替一下。后来就在其单位楼下拍摄,台词也是訾北佳给的。)在节目中出现了一个为十字口村 13 号院送纸箱子的人,实际是訾北佳在"通惠家园"北侧随意找的一个回收废纸箱的外地中年男子,这个人与纸馅包子没有任何关系,但在片子中表现为是为做纸箱子的人提供原料者,然后被密拍的。[1]

案例评析:法院调查结果表明,《纸做的包子》节目中出现的报料人、采访对象均是由记者事先安排、导演的虚假消息来源,从根本上注定了这期节目的虚假性质。这期节目能够制作并播出,究其原因,首先是记者个人完全丧失了对新闻职业真实性的起码的尊重,漠视虚假新闻给个人、单位、行业、社会带来的恶劣影响;同时不能忽视的是:北京电视台作为传播组织,在选题环节、播出环节都没有落实应有的把关标准。比如:对于记者上报的选题中出现的单一、匿名消息源是否已确定了严格的使用标准并按照标准进行了审核? 同时,媒体组织对于

---

〔1〕 据北京市第二中级人民法院刑事判决书(2007)二中刑初字第 1763 号整理。

特别反常、有可能造成重大影响的消息的播出后果也应有所预判。

案例三： **北京电视台等媒体对海归博士后孙爱武的**
报道仅有单一的消息来源

案例概述： 2009 年北京电视台等媒体对海归博士后孙爱武在农贸市场摆摊、露宿街头的报道只一味地在"落魄博士后"的身份上做文章。而报道刊发后，据孙爱武在密歇根大学的同事和朋友反映，孙爱武博士在那一段时间饱受精神疾病的折磨，并且在美国相关医院求诊。恰恰是难以启齿的病因，导致孙爱武不得不中止在国外的研究，返回祖国。[1]

案例评析： 在这个案例中，记者在深入、全面地了解多方信息之前，就已经先入为主地设定了报道的意图和倾向。在这样的前提下，记者不去尽可能全面地接近可能与核心事实有关的各方消息源、就可能不是"无心之过"，而可能是有意为之了。

【依据】

（一）道德依据

《中国新闻工作者职业道德准则》（2009 修订）

第三条 坚持新闻真实性原则。要把真实作为新闻的生命，坚持深入调查研究，报道做到真实、准确、全面、客观。

1. ……认真核实新闻信息来源，确保新闻要素及情节准确；

……

（二）政策依据

《关于严防虚假新闻报道的若干规定》（2011）

第二条 ……

（二）新闻机构要规范使用消息来源。无论是自采的还是转发的新闻报道，都必须注明新闻消息来源，真实反映获取新闻的方式。除危害国家安全、保密等特殊原因外，新闻报道须标明采访记者和采访对象的姓名、职务和单位名称，不得使用权威人士、有关人士、消息人士等概念模糊新闻消息来源。

《报刊刊载虚假、失实报道处理办法》（1999）

第一条 报纸、期刊必须遵守新闻出版法规，刊载新闻报道和纪实作品必须真实、准确、公正。报刊不得刊载虚假、失实的报道和纪实作品。

（三）法律依据

《最高人民法院关于审理名誉权案件若干问题的解释》（1998）

因提供新闻材料引起的名誉权纠纷，认定是否构成侵权，应区分以下两种

---

〔1〕 本案例综合北京电视台、《北京青年报》、《中国日报》、《羊城晚报》金羊网相关报道编写而成。

情况：

（一）主动提供新闻材料，致使他人名誉受到损害的，应当认定为侵害他人名誉权。

（二）因被动采访而提供新闻材料，且未经提供者同意公开，新闻单位擅自发表，致使他人名誉受到损害的，对提供者一般不应当认定为侵害名誉权；虽系被动提供新闻材料，但发表时得到提供者同意或者默许，致使他人名誉受到损害的，应当认定为侵害名誉权。

《出版管理条例》（2011 修订）

第二十七条 出版物的内容不真实或者不公正，致使公民、法人或者其他组织的合法权益受到侵害的，其出版单位应当公开更正，消除影响，并依法承担其他民事责任。

报纸、期刊发表的作品内容不真实或者不公正，致使公民、法人或者其他组织的合法权益受到侵害的，当事人有权要求有关出版单位更正或者答辩，有关出版单位应当在其近期出版的报纸、期刊上予以发表；拒绝发表的，当事人可以向人民法院提起诉讼。

【编写组观点】

新闻报道要求有"明确的消息来源"，即要求媒体使用有明确出处的信息，通过多源信息的求证与核实，确保报道的真实、平衡和全面。

首先，"明确的消息来源"指的是报道中的信息均有明确的出处。如：信息来自某人的某篇文章，或来自于一个特定身份人的陈述，再或者来自于某个机构的发言……其共同的特征是可溯源，即阅听者根据报道所提供的消息源出处，可以明确地查找到具体的信源。对某条信息的来源完全不提及或是语焉不详，甚至使用匿名的消息源，均会减弱报道的可信度。

"真实再现"是电视专题片和纪录片较常使用的一种拍摄手法。早在十年前，电视研究领域就对"真实再现"进行过多次讨论。由于新闻专题片、纪录片介于新闻节目与艺术节目之间，因此，适当地使用"真人扮演"等方式，再现那些无法捕捉的内容作为电视拍摄的辅助手段是可以接受的。但是，节目应向观众明示消息来源，明确告知观众这些镜头是节目组通过"模拟现场"的拍摄方式导演出来的结果。因此为防止观众误解，凡使用这类拍摄手法时，节目须在画面上有所交待，如标注"真实再现"、"模拟现场拍摄"等字眼。

其次，虽然是明确的消息来源，但如果消息仅来自与事件相关的一方说法，媒体根据单一信源所做的报道仍有可能造成失实。因为，单一消息源仅代表了个人或同一立场群体所提供的"单方面事实"，仅提供了观察事实的一个角度，违反了"平衡报道"原则；对受众而言，单一的消息源表明媒体充当了一方的代言人，有损媒体公正、中立的立场。因此，使用单一消息来源做报道必须同时具备两个条件：一是消息来源权威；二是信息经过印证，准确性、全面性毋庸置疑。

确立"多方印证消息源"的采访原则的目的有二：一是保证消息源提供信息的相对真实。两个信息源之间相互证明，它们可以是同一角度的，也可以是相互对立的；二是可以使得报道平衡全面，即多维度、多角度地阐释同一事件，力求事实完整。其中，双渠道或多渠道信息来源是指有两个以上的信息出处，用来还原同一起事件；异质消息来源是指对同一事件持有不同或相反观点的各种消息源。[1] 使用消息来源的数量应与新闻的重要、敏感和复杂程度成正比：通常情况下，新闻越重要、敏感、复杂，就越需要采编人员采访核实更多的消息来源。

信息提供者总会有各种各样的动机，完全了解这些动机是不太可能的，但是，设想和预估信息发表能够给信息提供者带来的影响则是有可能的，这也是采编人员和编辑在做伦理决定时的重要考虑因素。信息提供者，尤其是主动的信息提供者，其目的应当更为明显。采编人员应对主动的信息提供者（报料人）持谨慎怀疑态度，并且将怀疑通过验证打消。

使用双渠道或多渠道的消息源还能够有效保护媒体自身。媒体使用了多方消息源，就意味着已经尽到了采访义务。一旦报道失实，媒体的采访、调查过程也可能帮助媒体在侵权官司中获得法官的理解和支持。同时，如果报道说某人拒绝评论，那也必须是事实。而且，在被访对象是利益相关人且其不接受采访时尤其要写出"某某拒绝采访（有原因的写出原因）"。

总之，为确保报道内容的真实性，报道应：①尽量保证使用有明确消息来源的信息；②对消息来源提供的信息进行双渠道或多渠道的交叉验证。

2. 法定消息来源

2.1 以下信息依法只能由特定机构统一发布：

（1）气象预报和灾害天气预报由各级气象主管机构所属的气象台站发布；

（2）地震信息由国务院及省、自治区、直辖市人民政府发布（长期、中期地震活动趋势的研究成果及相关学术交流除外）；

（3）我国重要地理信息数据由国务院或者国务院授权的部门公布；

（4）核事故信息由国务院授权的单位发布。

2.2.1 全国传染病疫情信息由国务院卫生行政部门定期公布。省、自

---

[1] 朱益彬："消息源的使用失当与规避"，载《青年记者》2008 年第 31 期。

治区、直辖市传染病疫情信息由本行政区人民政府卫生行政部门定期公布。

2.2.2 传染病暴发、流行时，疫情信息由国务院卫生行政部门公布；特定行政区域的传染病疫情信息由获得国务院授权的省、自治区、直辖市人民政府卫生行政部门公布。

【定义】

法定的消息来源，是指那些由法律明确规定主体发布的特定信息。

【典型案例】

人民网错发北京地震预报

案例概述：2008 年 5 月 12 日下午，汶川特大地震发生后，人民网 15：37 发布消息称北京将发生 2~6 级地震。原文如下："人民网北京 5 月 12 日电 中国地震局刚刚发布公告称，北京时间 2008 年 05 月 12 日 14 点 30 分左右北京局部地区发生 2 级轻微地震，另警告在 2008 年 05 月 12 日 22 点至 24 点时间段北京局部地区还会有 2~6 级地震，望大家提前做好预防措施。"事后证明，国家地震局并未发布这一"公告"，而这条信息也很快被删除。为避免首都公众恐慌，首都其他媒体迅速发布消息澄清了事实。[1]

案例评析：按照《防震减灾法》第 16 条的规定，国家对地震预报实行统一发布制度，即只有法定机构可以发布，非地震工作的管理部门不得擅自发布相关信息。而人民网发布的所谓北京地区 5 月 12 日晚间地震的预报并非发自国家地震局，属于违法发布。此事幸得首都媒体及时发布消息加以澄清，避免了公众的恐慌。

【依据】

法律依据

《中华人民共和国水污染防治法》（2008 修订）

第二十五条 国家建立水环境质量监测和水污染物排放监测制度。国务院环境保护主管部门负责制定水环境监测规范，统一发布国家水环境状况信息，会同国务院水行政等部门组织监测网络。

《中华人民共和国气象法》（2014 修正）

第二十二条第一款 国家对公众气象预报和灾害性天气警报实行统一发布制度。

《中华人民共和国海上交通安全法》（1984）

---

〔1〕 资料来源：搜狐新闻 http：//news. sohu. com/20080512/n256803747. shtml.

第二十九条 主管机关按照国家规定，负责统一发布航行警告和航行通告。

《中华人民共和国防震减灾法》（2008 修订）

第二十九条 国家对地震预报意见实行统一发布制度。

全国范围内的地震长期和中期预报意见，由国务院发布。省、自治区、直辖市行政区域内的地震预报意见，由省、自治区、直辖市人民政府按照国务院规定的程序发布。

除发表本人或者本单位对长期、中期地震活动趋势的研究成果及进行相关学术交流外，任何单位和个人不得向社会散布地震预测意见。任何单位和个人不得向社会散布地震预报意见及其评审结果。

《中华人民共和国突发事件应对法》（2007）

第三十七条 国务院建立全国统一的突发事件信息系统。

县级以上地方各级人民政府应当建立或者确定本地区统一的突发事件信息系统，汇集、储存、分析、传输有关突发事件的信息，并与上级人民政府及其有关部门、下级人民政府及其有关部门、专业机构和监测网点的突发事件信息系统实现互联互通，加强跨部门、跨地区的信息交流与情报合作。

第三十八条第三款 获悉突发事件信息的公民、法人或者其他组织，应当立即向所在地人民政府、有关主管部门或者指定的专业机构报告。

第五十四条 任何单位和个人不得编造、传播有关突发事件事态发展或者应急处置工作的虚假信息。

《中华人民共和国测绘法》（2002 修订）

第二十三条 国务院测绘行政主管部门和省、自治区、直辖市人民政府测绘行政主管部门按照各自的职责负责测绘资质审查、发放资质证书，具体办法由国务院测绘行政主管部门商国务院其他有关部门规定。

军队测绘主管部门负责军事测绘单位的测绘资质审查。

《中华人民共和国传染病防治法》（2013 修正）

第三十一条 任何单位和个人发现传染病病人或者疑似传染病病人时，应当及时向附近的疾病预防控制机构或者医疗机构报告。

第三十八条 国家建立传染病疫情信息公布制度。

国务院卫生行政部门定期公布全国传染病疫情信息。省、自治区、直辖市人民政府卫生行政部门定期公布本行政区域的传染病疫情信息。

传染病暴发、流行时，国务院卫生行政部门负责向社会公布传染病疫情信息，并可以授权省、自治区、直辖市人民政府卫生行政部门向社会公布本行政区域的传染病疫情信息。

公布传染病疫情信息应当及时、准确。

【编写组观点】

法定的消息源是权威消息源中的权威。例如天气预报、地震预报信息等，法律明确规定只有法律指定的机构可以发布信息，法条中对此多用"统一发布"的提法。这意味着两层意思：①有关机构发布相关信息，既是权力，也是义务。该发不发、漏发、错发均应承担法律责任；②排除了其他机构包括新闻机构自行发布的可能性。因此对于类似的法定消息源发布的职权信息，媒体可直接使用，无须经过核实。

值得注意的是，上述引为"法律依据"的少数法律中未使用"统一发布"的概念，而是更加突出国家机关作为法定发布主体的发布义务。关于媒体是否有权公布或传播事实真相，并不明确。归纳《中华人民共和国突发事件应对法》和《中华人民共和国传染病防治法》的相关规定，有这样两个共同点：①两部法律均明确，任何单位和个人在发现突发事件或疫情时均有向主管单位报告的责任；②编造或传播相关的虚假信息将承担法律责任。在履行了上述义务的前提下，法律并未明确禁止媒体对真相的报道。这对于防止某些机构或个人隐瞒真相，实现媒体的公共价值有益。

3. 权威消息来源

3.1 对于国家机关依职权制作的公开的文书或公开实施的职权行为，新闻媒体如实报道或直接采用，在侵权诉讼中可以免责。报道应当客观准确并及时跟进。

3.2 对以下权威消息来源仍应做必要的核实，并保留证据：

(1) 新华社受权发布的；

(2) 各级党政机关公开传播或供新闻单位发表的；

(3) 仲裁机构认定的；

(4) 档案部门保存的；

(5) 司法鉴定结论；

(6) 法院作出的生效判决书和裁定书；

(7) 其他公认的权威来源提供的信息等。

【定义与背景】

（一）定义

权威消息源指信息发布主体对其所发布的事件，具有一定的权威性。权威性包括了消息源发布资格的权威，即消息源有受权发布的资格，如政府部门网站的数据和资料、事件的权威核心人士。

（二）背景

一般而言，新闻单位发布确信权威消息源的信息，即根据权威部门提供的信息进行报道而损害他人名誉时，新闻单位可以"消息有权威来源，并非自己捏造"为由要求免责。权威消息来源是对侵害名誉权尤其是因诽谤而侵害名誉权的一种重要抗辩理由。但仍要谨慎评估"权威"二字，确信消息源权威，新闻报道可以直接使用或转载；转载其他媒体的报道（包括传统媒体）均需再次核实、确认。甚至，其他媒体的报道有时仅可作为线索，供媒体展开调查和采访。

【典型案例】

案例一： <center>**"警方通稿"不受特许权保护**</center>

案例概述： 2006年某日，一何姓青年男子遭遇车祸。车祸前，离其倒地不远处刚发生一起抢劫案。北京电视台等按警方通稿，将车祸与抢劫案联系起来，以"骑抢十元钱，逃跑奔黄泉"为题播出，称"嫌疑人何某正在医院抢救"，后抢救无效死亡。20天后警方发出"情况说明"，列举一系列疑点，称"警方无法认定何某是嫌疑人"。死无对证。9个月后，死者父母起诉北京电视台等侵犯名誉权，北京电视台等抗辩称"报道是公安机关通稿，我台并无定性"等。法院一审判决：北京电视台虽取得了公安机关通稿，但在未有公安机关等国家机关以公文形式定性的情况下即将何认定为"骑抢"的犯罪嫌疑人，在审查上存在过失，且警方的"情况说明"亦说明"目前无法认定何是否为抢劫的犯罪嫌疑人"。法院最后判决报道失实，北京电视台等承担侵权责任。二审判决强调警方稿件并非公安机关的公文文书，在没有核实公安机关是否已对抢劫案和交通事故案的关联性做出认定的情况下，各媒体便以结论性标题将两案主要情节联系起来进行报道，致使读者在看到报道后产生抢劫者即是交通事故死亡者何某的理解，认定报道失实，维持原判。[1]

案例评析： 新闻单位通常会认为，只要是来自官方的消息即属"权威"，可不必加以核实，一旦发生诉讼，也会享有特许权（即1998年《最高人民法院关于审理名誉权案件若干问题的解释》第六问）的保护。但本案判决明确告诉媒体从业者：新闻界所认定的"权威消息源"与法院执行的"特许权"不能对接，后者的保护范围比新闻界所认同的"权威消息源"的范围要小得多，而司法实践中，来自官方机构的通稿失实时，原告通常只起诉媒体，而不选择投稿人当被

---

〔1〕 中国政法大学传播法研究中心"侵权责任立法研究"课题组，徐迅执笔：《广电媒体侵犯人格权案件研究报告（第二期）》。

告，法院也极少判决由投稿人承担侵权责任。媒体只能自食苦果，独自承担侵权责任。因此条文 3.2 提醒业者，即使属于"权威消息源"，有时也要对其进行必要的核实。

案例二：　　　国家机关正式发布权威消息之前的报道失实，由媒介承担责任

案例概述：1998 年，《四川经济日报》得到匿名消息，声称恩威公司洁尔阴洗液等"16 个批号的产品均不符合卫生部标准"，材料来自四川省药品检验所检验报告书。当记者向四川药检所核实时，药检所明白表示该材料不是最终结论，要求在最终结论做出前不要报道。省卫生厅负责人也通知记者，在最终结论做出前，不要在报纸上发表报道及评论。但《四川经济日报》不但发表了报道，还配发了评论，对恩威公司进行指责。后来卫生部正式同意洁尔阴按照修改的标准执行。按修改后的标准，这 16 个批号的产品均符合标准。于是恩威公司对四川经济日报社提起名誉侵权诉讼。虽然《四川经济日报》报道的也是国家机关的文书，但是有关部门已经明确告知，此文书并非最终结论，在正式结论做出之前不要报道。因此，法院判《四川经济日报》因坚持发表不实文章给恩威公司声誉造成损害而败诉，赔偿 500 万元。[1]

案例评析：1998 年《最高人民法院关于审理名誉权案件若干问题的解释》中规定："报道失实，或者前述文书和职权行为已公开纠正而拒绝更正报道，致使他人名誉受到损害的，应当认定为侵害他人名誉权。"在本案中，媒体所以败诉的根本在于两个问题：首先，国家机关已经声明，媒体所获文书并非最终结论，不要报道，但媒体置若罔闻；其次，当国家机关的最终结论做出之后，即"前述文书和职权行为已公开纠正"时，媒体没有对国家机关的最新结论（即新闻事实）跟进报道，即"拒绝更正报道"，从而符合了法定的侵权标准。

案例三：　　　　　　广告成了"排行榜"的消息源

案例概述：2004 年 10 月 27 日，《青年参考》刊登了一则"新闻"，声称美国《洛杉矶时报》在 10 月 4 日的报纸登有"美国 50 州高等教育联盟评选：中国最受尊敬大学及校长排行榜"文章。该则新闻罗列了"中国最受尊敬大学排行榜（前 10 位）"和"中国最受尊敬大学校长排行榜（前 10 位）"。《青年参考》在刊登时注明了此消息来源于《洛杉矶时报》。次日，新华网、人民网、新浪网、搜狐网等各大网站均以《青年参考》为消息源转载。如 11 月 4 日，《科技日报》以"本报讯"为电头，发表文章《中国民办教育成果引起国际重视》；11 月 5 日，《新华每日电讯》、《人民日报》（海外版）、《法制日报》均以"本报

---

〔1〕 刘燕玲："浅议媒介特许权及合理运用"，载《声屏世界》2004 年 6 月。

讯"的名义刊登了这篇新闻，同时删去了"《洛杉矶时报》"字样。从10月底到12月，这则假新闻或以专版或以消息的形式出现在全国众多报纸上。其后，方舟子指出颁奖机构"美国50州高等教育联盟"子虚乌有等漏洞。另外，他又向《洛杉矶时报》工作人员核实，得到《洛杉矶时报》工作人员 Janette Dean 的回复："关于某个联盟做了一次调查，提名中国顶级大学的加框文字是一个付费广告，而不是由《洛杉矶时报》记者或其他任何记者根据调查而得的事实所写的文章。"[1] 11月8日，《人民日报》下属的《环球时报》发表该报驻美国特派记者唐勇的文章"中国最受尊敬大学及校长排行榜，哪来的?"，该记者查阅了10月4日的《洛杉矶时报》，却找不到这篇报道的原文。记者还拨打了联邦教育部的电话，证实没有"美国50州高等教育联盟"这个机构。11月26日，《北京青年报》下属的《法制晚报》刊登消息"《洛杉矶时报》证实'中国最受尊敬大学排行榜'是广告"，同样通过向《洛杉矶时报》广告部工作人员以及加州负责高等教育管理的有关人士核实，证实其是一条假新闻。海外的部分中文报纸也分别通过向《洛杉矶时报》广告部和加州政府两方面核实，得出这是一条假新闻的结论。直到12月10日，教育部澄清所谓"中国最受尊敬大学及校长排行榜"是付费广告，"西安翻译学院在《洛杉矶时报》中国大学排行榜上名列第十"是该报发的一则自费广告。至此，这则假新闻已经传播了一个多月。[2]

案例评析：新闻转载同样需要核实，尤其是当被转载媒体并非公认的权威消息源时。对待其他媒体刊登的信息，转载媒体应当按发表的惯例查找相关消息源并进行核实，以确保此报道真实。

【依据】

（一）道德依据

《中国新闻工作者职业道德准则》（2009 修订）

第三条第一项 ……认真核实新闻信息来源，确保新闻要素及情节准确。

（二）政策依据

《关于严防虚假新闻报道的若干规定》（2011）

第一条第四项 新闻记者报道新闻事件必须坚持实地采访，采用权威渠道消息或者可证实的事实，不得依据未经核实的社会传闻等非第一手材料编发新闻。

第二条第六项 新闻机构必须完善民意调查结果的刊播制度。刊播涉及民意调查的报道，要使用权威规范的数据来源，谨慎使用网络调查、民间调查、市场随机访问等调查数据，报道中要说明调查的委托者、执行者、调查目的、调查总

---

〔1〕 方舟子："西安翻译学院排名骗局的新证据"，载 http://it.sohu.com/s2004/fanyixueyuan.shtml.
〔2〕 宰飞："从一则假新闻看媒体对'消息源'的使用"，载《新闻记者》2005 年第 4 期。

体、抽样方法、样本数量等，客观反映调查结果。

（三）法律依据

《最高人民法院关于审理名誉权案件若干问题的解释》（1998）

新闻媒介和出版机构转载作品，当事人以转载者侵害其名誉权向人民法院提起诉讼的，人民法院应当受理。

新闻单位根据国家机关依职权制作的公开的文书和实施的公开的职权行为所作的报道，其报道客观准确的，不应当认定为侵害他人名誉权；其报道失实，或者前述文书和职权行为已公开纠正而拒绝更正报道，致使他人名誉受到损害的，应当认定为侵害他人名誉权。

【编写组观点】

"权威消息来源"是新闻从业者的一把"尚方宝剑"。因为，一旦报道刊发带来一些负面问题，比如出现损害他人名誉的后果，相关人起诉媒体和记者的时候，新闻媒体可以用"消息有权威来源并非自己捏造"为由要求免责。从权威消息源处获得的信息，记者一般可以无条件地相信它的可靠性。因此，明确权威消息来源的定义、特征，了解哪些消息源可称为权威消息源，并了解其使用原则，既可保证报道相对真实，又可保护记者和媒体自身。关于权威消息源，具体需要了解的是：

1. "国家机关依职权制作的公开的文书和实施的公开的职权行为"属于权威消息源。1998年《最高人民法院关于审理名誉权案件若干问题的解释》第6条作了明确规定，即"新闻单位根据国家机关依职权制作的公开的文书和实施的公开的职权行为所作的报道，其报道客观准确的，不应当认定为侵害他人名誉权"。

虽然如此，媒体在依据这样的权威消息源进行报道时，依然要特别注意：①报道应公正、准确、不带恶意。②应与国家机关的说法严格吻合，对国家机关的定性说法和相关职权范围需要核实，比如：这些信息是否为发布机关严格依职权所作，有无越权发布的情况，等等；若确定所依据的是权威消息源，媒体和记者就不需要对新闻中所有的事实材料的真实性负责，而只需对那些因为没有获得足够权威度证实的失实负责；至于那些已获得足够权威度证实、却仍然失实的问题，媒体和记者不应负责，而应由材料的提供者或审核者负责。③当发布机关已经公开纠正了前期发布的内容时，新闻报道应及时跟进。

2. 若核实的相关部门拒绝采访，应将其拒绝采访的内容写入报道，证明自己履行了记者"核实"的责任，这一条有可能成为日后新闻一旦失实时的抗辩理由。

3. 机关、企事业单位与团体出于自身利益、从单一角度提供给媒体与记者的"公关稿件"、"新闻通稿"与"国家机关依职权制作的公开的文书和实施的公开的职权行为"含义不同,新闻单位应谨慎使用。应对公安机关提供的新闻通稿保持警惕。比如,媒体对某犯罪事件的报道有误,如果新闻是依据公安部门提供的通稿(而不是公开举行的新闻发布会)写成的,就有可能构成侵权。因为这些部门不是审判机关,无权认定是否构成犯罪;但如果依据是法院的判决书,则不构成侵权。

4. 不同的新闻事件中,"权威消息源"不同;有权威性不代表就是权威消息源。一般而言,肩负某种职能的政府机构应当成为其职责信息的权威消息源。菲律宾人质劫持事件进程中,菲律宾警方是劫持事件进程的权威消息源。也就是说,权威消息源所发布的信息一定是其职责范围内的。不同的媒体可以界定他们认可的、公信力较高的其他媒体为本媒体或本部门的"权威消息源名单"。

5. 对权威消息源的解读水平也会影响信息的权威度。信息解读是对客观现象的主观描述及阐释的过程,必然带有记者个人的理解。记者应当确认经过自己"翻译"的权威信息符合消息源原意。

6. 转载时谨慎评估被转载消息媒体的权威性。转载其他媒体的消息时,首先要注明转载媒体;若对其消息来源有疑问时,应将转载消息当作新闻线索处理,重新核实消息源的准确性和权威性。

7. 对获取权威消息源的过程要保留证据。留取证据是纠纷类报道采写中记者必须要做的事,但留取什么样的证据却很有讲究。一句话,要留有效证据。一旦当事人对报道不满,进入诉讼程序,有效证据就成为关键。有效证据包括事件核心人物的采访录音、录像,关键场面的图片资料,负责调查事件的主管部门的采访记录等。(参见《〈法制晚报〉员工手册》第62页。)

4. 匿名消息来源

4.1 尽量不使用匿名的消息来源。

4.2 对消息源要求匿名的确切原因,应当作合理的评估与判断。

4.3 必须使用匿名消息来源时应做到:

(1) 至少有一名编审人员知道匿名消息源的真实身份;

(2) 在报道中解释匿名消息源的背景;

(3) 信守承诺,不暴露匿名消息源的真实身份,并准备承担履行这一承诺带来的不利于自己的法律后果。

【定义与背景】

（一）定义

匿名消息源也被称为"深喉"或是"不透明消息源"，即报道不是明确地说出被采访者的身份，如其工作的领域、职业、姓名等，而只是在报道中对此人进行笼统的描述或是完全不在报道中提及。匿名消息源的过多使用，对新闻真实有极大的影响，因此应有条件地谨慎地使用；大众传播媒介负有保护新闻来源不受侵害的责任，对不愿透露姓名或机构名称的新闻材料提供者，除司法、执法需要外，一般应给予保密。[1]

（二）背景

新闻报道中过多地使用匿名消息源会使得报道缺乏真实感，如使用"网传"、"微博网友×××（化名）"、"据一位不愿透露姓名的人士称"、"一位了解内情的人士称"、"另有消息称"、"一位文物工作者"、"一位供职于本报的资深采编人员"、"有知情人士向本报透露"、"据可靠消息"、"知情者称"等表达。这样的含糊说法不仅对新闻的真实性有很大的影响，同时也可能潜藏着极大的危险。对新闻工作者而言，匿名消息源的使用不应当是一种经常性的行为，而应确定一定的限制条件。采编人员一旦答应消息源匿名，则应当信守承诺，保护消息源的匿名性。

【典型案例】

案例一：　　保护匿名失误——化名不等于"不可识别"

案例概述：2004 年，湖南电视台播出节目《寻根的渡船》，节目讲述了来自遵义的毛妹寻找生母"张黎"（化名）的故事。节目播出后，已有稳定家庭生活的"张黎"的原型人物张女士感到自己 30 余年的隐痛被公之于众，因此将湖南电视台告上法庭。湖南电视台辩称：节目所反映的内容基本属实，没有诽谤他人。节目没有公布真实姓名不构成侵权。法院认为：节目使用了与原告同音的名字，并且出现了原告哥哥、母亲、丈夫和女儿的画面，足以使人确信节目中女儿寻找的母亲就是原告本人。因此，湖南电视台的行为应属于"未经他人同意，擅自公布他人隐私"。法院判决，电视台赔礼道歉，赔偿张女士 10 万元。二审法院改判：赔偿精神抚慰金 50 万元。[2]

案例二：　　《中国改革》杂志保护匿名消息源获法庭理解

案例概述：2003 年 7 月，《中国改革》杂志第 7 期发表了专题报道"两种改

---

〔1〕 参见《新闻学大词典》。

〔2〕 徐迅执笔："广电媒体侵犯人格权案件研究报告（第二期）"，中国政法大学传播法研究中心"侵权责任立法研究"课题。

制两重天"。这组专题报道对国有企业改制的四个个案进行了对比分析，着重阐述了在国有企业改制过程中要尊重职工利益的主题。其中的一篇文章"谁在分肥"的线索来自于侨房公司员工的举报信，文章发表后引起了侨房公司强烈的不满，认为报道与事实不符并严重损害了侨房公司的名誉，于是将《中国改革》杂志告上法庭，并要求590万元的巨额索赔。2004年6月15日，广州侨房公司诉《中国改革》杂志名誉侵权一案在广州市天河区法院开庭审理。双方争议的焦点集中在"谁在分肥"当中披露的2002年公司亏损2900多万、30多名职工被迫下岗、在公司亏损的情况下总经理年收入30万等问题上。

文章"谁在分肥"只有单一匿名消息来源，即侨房公司问题的举报员工。在质证程序中，《中国改革》杂志只有公布消息源并让其作证，才可能胜诉，但这些主要的"线人"有些还在侨房公司工作，公开作证将使他们面临风险。总编辑温铁军做出了最后的选择。"即使采访对象主动愿意出庭作证，我们也要尽量避免。因为我们没有力量在证人浮出水面之后，再进行有效保护"。温铁军说："我们绝不会给出消息来源。假如因此而败诉，作为法定代表人，我会拒绝执行这个判决，甚至为此负刑事责任也在所不惜。"（后该杂志在消息来源主动出庭作证的情况下胜诉。）2004年10月12日，广州市天河区法院判决《中国改革》杂志的报道没有构成侵权，驳回了原告侨房公司的诉讼请求。[1]

案例评析：目前我国法律中并未对匿名的消息源给予特别的保护，即媒体对自己的秘密消息源并不享有作证豁免的权利，这可能使媒体在遵守保密的承诺与作证的法定义务间左右为难。较好的做法是避免做出大量的保密承诺，以减少这种冲突的可能性。而《中国改革》杂志负责人温铁军所做出的宁可败诉、也"绝不会给出消息源"的选择则需要极大的道德勇气和难得的专业精神。

【依据】

（一）道德依据

《中国新闻工作者职业道德准则》（2009修订）

第六条第二项 维护采访报道对象的合法权益，尊重采访报道对象的正当要求，不揭个人隐私，不诽谤他人。

（二）政策依据

《关于严防虚假新闻报道的若干规定》（2011）

第二条 新闻机构要规范使用消息来源。无论是自采的还是转发的新闻报道，都必须注明新闻消息来源，真实反映获取新闻的方式。除危害国家安全、保

---

〔1〕 参见李金磊："论媒体如何应对匿名消息源的两难困境——以〈中国改革〉杂志被诉为例"，载人民网 http://media.people.com.cn/GB/22114/44110/142321/10791136.html，2010年1月18日。

密等特殊原因外，新闻报道须标明采访记者和采访对象的姓名、职务和单位名称，不得使用权威人士、有关人士、消息人士等概念模糊新闻消息来源。

（三）法律依据

《最高人民法院关于审理名誉权案件若干问题的解释》（1998）

因提供新闻材料引起的名誉权纠纷，认定是否构成侵权，应区分以下两种情况：

（一）主动提供新闻材料，致使他人名誉受到损害的，应当认定为侵害他人名誉权。

（二）因被动采访而提供新闻材料，且未经提供者同意公开，新闻单位擅自发表，致使他人名誉受到损害的，对提供者一般不应当认定为侵害名誉权；虽系被动提供新闻材料，但发表时得到提供者同意或者默许，致使他人名誉受到损害的，应当认定为侵害名誉权。

【编写组观点】

（一）使用匿名消息源

匿名消息对新闻的真实性有极大的影响，因为受众不清楚信息的出处，无法判断这一内容是否值得信任。因此，明确的消息来源是要求，匿名的消息来源是例外。

美国得克萨斯大学新闻学院博士研究生戴佳（现为清华大学新闻与传播学院教师，主讲新闻伦理课程）曾跟随其导师对五个美国知名媒体从 1998 年到 2004 年所有经证实涉及造假的 183 篇报道进行过量化分析，发现记者个人以"伪造来源"方式造假的，出现频率最高——183 篇文章中出现了 87 次。

为了防止采编人员无中生有地制造消息来源，或轻易使用匿名的消息源，很多媒体机构对此提出严格的使用要求：①消息源自己提出匿名的，需考察其匿名的合理性。②匿名消息者应对新闻报道提供至关重要的事实，而不是观点或猜测。③使用其他方式或渠道无法获取该信息。④消息源是可信的、权威的。仅在同时满足以上 4 个条件时，采编人员才获准在报道中使用匿名消息源。

国外对于如何使用匿名消息源又分出三种类型：①所提供信息为背景信息（Background），即采编人员可在文章中间接引用该信息，但是不可直接引用，且不可透露提供消息者的姓名。②所提供信息为深度背景信息（Deep Background）。在这种情况下，只有该信息的大体意思可以出现在新闻中，采编人员不可透露该信息是来自于何种消息来源。③所提供信息不可引用（Off the Record Comments）。即该信息只可用于采编人员自己对某一事件的理解，完全不可引用。（《加拿大多伦多星报》）三种情况在真实性方面表面上看逐渐减弱，但从保护匿名者角度来看却是逐渐增强的。

尽管匿名消息源是报道中一种必然的存在，媒体在使用过程中也要注意如下问题：绝对不能假借"秘密消息源"之名进行报道；不要过度使用匿名的消息来源，尤其要对那些匿名的贬损性评论的使用严加控制；承诺消息源匿名，应当评估、判断其要求匿名的确切原因；凡需保密的内容，至少有一名编辑知道匿名消息源的真实身份或被告知理由；尽量在文中解释匿名者的背景，并有责任尽量向读者解释：为何确信有关消息人士知情，而该人士在事件中又是否有特殊立场。

（二）保护匿名消息源

世界各国的媒体规范中，对于"保护匿名消息源"的规定有些只是寥寥数语，另一些则用几页的篇幅详细阐述。之所以认为保护新闻消息来源是媒体的基本职业道德，原因在于，如果记者泄露消息来源，"会危及消息来源提供者的利益，甚至人身安全"。另外，泄露消息来源会让记者违背承诺、难守信用。不遵守保密诺言而泄露消息来源的记者将被看作是"不可靠的"，这不但会对这些记者及其所服务的媒体的信誉造成损害，而且也会对其采集和传播新闻的能力产生抑制作用。[1]

各国媒体对匿名消息源的保护要求大体分为两类：一类强调绝对的保护，即"保护无例外"。也就是说，采编人员一旦答应消息源可以使用匿名方式，就必须无条件坚守承诺。这在调查性报道中表现最为突出。另一类强调有条件的保护，即从原来的"保护无例外"发展到对消息源持批判态度：虽承诺对其匿名，但在某些特殊情况下也可放弃承诺。如：美联社（APME）在1992年版的规范中认为：对于新闻源的保密承诺在任何情况下必须得到尊重。但是1994年版改成了：除非有充分清晰的理由不能透露新闻源，新闻源应当被披露。俄罗斯在1994年制订的《新闻记者职业伦理》中规定，采编人员仅在以下两种情况中可以打破自己的承诺：①怀疑信息源有意歪曲事实真相；②透露信息源姓名是唯一可以避免对公众造成严重伤害的办法。

从整体来看，国际新闻同行越来越有"特殊情况可打破承诺"的趋势。"保护匿名消息源"并不是一个绝对的和一成不变的职业伦理要求。如果一旦确信消息源有意隐瞒其匿名的动机，或其提供的信息不实，或这种保护本身是有损公众利益的，那么匿名的承诺即可打破。但若不存在"特殊情况"，记者应尊重采访对象匿名的正当要求，并对匿名消息源的保护做到完全彻底。无论化名、模糊处理声音、打马赛克等，均应保证熟人、家人也不能指认，即"匿名＝不可识别"，这才是真正意义上的、负责任的匿名与保护。

---

〔1〕 高一飞："美国法上'记者'的含义"，载《现代法学》2010年第2期。

5. 付费的消息来源

5.1 尽可能不以付费方式获取信息。

5.2 不直接或间接向犯罪嫌疑人和同伙以及他们的家属、朋友、同事等付费。

5.3 只有消息与公共利益（见"9. 公共利益"）相关且付费是获得消息的唯一办法时才可以付费。

5.4 依法申请政府信息公开，媒体应当按国务院相关部门规定，支付检索、复制、邮寄等小额成本费。

【定义与背景】

（一）定义

也称"付费采访"、"支票簿新闻"或"信息交易"。指媒体或采编人员在获得报道权或报道内容的过程中，主动或被动给采访机构、采访对象或相关人付费。付费采访的最终目标是为了获得独家报道权（Paying for exclusivity）。

付费采访主要指以现金或支票等金钱报酬与消息源交换购买新闻信息，与媒体或采编人员在采访过程中向消息源赠送礼品或招待消息源用餐等有区别。

付费的信息来源还可以参照本部分"7.1 提示新闻采编人注意信息源提供信息的利益诉求，不与其发生经济关联或感情纠葛"、亦可与利益冲突部分"1.1 新闻工作者在面临利益冲突时，应采取拒绝、回避和公开的原则"彼此观照。

（二）背景

付费采访的具体表现形式非常多，常见的如：①热线电话、报料等，即媒体对向其提供新闻信息和线索的热心受众付费，相当于"信息的有价征集"；②付费给专家或采访嘉宾的劳务费；③媒体主动付费给消息提供机构或个人，目的是垄断采访资源，获得独家报道权；④机构或个人提出采访收费标准，明码标价；等等。其中③、④是近年引起中国大陆新闻界关注最多、争议最大的两种现象。

【典型案例】

案例一：　　　　　　事业单位主动出售采访权利

案例概述：2002 年 12 月底，负责发掘江苏泗阳一座大型汉墓工作的南京博物院作出决定：将此次考古发掘报道权"有偿转让"。江苏卫视和《南京晨报》

共以 10 多万元的价格买断了这一采访权。[1]

案例评析： 关于本事件的性质，媒体有一些讨论。地下墓葬的所有权属于国家，其开掘工作的信息具有公共信息的性质——公众有权知道；出售采访权的南京博物院也是由公共财政支持的事业单位，用公众的财产来赚取没有法律依据的收入——明码出售采访权的正当性令人质疑。从另一面看，所谓买断信息源的做法并不可一概而论，有的可以，有的则不妥，后者比如本事件当中的信息。具有公共属性的信息应当属于所有公民、所有媒体，不可以被买断。至于信息源方面的一些困难，比如现场地方有限，太多的媒体工作人员涌入可能影响正常工作（最常见的是法院开庭、古墓开掘现场等），完全可以采用登记预约、限额发放采访证、就近提供视频直播或由希望采访的媒体自行选出（文字、摄影、摄像）的代表进入现场、向其他未能进入现场的记者提供素材的办法解决问题。

案例二： <center>**李银河提出采访收费及标准**</center>

案例概述： 2006 年 3 月两会期间，中国社会科学院社会学所研究员李银河委托政协委员提交了一份关于同性恋婚姻法的提案。各媒体的记者闻讯纷纷要求采访李银河，就她在全国人代会提出的"同性恋结婚合法化"议案进行访问。记者与李银河秘书联系，被告知采访 15 分钟内免费；采访 1 小时以上的，每小时收费 500 元。[2]

案例评析： 澳大利亚广播公司的媒体规范中认为："那些以提供某特殊领域的评论和意见为工作或主要收入来源的人——有时主题就是他们自己——可以要求采访报酬。"同时，他们还认为："对被采访对象来说要通过研究、旅行、时间的花费或者其他不便利的条件才能获得的结果，澳大利亚广播公司将会给予一定的报酬作为补偿。"就本案例而言，关于"同性恋婚姻合法化"的提案是李银河个人的研究成果和意见建议，其中可能包括了她很多年的心血及付出，她主动提出采访付费及付费标准，媒体为体现尊重或为了获得独家报道权，至少应当认可这一要求的合理性。至于是否配合或给付相应的报酬，则可视媒体的内部规定及此条信息的重要程度具体确定。

【依据】

（一）道德依据

《中国新闻工作者职业道德准则》（2009 修订）

第二条第一项 要通过合法途径和方式获取新闻素材，新闻采访要出示有效

---

〔1〕 参见仇玉平："要采访先付 50 万 无冕之王成了被宰肥羊"，载千龙新闻网 http://medianet. qia-nlong. com/7631/2003 - 3 -10/33@719583. htm，2003 年 3 月 7 日。

〔2〕 参见陈力丹："关于采访是否付费的讨论"，载《国际新闻界》2006 年第 5 期。

的新闻记者证。认真核实新闻信息来源，确保新闻要素及情节准确。

第四条第二项 维护采访报道对象的合法权益，尊重采访报道对象的正当要求，不揭个人隐私，不诽谤他人。

（二）法律依据

《中华人民共和国著作权法》（2010 修正）

第二十二条 在下列情况下使用作品，可以不经著作权人许可，不向其支付报酬，但应当指明作者姓名、作品名称，并且不得侵犯著作权人依照本法享有的其他权利：

......

（三）为报道时事新闻，在报纸、期刊、广播电台、电视台等媒体中不可避免地再现或者引用已经发表的作品；

（四）报纸、期刊、广播电台、电视台等媒体刊登或者播放其他报纸、期刊、广播电台、电视台等媒体已经发表的社论、评论员文章；

（五）报纸、期刊、广播电台、电视台等媒体刊登或者播放在公众集会上发表的讲话，但作者声明不许刊登、播放的除外；

......

《中华人民共和国政府信息公开条例》（2008）

第二十七条第一款 行政机关依申请提供政府信息，除可以收取检索、复制、邮寄等成本费用外，不得收取其他费用。行政机关不得通过其他组织、个人以有偿服务方式提供政府信息。

【编写组观点】

我国近年引起关注与讨论的付费新闻，更多地是指：①媒体主动付费给消息提供机构或个人，目的是垄断采访资源，获得独家报道权；②机构或个人向媒体提出收费标准，明码标价。以下就这两类现象中的共同问题提出三个思考的角度。

（一）采访的内容是公共信息还是私人信息

依据 2008 年 5 月 1 日起施行的《中华人民共和国政府信息公开条例》（以下简称《条例》）的规定，信息公开是政府的法定义务。《条例》要求行政机关、政府部门工作人员依法对外公布相关信息。媒体在采访这类信息时，相关公务人员有义务配合采访，提供其应知应告的信息。《条例》第 27 条规定："除可以收取检索、复制、邮寄等成本费用外，不得收取其他费用。"因此，采访公共信息，媒体最多仅需支付小额信息成本费，费用的具体额度还应参照国务院相关部门的规定。此外，地下物的所有权属于国家，即全民所有，因此古墓开掘的信息当属公共信息范围，不可以被个别或少数媒体买断，不能成为"独家消息"。

参看国外媒体相关内容会发现，加拿大广播公司规定：禁止付给众议员或参议员任何报酬，包括出场费、稿件费、交通住宿费或者其他零用支出。而英国广播公司规定：当议员们接受采访的内容与其政治职务相关时，不应当接受报酬；但是当他们参与的节目超出了其职责范围时，就应该根据他们准备的时间长度、参与节目的时间长度和使用其专业知识的程度来给付报酬。此外，英国广播公司还明确了该报酬不得超过其他参与类似节目的人所获得的报酬数额。澳大利亚广播公司也有相似的规定。由此可见，对于政治人物的媒体活动而言，如果他们接受采访的内容与其职责相关，则媒体不应付费，他们自己也不应要求收费；但无论是否是政治人物，只要他们参与媒体的内容与其工作职责不相关，其所提供的内容就不应属于公共信息。至于私人信息是否可以付费或收取费用、给付或收取的标准为何，则需要由媒体和受访者双方共同约定。比如孙道临曾主动提出"先收费、后采访"的要求，媒体是否同意，则需要看具体媒体在这方面的具体规定。

（二）付费内容是严肃新闻还是娱乐新闻

简单将信息分为严肃新闻和娱乐新闻的目的，是为了简化判断"付费"行为是否可行。一般而言，娱乐媒体（影视、体育等）是付费新闻的主角，他们经常会为了获得独家报道付费。这类付费在西方国家被称为"采访许可费"，很多广电媒体习惯使用这一方法，并认为这笔钱只是用于获得"独家采访许可权"，与采访内容本身并没有关系。即便到现在，这一解释也依然被非常多的媒体认可并实行。但同时，这种购买"独家采访许可权"的行为，也一直受到公众和新闻专业主义者的质疑。

至于严肃新闻，在付费新闻的判断中是比较明确的。美国职业记者协会（SPJ）及美国许多主流媒体的规约中均认为"不应当购买新闻"。

刑事罪案犯罪人的故事是严肃新闻还是娱乐新闻？学者陈中原的研究表明，"付费除了公共利益的大前提外，还有两个小的前提条件：一是记者必须采取一切可能的步骤争取不付费，二是记者不得直接或间接向犯罪嫌疑人和同伙以及他们的家属、朋友以及同事等付费。而且一旦引起官司，在诉讼当中，记者或媒体必须明确承认其付费行为"。[1] 也就是说，媒体经常为购买犯罪故事而付费，但这可能是一个得不偿失的行为。

（三）给采访对象付费是否会降低报道的可信度

似乎并没有数据证明媒体付费或采访对象收费与新闻真实有何种关系，但是，正如罗恩·史密斯在其著作《新闻道德评价》中所说的那样："反对支票簿新闻的理由之一是如果有钱可赚，就会有人撒谎或夸大其词"，"反对支票簿新闻的理由之二是如果没钱可赚，很多人会隐瞒消息。……反对支票簿新闻的理由

---

[1] 陈中原："点击新闻职业道德关键词"，载《新闻记者》2007年第6期。

之三是支票簿新闻可能降低报道本身的质量"。

关于付费新闻的讨论，各国都很关注。英国、亚美尼亚、澳大利亚、斐济、尼日利亚、南非、韩国、澳大利亚以及加拿大魁北克省等9个国家和地区的职业道德准则对于记者或媒体向消息源付费的问题都作了具体规定。[1] 虽然各国并没有形成完全一致的态度，但共同特征是：对付费新闻的态度日趋严格。比如，澳大利亚几乎完全禁止付费采访；与澳大利亚相比，英国要宽松一些：一般禁止向消息源付费，但是为了公共利益可以例外。[2] 在美国，传媒界花钱买新闻的作法曾颇为风行，现在也不少见。不过，有数据表明美国媒体界对"付费采访"支持的比例近年来呈持续下降态势。美国多位学者（John Ehrlichman, David H. Weaver and Lou Prato etc.）均认为，付费采访在水门事件之后变得越来越风行，尤其是黄色小报和电视台将付费采访推向了登峰造极的地步。1984年，尼克松以十分高昂的价格接受了哥伦比亚广播公司60分钟栏目的采访，成为美国历史上付费采访的一个典型案例。美国青年费耶（Michael Fay）在新加坡被鞭打时，美国的黄色小报和电视台蜂拥而至展开付费采访攻势。1994年，歌手杰克逊（Michael Jackson）骚扰儿童事件曝光后，美国一家杂志（Hard Copy）向其保镖提供了10万美元的采访费。大卫教授（David H. Weaver, 1996）的调查数据显示，美国付费采访的形势似乎在发生某种变化。1982~1983年，35%的新闻杂志受调查者认为付费采访是正当的，为当年最高比例；其次是电视台、电信、日报和广播，最低的是周刊，他们当中分别有32%、30%、26%、26%、23%认为付费采访是正当的。可是到了1992年，所有媒体的受访者支持付费采访的比例都下降了，分别为25%、25%、22%、17%、23%和24%。10年间，平均支持率下降了7个百分点。[3]

新闻应当以免费的方式获得，任何形式的信息"购买"在根本上都与新闻产品的公共性相悖，也潜伏着新闻夸大或是虚假新闻的可能。而某些形式的"付费新闻"问题，如付费给中间人等是否完全视为"付费新闻"，则没有定论，需要媒体界或具体的媒体组织内部确立具体的专业要求。

6. 引语

6.1　绝对不能编造引语。

6.2　提供引语的来源及背景。

---

〔1〕陈中原："点击新闻职业道德关键词"，载《新闻记者》2007年第6期。

〔2〕张宸编著：《当代西方新闻报道规范》，复旦大学出版社2008年版，第159页。

〔3〕陈中原："点击新闻职业道德关键词"，载《新闻记者》2007年第6期。

> 6.3 不对原始消息作任何夸大、缩小或"合理添加"。
>
> 6.4 不轻易变动引语的原始顺序。如确需变动，应符合消息来源的原意。

【定义与背景】

（一）定义

新闻报道中的引语，主要指的是引用新闻中人物的话。有直接引语和间接引语之分。直接引语加引号表示，直接引述人物的原话。间接引证不加引号，由记者转述或概括介绍人物所说的意思，但必须忠实于人物谈话的原意。[1]

（二）背景

新闻工作者在引述消息源的表述时，无论是直接引语还是间接引语，均应以"符合消息源原义"为写作原则。但实践中，新闻报道大量存在编造引语、断章取义、不符合原意的重组语序、改变语气、添油加醋、移花接木等问题。凡此种种，均未达到"如实还原消息源提供的信息"的报道要求，不仅容易导致内容不同程度的虚假性，还有可能造成侵权的恶劣后果。

【典型案例】

案例一： **"千年极寒"的误传与记者的"合理补充"**

案例概述："千年极寒"的说法最初起源于 2010 年 10 月 7 日《扬子晚报》的一篇报道，题为"北半球今冬将迎'千年极寒'，中国恐难幸免"。报道中使用匿名波兰气象专家的警告，称：在"拉尼娜"现象影响下，欧洲可能将面临"千年一遇"的低温，中国等亚洲地区可能也难以幸免。之后，国内媒体广泛转载，造成棉花、煤炭、羽绒服等相关股价持续上涨。

之后，中国气象局等权威部门辟谣，称"千年极寒"是误传。《新快报》记者侯鹏飞、罗琼对这一假新闻的始末进行了调查，确定原报道所称波兰科学家确有其人，是波兰气象与水务管理研究所的气候学家科瓦尔沃斯基。但采访时，科瓦尔沃斯基表示对"千年极寒"之说一头雾水，他说自己 9 月初曾接受过波兰 TokFM 广播电台的访问，对方问："如果墨西哥洋流停止运动，世界会出现怎样的状况？"他以模式推断为基础发表了自己的看法，但并没有说欧洲将会遭遇千年一遇之冬。而后，TokFM 广播电台网站曾在 9 月 10 日登出了一则访问科瓦尔沃斯基的新闻，新闻的标题上赫然出现了"千年寒冬"的字眼，但内文对"千年极寒"之说只字未提。该网站文章被波兰多家媒体转发。中国大陆最早报道此事的媒体是《扬子晚报》，记者宋世锋在报道中，使用了大量俄罗斯 Regnum 新

---

〔1〕 甘惜分主编：《新闻学大辞典》，河南人民出版社 1993 年版，第 169 页。

闻网和英国《每日邮报》的内容，并在报道中首次将中国列入"千年极寒"范围。对此，他坦言："俄罗斯 Regnum 新闻网等的报道，确实没有提及中国，说的都是欧洲。我根据香港气象台等的预测，又做了补充。"[1]

案例评析：翻译和传播外国媒体的信息，与转载引用国内其他媒体信息的原则是一致的：即考察首发媒体的权威性，并对重要信息给予核实。"千年极寒"这条新闻实际上是外国同行的"标题党"行为，而国内的首发记者为使这一新闻有地域上的接近性，将中国"合理补充"进了"千年极寒"的范围。而这一虚假报道给当年工农业生产带来的负面影响却迟迟难以消除。

案例二：　　　　　　　**对政策错误解读：彩票＝博彩**

案例概述：中国新闻网在 2010 年 1 月 5 日根据国务院办公厅发布的《国务院关于推进海南国际旅游岛建设发展的若干意见》文件，发表了题为"海南国际旅游岛建设获中央诸多重大政策支持"的文章，具体刊发在"中国新闻网 – 新闻中心 – 经济新闻"版。之后，网易在其"新闻中心 – 滚动新闻"中全文转载、引用这一报道，但将标题改为"国务院批准海南试水博彩业建国际旅游岛"。上海社会科学院旅游经济研究中心郑世卿博士发表意见称，"试水博彩业"是媒体的错误宣传，彩票产业不是博彩产业，如果将即开彩票泛泛认为是博彩业，就是错误引导。

以下为两篇正文完全相同、标题不同并发表在中新网的首发文章及网易转发的文章：

中国新闻网 "海南国际旅游岛建设获中央诸多重大政策支持"

http：//www. chinanews. com. cn/cj/cj-gncj/news/2010/01 –05/2053323. shtml

网易 "国务院批准海南试水博彩业建国际旅游岛"

http：//news. 163. com/10/0105/02/5S7TVMA7000120GU. html

案例评析：这是网络媒体在解读加工新闻信息的过程中偷换概念的典型案例。网易在转载中新网新闻稿的时候对此做了一个简单的概念转换：竞猜型体育彩票和赛事即开彩票＝博彩业。其原因也许包括编辑缺乏对这一概念的正确认识，当然也可能是希望这样的标题吸引更大的关注。无论是过失还是故意，在后果上已造成了本篇报道的失实。

案例三：　　　　　　　**"老外撞大妈被讹"是假新闻**

案例概述：2013 年 12 月 3 日早上 5 点多，由中国国际广播电台主办的中央重点新闻网站"国际在线"发布了一组"老外街头扶摔倒大妈遭讹"的图片，图中

---

〔1〕 本案例根据财新网实习记者周锦帅采写的"董文杰：'千年极寒'以讹传讹"（载 http：//www. caing. com/2010 –10 –22/100191227. html，2010 年 10 月 22 日）等文章编写而成。

大妈一脸痛苦,外国小伙一脸无辜。报道称,一名东北口音女子在经过一个骑车老外旁边时突然摔倒,随即瘫软倒地不起。外国小伙下车急忙搀扶女子,却被女子一把揪住,自称被老外撞到腿部受伤无法行走,需要该老外负责。外国小伙大惊失色,却被女子死死拖住。最后双方在调解下,外国小伙不得不给付1800元"医药费",女子方才作罢自行离开。人民日报官方微博当天7点48分转载了此组图片。随后,这条新闻被广泛传播。凤凰网联系到了图片拍摄者李先生,据他介绍,12月2日上午10时30分许,他驾车路过北京朝阳区香河园路与左家庄东街路口时,看到一名四五十岁的女子摔倒在路上,一名外国男子将其扶至路边,两人发生拉扯。凤凰网记者还联系了外国男子的女友王女士,她证实,经检查女子有轻微的皮外伤。稿件还证实,支付1800元是在警方的调解之下发生的。

但是,事情很快发生了逆转。12月3日12点35分新京报网的报道《目击者:"老外扶摔倒大妈遭讹"与事实不符》提供了进一步的细节。记者走访事发地点,采访到两位目击者,证实大妈并非"碰瓷",当时老外骑一黑色无牌摩托,车上还带有一名女子。其中一位目击者还提供了视频,老外不断用流利的中文骂人。随后,北京市公安局的官方微博"@平安北京"发布了官方调查结果,通过调看路口监控视频等调查手段,最终给出了权威结论:中年女子经过人行横道时,被一外籍男子驾驶摩托车撞倒。在现场处理过程中,倒地女子称身体不适,民警立即拨打120将其送往附近医院。经检查,该中年女子伤情轻微。老外无证驾驶,车辆被扣且受处罚。[1]

图:老外撞大妈现场[2]

案例评析:自媒体时代,信息发布技术、渠道都不再专属新闻传播行业。只要掌握简单的技术,任何人都可以通过网络平台"发布"信息。"老外撞大妈"

---

〔1〕 年度虚假新闻研究编写组:"2013年十大假新闻",载《新闻记者》2014年第1期。

〔2〕 图片来源:http://www.qianzhan.com/indynews/detail/285/131203 - c8497c40.html.

的新闻始发于一位自由摄影师，他将拍好的照片传至商业图片库汉华易美（CFP），后由中央重点新闻网站"国际在线"采用。"国际在线"隶属于中国国际广播电台。接着，人民日报官方微博转载了此组新闻图片。

此事件透露出的问题有：①商业图片库汉华易美是否有甄别并核实信息的职责是一个值得讨论的话题。②国际在线和人民网未加核实就相信并发布这个信息则是毫无疑问的失职行为。③虽然是自由摄影师首先将"市井小民、碰瓷、外国人"联系到一起，想象出了一个"事实"，但专业媒体的网站的转发行为表明：这一虚假的事实却甚为符合他们的基本判断。可见，这种先入为主的"判断经验"才是导致新闻反转的根本原因所在。

【依据】

（一）道德依据

《中国新闻工作者职业道德准则》（2009 修订）

第三条 坚持新闻真实性原则。要把真实作为新闻的生命，坚持深入调查研究，报道做到真实、准确、全面、客观。

1. 认真核实新闻消息来源，确保新闻要素及情节准确；

2. 报道新闻不夸大不缩小不歪曲事实，不摆布采访报道对象，禁止虚构或制造新闻。……

3. 摘转其他媒体的报道要把好事实关，不刊播违反科学和生活常识的内容。……

（二）政策依据

《关于严防虚假新闻报道的若干规定》（2011）

第一条 新闻记者开展新闻采访活动必须遵守国家法律法规，严禁编发虚假新闻和失实报道。……

（三）新闻记者编发新闻报道必须坚持实事求是，不得发布虚假新闻，严禁依据道听途说编写新闻或者虚构新闻细节，不得凭借主观猜测改变或者杜撰新闻事实，不得故意歪曲事实真相，不得对新闻图片或者新闻视频的内容进行影响其真实性的修改。……

第二条 ……

（三）新闻机构要严格使用社会自由来稿和互联网信息制度，不得直接使用未经核实的网络信息和手机信息，不得直接采用未经核实的社会自由来稿。对于通过电话、邮件、微博客、博客等传播渠道获得的信息，如有新闻价值，新闻机构在刊播前必须派出自己的编辑记者逐一核实无误后方可使用。

（四）新闻机构必须完善新闻转载的审核管理制度。转载、转播新闻报道必须事先核实，确保新闻事实来源可靠、准确无误后方可转载、转播，并注明准确的首发媒体。不得转载、转播未经核实的新闻报道，严禁在转载转播中断章取义，歪曲原新闻报道事实，擅自改变原新闻报道内容。

……

（三）法律依据

《中华人民共和国民法通则》（2009 修正）

第五十五条　民事法律行为应当具备下列条件：

……

（二）意思表示真实；

……

【编写组观点】

新闻报道中，无论事实或观点——除了直接引用的以外——大多要由新闻工作者重述。而符合消息源的本意，是新闻工作者重述时的最重要原则。当然，新闻工作者在对信息的加工与呈现过程中，必然地带有其个人对报道内容上的理解，通过组织语言、挑选采访内容、重新安排语序等专业技术实现。专业的文字处理能够使报道主题明晰、表达方式易于理解，有利传播。但新闻技术加工的原则应确保符合消息源的原意。因为新闻报道中的"大部分问题并不来源于我们所用的事实，而是来自我们描绘它们时所使用的词，像副词和形容词。我们怎么说就如同我们说什么一样重要"[1]

违反消息源原意的表现包括：故意或过失地曲解消息源提供的信息（包括使用蒙太奇等技术手段断章取义）；编造（添加）事实或是编造引语、张冠李戴、移花接木、为突出某种情绪添加程度副词、形容词和语气词、过失或故意偷换概念，等等。无论以上哪种情形，都在极大程度上破坏了新闻报道的真实原则，同时也有可能给新闻媒体或新闻工作者带来侵权的法律风险。

新闻写作过程不应包括小说式的"想象"与"虚构"，必须如实反应消息源的本意，而非虚构那些"应该"由消息源提供的信息。当然，这并不是说报道中的引语或是事实内容不能有一丝一毫的改动，凡是符合原意的文字及文章结构上的专业处理均是新闻产品加工的正当程序。

另外，媒体融合时代中，UGC 机制（用户产制内容）已经成为目前的信息发布机制之一，它几乎不存在信息发布技术和发布渠道的门槛。但一般而言，如果

---

[1] 布兰特·休斯顿著，张威等主译：《调查记者手册：文件、数据及技巧指南》，南方日报出版社2005 年版，第622 页。

29

没有职业背景作为依托，一般意义上的发布者仅凭"私信力"，很难产生更大范围的影响。专业媒体及其网络平台实质上仍然是相对权威和拥有公信力的发布机构。因此，专业媒体甄别信息、核实信息的责任与能力在这时就显得更为突出。

因此，传统媒体、传统媒体的网络平台、有影响力的商业网站，在进行信息发布、转载时均应严格履行核实义务。应当依照采访记录与录音核实，确保准确理解、表达采访对象的原意；除非来自于权威消息源，否则转载时，应对关键事实重新确认。

7. 与消息源保持距离

7.1 必须注意消息源提供信息的利益诉求，不与其发生经济关联或感情纠葛。（见"30. 避免利益冲突"）

7.2 慎重对待主动爆料或与所报道事件存在利害关系的消息源，对其提供的信息应谨慎求证、多渠道核实，谨防被其摆布或利用。

7.3 除非确有必要，不介入所报道的事件中。

【定义与背景】

（一）定义

"保持距离"是指新闻报道者与消息源（包括信息提供者和被报道者）之间，应保持适当的空间距离、心理距离、利益距离、情感距离等。保持距离的目的是防止由于过度的亲近而破坏报道的独立性。

新闻媒体应合理怀疑消息源提供信息的动机，即确认消息源（采访对象）提供的事实性内容，使之尽量符合客观发生的事实，确保新闻真实。

报料是对消息源主动给媒体提供信息行为的一种俗称。报料者又可以被称为新闻线人、观众、坊者，其报料行为是主动的，包括热线电话、观（听）众来信等形式。

（二）背景

新闻报道的客观性标准，以及"记录者"的职业定位均要求编辑记者尽量不要介入和影响事件，实际就是要与消息源保持适当距离。当他们之间距离过近，如采编人员与被报道对象或者信息提供者产生感情或金钱利益时，采编人员可能就会站在消息源的立场上看问题，难以在报道的事实和态度上保持独立性，报道的客观性也会受到影响。

在物理空间和感情空间中保持距离意味着：合理怀疑消息源的动机和意图，防止采编人员被消息来源提供的不实信息误导而制作出虚假报道。

【典型案例】

案例一：   央视女记者李敏受贿案

案例概述：2008 年 10 月 22 日、10 月 30 日，中央电视台记者李敏受吴晓华（另案处理）之托，分别到山西省太原市人民检察院、太原市杏花岭区人民检察院和广东省惠州市政法委、惠阳区委进行采访，对太原市杏花岭区人民检察院正在侦查的吴晓华之兄吴某某涉嫌犯罪一案施加影响。其间，在太原市、北京市、惠州市等地，李敏先后收受吴晓华的贿赂 3.7 万元。法院认为李敏在从事公务活动中，利用其对社会公共事务进行采访、报道，行使舆论监督的职务便利，非法收受他人贿赂，为他人谋取利益，其行为已构成受贿罪。山西省太原市杏花岭区法院一审以受贿罪判处李敏有期徒刑 3 年，缓期 4 年执行。宣判时，李敏当庭表示不上诉。另据媒体报道，李敏与吴存在情感关系。[1]

案例评析：记者从事新闻采编，贵在坚持客观、公正的立场。然而本案的被告却与被采访对象存在两重密切的利益关系：一是金钱关系，二是情感关系。这不仅严重混淆了自己的采访报道行为的目的——是采访、新闻监督，还是回应送款人的请托，或者帮助朋友？使自己的身份模糊不清——是记者、朋友，还是情人？也令有关方面抓住了把柄，最后被判有罪。这是非常深刻的教训。

案例二：   职业记者参与企业间的不正当竞争被判刑

案例概述：辽宁电视台记者周密因参与编造梦宝床垫存在所谓质量问题的虚假新闻，于 2005 年 4 月被法院判处损害商品声誉罪，单处罚金 2 万元，并被开除公职。

《成都日报》的报道称：2002 年 10～11 月间，沈阳市赛世家具制造有限公司法定代表人王振亮向辽宁电视台记者周密提出，梦宝床垫与自家生产的床垫质量相当，但价格、销量都比自家产品有优势。12 月初，在未对梦宝床垫进行质量鉴定的情况下，王振亮与周密预谋并实施曝光梦宝床垫所谓"黑心棉"问题。王振亮购买了两张梦宝床垫，并找来韩庚沃充当梦宝床垫的消费者，接受周密"采访"。周密为韩庚沃及其母亲组织语言，编造"梦宝床垫有异味、小孩睡了身上长疙瘩、找厂家没人管"等虚假事实，录制《韩先生的烦恼》在辽宁电视台"生活导报"栏目播出。周密还将"线索"提供给沈阳电视台记者王月珠。王月珠录制的《名牌床垫哪来垃圾棉》在沈阳电视台"直播生活"栏目播出之后，梦宝公司向沈阳市公安机关报案。[2]

---

〔1〕 部分参见"央视女记者受贿被判三缓四"，载《新快报》2009 年 8 月 5 日，第 A23 版。
〔2〕 "辽宁一记者造假新闻 被判损害商品声誉罪并开除"，载人民网 http://media.people.com.cn/GB/40606/3520499.html，转引自《人民日报》2005 年 7 月 6 日，第 4 版。

　　案例评析：企业竞争是一种正常现象，是市场经济存在活力的表现。但是，不正当竞争却是法律所禁止的，其中就包括捏造并散布虚假事实，损害他人商业信誉、商品声誉的行为。如果新闻工作者参与这些活动，同样要承担刑事责任。本案被告人记者帮助商业竞争中的一方策划宣传方案来打击竞争对手，整个方案具体周详，记者还帮助虚假的被采访对象组织语言，编造事实，不仅在自己所在栏目播出，还提供给同台的其他栏目扩大影响。这些行为严重背离了记者的职业角色，也严重滥用了记者的职业权力，不仅谈不上与被采访对象"保持距离"，而是将商人、记者、企业公关、编剧、导演、演员、打手等角色均混在了一起。

　　【依据】

　　（一）道德依据

<h3 style="text-align:center">《中国新闻工作者职业道德准则》（2009 修订）</h3>

　　第四条第三项　坚决反对和抵制各种有偿新闻和有偿不闻行为，不利用职业之便谋取不正当利益，不利用新闻报道发泄私愤，不以任何名义索取、接受采访报道对象或利害关系人的财物或其他利益，不向采访报道对象提出工作以外的要求。

<h3 style="text-align:center">《新闻记者证管理办法》（2009）</h3>

　　第十九条　新闻采访活动是新闻记者的职务行为，新闻记者证只限本人使用，不得转借或者涂改，不得用于非职务活动。

　　新闻记者不得从事与记者职务有关的有偿服务、中介活动或者兼职、取酬，不得借新闻采访工作从事广告、发行、赞助等经营活动，不得创办或者参股广告类公司，不得借新闻采访活动牟取不正当利益，不得借舆论监督进行敲诈勒索、打击报复等滥用新闻采访权利的行为。

　　（二）政策依据

<h3 style="text-align:center">《关于禁止有偿新闻的若干规定》（1997）</h3>

　　第一条　新闻单位采集、编辑、发表新闻，不得以任何形式收取费用。新闻工作者不得以任何名义向采访报道对象索要钱物，不得接受采访报道对象以任何名义提供的钱物、有价证券、信用卡等。

　　（三）法律依据

<h3 style="text-align:center">《中华人民共和国刑法》（2011 修正）</h3>

　　第一百六十三条　公司、企业或者其他单位的工作人员利用职务上的便利，索取他人财物或者非法收受他人财物，为他人谋取利益，数额较大的，处 5 年以下有期徒刑或者拘役；数额巨大的，处 5 年以上有期徒刑，可以并处没收财产。

　　公司、企业或者其他单位的工作人员在经济往来中，利用职务上的便利，违反国家规定，收受各种名义的回扣、手续费，归个人所有的，依照前款的规定处罚。

……

第二百二十一条 捏造并散布虚伪事实，损害他人的商业信誉、商品声誉，给他人造成重大损失或者有其他严重情节的，处 2 年以下有期徒刑或者拘役，并处或者单处罚金。

【编写组观点】

"刺猬理论"表明，两只刺猬间无论是为了取暖还是相爱，二者均应在空间上保持一定的距离，才利于彼此的安全。采编人员与消息源"保持适当距离"的原则正是刺猬理论在新闻职业关系中的延伸。在新闻采编人员与消息源这个具体的关系中，"适当距离"包括适当的空间距离、适当的心理距离和适当的利益距离。

"空间距离"指采编人员与消息源之间仅是采访与受访的职业关系，在物理空间的行为上，也尽量将二者关系限于职业行为关系内。这一原则并非生硬强调记者不能和消息源吃饭、喝茶、聊天，而是说：空间距离的拉近或接触的频率增加，很容易带来心理认同，记者容易对消息源产生同情、理解或完全认可的非职业感情，于是倾向于从消息源角度看待和处理问题。比如空间接近带来的"斯德哥尔摩综合征"。

"心理距离"指采编人员有义务培养自己的"消息源"；同时，又要从心理上与消息源保持距离。这一距离远到不让消息源在心理上对采编人员产生防范和抵触，近到不让消息源认为采编人员与其完全站在同一立场上。采编人员不能将消息源视作朋友或潜在的朋友；同时要谨防消息源认为自己是朋友。如果消息源认为记者是朋友，则可能在采访中产生心理错位，讲出一些只有朋友间才会讲的话，若此内容发表，未预知这一结果的消息源有可能反悔，甚至起诉采编人员诱导采访，这并不是新闻报道预求的结果。因此，采编人员与消息源始终都应理性、明确看待彼此之间的关系，防止任何一方产生心理错觉。

最后是"利益距离"，要保证采编人员与消息源没有利益关系或利益冲突，采编人员与消息源间没有工作及金钱或与金钱相类的代金卡、礼物等关系。（详见《守则》"五、利益冲突"内容）

越是公信力高的媒体，在其平台上发布的信息就越有影响力，媒体的社会影响力及其所能带来的利益又往往被人觊觎。大到政府机构、利益团体、公益组织，小到普通老百姓，都认可媒体平台具有放大器的作用。因此，一些商家、机构想方设法主动联络媒体，自愿披露信息，以期得到宣传。商家或是机构披露信息的动机很容易揣摩，无非是企业宣传与扩大知名度的目的，也因此容易分辨其提供内容的真伪。比如，带有广告性质的软文对于专业程度较高的媒体人来说，就比较容易识别。但是，当报料人是处于弱势状态的老百姓，他们联系媒体的目的是寻求生存帮助时，媒体和采编人员很容易引发同情，容易从感情上倾向于选择相信他们提供的信息。《南方周末》曾这样总结报纸的社会责任："让无力者有力，让悲观者前行"；美国采编人员协会（SPJ）的规范中也提到：我们应当"给无声者以说话的权利（Give voice to the voiceless）"。因此，同情心确实是职业媒体人的重要品格之一。但是，弱势群体同样会有自己的利益诉求，也可能出于一己考虑，选择性地给媒体透露信息以达到自己的目的。媒体工作者在尊重每个消息源的同时，应当合理怀疑消息源接近媒体的动机，始终保持警惕，不轻信一面之词、滥施同情，而是始终保持警觉，聆听两面说法，因为只有真实全面地报道，才能帮助社会走向公平正义。

总之，采编人员与消息源之间应自始至终保持一定的距离，设想报道发表对谁有利，使用双渠道/多渠道信息核实的方法确认信息的真实性，还应当以空间、心理、利益上的适当距离确保报道的独立、平衡与客观。

8. 尊重采访报道对象的合理要求

8.1 采访中主动出示证件或清楚表明职业身份。

8.2 就个人隐私（见"19. 隐私"）进行采访，应取得采访对象同意。

8.3 对专业问题进行采访，应与专家沟通。

8.4 遵守对采访报道对象的承诺，如寄送样报、通知收听收看等。

【定义与背景】

（一）定义

媒体应当维护采访报道对象的合法权益，尊重受访对象所提出的合乎道德、事理或风俗习惯的要求，在不影响其工作、生活，不带来不必要伤害的前提下进行采访工作。

（二）背景

采访报道工作可能会给受访对象的工作或生活造成困扰，甚至使他们的权利受到侵害。因此，有时候采访报道对象会对媒体记者提出一些要求，例如审核稿件/节目内容的要求、隐匿真实身份的要求。在特定的采访活动中，媒体记者是否应该尊重采访报道对象所提出的要求，应先判断这些要求是否合法合理。

【典型案例】

案例一：　　　黄健翔在博客爆《南方周末》采编人员
未遵守给其看稿的承诺

案例概述：2006 年 11 月 23 日，《南方周末》发表报道"猖狂黄健翔"，文章署名是特约撰稿吴月花（实名吴虹飞）。黄健翔对文章内容及发表程序均表示不满意。他在博客上说，采编人员吴虹飞在采访他时，承诺文章发表前一定会给新闻当事人核对。但事实上，在黄接受完采访后，吴虹飞长时间"不接听、不回应"他的电话。

2006 年 11 月 26 日，黄在博客中发表了"很抱歉我没帮你作成张玉（钰?）"。一周后，黄健翔再次在博客中写下了低俗的文字怒骂吴虹飞。2006 年 12 月 1 日，吴虹飞在凤凰网上发表了"关于黄健翔事件的十点说明"，在帖子里澄清了采访黄健翔所引起的十大疑问，并回应说"黄健翔没有说要看稿"。

2006 年 11 月 30 日，"南方周末职业规范委员会"启动了调查程序，随后公布了结论性的意见，认为特约撰稿人吴虹飞在采访后因"怕麻烦"多次未接采访对象的电话，此举有违报社新闻职业规范，建议采编中心给予批评，并提请本报所有采编人员以此为鉴。[1]

案例二：　　　　　　　　"最残忍的采访"

案例概述：2011 年 11 月 8 日，《南方都市报》记者成希发表题为"妻子遭联防队员毒打强奸，丈夫躲隔壁'忍辱'一小时"的报道。报道称，安徽阜阳人杨武与妻子王娟（均系化名）在深圳宝安区西乡街道租房开了间修电器的小店，10 月 23 日晚，杨武的同乡、西乡街道社区治安联防队员杨喜利来到他们家，毒打并强奸了王娟，杨武出于恐惧，在杨喜利对妻子施暴的过程中始终躲在杂物间报警，未敢出来制止。面对后来的责骂，杨武称自己"软弱、窝囊、没用，是世界上最窝囊和最没用的丈夫"。

这篇报道引起了社会的广泛关注，媒体记者蜂拥而至，用摄像机、相机、话筒和录音笔将杨武及王娟团团围住，一遍又一遍地向他们逼问事件的经过。面对媒体的镜头和逼问，王娟抓着床单将脸捂得严严实实，杨武埋头跪在地上，用带着哭腔的声音说，"我忍受的是所有男人不能忍受的耻辱和压力，我不愿意回忆，求求你们了，出去好吗?"

这一事件被媒体评价为"最残忍的采访"。[2]

---

　〔1〕　本案例根据"猖狂黄健翔"（载《南方周末》2006 年 11 月 23 日）以及黄健翔、吴虹飞博客内容整理。

　〔2〕　"最残忍采访有违新闻伦理"，载《中国青年报》2011 年 11 月 12 日。

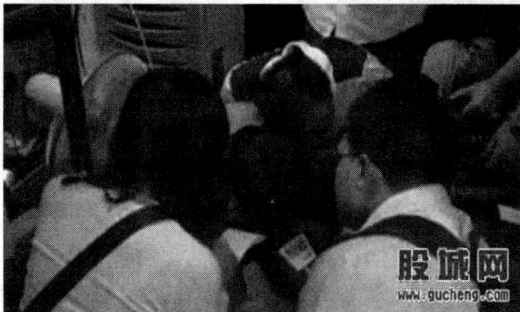

【依据】

道德依据

《中国新闻工作者职业道德准则》（2009 修订）

第六条第二项 维护采访报道对象的合法权益，尊重采访报道对象的正当要求，不揭个人隐私，不诽谤他人。

【编写组观点】

有时采访报道对象为了避免受到伤害，会对媒体记者提出一些要求，例如审核稿件/节目内容的要求、隐匿真实身份、录音录像提前被告知，有时甚至拒绝接受采访。无论采访报道对象提出何种要求，实际上都给媒体记者的采访工作造成一定的麻烦或阻碍。

一些媒体记者会尊重采访报道对象提出的合理要求，而一些媒体记者为完成采访工作，则忽视或拒绝采访报道对象的要求。在实际的采访活动中，媒体与采访报道对象的关系是复杂多变的，媒体记者是否应该尊重采访报道对象所提出的要求，应先判断这些要求是否合法合理。

比如：编辑、采编人员如何看待及应对消息源审核稿件文字、节目影像的要求？在现实中，根据动机、目的、结果等不同角度考察，看稿或审稿问题可以区分出多种情况；并且，消息源主体又可以区分为机构与个人。

首先，"看稿"和"审稿"概念不同：前者是被报道者担心发表会给个人带来负面影响，或为了订正、核对相关技术词汇，使报道更准确和专业；后者则是居高临下地审查，进而可能要求改变报道主题或报道重点。另外，如果消息源是负有公开信息义务的政府机构或个人，那么媒体的处理标准也不同。当以上情况出现交叉时，比如：同为公职人员，其要求审核其在执行公务行为的报道，与其个人生活（尤其是个人隐私）的报道内容上，媒体对待的原则又不同。前者以公众知情为原则，采编者应当不接受审核稿件的要求；后者以保护公民隐私为第一原则，应从"保护和避免伤害的角度"给予配合。

　　具体而言，编辑记者可以答应消息源看稿或审核稿件的条件如下：

　　1. 是为了"订正相关技术词汇、表达专业、引语"，而不是"改变报道实质内容"。新闻工作是将各领域的"专业词汇"翻译成"新言新语"，需要与受访人或被报道人就相关信息核实确认；新闻报道中所使用的"直接引语"若有失实，由说话人负责，因此应请说话人确认引语为其表达原义；有时采访体现为对声音的记录，可能存在"疏忽与笔误"，也有理由请采访对象审看一些具体的表述和用词。以上情况中的"审核"的目的，是在尊重稿件或节目主题的前提下，使报道更加专业和准确。

　　2. 出于保护特殊报道领域中的被报道人的安全和名誉的考虑。报道特殊领域，如报道犯罪、艾滋病、宗教活动等领域时，被报道人出于担心自己安全的想法，要求审看稿件或节目时，记者应当配合甚至主动提出这一要求，并以保护为目标适当修改报道表述方法。

　　因此，为了保护被拍摄者、保证报道的准确和专业，媒体记者可以承诺一定程度上的"审核"、合理修改稿件的要求。有条件的、局部的"看稿或审稿"非但不会破坏媒体的独立性，还可以适当提高报道的准确度。同时，也因为允诺受访者审核其提供信息的行为，媒体或记者更容易获取其信任，最终争取到更多的采访机会。除此之外，大规模、全篇幅的审稿行为是和媒体报道独立性相冲突的。

　　除此"看稿要求"外，一般公民有拒绝采访的权利，媒体或记者应当对这一权利表示尊重；采访对象要求匿名的问题请参见《守则》第4条"匿名消息来源"。

二、公共事务

9. 公共利益

> 9.1 关注、传播、解释、评论以下事项符合"公共利益":
> (1) 揭露犯罪;
> (2) 政府依法应当主动公开和重点公开的信息;(详见附件1)
> (3) 公共政策与法治;
> (4) 公众的安全与健康;(见"12. 报道突发事件")
> (5) 公务活动是否依法进行;
> (6) 国有企业、民间公共机构、公益服务与慈善活动是否依法进行。
> 9.2 对是否属于公共利益应当谨慎评估,不宜任意扩大解释。
> 9.3 某些公众感兴趣的事件虽然有一定的新闻价值,但未必与公共利益相关。

【背景】

"公共利益"是一个跨学科的、含意丰富的综合概念。在政治学、法学、社会学、伦理学等学科领域都十分重要,并且都有特定的相对概念与范畴。在我国新闻传播学学术界,目前尚未对这一概念形成共识。本条只是严格确定了大众传播领域中的公共利益,既是试图为这一被媒体业广泛使用的重要概念找到符合法治精神与传媒社会责任的可供操作的方法,也是试图避免与其他专业领域的公共利益概念相冲突,特别是避免对公共利益概念做出轻率定义与解释,从而导致对公共利益概念的滥用。

【典型案例】

国脚涉嫌赌球关涉公共利益,媒体有权监督

案例概述:2002年6月,在一场重要的国际比赛中,球星范志毅表现失常,某媒体发表《范志毅涉嫌赌球》的报道,此后通过一系列连续报道,最后该媒

体澄清了传闻，发表了《真相大白，范志毅没有涉嫌赌球》一文。范向法院起诉该媒体侵害名誉权。该案于 2002 年审结。法院主要从三个方面对案情进行了分析说理，其中第三部分指出：表面上看赌球传言只关系到个人私事和名誉，当其在特定背景下，与世界杯和中国足球队联系在一起时，便不再是范志毅本人的私事和名誉，而成为了社会公共利益的一部分，被告对这一焦点话题进行调查和行使报道与舆论监督权并无不当——"即使原告认为争议的报道点名道姓称其涉嫌赌球有损其名誉，但作为公众人物的原告，对媒体在行使正当的舆论监督过程中，对可能造成的轻微损害应当予以容忍与理解"。[1]

【依据】

（一）道德依据

《中国新闻工作者职业道德准则》（2009 修订）

第一条　全心全意为人民服务。……

1. 积极宣传党和政府的重大决策部署，及时传播国内外各领域的信息，满足人民群众日益增长的新闻信息需求，保证人民群众的知情权、参与权、表达权、监督权；

2. 牢固树立群众观点，把人民群众作为报道主体和服务对象，多宣传基层群众的先进典型，多挖掘群众身边的具体事例，多反映平凡人物的工作生活，多运用群众的生动语言，使新闻报道为人民群众喜闻乐见；

3. 积极反映人民群众的正确意见和呼声，批评侵害人民利益的现象和行为，依法保护人民群众的正当权益。

《从事未成年人电视宣传工作自律公约》（2007）

第四条　本公约遵循以下原则：

（一）保障未成年人合法权益，尊重未成年人人格尊严原则。

（二）最大限度避免伤害未成年人原则。

（三）对未成年人受害者、证人、辩护人的保护力度与未成年人犯罪嫌疑人、未成年人罪犯一致的原则。

（二）政策依据

《新闻出版总署关于进一步做好新闻采访活动保障工作的通知》（2008）

一、要依法保护新闻机构和新闻记者的合法权益。新闻机构对涉及国家利益、公共利益的事件依法享有知情权、采访权、发表权、批评权、监督权，新闻机构及其派出的采编人员依法从事新闻采访活动受法律保护，任何组织或个人不得干扰、阻挠新闻机构及其采编人员合法的采访活动。各新闻机构及其主管部门

---

〔1〕　参见上海市静安区人民法院（2002）静民一（民）初字第 1776 号民事判决书。

有责任和义务为所属新闻记者从事新闻采访活动提供必要保障，保护他们的合法权益。

二、要支持新闻记者的采访工作。各级政府部门及其工作人员应为合法的新闻采访活动提供相应便利和保障，对涉及公共利益的信息应及时主动通过新闻机构如实向社会公布，不得对已经核实的合法新闻机构及新闻记者封锁消息、隐瞒事实。

（三）法律依据

《出版管理条例》（2011 修订）

第四条 从事出版活动，应当将社会效益放在首位，实现社会效益与经济效益相结合。

第五条第二款 公民在行使出版自由的权利的时候，必须遵守宪法和法律，不得反对宪法确定的基本原则，不得损害国家的、社会的、集体的利益和其他公民的合法的自由和权利。

《广播电视管理条例》（1997）

第三条 广播电视事业应当坚持为人民服务、为社会主义服务的方向，坚持正确的舆论导向。

《互联网新闻信息服务管理规定》（2005）

第三条第一款 互联网新闻信息服务单位从事互联网新闻信息服务，应当遵守宪法、法律和法规，坚持为人民服务、为社会主义服务的方向，坚持正确的舆论导向，维护国家利益和公共利益。

《儿童权利公约》（1992 年 4 月 2 日在中国生效）

第三条 1. 关于儿童的一切行动，不论是由公私社会福利机构、法院、行政当局或立法机构执行，均应以儿童的最大利益为一种首要考虑。

【编写组观点】

在信息社会，随着信息的高速流动，人们对以信息为主要产品的媒体的依存度越来越高。而信息的高速流动，也带来这样一个问题：针对某一现象，各种各样的观点都会迅速地在大众媒介所提供的信息平台上激烈碰撞，如果没有对公共利益的清晰准确认识，不仅受众会陷于信息的汪洋大海中，媒体也会在诸多的观念思潮中无所适从。

"公共利益"这一概念在法学、政治学、社会学及新闻传播学领域都存在。研究表明，不论在哪一个领域，这一概念的不确定性（利益的不确定性及受益人的不确定性）都让古今中外的学者们争论不休。近年来，仅仅是法学领域，对公共利益的解释就有十种之多。因此，任何学科定义这一概念努力都十分艰难。

在新闻传播领域，"公共利益"概念也呈现复杂的情形——它既是媒体履行社会责任的旗帜，也是媒体面对侵犯人格权诉讼时的抗辩理由，同时它也是政府及其他公权力机构对新闻报道进行管理与控制的原因。这一概念有广泛的适用性，公众、媒体、政府及法院均予以认同，但不同主体对其内涵的认识可能存在差异，甚至是较大的差异。

根据上述情况，本守则回避了定义的问题，将之交给理论界继续讨论，同时以列举的方式，说明新闻工作者认定的"公共利益"都有哪些，而哪些并不被新闻工作者认为是公共利益。

关于9.1。对媒体而言，"公共利益"的理由常常用以主张公民权利，比如对公共事务知情的权利，以及对国家机关及国家工作人员批评、建议、控告、申诉的权利；同时也被用以对抗某些个人权利，包括名誉权、隐私权等。但关于这一点也并不那么简单、直接，比如，英国大法官李启新就认为，"保护人的名誉符合公共利益"；而英国报业投诉委员会2011年修订的《英国新闻工作者业务准则》也指出："表达自由本身也是一种公共利益"。如果说新闻媒体及其从业者需要某些特别的保护与支持，那么再没有什么其他的理由比"公共利益"的理由更能被社会所接受。同时，这一概念与政治领域的"全心全意为人民服务"的理念也不谋而合，与《中国新闻工作者职业道德准则》第1条规定的基本精神完全一致。

关于9.2。守则以列举的方式说明新闻工作者认定的公共利益的内容。

（1）揭露犯罪。犯罪具有社会危害性，揭露犯罪是为公众及社会利益服务，并且越是针对不特定的多数人的犯罪，如涉及食品、药品、环境、公共安全、社会秩序、恐怖主义等方面的犯罪，媒体越能够以维护公共利益的理由予以揭露。需要注意的是，并非所有的犯罪形态都适于大众传播的介入，某些涉及家庭关系的案件，特别是法律准许和解的自诉案件（见附件），是否应当主张公共利益应当谨慎权衡，以避免当事人失去和解的机会。

（2）由《中华人民共和国政府信息公开条例》第9、10、11、12条规定的事项。这几条规定的是政府及相关公共服务机构应当主动公开或重点公开的公共信息。这是公众对公共信息知情权的法律源头。一个闭目塞听的人无所谓表达，只有知情权获得保障，表达权、批评权、监督权才是有源之水，有本之木。而知情权只有与公共信息对接时，才具有了公共利益的内核，才能避免对知情权概念的滥用。

（3）对公共政策的关注、传播与解释。公共政策的制定与执行涉及社会全体公民的利益。我国媒体承担着大量的传播、解释公共政策的任务，它通常被定义为"宣传"，遵循"正面宣传为主"的方针。但这并不是大众媒体与公共政策关系的全部内容。我国的改革开放是渐进的，政府的方针政策具有阶段性的特点，法制也在逐步调整中。媒体对公共政策的关注常常会有效推动某些制度性的改革。比如媒体对孙志刚之死的关注，结束了侵害人权的原城市收容遣送制度；媒体对"强拆"问题的持续关注，推动国务院出台新的《国有土地上房屋征收与补偿条例（草案）》，废除了行政强制拆迁制度等。

（4）公众的安全与健康。环境（如核泄漏、水污染、雾霾）、食品（如有毒奶粉、食品添加剂、地沟油）、药品（如滥用抗生素类药品）、治安（如酒后驾驶）、重大公共卫生事件（如非典）、自然灾害（如地震、水灾、火灾等）、安全事故（如矿难、交通事故）均与不特定的多数人的生命安全与健康有关，无疑属于公共利益。这类报道的特点是时间紧迫，否则将危及更多人的生命与健康，应当及时被公众知晓，并应当及时采取措施。不可否认，在特定的情况下，某些公权力机关或公权力人士或责任人出于各种原因，会隐瞒真相，此时，新闻工作者应当勇敢地将真相告知公众，以便推动政府及公民、法人及时采取各种措施，避免公共利益遭受更大损害。

（5）公务活动是否依法进行。公务活动是为公众提供公共服务产品的过程。中国共产党明确提出"依法执政"，我国宪法也已经确立"依法治国，建设社会主义法治国家"的目标，同时政府也秉持"依法行政"的原则，建设法治政府。因此，公务活动是否依法进行（是否依法执政、依法治国、依法行政）成为影响所有公民利益的事项。《宪法》第41条明确规定："中华人民共和国公民对于任何国家机关和国家工作人员，有提出批评和建议的权利；对于任何国家机关和国家工作人员的违法失职行为，有向有关国家机关提出申诉、控告或者检举的权利。"这一规定成为公众和新闻工作者履行对公务活动的监督权、批评权的重要依据。

（6）国有企业、民间公共机构、公益服务与慈善活动是否依法进行。国有企业与私营企业有所不同。它所经营的是全民所有的财产，因此公众对其经营活动是否依法进行有权知情，有权监督与批评。比如网络及媒体追问中石化广东石油分公司负责人狂购天价酒事件，各媒体做出了不同的解读。此事如果发生在私营企业老板身上，并不值得大惊小怪，也许还是拉动消费的好消息，但发生在国有企业，尤其是垄断性国企，这种一掷千金的消费行为则损害了公共利益，因此公众有权知道，媒体应当追问与监督。民间的环保组织、慈善组织因向公众提供部分公共服务产品，并吸纳了公众的慈善捐款，那么善款是否依法运作，资金流向何方，公众就有权知道，媒体就有权追问与监督。

关于9.3。该款主要解决"什么不是公共利益"的问题，目的在于避免这一原则被滥用。由此提出媒体主张公共利益时应当遵循的两个原则，即：谨慎评估；不任意扩大。二者体现了十分严肃的态度，均是为避免新闻工作者在公共利益的理由下损害公民个人的合法权益，体现出新闻工作者在公共利益和个人合法权利间谨慎寻找平衡点的不懈努力。

公共利益原则一般不适用于涉及未成年人的事项，这主要是由于我国已经加入的联合国《儿童权利公约》中确认了对儿童权利最大限度保护的原则；而我国《未成年人保护法》及《预防未成年人犯罪法》也对未成年人保护设计了基本的制度框架，其中有相当部分的内容与大众传播及新闻报道有关。法律已经做出了选择——对未成年人给予最大限度保护，这就是公共利益。因此，在涉及未成年人的问题上，一般不宜主张公共利益的理由而迫使未成年人利益退让。要主张这一理由，只有存在"超乎寻常"的公共利益时才可以考虑，至于什么是"超乎寻常"的公共利益，则需要具体问题具体分析。

9.3 的最后一项明言："某些公众感兴趣的事件虽然具有一定的新闻价值，但未必与公共利益相关。"这一规定仍然是为避免将公共利益的范畴任意扩大，导致对其滥用。大 S 是著名的台湾艺人，她的结婚对象又是大陆知名的富家子弟，二人的恋爱、婚姻具有一定的新闻价值，成为娱乐新闻重点关注的内容无可厚非。但这其中并不存在什么公共利益，对于娱乐圈外的普通公众而言，知道与不知道这些信息没有什么区别，不会损害自身的权益。新闻工作者不能在类似领域主张公共利益原则。在公共利益的框架之下，这种娱乐消息与"日本核辐射是否会损害中国民众的健康"这一问题不可同日而语。

10. 国家秘密

10.1　不以任何方式披露属于绝密、机密和秘密的信息。已经解密的除外。

10.2　对拟公开报道的信息是否带有密级界限不清时，应当送交有关主管部门审定。

10.3.1　披露未标明密级，但有"内部资料、注意保存"字样的文件，以及非公开出版物的内容应保持足够的谨慎，必要时征得其制作者、提供者同意。

10.3.2　使用计算机、移动硬盘、U 盘等存储设备储存、传送涉密信息，应注意内外有别，谨防泄密。

10.4　带有密级但确需公开报道的信息，应当首先向主管单位建议解密；或采取删节、改编、隐去部分内容等措施并经主管部门审定后再公开报道。

【定义与背景】

（一）定义

国家秘密是关系国家安全和利益，依照法定程序确定，在一定时间内只限一定范围的人员知悉的事项。一切国家机关、武装力量、政党、社会团体、企业事业单位和公民都有保守国家秘密的义务。任何危害国家秘密安全的行为，都必须受到法律追究。

（二）背景

大众传播的功能是公开与知情，它总是与秘密（国家秘密、商业秘密、个人隐私）有冲突。公开是权利与责任，保密是底线与禁区。处理好公共信息公开与保守国家秘密的关系，常常是大众传媒及媒体工作者面临的突出法律问题。在改革开放的时代，为满足公众的知情权，大众传播机构比以往更加积极地获取并传播公共信息；而在信息革命的时代，由于互联网等新媒体的出现，泄密在技术上也变得比以往任何时候都要便捷。这一切都使得依法保守国家秘密的法律责任成为极易突破的防线。特别需要指出的是，全国人大常委会在 2010 年审议通过了修订后的《中华人民共和国保守国家秘密法》，除了缩小保密范围，努力实现政府信息公开与保守国家秘密间的平衡外，也专条规定了大众传播机构泄密的法律责任，并明确将"互联网、移动通信网等公共信息网络及其他传媒的信息编辑、发布"（第27条）纳入规制范畴，同时增加了互联网、移动通信网等公共信息网络等泄密的法律责任。这一切都有必要引起大众传播媒介及其从业者的高度重视。

【典型案例】

案例一：　　　　新华社编辑吴士深出售绝密文件被判刑

案例概述：中共十四大开幕前夕，1992 年 10 月 4 日，新华社国内新闻部编辑吴士深，利用工作之便，将一份绝密级的文件私自复印后，指使其妻、某杂志社编辑马涛提供给香港《快报》记者梁慧珉。10 月 5 日，《快报》全文刊登了这份绝密文件。吴、马得到人民币兑换券 5000 元。案发后，法院依法进行了不公开审理，认为吴士深、马涛的行为构成为境外非法提供国家秘密罪。吴士深是本案的策划者，系主犯，判处无期徒刑，剥夺政治权利终身。马涛被判处有期徒刑 6 年，剥夺政治权利 1 年。[1]

---

〔1〕 参见《人民日报》1993 年 4 月 30 日。

案例二：　　　　　　**记者师涛通过邮件向境外人员**
提供绝密信息被判刑

案例概述：师涛原是湖南某报社记者。2004 年某日，他在报社参加会议。会上，报社负责人口头传达了属于绝密级国家秘密文件的重要内容摘要，并强调该文件属于绝密文件，大家听后不能记录，不要传播。师涛一边听一边做记录。传达者发现后对其进行了提醒但并未阻止。当晚，师涛利用自己独自在办公室值班之际电话上网，通过其个人电子邮件向境外人员洪某（系中国台湾人，当时在美国）的邮箱发送了其记录的摘要，同时要求对方想办法尽快发出去，但不要用师涛的名字。当日，师涛提供的内容摘要在境外电子刊物上发表，此后又被多家境外网站转载发表。法院认为，师涛为获取高额稿费向境外人员通风报信，通过互联网将他在工作中所知悉的属于绝密级的国家秘密故意非法提供给境外机构，其行为危害了国家安全，已构成为境外非法提供国家秘密罪，且犯罪情节特别严重，判处有期徒刑 10 年，剥夺政治权利 2 年。师涛不服上诉，被二审裁定驳回，维持原判。[1]

【依据】

（一）道德依据

《中国新闻工作者职业道德准则》（2009 修订）

第六条 遵纪守法。要增强法治观念，遵守宪法和法律法规，遵守党的新闻工作纪律，维护国家利益和安全，保守国家秘密。

……

（二）政策依据

《广播影视新闻采编人员从业管理的实施方案（试行）》（2005）

二、切实提高保密意识。要教育新闻采编人员增强政治意识、大局意识、责任意识，不泄露自己知悉的党和国家秘密；不在无保密保障的场所阅办秘密文件、资料；不使用无保密保障的通讯方式传输党和国家秘密；不在家属、亲友、熟人和其他无关人员面前谈论党和国家秘密；不在私人通信及公开发表的文章、著述中涉及党和国家秘密；不在社交活动中携带秘密文件、资料，特殊情况确需携带的，应由本人或指定专人严格保管；不在出国访问、考察等外事活动中携带秘密文件、资料，因工作确需携带的，应采取严密的防范措施；不将阅办完毕的秘密文件、资料私自留存而不及时按规定清退、归档；不擅自复制或销毁秘密文件、资料。

---

〔1〕 参见湖南省高院对师涛案的刑事裁定书（2005）湘高法刑一终字第 177 号。

《中共中央宣传部、新闻出版署关于不得在出版物上公开引用发表新华社内参涉密信息的通知》（1998）

一、各新闻出版单位必须严格遵守国家保密局、中央对外宣传小组、新闻出版署、广播电影电视部《关于发布〈新闻出版保密规定〉的通知》（［92］国保34号）和《出版管理条例》有关保守国家秘密的规定，不得擅自公开引用、发表新华社有密级的内部刊物上的任何材料。

二、如果认为新华社内部刊物中的某些材料确实有必要公开报道、出版，有关单位应书面向新华社提出解密建议，并征得新华社同意后方可使用。

三、新闻、出版单位违反《新闻出版保密规定》和《出版管理条例》，擅自公开引用、发表新华社有密级的内部刊物上的材料并造成不良影响的，新闻出版管理部门将依法追究其行政责任。

（三）法律依据

《中华人民共和国保守国家秘密法》（2010 修订）

第九条　下列涉及国家安全和利益的事项，泄露后可能损害国家在政治、经济、国防、外交等领域的安全和利益的，应当确定为国家秘密：

（一）国家事务重大决策中的秘密事项；

（二）国防建设和武装力量活动中的秘密事项；

（三）外交和外事活动中的秘密事项以及对外承担保密义务的秘密事项；

（四）国民经济和社会发展中的秘密事项；

（五）科学技术中的秘密事项；

（六）维护国家安全活动和追查刑事犯罪中的秘密事项；

（七）经国家保密行政管理部门确定的其他秘密事项。

政党的秘密事项中符合前款规定的，属于国家秘密。

第十条第一款　国家秘密的密级分为绝密、机密、秘密三级。

第二十七条　报刊、图书、音像制品、电子出版物的编辑、出版、印制、发行，广播节目、电视节目、电影的制作和播放，互联网、移动通信网等公共信息网络及其他传媒的信息编辑、发布，应当遵守有关保密规定。

第四十八条　违反本法规定，有下列行为之一的，依法给予处分；构成犯罪的，依法追究刑事责任：

（一）非法获取、持有国家秘密载体的；

（二）买卖、转送或者私自销毁国家秘密载体的；

（三）通过普通邮政、快递等无保密措施的渠道传递国家秘密载体的；

（四）邮寄、托运国家秘密载体出境，或者未经有关主管部门批准，携带、传递国家秘密载体出境的；

（五）非法复制、记录、存储国家秘密的；

（六）在私人交往和通信中涉及国家秘密的；

（七）在互联网及其他公共信息网络或者未采取保密措施的有线和无线通信中传递国家秘密的；

（八）将涉密计算机、涉密存储设备接入互联网及其他公共信息网络的；

（九）在未采取防护措施的情况下，在涉密信息系统与互联网及其他公共信息网络之间进行信息交换的；

（十）使用非涉密计算机、非涉密存储设备存储、处理国家秘密信息的；

（十一）擅自卸载、修改涉密信息系统的安全技术程序、管理程序的；

（十二）将未经安全技术处理的退出使用的涉密计算机、涉密存储设备赠送、出售、丢弃或者改作其他用途的。

有前款行为尚不构成犯罪，且不适用处分的人员，由保密行政管理部门督促其所在机关、单位予以处理。

《中华人民共和国刑法》（2011 修正）

第一百一十一条 为境外的机构、组织、人员窃取、刺探、收买、非法提供国家秘密或者情报的，处 5 年以上 10 年以下有期徒刑；情节特别严重的，处 10 年以上有期徒刑或者无期徒刑；情节较轻的，处 5 年以下有期徒刑、拘役、管制或者剥夺政治权利。

此外，可参见 1992 年 6 月 13 日国家保密局、中央对外宣传小组、新闻出版署、广播电影电视部制定的《新闻出版保密规定》的内容。

【编写组观点】

保密与公开是一对矛盾。在我国，由于"保守国家秘密"是公民的宪法义务，《中华人民共和国保守国家秘密法》（以下简称《保密法》）是人大立法，而《政府信息公开条例》仅为国务院行政立法，因此，本手册将保守国家秘密、维护国家安全作为优先目标，这并非理论讨论的结论，而是法定制度。中国的媒体制度决定了它有条件接触大量涉密信息，这是我国媒体与其他多数国家媒体的重大区别——党和政府的喉舌的定位，似乎使媒体保守国家秘密的责任更加顺理成章。发生在我国媒体从业者中的泄密案件或事件表明，媒体业可能是泄密案的高发区。

但这并非问题的全部，修订后的《保密法》规定，不应该定密的定密了，也要追究法律责任（第49条第2款）。这被专家指出"是保密法草案经过二审、三审后的最大亮点之一"。除此之外，保密法还规定有明确的解密制度，包括期限、条件与程序等。这当然是一项对新闻传播有利的制度。

以下将《守则》第10条的各款分析如下：

10.1 首先指出了国家机密的范畴——分为"绝密、机密和秘密"三种；二是应当标有"绝密"、"机密"、"秘密"字样;三是属于标明国家机密的信息不以任何方式披露。但是已经依法解密的信息除外。根据我国《保密法》,"国家秘密的保密期限,除另有规定外,绝密级不超过 30 年,机密级不超过 20 年,秘密级不超过 10 年"。第 19 条规定"国家秘密的保密期限已满的,自行解密",但"对需要延长保密期限的,应当在原保密期限届满前重新确定保密期限"。也就是说,并非所有曾带有密级的文件均会到期自动解密,存在着依法延长保密期限的情况。新闻工作者自主决定公开报道存在风险,因此建议咨询保密委员会、法律顾问等专业人士。

10.2 指出了对是否是国家机密性质不清时的处理办法——应当送交有关主管部门审定。这一规定依据的是国家保密局、中央对外宣传小组、新闻出版署、广播电影电视部在 1992 年 6 月 13 日联合发布的《新闻出版保密规定》第 7 条的规定:"新闻出版单位和提供信息的单位,对拟公开出版、报道的信息,应当按照有关的保密规定进行自审;对是否涉及国家秘密界限不清的信息,应当送交有关主管部门或其上级机关、单位审定。"在《保密法》修订后,这一规定也将适时调整,因此本守则只是附上了该文件的名称,而未附全文。

10.3 可以称为"高度警惕款",共有两项内容,它指出了媒体从业者泄密风险的高发区:一是那些标识为"内部文件,注意保存"的信息。此类文件虽然不属于带有密级的信息,但可能含有不宜公开的信息,对境外情报机构具有价值,实践中也曾出现媒体工作者向境外组织出售此类文件而受到刑事追究的情况。二是电脑、互联网等新技术、新媒体在使用过程中内外不分,比如,将载有涉密内容的 U 盘等存储设备直接插入外网,或将涉密专用电脑接入互联网等,从而导致泄密。这两种情形的共同特点是:形式上似乎没有泄密,但风险很高,后果严重,因此提醒从业者需"高度警惕"。

10.4 主要解决带有密级的内容确需公开报道时应当如何操作,共有三项内容,主要依据《新闻出版保密规定》第 9 条的内容。

11. 公开政府信息

11.1　熟练掌握政府依法应当主动公开和重点公开的信息范围。(见附件 1)

11.2　对政府应当主动公开的信息,可以依据政府信息公开指南、政府信息公开目录查阅各级政府公报或政府网站以及政府信息年度报告等。

11.3　围绕政府重点工作和公众关注热点,可以通过领导信箱、公众问答、网上调查,在政府网站上进行互动。

11.4　可以利用政府热线电话及政务微博、微信等新媒体获取各类政务信息。

11.5　对政府应当重点公开而未予公开的信息可以在新闻发布会上提问，也可以书面申请信息公开。申请材料应全面准确，避免反复补充影响新闻时效。

11.6　保留申请证据，如邮寄凭证和电子邮件等，以备依法追问。

【定义与背景】

（一）定义

政府信息，是指行政机关在履行职责过程中制作或者获取的，以一定形式记录、保存的信息。

政府信息公开是指行政机关在行使国家行政管理职权的过程中，依据法律规定的范围、形式和程序，主动将政府信息向社会公众或依申请向特定公民、法人或者其他组织予以公开的制度。

（二）背景

获得信息的便捷与合法，是所有新闻工作者普遍关心的问题，也是媒体实现其各种功能的基础。修订前后的《中国新闻工作者职业道德准则》都要求"要通过合法途径和方式获取新闻素材"，可见采访的合法性问题为行业高度关注。我国《政府信息公开条例》于2008年5月1日生效，由此为新闻工作者合法获取政府信息开辟了法制化道路，特别是当某些有义务公开信息的机构隐瞒真相、损害公共利益时，新闻工作者可以依法追问，甚至通过诉讼确保合法获取信息。可见，新闻采编人员应该善于运用《条例》获得所需信息。

遗憾的是，大多数新闻工作者一方面对这一制度不了解，不会运用，另一面则热衷于暗访和偷拍、偷录，陷入传统的采访困境。这更加显示出新闻工作者学会依法追问的重要性。

【典型案例】

案例一：　　　上海记者马骋起诉城市规划局信息公开，创中国新闻史一页

案例概述： 2006年4月，上海《解放日报》政法部记者马骋为了对某一新闻事件进行深入采访，向上海市城市规划管理局传真了采访提纲，该局没有予以答复。随后，他又以挂号信的形式向该局寄送了书面采访提纲，再次遭到拒绝。无奈之下，马骋向上海市黄浦区人民法院提起行政诉讼，要求法院判决上海市城市规划管理局按照《上海市政府信息公开规定》向其提供自己申请应当公开的

政府信息。法院于6月1日正式受理此案。这是国内首例新闻记者起诉政府部门信息不公开的案件。一周后，马骋以"放弃对被申请人的采访申请"为由撤回了诉状，同时被调整了工作岗位。

2008年《政府信息公开条例》生效。4月8日，马骋再次向上海市城市规划局提出信息公开申请。5月9日，他收到沪规信公（2008）第68号、第69号《政府信息公开告知书》。5月16日，马骋从规划局领取了两份申请公开的文件。历时两年，马骋终于如愿以偿，"虽然结果姗姗来迟，但还是体现了行政机关在政府信息公开方面有进步"。

这是目前所知的中国记者起诉政府依法公开信息的行政诉讼第一案。[1]

案例二：　财新记者叶逗逗适用政府信息公开制度采访成功

案例概述： 财新传媒记者叶逗逗为采写"铁路公检法改制低调缓进"一文，需要一份政府相关文件，因此依法申请政府信息公开。她于2011年3月6日向财政部、铁道部分别发出快递申请材料；3月9日，财政部通过电话建议向铁道部申请；3月13日，铁道部电话回复，表示同意公开；3月14日，叶逗逗收到铁道部快递的文件原件。2011年3月21日这篇报道发表在当年第11期的《新世纪》杂志上。这是目前所知中国记者适用政府信息公开条例申请成功第一例。[2]

【依据】

（一）道德依据

《中国新闻工作者职业道德准则》（2009修订）

第三条　坚持新闻真实性原则。要把真实作为新闻的生命，坚持深入调查研究，报道做到真实、准确、全面、客观。

1. 要通过合法途径和方式获取新闻素材，新闻采访要出示有效的新闻记者证。认真核实新闻信息来源，确保新闻要素及情节准确；

……

（二）政策依据

《中共十八大报告》（2012）

推进权力运行公开化、规范化，完善党务公开、政务公开、司法公开和各领域办事公开制度，健全质询、问责、经济责任审计、引咎辞职、罢免等制度，加强党内监督、民主监督、法律监督、舆论监督，让人民监督权力，让权力在阳光下运行。

---

〔1〕　资料来源：http://npc.people.com.cn/GB/14840/7605433.html；http://www.mzyfz.com/news/times/city/a/20100914/114007.shtml.

〔2〕　据2011年4月7日财新传媒举办的《法治进程中的新闻专业主义》会议整理。

《中共第十四届中央纪检会议决议》（1996）

县（市）、乡镇及行政村、基层站所，要实行政务公开制度，凡是可以公开的办事内容、办事程序和结果，特别是与群众利益直接相关的财务等事项都应公开，以便群众监督。

《中共中央办公厅、国务院办公厅关于在全国乡镇政权机关全面推行政务公开制度的通知》（2000）

乡镇政务公开要从人民群众普遍关心和涉及群众切身利益的实际问题入手，对群众反映强烈的问题、容易出现不公平、不公正甚至产生腐败的环节以及本乡镇经济和社会发展的重大问题，都应当公开。其中，重点是财务公开。政务公开包括对群众、企事业单位公开和对本机关干部职工公开。

《中共中央办公厅、国务院办公厅关于进一步推行政务公开的意见》（2005）

地方各级人民政府和国务院各部门要自觉接受同级人大及其常委会和政协对政务公开工作的监督；认真听取群众团体和人民群众对政务公开的意见和建议，接受人民群众和新闻媒体的监督。……

（三）法律依据

参见 2007 年发布的《中华人民共和国政府信息公开条例》全文。

【编写组观点】

新闻记者的职业目标是报道真相，对真实、准确的信息的获取是全部新闻工作的基础，而为公共利益服务的要求更使新闻采访将公共信息作为重点。有学者指出，公共信息（包括政府信息在内）有 80% 掌握在政府手中，政府是公共信息最大的信息源。随着《政府信息公开条例》（以下简称《案例》）在 2008 年生效，依法公开信息成为我国各级政府的法定义务。这一制度对新闻媒体及新闻工作者的意义重大。

一种说法认为记者的权利（包括采访权等）没有法律依据。而《条例》规定的政府信息公开的申请人即为公民、法人或其他组织。这一规定对作为公民的记者、作为法人的媒体及其他组织是完全适用的。这为新闻工作者依法获得政府信息开辟了法制道路。由于《条例》对政府应当公开或依申请公开的信息的范围规定得明确具体，媒体可以对自己拟获取的政府信息形成明确的预期，从而提高采访成功率。更为重要的是，为使公众对政府信息的知情权获得满足，《条例》规定应当以必要方式对权利给予救济，其中包括行政诉讼。这表明，所谓新闻记者对政府信息的采访权，并非是新闻工作者的特权，它是一项公民权利，新闻工作者完全可以依法正当地行使。

目前我国新闻界的现状是，新闻工作者对于这一制度不了解，更不熟悉，大多不会依法追问，如上海资深法制记者马骋那样，勇于以行政诉讼的方式争取采访权的记者还少之又少；如财新传媒记者叶逗逗那样，善于运用申请公开的方式获得政府信息的记者也十分罕见。不可否认的是，目前《条例》本身存在着与档案法、保密法的紧张关系，最高人民法院关于政府信息公开的司法解释和解读结果对记者们而言也不乐观，这都增加了记者申请信息公开的成本与风险。加上新闻的时效性要求与政府信息公开的程序性要求之间存在的必然矛盾，使一些对这一制度有所了解并可能也会运用的新闻工作者放弃了依法申请信息公开的努力，转而选择获取信息的其他方式。

编写组认为，学会运用《条例》给新闻采访提供的机会是一个综合工程，需要大学教育、单位培训、政府的配合、媒体的选择、新闻工作者的勇气与能力等多方面因素的共同作用。本守则解决的重点是提示新闻工作者要学会运用这一制度，善于在法律制度的框架里获取政府信息。

12. 报道突发事件

12.1 发布消息前，向应当履行法定发布义务的政府部门核实并准确发布事件信息，尤其是预警信息。

12.2 对当事人和相关部门隐瞒真相的可能性保持警惕。

12.3 采访报道活动不应影响相关机构对突发事件的处置，不应妨碍事发现场的工作秩序。

12.4 冷静客观，持续关注，通俗、清晰地发布救助和避险信息，并及时更新。对事件持续关注，并尽量保证报道的连续性。

【定义与背景】

（一）定义

依照《中华人民共和国突发事件应对法》，"突发事件"是指突然发生，造成或者可能造成严重社会危害，需要采取应急处置措施予以应对的自然灾害、事故灾难、公共卫生事件和社会安全事件。

该法第69条将"突发事件"与"紧急状态"做了区别。简而言之，紧急状态比突发事件构成的危害更加严重、影响范围更大、采取的措施更加严格，宪法和《戒严法》对其宣布主体和程序有明确规定。

根据发生过程、性质和机理，《国家突发公共事件总体应急预案》将四类事件解释如下：

1. 自然灾害。主要包括水旱灾害、气象灾害、地震灾害、地质灾害、海洋灾害、生物灾害和森林草原火灾等。

2. 事故灾难。主要包括工矿商贸等企业的各类安全事故，交通运输事故，公共设施和设备事故，环境污染和生态破坏事件等。

3. 公共卫生事件。主要包括传染病疫情，群体性不明原因疾病，食品安全和职业危害，动物疫情，以及其他严重影响公众健康和生命安全的事件。

4. 社会安全事件。主要包括恐怖袭击事件，经济安全事件和涉外突发事件等。

（二）背景

突发事件往往是短时间甚至瞬间以内，在不可预知的情况下，事物、环境和人的生存状态的急剧变动。其常常与大量人群的权益或生命财产相关，某些尚未受到事件影响的人也有可能成为潜在的受害者，因此极富新闻价值，也较为敏感。

一般说来，突发事件具有下列特点：首先，突发事件具有不可预见性，影响力强，涉及面广，信息呈现多渠道传播特征。其次，突发事件一般是在短时间内发生的，政府、社会、民众、大众传播媒介等难以预见，因而民众对这类事件一般缺少心理准备，因此其产生的影响及后果往往更加严重、更加广泛，易给民众带来恐慌。再次，突发事件会影响到社会生活的各个方面，生活在其中的大部分个体都会感受到它的影响；不仅如此，在突发事件基本结束后，仍能够对社会生活的方方面面产生持续的影响力。比如我国的非典型肺炎事件。最后，突发事件还呈现多渠道传播的特征，人们获取信息的渠道不仅仅是大众传播媒介，还可以通过各种各样的信息渠道获得其所关心的信息，如电话、网络、手机短信等。

因此，对突发事件的报道与舆论引导，是媒体传播内容的重要组成部分。在这方面，法律有一些明文规定，而媒体也有一些经验教训。

【典型案例】

人民网错发北京地震预报（见2."法定消息来源"典型案例。）

【依据】

（一）道德依据

《中国新闻工作者职业道德准则》（2009修订）

第二条第四项 采访报道突发事件要坚持导向正确、及时准确、公开透明、全面客观报道事件动态及处置进程，推动事件的妥善处理，维护社会稳定和人心安定。

（二）政策依据

《关于〈国务院有关部门和单位制定和修订突发
公共事件应急预案框架指南〉的说明》

四、……

（四）突发公共事件的新闻报道，要按照及时主动、准确把握、正确引导、讲究方式、注重效果、遵守纪律、严格把关的原则进行。具体要求详见《中共中央办公厅国务院办公厅关于进一步改进和加强国内突发事件新闻报道工作的通知》（中办发〔2003〕22 号）和《关于改进和加强国内突发事件新闻发布工作的实施意见》（国务院办公厅 2004 年 2 月 27 日印发）。

（三）法律依据

《中华人民共和国突发事件应对法》（2007）

第二十九条第三款 新闻媒体应当无偿开展突发事件预防与应急、自救与互救知识的公益宣传。

第五十三条 履行统一领导职责或者组织处置突发事件的人民政府，应当按照有关规定统一、准确、及时发布有关突发事件事态发展和应急处置工作的信息。

第五十四条 任何单位和个人不得编造、传播有关突发事件事态发展或者应急处置工作的虚假信息。

第六十五条 违反本法规定，编造并传播有关突发事件事态发展或者应急处置工作的虚假信息，或者明知是有关突发事件事态发展或者应急处置工作的虚假信息而进行传播的，责令改正，给予警告；造成严重后果的，依法暂停其业务活动或者吊销其执业许可证；负有直接责任的人员是国家工作人员的，还应当对其依法给予处分；构成违反治安管理行为的，由公安机关依法给予处罚。

《国家突发公共事件总体应急预案》（2006）

3.1.1 关于预警级别和发布

根据预测分析结果，对可能发生和可以预警的突发公共事件进行预警。预警级别依据突发公共事件可能造成的危害程度、紧急程度和发展势态，一般划分为四级：Ⅰ级（特别严重）、Ⅱ级（严重）、Ⅲ级（较重）和Ⅳ级（一般），依次用红色、橙色、黄色和蓝色表示。

预警信息包括突发公共事件的类别、预警级别、起始时间、可能影响范围、警示事项、应采取的措施和发布机关等。

预警信息的发布、调整和解除可通过广播、电视、报刊、通信、信息网络、警报器、宣传车或组织人员逐户通知等方式进行，对老、幼、病、残、孕等特殊人群以及学校等特殊场所和警报盲区应当采取有针对性的公告方式。

3.4 信息发布

突发公共事件的信息发布应当及时、准确、客观、全面。事件发生的第一时间要向社会发布简要信息，随后发布初步核实情况、政府应对措施和公众防范措施等，并根据事件处置情况做好后续发布工作。

信息发布形式主要包括授权发布、散发新闻稿、组织报道、接受记者采访、举行新闻发布会等。

5.2　宣传和培训

宣传、教育、文化、广电、新闻出版等有关部门要通过图书、报刊、音像制品和电子出版物、广播、电视、网络等，广泛宣传应急法律法规和预防、避险、自救、互救、减灾等常识，增强公众的忧患意识、社会责任意识和自救、互救能力。各有关方面要有计划地对应急救援和管理人员进行培训，提高其专业技能。

此外，中国政府网公开了大量有关突发事件应急管理的信息，包括国家总体应急预案、省级总体应急预案、国务院各部门应急预案及国家专项应急预案等。各种预案中均包括突发事件信息发布的各项要求。具体参见中国政府网 http：//www. gov. cn/yjgl/tfsj. htm.

【编写组观点】

及时准确的新闻报道，本身就是应对突发事件的重要组成部分。

透明、迅速的新闻报道，是公众实行自救和自我安抚、社会组织进行紧急施救和政府部门展开应急管理的必要前提；知道真相，才可能阻断谣言、减少恐慌。对已知和潜在危险进行通报，不仅事关公众的知情权，更关乎公众的生命财产安全和社会的维系。政府或媒体隐瞒真相的动员只是徒劳，甚至是在累积更大的风险。同样，对未来风险的无端猜测，也仿佛次生灾害一样干扰着公众的应对。因此本条提醒新闻工作者，对有关当事人或相关部门隐瞒真相的可能性保持警惕。

从《突发事件应对法》第 53 条和第 54 条的规定可以看出：政府相关部门是"统一发布"的义务机构，法律并未剥夺媒体发布真实情况的权利，只有"编造、传播虚假信息"才有法律责任。

"第一时间原则"是处理危机事件的首要原则。第一时间的准确报道，是媒体在突发事件面前的第一责任。

在报道灾情和事故经过的同时，要及时告知公众避险方法：有何资源、通过何种途径获得、如何利用资源减少风险。

突发事件报道中，新闻记者应当时刻牢记自己的职业定位，坚守观察者、记录者的立场。记者的某些非职业化的现场表现有时会影响到事件当事人的行为选择。比如过度热衷于对肇事者的拍摄或描述，或可能刺激他们的表演欲或悲痛感。而记者加入某事件当中，或参与其中，或干预抗议事件的进程，都是非职业的表现，应当尽可能避免。

13. 批评报道

13.1 应以确实清晰的证据证明被批评者的确实施了危害公共利益（见"9. 公共利益"）的行为，不得借批评性报道对他人进行诽谤、侮辱。（见"18. 诽谤"）

13.2 批评应以合理、可信的事实为依据，未经证实的传闻或推测不能作为批评性报道的依据。

13.3 应有多方信息来源，应尽量给被批评者表达意见以及回应的机会。（见"47. 答辩"）

13.4 不将局部问题渲染为全局问题，不将涉及某一地区、行业或群体的问题以暗示或明示的方式扩展到其他地区、行业或群体。

13.5 不夸大事实，不煽动暴力、仇恨等不良情绪，倡导理性、善意，着眼于建设性，推进所批评问题的解决。

13.6 对一时难以解决的问题要审慎报道，避免激化矛盾。必要时通过内参反映情况。

【定义与背景】

（一）定义

所谓批评性报道，往往指记者通过独立调查，将损害公共利益的行为予以披露的报道。报道对象一般是严重危害公共利益的组织、个人及其行为。

业内也称之为调查性报道或舆论监督报道。"舆论监督"、"新闻监督"和"媒体监督"这几个含义接近的词经常见诸媒体，其中，"舆论监督"一词在党和政府的有关文件规章中使用频率最高。对其含义，前中共中央宣传部副部长、国家广播电影电视总局局长徐光春的定义简单明了："运用新闻报道的形式，通过在新闻媒体上公开曝光的途径，对人们的不良言行进行监督，这就是新闻舆论监督。"

美国埃默里父子在《美国新闻史》中下的的定义比较宽泛，他们认为调查性报道（Investigative Reporting）是指利用长时间内积累起来的足够的消息来源和文件，向公众提供对某一事件的强有力的解释。著名新闻学教授李良荣认为，调查性报道又称"揭丑"报道，它是西方国家报刊上的一种特殊报道形式，专门用来揭露社会阴暗面、政府里的黑幕、大企业的罪恶勾当以及黑社会的内幕，等等。南京大学新闻传播系周海燕在其《调查性报道采访与写作》一书中综合各家定义，认为"调查性报道（Investigative Reporting），是一种以较为系统、深入地揭露政府、公共机构以及社会中存在的其他问题，并寻求解决方法为主旨的新闻报道形式。它利用长时间内积累起来的足够的消息来源和文件，向公众提供对某一事件，尤其是关系到影响公共利益的不正当行径的强有力的解释"。

（二）背景

随着经济全球化、信息网络化、市场国际化的形成，在改革开放、经济快速发展的今天，迫切需要新闻媒体监督的力量来弥补司法监督、立法监督及其他行政监督的不足。批评报道作为舆论监督的一个主要形式，对群众的社会生活甚至国家的民主进程都有着十分重要的作用和意义。

然而，批评报道也是一把"双刃剑"。一方面，问题经新闻报道后，引起相关部门的关注，使被批评者的违规违法行为被及时制止，加以纠正，产生了针砭时弊、惩恶扬善的社会效果。另一方面，媒体开展批评报道也要承担一定风险，采编人员可能会遭遇纠缠、恐吓，甚至还会被人暗算；新闻内容稍有把握不慎，就可能会诉诸法律。可见，新闻从业者在批评报道中谨慎把握、善于自我保护很重要。

【典型案例】

案例一：　　　《中国改革》杂志在侵害名誉权案中胜诉

案例概述：《中国改革》杂志于 2003 年第 7 期刊登了题为"谁在分'肥'"的文章，反映广州市一家企业改制过程中国有资产流失和职工安置方面的问题。该公司认为文章内容严重失实，遂提起侵害名誉权之诉。2004 年 10 月 12 日，法院作出一审判决，驳回了原告的起诉。判决书认为："界定新闻报道的内容是否严重失实，应以其所报道的内容是否有可合理相信为事实的消息来源证明为依据。只要新闻报道的内容有在采访者当时以一般人的认识能力判断认为是可以合理相信为事实的消息来源支撑，而不是道听途说甚或是捏造的，那么，新闻机构就获得了法律所赋予的关于事实方面的豁免权，其所报道的内容即使存在与客观事实不完全吻合之处，也不能认为是严重失实。"判决列举的文章所依据的消息来源包括《2002 年度工作报告》、原告《职工代表提案及处理答复情况表》、《市总、市直机关工会调查来电整理》、《2000 年度职工大会续会职工意见归纳》、《〈南方日报〉编辑部第 49 期'情况反映'》等材料。[1]

案例二：　　　媒体面对投诉与诉讼不能简单一删了之

案例概述：2011 年 8 月 19 日中央人民广播电台的新闻节目播出本台记者的批评报道，介绍了河北省某地畜牧局在 2009 年 3 月就一块国有牧场两次与不同的当事人签署开发协议，致合同法律关系混乱的事实。其中合同一方当事人寇某认为报道损害其名誉权，先是以律师函的形式，依据《侵权责任法》的相关规

---

〔1〕　参见广东省天河区人民法院民事判决书（2003）天法民一初字第 1832 号。

定，要求中央人民广播电台在中国广播网上删除该报道，未果；后又提起侵害名誉权诉讼。中央人民广播电台认为，报道内容主要是批评当地政府有关部门执法不严，原告寇某并非批评对象，也未点名，更未失实，不构成侵权责任，不同意在网络上删除报道。一审法院判决驳回了寇某的诉讼请求。二审法院认为："中央人民广播电台所做的新闻报道文章，是通过走访、调查，在进行了相关的核实工作后采写的，文中所涉及的具体事件和具体人物，均有据可查，文章反映的问题基本真实，新闻来源真实、可信。……报道文章的本意并非对寇某进行人格贬损，而是作为一家新闻单位，据实披露信息和质疑问题，是新闻舆论监督职责的表现，故中央人民广播电台报道文章不构成对寇某名誉权的侵害。"二审法院驳回上诉，维持原判。[1]

【依据】

（一）道德依据

《中国新闻工作者职业道德准则》（2009 修订）

第一条第三项 积极反映人民群众的正确意见和呼声，批评侵害人民利益的现象和行为，依法保护人民群众的正当权益。

第二条第三项 加强和改进舆论监督，着眼于解决问题、推动工作，坚持准确监督、科学监督、依法监督、建设性监督。

（二）政策依据

《中国共产党党内监督条例（试行）》（2004）

第三十三条 在党的领导下，新闻媒体要按照有关规定和程序，通过内部反映或公开报道，发挥舆论监督的作用。

党的各级组织和党员领导干部应当重视和支持舆论监督，听取意见，推动和改进工作。

第三十四条 新闻媒体应当坚持党性原则，遵守新闻纪律和职业道德，把握舆论监督的正确导向，注重舆论监督的社会效果。

《中共中央办公厅关于进一步加强和改进舆论监督工作的意见》（2005）

二、……实事求是，……着眼于改进工作，……要事实准确，深入调查研究，听取各方意见，防止报道失实、以偏概全。……善于听取不同意见……要注重社会效果，着眼于解决实际问题，跟踪报道处理结果……

五、……注重舆论监督的社会效果。……因报道失实或不当侵犯他人合法权益时，应公开更正，澄清事实，消除不良影响……

---

〔1〕 参见民事判决书（2012）西民初字第 668 号、（2012）一中民终字第 07568 号。

（三）法律依据

《中华人民共和国宪法》（1982）

第四十一条第一款　中华人民共和国公民对于任何国家机关和国家工作人员，有提出批评和建议的权利；对于任何国家机关和国家工作人员的违法失职行为，有向有关国家机关提出申诉、控告或者检举的权利，但是不得捏造或者歪曲事实进行诬告陷害。

此外，请参见《中华人民共和国公务员法》、《中华人民共和国人民警察法》、《中华人民共和国检察官法》、《中华人民共和国法官法》相关规定（详见附件2）。

【编写组观点】

新闻界从业者，往往将进行批评报道、舆论监督或者进行调查性报道视为自己的重要职责。作为教育部"十五"规划项目《社会转型过程中新闻从业者职业理念研究》的一部分，复旦大学的陆晔教授等人进行的上海新闻从业者调查表明，"中国知识分子'以天下为己任'的道德传统，依然是今天的新闻从业者个人价值体系中的重要底色"；在回答"您对新闻媒介下述社会功能的重要性看法如何"这一问题时，选择最多的前三位是：①迅速为大众提供新信息；②依据事实报道新近发生的事件；③帮助人民实行舆论监督。

在中国，舆论监督的合法性得到了执政党的高度确定。中国共产党的几代领导人都十分重视舆论监督：毛泽东说，党报要发挥"组织、鼓舞、激励、批判、推动的作用"；邓小平说，监督来自三个方面：一是党的监督，二是群众的监督，三是民主党派和无党派人士的监督，新闻舆论监督是实现这三个方面监督的有效途径，是人民群众行使民主权利，建设社会主义民主政治的重要内容。江泽民说："新闻宣传工作要弘扬时代的主旋律，以正确的舆论引导人，要重视对社会舆论情况和群众思想情况的调查研究，积极反映群众的意见和建议，做好舆论监督。"胡锦涛要求新闻界要更好地发挥宣传党的主张、弘扬社会正气、通达社情民意、引导社会热点、疏导公众情绪、搞好舆论监督的重要作用。习近平也说："新闻媒介的舆论监督是最经常、公开、广泛的一种监督方式。当前，在强调加强党的建设、反对腐败的时候，特别要发挥新闻的舆论监督功能，使腐败现象暴露在光天化日之下。"

批评性报道的影响力往往超乎一般的新闻资讯，为防止其对公民个人和社会组织合法权益的侵害，有必要对批评性报道的手法、过程、对象以及效果应适当加以限定。

批评性报道是一种公共批评。所以批评的对象必须是严重损害公共利益的、掌握有政治权力或商业权力的个人或机构。

14. 隐性采访

14.1　隐性采访（指隐瞒采访者身份、采访意图、采访手段的采访方式）不能作为常规的采访方式使用，也不能仅为增添报道的故事性、戏剧性而使用。

14.2　只有同时符合下述情形时，方可采用隐性采访方式：

（1）有明显证据表明，记者正在调查的是暗中侵犯公共利益（见"9. 公共利益"）的行为；

（2）通过正常采访途径无法收集到相关材料；

（3）一旦暴露记者身份，就难以了解到真实情况；

（4）事先依照媒体内部审批程序经有关负责人同意；

（5）在报道中明确交代相关信息是通过隐性采访获取的。

14.3　一般不采用隐性采访方式获得未成年人的画面、声音及其他资料。

14.4　不以涉嫌犯罪的方式进行体验式调查。

14.5　以下为隐性采访的禁区：国家秘密（见"10. 国家秘密"）、商业秘密、个人隐私（见"19. 隐私"）、法庭审判活动等。

14.6　媒体采用其他组织（如司法机关和行政执法部门）和个人提供的隐性采访所获资料时，应当遵循以上原则。

14.7　尽可能详尽地保存相关素材及文件资料，以备应对投诉或诉讼。

【定义与背景】

（一）定义

凡是向采访对象隐瞒或未告知记者身份、采访目的或隐藏采访设备而进行的采访，都可称为隐性采访，也叫暗访，也有的称为偷拍偷录。

（二）背景

隐性采访是新闻采访的一种方式，是新闻界争议百年的话题，中国新闻界也不例外。在纸媒兴旺的时代，这种争议似乎并不突出。但随着科技的发展，当采访器材越来越先进时，隐性采访使人们感到不安，担心隐私被泄露。进入新媒体时代，随着记录设备的普及，偷拍偷录更变得易如反掌。这一切都给职业新闻工作者带来问题：隐性采访这种采访方式，用还是不用？何时、何地、何种题材可用？什么情况下绝对不能用？后果是什么？为什么？

【典型案例】

北京广瑞食品有限公司诉北京电视台侵害名誉权案

案例概述：2005 年 4 月 19 日，北京电视台的一档电视栏目"7 日 7 频道"播出了名为《蛋糕里的石头》一片，片子的主人公周先生叙述：2005 年 2 月 15 日自己从北京广瑞食品有限公司购买了一块蛋糕，周先生的岳母在食用过程中被蛋糕中的一块石头硌了一下牙。之后，周先生与该公司进行交涉，但对方不谈其他赔偿条件，只同意赔偿两个蛋糕。这一交涉过程被栏目记者通过隐性采访方式拍摄下来。

节目播出后，北京广瑞食品有限公司以侵犯名誉权为由诉至北京市东城区人民法院，认为北京电视台的这期节目严重失实，其中理由之一是被告记者进行偷拍，并对偷拍内容进行剪接后仅播放对一方当事人有利的部分。请求法院认定构成侵权。

法院判决驳回了原告的全部诉讼请求。判决书指出，关于被告记者采取隐性采访方法获取视听资料并进行播出的行为，我国现行法律中并不存在相关的禁止性规定。[1]

【依据】

（一）道德依据

《中国新闻工作者职业道德准则》（2009 修订）

第三条第一项 要通过合法途径和方式获取新闻素材，新闻采访要出示有效的新闻记者证。认真核实新闻信息来源，确保新闻要素及情节准确。

（二）政策依据

《中共中央办公厅印发〈关于进一步加强和改进舆论监督工作的意见〉的通知》（2005）

五、……要通过合法和正当的途径获取新闻，不得采取非法和不道德的手段进行采访报道。……

《新闻记者证管理办法》（2009）

第十六条第一款 新闻采编人员从事新闻采访工作必须持有新闻记者证，并应在新闻采访中主动向采访对象出示。

（三）法律依据

《中华人民共和国刑法》（2011 修订）

第二百八十四条 非法使用窃听、窃照专用器材，造成严重后果的，处 2 年

---

[1] 引自北京市东城区人民法院判决书（2004）东民初字第 3054 号。

以下有期徒刑、拘役或者管制。

《中华人民共和国侵权责任法》（2009）

第二条　侵害民事权益，应当依照本法承担侵权责任。

本法所称民事权益，包括生命权、健康权、姓名权、名誉权、荣誉权、肖像权、隐私权、婚姻自主权、监护权、所有权、用益物权、担保物权、著作权、专利权、商标专用权、发现权、股权、继承权等人身、财产权益。

《中华人民共和国治安管理处罚法》（2012 修正）

第四十二条　有下列行为之一的，处 5 日以下拘留或者 500 元以下罚款；情节较重的，处 5 日以上 10 日以下拘留，可以并处 500 元以下罚款：

……

（六）偷窥、偷拍、窃听、散布他人隐私的。

【编写组观点】

近十几年来，我国新闻界特别是广播电视业对偷拍偷录采访方式经历了普遍应用——逐渐反思——谨慎选择的过程，这与发达国家新闻界对隐性采访方式的争论过程十分相像。

隐性采访首先是一个法律问题，其最大的法律陷阱是侵犯隐私。但它主要是一个道德问题，各国新闻界主要以职业道德的方式规范其应用。现实的情况是，作为一种古老的采访方式，没有一个国家可以成功地禁止它，它在揭露真相、维护公共利益方面的独特价值使得它延绵不绝，历久不衰。然而，随着现代信息技术的发展，这种手段的应用使新闻采访对隐私的侵犯变得十分容易，这又与人权保护发生了冲突。同时，它对新闻机构及其从业者的诚信构成较严重的伤害。

隐性采访产生的后果可能有：对被暗访行为而言，隐性采访有可能使损害公共利益的行为曝光，从而遏止该行为并进而推动法制的完善；对新闻报道而言，隐性采访这种调查方式有可能伤及新闻的客观与公正；对被采访者而言，隐性采访有可能侵犯其隐私权和公平审判权，有可能暴露不愿公开身份的消息提供者；对媒体记者而言，有可能使其在获得职业成就感的同时背负违反公共道德的心理负担，在赢得受众尊敬的同时失去受众的信任；对一般受众而言，可能在强化其窥视欲的同时，引发其针对各种感兴趣的事物进行密访的冲动，而职业媒体人则是引导者，等等。我们应当尽最大可能避免这一采访方式的负作用。

本守则提出的行为规范有如下要点：

1. 公开采访优先。在决定采用隐性采访之前，首先要考虑是否有可能公开采访或部分公开采访。

2. 只为公众利益的目的。但何为公共利益需要认真研判、谨慎聚焦。

3. 限制身份。主要依靠媒介机构自身的记者进行采访，不轻易委托机构之外的人进行隐性采访，同时谨慎采用机构外人员提供的暗访材料。

4. 限制对象。隐性采访主要针对公众人物事关公众利益的言行，不包括未成年人。

5. 限制场合。尽量选择公共场合进行暗访，避免侵入私人空间。

6. 控制介入。不可假扮警察、军人等公职人员，不可诱导犯罪。

7. 编辑补救。暗访阶段造成的一些侵权行为，尽可能在编辑过程中进行整改，如征求意见、声音画面姓名处理或者干脆放弃某些素材。

8. 限制素材使用。隐性采访方式获得的所有素材，只能用于报道和资料留存，报道中未使用的素材不得向外界公布，以免造成对被暗访者权益的侵害。

9. 严格审批。采用隐性采访方式必须经负责人同意，而不能由记者自作主张。

三、他人权益

15. 尊重他人权益

15.1 尊重宪法、法律保护的公民各项合法权益，宣扬平等，反对歧视。

15.2 对下述公民的合法权益保持特别关切：

(1) 未成年人、妇女、老年人、残疾人及伤病者等；(参考相关附件)

(2) 有罪、有错、有犯罪嫌疑的人。

15.3 尽最大努力减少伤害，避免报道或评论中可能有损他人权益或伤害他人感情的内容。

【定义与背景】

（一）定义

"权益"指公民受法律保护的权利和利益。

（二）背景

联合国大会 1948 年通过的《世界人权宣言》强调人权保护的平等性，对那些特别容易受到伤害的未成年人、妇女、老年人、残疾人权益以制定国际公约的方式给予特别保护。我国在宪法中对妇女、儿童、老年人、残疾人强调特别保护，先后签署了联合国《消除对妇女一切形式歧视公约》和《儿童权利公约》，先后颁布了《妇女权益保障法》、《未成年人保护法》、《老年人权益保障法》以及《残疾人权益保障法》等专门法。随着"国家尊重和保障人权"写入宪法，2009 年修订的《中国新闻工作者职业道德准则》在保留原 1997 年修订版关于"维护采访报道对象的合法权益，尊重采访报道对象的合法要求，不揭个人隐私，不诽谤他人"的基础上，新增加了"维护未成年人、妇女、老年人、残疾人等特殊人群的合法权益"的规定，这表明中国新闻界对所有法律所保护的人权给予尊重，对法律重点保护的特殊人群的权益给予特别关切。

【典型案例】

案例一： 　　　　六中学生诉安徽卫视侵害名誉权获胜诉

　　案例概述： 2005 年 3 月 20 日，安徽省霍邱县叶集镇发生一起强奸（未遂）案，同年 4 月 13 日犯罪嫌疑人朱某某落网。叶集公安分局于当晚欲安排被害人对犯罪嫌疑人进行混合指认，要求叶集实验学校予以协助，提出需要数名与犯罪嫌疑人朱某某年龄相仿的初中男生配合指认。叶集实验学校初二学生、原告李海峰等六人在班主任的带领下前往叶集公安分局。六原告按民警要求手举号牌与犯罪嫌疑人朱某某一起列队接受指认，这一过程被民警摄像和拍照。次日，叶集公安分局将本案指认过程的相关摄像资料等交给前来采访的安徽电视台记者，未作任何交待。2005 年 4 月 16 日，安徽电视台"第一时间"栏目播报的新闻中出现李海峰等六原告手持号牌参与辨认的图像，面部无任何技术遮盖，也未作特别说明，头像显示时间约 2 秒。李海峰等六原告先后看到该条新闻，随后即向学校及叶集公安分局提出异议，未果，后被同学和其他人以"嫌疑犯"和"几号强奸犯"等字眼称呼。李海峰等六原告遂诉至法院。最终法院判决被告安徽电视台和被告叶集公安分局构成侵权，向六原告公开赔礼道歉，以消除影响、恢复名誉，并共同向原告各支付精神抚慰金人民币 6000 元。叶集公安分局不服一审判决，提起上诉。上诉法院认为一审认定事实清楚，判决正确，判决驳回上诉，维持原判。[1]

　　案例评析： 自加入联合国《儿童权利公约》后，我国先后颁布了两部专门法律以保护未成年人的权益，其中多项规定涉及大众传播。这意味着未成年人除了受到法律的一般保护外，还受到法律的特别保护。本案是一起未成年人起诉，依法保护自己名誉的案件。在这一案件中，最终承担侵权责任的是作为信息提供者的公安机关，以及作为信息传播者的电视台。这表明相关被告并未认真执行法律的相关规定。

案例二： 　　　　有罪有错之人的人格尊严受法律保护

　　案例概述： 湖北省枣阳市原市长尹冬桂，因犯受贿罪于 2003 年 9 月 9 日被湖北省宜城市人民法院一审判处有期徒刑 5 年。在尹冬桂受贿案审理过程中，长江日报社所辖《武汉晨报》于 2003 年 6 月 25 日刊发了两篇新闻报道，一篇题为"收受贿赂八万元，人称女张二江……"，另一篇题为"与多位男性有染，霸占司机长达六年，枣阳有个'女张二江'"。这两篇报道除了谈到尹冬桂因受贿将接受审判外，更多地谈到了尹冬桂的两性关系问题，并与以前报道过的湖北腐败分子、与众多女性有染的原天门市市委书记张二江相提并论，冠之以"女张二

---

〔1〕　资料来源：《最高人民法院公报》2007 年第 2 期。

江"。文章见报后，被多家报纸及网站转载。当时尹冬桂正关押于看守所，听到社会上的传闻后，出现精神异常，后被鉴定为创伤后应激性精神病。后尹冬桂将长江日报社告上法庭，要求被告赔偿各类经济损失 8 万元，精神抚慰金 41 万元。

襄樊市襄城区人民法院一审认为，《武汉晨报》2003 年 6 月 25 日的两篇报道内容失实，所用语句不当，对尹冬桂的人格尊严造成侵害，被告应当承担民事责任。法院认为，不能苛求新闻媒体的用语有如法律用语般规范，但应当客观真实，尤其涉及对案件的报道，应少用批判性的字语。"张二江"是湖北乃至全国对男女关系问题的特殊代用用语，含有贬义。《武汉晨报》的两篇报道从标题到内容均严重侵犯了尹冬桂的人格权利，导致其社会评价降低，名誉受损。这两篇报道又被多家媒体转载、上网传播，影响的范围也是相当的广泛。尹冬桂虽因多重压力导致精神异常，但失实报道对尹冬桂的刺激应该是主要的。判决：①长江日报社在《武汉晨报》上书面向尹冬桂赔礼道歉，以消除影响，恢复名誉。②长江日报社赔偿尹冬桂精神抚慰金 20 万元。③长江日报社赔偿尹冬桂各类经济损失 27 992.90 元。

长江日报社不服一审判决，提起上诉。襄樊市中级人民法院经过审理作出终审判决：①维持一审判决第一、三项；②长江日报社赔偿尹冬桂精神抚慰金由 20 万元改判为 5 万元，赔偿尹冬桂经济损失 27 992.90 元的 70% 即 19 315 元。本案最终以被告长江日报社向尹冬桂书面赔礼道歉，同时赔偿经济损失和精神抚慰金共 69 315 元结案。[1]

案例评析：许多人认为，所谓人格尊严全都是"好人"的事，"坏人"（包括有罪、有错之人）谈不上什么尊严。所以，媒体对有罪、有错者不乏不实之词以及侮辱谩骂。但本案判决告诉我们，人的尊严与生俱来，人人享有，并不区分人的种族、民族、性别、年龄，是什么宗教信仰，是什么政治信仰，有没有财富，有没有罪，有没有错，有没有病。人的尊严，不是法律赋予的，法律也不能剥夺。法律可以依法剥夺人的财产、自由乃至生命，但不能剥夺人的尊严。一个人即使依法被剥夺生命，也有权利有尊严地死。本案原告尹冬桂是一个有罪之人，但判决仍然维护了她的人格尊严，这再好不过地说明了上述道理。

案例三：　　　　**艾滋孤儿诉《华夏时报》侵害隐私权获胜**

案例概述：2005 年 12 月 2 日，北京《华夏时报》在没有得到当事人同意和进行技术处理的情况下，在报纸头版和第 16～17 版中，用很大的篇幅刊登了多幅一名化名小莉的艾滋孤儿的脸部特写照片，以及她与父亲及弟弟的合影照片，并标明了她的真实姓名及其父母因患艾滋病而死亡等情况。报道中更披露了这名

---

〔1〕 参见湖北省襄樊市中级人民法院民事判决书（2004）襄中民二终字第 382 号。

艾滋孤儿的个人隐私：如其家境如何贫困，社会捐助又被亲属占用；"小莉被寄养到姨母家，姨母的 34 岁的儿子，相貌较差，好吃懒做，不务正业，找不到媳妇，竟然别有用心打起了小莉的主意"；"小莉到×家后改名为×××"；"小莉有严重的自闭症，情绪不稳定，成绩下滑得厉害，而且非常不自信，觉得自己没有用"等。在知晓此事后，监护人靳薇以侵犯肖像权和隐私权为由把《华夏时报》告上朝阳区人民法院。2006 年 4 月 25 日，该案依法进行了不公开审理。法院判决媒体承担侵权责任，媒体除赔礼道歉外，赔偿精神抚慰金两万元。[1]

案例评析： 小莉的诉讼代理人杨绍刚、靳薇在判决后接受记者采访时说，本案的起诉与判决，有助于扭转社会对艾滋病患者、感染者以及家属的偏见，从而遏制艾滋病在中国蔓延。此前艾滋病患者和家属一般都为生命权、健康权起诉，本案却是这个特殊人群第一次为自己的人格尊严而起诉。目前，在中国，由于普通大众对艾滋病的极端恐惧导致社会的极端歧视，感染者、患者一旦暴露自己的真实身份，本人和家属的社会支持系统会很快崩溃。鉴于此，他们即使被媒体或其他人侵权，为了避免更多的歧视和更大的伤害，一般都忍气吞声，不敢用法律的手段维护自己的合法利益和人格尊严。因为害怕，他们藏得更深，这对遏制艾滋病在中国的蔓延极为不利。如果中国社会不改变目前对艾滋病人神秘化、妖魔化、污名化的歧视态度，这种疾病将影响到更多无辜的人。

另一个值得注意的问题是本案的被侵权对象是一个未成年人。《未成年人保护法》规定"任何组织与个人不得披露未成年人隐私"。这个"任何组织与个人"甚至应当包括未成年人本人，因为她是无民事行为能力或限制民事行为能力人，故她本人同意披露隐私的决定无效。这表明未成年人隐私应该受到最高等级的保护。因此本案被告从发表这一报道起，就已经注定了败局。

【依据】

（一）道德依据

《中国新闻工作者职业道德准则》（2009 修订）

第六条 ……

2. 维护采访报道对象的合法权益，尊重采访报道对象的正当要求，不揭个人隐私，不诽谤他人；

3. 维护未成年人、妇女、老年人和残疾人等特殊人群的合法权益，注意保护其身心健康；

……

---

〔1〕 "北京首例艾滋孤儿诉媒体侵权案一审胜诉"，载《法律与生活》2006 年 8 月上半月刊。

（二）政策依据

《中共中央办公厅印发〈关于进一步加强和改进舆论监督工作的意见〉的通知》（2005）

五、强化新闻媒体在舆论监督中的社会责任。广大新闻工作者要树立强烈的社会责任感，注重舆论监督的社会效果。对报道的内容，必须进行认真核实，做到真实、准确、可靠，不得编发互联网上的信息，不得刊播未经核实的来稿，不得徇私隐匿应报道的新闻事实。要通过合法和正当的途径获取新闻，不得采取非法和不道德的手段进行采访报道。不得利用职务之便谋取私利，严禁借舆论监督进行敲诈勒索。严格遵守法律法规，不得干扰和妨碍政法机关依法办案。尊重公民、法人及其他组织的合法权益。……因报道失实或不当侵犯他人合法权益的，应公开更正，澄清事实，消除不良影响。对违纪违规、造成恶劣影响的，要严肃处理。

《关于切实加强和改进广播电视舆论监督工作的要求》（2005）

三、……要依法维护报道对象的合法权益。要尊重公民的人格尊严，维护公民的姓名权、肖像权、名誉权、荣誉权和隐私权。不得暴露他人隐私，或者捏造事实丑化人格，以及用侮辱、诽谤等方式损害他人名誉。要通过合法和正当的手段获取新闻，尊重被采访者的声明和正当要求。采访意外事件时，应顾及受害人及亲属的感受，避免对其心理和情感造成伤害。

《广播影视新闻采编人员从业管理的实施方案（试行）》（2005）

七、切实维护未成年人的合法权益。……广播影视不能借报道新闻、宣传法制之名展示未成年人犯罪案件，不能为了追求收听率和收视率而公开披露未成年人的犯罪细节、作案方式。特殊情况需要报道的，要采取必要的技术手段加以处理。

（三）法律依据

《中华人民共和国宪法》（2004 修正）

第三十三条第三款 国家尊重和保障人权。

《中华人民共和国宪法》（2004 修正）

第四十五条 中华人民共和国公民在年老、疾病或者丧失劳动能力的情况下，有从国家和社会获得物质帮助的权利。国家发展为公民享受这些权利所需要的社会保险、社会救济和医疗卫生事业。

国家和社会保障残废军人的生活，抚恤烈士家属，优待军人家属。

国家和社会帮助安排盲、聋、哑和其他有残疾的公民的劳动、生活和教育。

第四十八条 中华人民共和国妇女在政治的、经济的、文化的、社会的和家庭的生活等各方面享有同男子平等的权利。

国家保护妇女的权利和利益，实行男女同工同酬，培养和选拔妇女干部。

第四十九条 婚姻、家庭、母亲和儿童受国家的保护。

夫妻双方有实行计划生育的义务。

父母有抚养教育未成年子女的义务，成年子女有赡养扶助父母的义务。

禁止破坏婚姻自由，禁止虐待老人、妇女和儿童。

《中华人民共和国妇女权益保障法》（2005 修正）

第二条　妇女在政治的、经济的、文化的、社会的和家庭的生活等各方面享有同男子平等的权利。

实行男女平等是国家的基本国策。国家采取必要措施，逐步完善保障妇女权益的各项制度，消除对妇女一切形式的歧视。

国家保护妇女依法享有的特殊权益。

禁止歧视、虐待、遗弃、残害妇女。

第四十二条　妇女的名誉权、荣誉权、隐私权、肖像权等人格权受法律保护。

禁止用侮辱、诽谤等方式损害妇女的人格尊严。禁止通过大众传播媒介或者其他方式贬低损害妇女人格。未经本人同意，不得以营利为目的，通过广告、商标、展览橱窗、报纸、期刊、图书、音像制品、电子出版物、网络等形式使用妇女肖像。

第四十三条　国家保障妇女享有与男子平等的婚姻家庭权利。

《中华人民共和国未成年人保护法》（2012 修正）

第三条　未成年人享有生存权、发展权、受保护权、参与权等权利，国家根据未成年人身心发展特点给予特殊、优先保护，保障未成年人的合法权益不受侵犯。

未成年人享有受教育权，国家、社会、学校和家庭尊重和保障未成年人的受教育权。

未成年人不分性别、民族、种族、家庭财产状况、宗教信仰等，依法平等地享有权利。

《中华人民共和国预防未成年人犯罪法》（2012 修正）

第三十条　以未成年人为对象的出版物，不得含有诱发未成年人违法犯罪的内容，不得含有渲染暴力、色情、赌博、恐怖活动等危害未成年人身心健康的内容。

第三十一条　任何单位和个人不得向未成年人出售、出租含有诱发未成年人违法犯罪以及渲染暴力、色情、赌博、恐怖活动等危害未成年人身心健康内容的读物、音像制品或者电子出版物。

任何单位和个人不得利用通讯、计算机网络等方式提供前款规定的危害未成年人身心健康的内容及其信息。

第三十二条第一款　广播、电影、电视、戏剧节目，不得有渲染暴力、色情、赌博、恐怖活动等危害未成年人身心健康的内容。

第四十五条 人民法院审判未成年人犯罪的刑事案件，应当由熟悉未成年人身心特点的审判员或者审判员和人民陪审员依法组成少年法庭进行。

对于审判的时候被告人不满 18 周岁的刑事案件，不公开审理。

对未成年人犯罪案件，新闻报道、影视节目、公开出版物不得披露该未成年人的姓名、住所、照片及可能推断出该未成年人的资料。

《中华人民共和国老年人权益保障法》（2012 修订）

第三条 国家保障老年人依法享有的权益。

......

禁止歧视、侮辱、虐待或者遗弃老年人。

第七条 保障老年人合法权益是全社会的共同责任。

国家机关、社会团体、企业事业单位和其他组织应当按照各自职责，做好老年人权益保障工作。

......

《中华人民共和国残疾人保障法》（2008 修订）

第三条 残疾人在政治、经济、文化、社会和家庭生活等方面享有同其他公民平等的权利。

残疾人的公民权利和人格尊严受法律保护。

禁止基于残疾的歧视。禁止侮辱、侵害残疾人。......

【编写组观点】

我们注意到，不论是本国法律规定、新闻工作规范，还是外国同行的职业道德准则，关于维护他人权益的规定都是新闻传播职业规范中必不可少的原则。2004 年我国宪法做出修改，承诺"国家尊重和保障人权"。此后，体现这一宪法原则的法律制度先后出台，人权保障的水平不断提高。新闻采访报道作为信息传播、舆论监督的方式，在秉持公共利益、为公众服务的同时，更要以尊重他人权益为根本。公共利益不能成为新闻活动中损害他人合法权利的理由。现实中无论是媒体的无意识抑或有意为之的行为，都会导致个人权利被侵害，各种私人信息曝光于众人视野下，被侵害者受到的伤害很难平复。目前来看，公民、法人的法治意识在提高，媒体因侵犯他人基本权利而受到法律制裁的案件数量不断增长，可见新闻媒体需要学会把握为公众服务与保护个人权益二者之间的平衡。新闻人在采访报道中尊重他人的名誉、隐私、肖像、著作等权利，是合法律性、更是合道德性的基本要求。

16. 民族

16.1 不以歧视贬损的态度、调侃嘲笑的方式表现少数民族独特的饮食、两性、婚姻、家庭、医疗、丧葬等习俗。不以任何方式表现藏族的天葬习俗。

16.2 有关恐怖主义或犯罪等题材的报道中，尽量淡化行为人的民族背景。

【定义与背景】

（一）定义

"民族"是指具有共同语言、共同地域、共同经济生活以及表现于共同文化上的共同心理素质的人的共同体。中华人民共和国是一个有 56 个民族的多民族国家。所谓"民族"问题，既包括汉族与少数民族的关系，也包括少数民族间的相互关系。

（二）背景

在历史上，我国究竟有多少个民族、各民族的族称是什么，历朝历代都没有弄清楚。新中国成立后，组织专家学者在全国开展了的民族识别工作，科学地理清了我国民族大家庭的基本构成，确认了 56 种民族成分。

民族作为一种历史范畴，将长期存在。只要有民族存在，就有民族问题存在。改革开放以来，党和政府多次发布文件，强调新闻出版、广播影视传播中要认真处理好民族问题。但是，个别新闻出版单位的出版物仍然不时出现严重违反党的民族、宗教政策、伤害少数民族感情的内容，激起了有关少数民族的义愤和强烈抗议，造成了严重的后果，成为影响我国民族团结、社会稳定的一个不安定的因素。有的还在国际上造成不良影响，损害了我国在国际上的声誉。

根据 1994 年 6 月 7 日《国家民族事务委员会、中共中央宣传部、中共中央统战部、文化部、广播电影电视部、新闻出版署、国务院宗教局关于严禁在新闻出版和文艺作品中出现损害民族团结内容的通知》分析，发生这些问题的原因，一是一些记者、作者和编辑缺乏基本的民族、宗教知识，民族、宗教政策观念淡薄，记者和编辑等没有进行必要的民族、宗教政策和民族、宗教知识的学习，犯一些常识性的错误。二是个别新闻、出版单位，缺乏高度的社会责任感，忽视社会效益，置党和国家的民族、宗教政策于不顾，出版猎奇、讹传之作，造成严重后果。三是一些新闻、出版单位管理制度不健全，把关不严，严重失职。

守则在本条中贯穿"中华人民共和国各民族一律平等"的宪法精神，突出强调大众传播的内容必须尊重少数民族的风俗习惯。

【典型案例】

189 名蒙古族大夫诉中国国际广播出版社侵犯名誉权

案例概述： 中国国际广播出版社于 1989 年出版了《四字分类写作词典》（发行 1 万册），其中第 203 页对"蒙古大夫"一词注解为"医术低劣的医生，尽出医疗事故的医生"。2003 年 189 名蒙古族大夫据此联名向辽宁省阜新蒙古族自治县人民法院提起名誉权诉讼。法院认为，当一职业群体的名誉受到侵害时，其中每一个成员就是具体的承担者，他们每一个人都有独立的人格，具有民事主体资格。一审判决中国国际广播出版社公开道歉并赔偿 189 名原告每人 1000 元，共计 18.9 万元精神抚慰金。出版社随后提出上诉，该案最终以双方和解结案。[1]

附：　　　　　　慎用"蒙古大夫"一词

日前，新闻出版总署收到国家民委转来的内蒙古民委题为《关于消除"蒙古大夫"一词恶劣影响的意见》的文件。文件指出，全国不少地方的蒙古族群众和蒙医大夫反映，自 20 世纪 80 年代以来在我国的一些影视作品和大众媒体上多次出现"蒙古大夫"一词，以形容医术低劣的大夫，甚至在一些辞书中作为正式词条加以注释。"蒙古大夫"一词的频繁出现，伤害了广大蒙古族同胞的民族感情，在蒙汉民族之间造成了心理隔阂，不利于民族团结，同时对广大蒙古族医务工作者和蒙医蒙药工作者造成了巨大的心理压力和精神损失，而且由于其影响波及了用蒙医蒙药治病的人群，对祖国医药宝库中的瑰宝蒙医蒙药事业带来了极大的负面影响和巨大的损失。该文件还列举了有"蒙古大夫"词条的部分辞书。

总署图书司对此高度重视，立即召集相关出版社负责同志谈话，并对此进行调查。鉴于相关辞书中有关"蒙古大夫"的词条违反了《出版管理条例》第 26 条有关规定，图书司已要求这些出版社对所出辞书进行修订。

据了解，目前已有多家出版社因此事被起诉。在此，图书司再次提醒各出版单位对所出版的相关图书要进行自查，发现此类问题应立即采取相关措施予以纠正。[2]

---

〔1〕 参见辽宁省阜新蒙古族自治县人民法院民事判决书（2002）阜县民初字第 1095 号。

〔2〕 参见中国图书出版网《图书出版通讯》2005 年第 1 期 http：//www. bkpcn. com/Web/ArticleShow. aspx？artid＝049102&cateid＝A14.

【依据】

（一）道德依据

《中国新闻工作者职业道德准则》（2009 修订）

第六条第一项 严格遵守和正确宣传国家的民族区域自治制度、各民族平等团结和宗教信仰自由政策，维护国家主权和社会稳定。

（二）政策依据

《国家广播电影电视总局关于切实把握民族宗教宣传正确导向的通知》（2002）

三、……伊斯兰教视猪为不洁之物并禁食猪肉，我国有 10 个少数民族信仰伊斯兰教，对他们不吃猪肉的风俗习惯和厌恶猪的民族心理和习惯，应予充分理解和尊重。……对少数民族多样的婚姻习俗和家庭关系也不要探秘、猎奇，肆意渲染。不应将医术低劣的大夫讥讽为"蒙古大夫"。

四、……对国际恐怖主义事件的报道，严禁使用"穆斯林恐怖分子"、"伊斯兰恐怖分子"等刺激穆斯林群众感情的词语。

（三）法律依据

《中华人民共和国宪法》（2004 修正）

第四条 中华人民共和国各民族一律平等。国家保障各少数民族的合法的权利和利益，维护和发展各民族的平等、团结、互助关系。禁止对任何民族的歧视和压迫，禁止破坏民族团结和制造民族分裂的行为。

……

各民族都有使用和发展自己的语言文字的自由，都有保持或者改革自己的风俗习惯的自由。

《中华人民共和国刑法》（2011 修正）

第二百五十条 在出版物中刊载歧视、侮辱少数民族的内容，情节恶劣，造成严重后果的，对直接责任人员，处 3 年以下有期徒刑、拘役或者管制。

《出版管理条例》（2011 修订）

第二十五条 任何出版物不得含有下列内容：

……

（四）煽动民族仇恨、民族歧视，破坏民族团结，或者侵害民族风俗、习惯的；

……

此外，西藏自治区人民政府《天葬管理暂行规定》规定，天葬是藏族人民的丧葬习俗，受到国家法律的保护。禁止对天葬活动现场进行围观、拍照、摄影、录像；禁止在报刊、杂志、广播、影视、网络上刊登、播放与天葬活动有关的文字、图片、报道等。

【编写组观点】

国际人权公约禁止鼓动民族种族之间的歧视与仇恨，中国还是《消除一切形式种族歧视国际公约》的加入国。因此，禁止宣扬民族歧视和压迫，不仅是我国的宪法原则，也是国际义务。《刑法》将"在出版物中刊载歧视、侮辱少数民族的内容，情节恶劣，造成严重后果的"列为犯罪行为，涉及新闻出版、广播影视以及互联网内容传播的行政法规均将"煽动民族仇恨、民族歧视，破坏民族团结，或者侵害民族风俗、习惯的"列为禁载内容，明确予以禁止。

一般而言，在大众传播领域，刻意煽动民族仇恨、民族歧视，破坏民族团结的，只是极个别的现象。目前更多的违法传播行为表现为对少数民族的风俗、习惯胡乱理解与评价，伤害少数民族群众的感情。大众传播中因为胡乱评价回族不吃猪肉的事而犯错误是典型一例。对此，西藏自治区政府一再发布政令，"禁止对天葬活动现场进行围观、拍照、摄影、录像；禁止在报刊、杂志、广播、影视、网络上刊登、播放与天葬活动有关的文字、图片、报道等"置若罔闻，对藏民族的天葬习俗肆意歪曲，丑化藏族同胞的生活习惯又是一例。

因此，守则本条并不是禁止传播与介绍少数民族独特的风俗习惯，因为少数民族的独特风俗也是人类文明的组成部分，不能为避免民族压迫和歧视而禁止传播与介绍，最终损害人类文化的多样性。可见，关键是以什么样的态度传播与介绍少数民族独特的风俗习惯。从以往的教训看来，歧视、贬损的态度，调侃、嘲笑等方式是主要表现，因此本条强调"不以歧视贬损的态度、调侃嘲笑的方式表现少数民族独特的风俗习惯"，从而将法律法规所禁止的"歧视少数民族"、"侵害少数民族风俗习惯"具体化。

但是，上述规定并不适用于藏民族的天葬习俗。这一表达出自西藏自治区人民政府2006年发布的《天葬管理暂行规定》，该规定列举了多种获取信息的方式，包括围观、拍照、摄影、录像，也列举了多种传播信息的方式，包括在报刊、杂志、广播、影视、网络上刊登、播放，一律设为禁止。可见对于天葬，不是以什么态度介绍与传播的问题，而是不论什么态度与方式，一律不允许获取与传播相关信息。因此本条特别强调"不以任何方式表现藏族的天葬习俗"，使西藏自治区政府的这个规定在大众传播中具有操作性。

这里并没有禁止大众传播说明恐怖分子或犯罪人的民族背景，而是要求"尽量淡化"。这是因为，当大众传播在表现恐怖主义或犯罪的题材时，刻意强调行为人的民族背景易使受众产生误解，从而将有关方面及人民群众制止与打击犯罪的正当行为曲解为民族冲突或民族压迫。

17. 宗教

17.1 尊重所有公民信仰或不信仰宗教的自由。

17.2 不批判宗教信仰，不贬低、歧视某一特定宗教，不嘲笑或蔑视宗教仪式。

17.3 不渲染宗教极端主义和宗教狂热情绪。

【定义与背景】

（一）定义

据《中国大百科全书（精粹版）2001》的解释，宗教是一种社会历史现象，是人的社会意识的一种形态，是感到不能掌握自己命运的人们面对自然社会与人生时的自我意识或自我感觉，因而企求某种超越的力量作为命运的依据和精神的归宿。其特点是相信在现实世界之外还存有超自然、超人间的神秘力量和实体。认为这种神秘力量具有绝对权威性，主宰着自然和社会，决定着人的命运与福祸，因而对其产生敬畏和崇拜的情感心境，并形成了相应的信仰体认及礼仪活动。

（二）背景

冷战结束后，宗教问题重新抬头，出现了全球性宗教复兴势头，因宗教差异引发的地区冲突和社会动荡此起彼伏。一些西方国家以"宗教自由"为名，在多边领域挑起对抗，在双边关系中干涉别国内政。与此同时，宗教极端势力迅速崛起，暴力恐怖活动频繁发生，成为人类社会的重大威胁。面对西方价值观（包括宗教）的强力冲击，许多发展中国家通过振兴传统文化、扶持本土宗教的方法进行抵御。宗教在国际政治和世界事务中的影响上升，各国政党、政府纷纷提出应对之策。

根据国家宗教局局长王作安发表于《求是》杂志 2010 年第 2 期上的文章分析，我国宗教领域总体上保持着稳定局面。但是，随着社会发生深刻变化，也出现了一些新情况新问题：信教人数持续增加，宗教呈现发展势头，社会影响有所扩大；在一些少数民族地区，境内外民族分裂势力歪曲宗教教义，散布极端思想，发动恐怖袭击，制造暴力犯罪事件；一些人利用宗教从事违法活动，破坏宗教和谐，影响社会稳定；涉及宗教的利益矛盾凸显，围绕落实或者拆迁宗教房产引发的纠纷时有发生。总之，宗教领域矛盾更加复杂，宗教工作难度不断加大。

在我国大众传播的内容规制中，"宗教"常常与"民族"并列成为敏感问题。而民族、宗教问题往往相互交织，更增加了问题的复杂性。

【典型案例】

非法出版《脑筋急转弯》图书遭刑罚

案例概述： 1993 年 1 月中旬，《脑筋急转弯》图书第 7~12 册以四川美术出版社的名义在山东省烟台市海滨印刷厂付印出版，该图书部分流入社会。因该图书第 10 册第 43 页和第 44 页有严重侮辱穆斯林群众的文字和图画，引起了成都市和甘肃、陕西、云南、湖南、青海等省穆斯林群众的不满和抗议、声讨。兰州市和临夏市的穆斯林群众还上街游行声讨，造成停课、停工、停商、停耕。

成都市人民检察院认为，被告人李康林、蒋永康、侯荣不正确履行职责，出版无权出版的台湾图书，且违反图书出版要经三级审查的规定，玩忽职守，致使有严重侮辱穆斯林群众的文字和图画的《脑筋急转弯》图书以四川美术出版社的名义出版发行，严重影响了民族团结和社会安定，造成了不良影响，涉嫌犯罪，遂于 1995 年 5 月 3 日依法向成都市中级人民法院提起公诉。成都市中级人民法院经公开审理，于 1995 年 5 月 18 日作出判决：李康林、蒋永康、侯荣犯玩忽职守罪，分别判处有期徒刑 5 至 2 年。一审判决后，三被告人均提出上诉。四川省高级人民法院经审理，于 1995 年 8 月 9 日裁定驳回三被告人的上诉，维持原判。[1]

【依据】

（一）道德依据

《中国新闻工作者职业道德准则》（2009 修订）

第六条第一项 严格遵守和正确宣传国家的民族区域自治制度、各民族平等团结和宗教信仰自由政策，维护国家主权和社会稳定。

（二）政策依据

《关于对涉及伊斯兰教的出版物加强管理的通知》（1993）

二、供伊斯兰教内部使用的经书、典籍和阐释伊斯兰教经典、教义、教规等印制品，由伊斯兰教团体根据需要提出申请，须经省、自治区、直辖市以上人民政府宗教事务部门审批，并报同级政府新闻出版局备案、办理内部准印手续；同时，这类出版物只能在经政府批准开放的清真寺内发放、流通。若数量较大，须报经国务院宗教事务局审批，并报新闻出版署备案。非宗教团体、个人一律不得印制、出版、发行。违反上述规定，按非法出版活动处理。

为研究我国古代文化和开展对外文化交流的特殊需要而正式出版有关伊斯兰教的经书或典籍，需经新闻出版署会商国务院宗教事务局审批，并指定有关专业

---

〔1〕 四川省高级人民法院 1995 年 8 月 9 日判决书。

出版社安排出版。

三、凡涉及研究和评价伊斯兰教的出版物（包括消息和文章），要坚持马克思主义的宗教观，以党和国家的有关宗教政策和法律为准绳。对伊斯兰教的历史、人物、事件、教义、教规以及对经书、典籍等进行专业学术研究，考证的图书、工具书，属于学术著作，由各地人民出版社及中央有关的社会科学专业出版社安排出版；对于这一类的学术文章，中央有关社会科学专业期刊可以发表。但这类图书和文章中凡涉及敏感问题（如论及现行宗教政策、外交政策和涉及少数民族宗教信仰、禁忌、风俗习惯等问题），出版单位须报请上级主管部门审核批准。必要时应征询省级以上伊斯兰教协会或省以上人民政府宗教事务部门的意见。

四、对以伊斯兰教的经书、典籍或教义、教规等为基础进行加工、编写的通俗读物，或以所谓传闻、轶事为根据而编撰的有关宗教和少数民族风俗习惯的通俗读物，特别是海外的此类出版物（包括音像制品），原则上不得安排出版。如确有需要安排公开出版的，要着重考虑书稿内容是否有利于贯彻党和国家的宗教政策、民族政策，并经省级政府宗教事务部门和新闻出版局审核同意（中央单位的出版社须经主管单位审核同意）后，报新闻出版署审批。有关伊斯兰教的连环画、画册（像）不得安排出版。

《互联网新闻信息服务管理规定》（2005）

第十九条 互联网新闻信息服务单位登载、发送的新闻信息或者提供的时政类电子公告服务，不得含有下列内容：

……

（五）破坏国家宗教政策，宣扬邪教和封建迷信的；

……

《国家广播电影电视总局关于切实把握民族宗教宣传正确导向的通知》（2002）

五、宣传宗教信仰自由的宪法原则，必须兼顾信仰宗教的自由和不信仰宗教的自由，强调宗教在法律范围内活动。……

（三）法律依据

《中华人民共和国宪法》（2004 修正）

第三十六条 中华人民共和国公民有宗教信仰自由。

任何国家机关、社会团体和个人不得强制公民信仰宗教或者不信仰宗教，不得歧视信仰宗教的公民和不信仰宗教的公民。

国家保护正常的宗教活动。任何人不得利用宗教进行破坏社会秩序、损害公民身体健康、妨碍国家教育制度的活动。

宗教团体和宗教事务不受外国势力的支配。

《中华人民共和国刑法》（2011 修正）

第二百五十一条　国家机关工作人员非法剥夺公民的宗教信仰自由和侵犯少数民族风俗习惯，情节严重的，处 2 年以下有期徒刑或者拘役。

《宗教事务条例》（2004）

第七条第二款　涉及宗教内容的出版物，应当符合《出版管理条例》的规定，并不得含有下列内容：

（一）破坏信教公民与不信教公民和睦相处的；

（二）破坏不同宗教之间和睦以及宗教内部和睦的；

（三）歧视、侮辱信教公民或者不信教公民的；

（四）宣扬宗教极端主义的；

（五）违背宗教的独立自主自办原则的。

第四十二条　涉及宗教内容的出版物有本条例第 7 条第 2 款禁止内容的，对相关责任单位及人员由有关主管部门依法给予行政处罚；构成犯罪的，依法追究刑事责任。

【编写组观点】

有关宗教问题的传播内容政策性较强，其关键是应当把握平衡，即宪法保护的宗教信仰自由，包括信仰宗教和不信仰宗教的自由的平衡；宣传无神论的权利与宗教信仰受到尊重的权利的平衡；宣传宗教信仰自由与避免宗教狂热情绪的平衡等等。现实中强调宗教活动在宪法法律范围内活动，突出信教者与不信教者和睦相处。

根据我国近年的实际情况，较为突出的问题是对伊斯兰教的曲解与传播，伤害穆斯林群众的宗教感情。而发生在西方的丹麦漫画事件、查理周刊事件等也说明，对伊斯兰教的曲解或贬低传播并非中国独有的问题，这也再次证明此问题的敏感性，因而成为大众传播中的风险高发区。

发达国家的新闻专业规范无一不将宗教问题纳入视线，其基本特点与我国政府的政策没有明显差别。《守则》中，本条共有 3 款：17.1 为宗教信仰自由的定义，指出它包括"信仰和不信仰宗教的自由"。17.2 指出大众传播中不尊重宗教信仰的两种主要表现：一是贬低、歧视某一特定宗教或批判宗教；二是嘲笑或蔑视宗教仪式。17.3 则是对大众传播中某些涉及宗教情绪的控制，以避免其影响整个社会的利益。

18. 名誉

18.1 对于报道中涉及他人名誉的内容，应当深入调查、谨慎求证、严格审核，力求事实真实、准确，报道客观、全面。

18.1.1 不故意捏造、虚构事实诽谤他人。

18.1.2 防止道听途说、偏听偏信、疏于审核导致报道严重失实，损害他人名誉。

18.1.3 在报道中转述、引用涉及他人名誉的陈述或资料，应当在独立核实、确信有证据证明其真实性的基础上审慎为之。不引述未经核实或无法证实的信息，除非消息源具有足够的权威性。（见"3. 权威消息来源"）

18.2 报道、评论的中不使用侮辱性言词或图像损害他人人格尊严。

18.2.1 不以任何理由、任何形式辱骂他人。

18.2.2 避免使用不当言词或图像丑化他人形象。

18.3.1 对以公诉诽谤罪追究记者职业行为法律责任的企图保持警惕。

18.3.2 提前预判并通过合理的采编程序规避可能出现的法律风险。

18.3.3 注意收集、固定能够证明报道真实性的证据材料。

18.3.4 遇有相关问题及时向法律顾问咨询。

【定义与背景】

（一）定义

名誉，是指社会对公民、法人的品德、情操、才干、声望、信誉和形象等各方面形成的综合评价。名誉权，就是公民、法人享有的应该受到社会公正评价的权利和要求他人不得非法损害这种公正评价的权利。名誉权同其他人格权的最大不同，在于其社会性。

（二）背景

侵害名誉权，是所有新闻侵权官司中最为普遍的一种。随着公民权利意识的觉醒和法律意识的提高，近年来，媒体及新闻采编人员因侵犯名誉权成为被告的案件越来越多。可以说，侵害名誉权已成为媒体及新闻采编人员面临的最大法律风险。近年来，运用《刑法》中的诽谤罪追究记者职业行为的情况也有增多。如何在新闻采编中避免名誉侵权及刑事诽谤，是媒体及新闻采编人员不得不正视、不得不谨慎应对的问题。

【典型案例】

案例一： "客观转述"不等于"报道真实"

案例概述： 2002 年 1 月 17 日，辽宁日报社所辖《球报》在头版头条刊登《神秘中间人爆出涉黑猛料》一文，文章详细报道了一未透露姓名的男子 2002 年 1 月 15 日晚向记者陈述"中远足球俱乐部曾通过其本人向浙江绿城俱乐部球员夏青送去人民币 5 万元，并曾向足球裁判张建军妻子开办的公司汇款人民币 30 万元"等内容的具体经过，并配发了一张汇款人为上海中远汇丽俱乐部的上海银行电汇凭证复印件。文章发表后引起轩然大波。为此，上海中远汇丽足球俱乐部有限公司提起诉讼，认为《球报》在完全有条件事先核实的情况下，对伪造的银行电汇凭证和有关消息来源未向原告及其他主要当事人做任何核证即予刊登，对原告的名誉造成了极大的损害。被告辽宁日报社辩称：《球报》的报道是转述神秘中间人的陈述，原告应向对众多媒体撒谎、诋毁原告名誉的神秘中间人主张侵权责任，不应对客观报道事件发生经过的被告提起诉讼。

上海市浦东新区人民法院一审认为，新闻报道必须真实、准确、公正。新闻出版者在行使出版自由的权利时，应该尽到谨慎注意的义务，如果疏于此项义务，发表了虚假、失实的报道，贬低、毁损了其他公民和法人的社会公正评价，则应承担民事侵权责任。《球报》的涉诉报道转述了"神秘中间人"对原告不实陈述的内容，且该报道让读者产生了原告涉黑的疑虑，并对原告球队的实力产生了怀疑，使原告的声誉受到明显降低和影响。而该结果的发生与被告进行报道时未尽谨慎审核义务存在着因果关系，构成对原告名誉权的侵害。"神秘中间人"的虚假陈述是对中远足球俱乐部的故意诽谤，侵害了原告的名誉权；《球报》抢先报道致使该虚假陈述公开化、扩大化，由于未尽谨慎审核的义务，主观上存有过失，也侵害了原告的名誉权。遂判决被告在《球报》头版上刊登致歉声明，为原告消除影响。

一审判决后，被告不服，提起上诉。上海市第一中级人民法院经审理认为，辽宁日报社的报道虽有一定的新闻源，但由于该新闻源提供了虚假的事实，致使报道所反映的两项基础事实失实，客观上扩大了不真实内容的传播范围，所以该报道应当被认为是报道严重失实，侵害了中远汇丽足球俱乐部的名誉权。据此判决：驳回上诉，维持原判。[1]

案例二： 转述其他媒体的报道亦须核实

案例概述： 2003 年 5 月，杜庆芳因犯盗窃罪被法院判处有期徒刑 12 年。该

---

[1] 参见上海市第一中级人民法院民事判决书（2002）沪一中民一（民）终字第 1213 号。

案审理期间，数家媒体对该案进行了报道。2003 年 4 月和 6 月，被告《民主与法制时报》两次报道了该案，均使用原告沙家友和其妻杜庆芳的真实姓名，引用杜庆芳盗窃案辩护人意见和转述之前其他媒体登载的相关内容，对原告沙家友的夫妻关系、原告与其他异性关系等方面内容进行报道，并刊登杜庆芳一方提供的原告夫妻照片和原告与其他异性的照片。后沙家友向法院提起侵犯名誉权之诉。

法院认为，被告《民主与法制时报》两次报道过程中，在转述其他媒体报道时也应负审查义务。被告在报道中使用"丈夫在外有'第三者'，妻子愤而'窃'其保险柜"为副标题，又在文中描述原告夫妻关系、原告与其他异性关系方面的内容，并刊登原告夫妻照片及原告与其他异性的照片，在没有确切足够的证据材料情况下，仅以杜庆芳一方提供的照片和材料进行报道，没有尽到谨慎注意的义务。虽报道内容主要针对刑事案件的审理情况，但该副标题以及该文中表述的夫妻关系等方面内容结合起来，以一般人对"第三者"的理解标准，客观上足以导致社会公众对原告道德评价的降低和对原告造成不良的社会影响，给原告的名誉造成侵害。故被告主观上存在过错，行为具有违法性，其行为在客观上造成了对原告名誉的损害，应当承担相应的民事责任，应在原报纸上公开赔礼道歉，消除影响。[1]

案例三：　　　　　有罪有错之人的人格尊严受法律保护

详见"15. 尊重他人权益"之"典型案例二"部分。

案例四：　　　　辽宁西丰县警方以"涉嫌诽谤罪"
抓记者最终撤案

案例概述：2007 年 3 月，辽宁西丰县女商人赵俊萍因不满县政府的拆迁的补偿处理，根据西丰的市井流言，编了一条短信发给西丰县的部分领导干部，内容涉及部分县委领导。当年 12 月 29 日，赵俊萍被西丰县人民法院一审以诽谤罪、偷税罪判处有期徒刑 3 年。

2008 年 1 月 1 日出版的《法人》杂志刊发了记者朱文娜采写的《辽宁西丰：一场官商较量》，报道了赵俊萍案，西丰县公安局遂以涉嫌诽谤罪为由对朱文娜进行立案调查。1 月 4 日，公安干警赶到法制日报社对朱文娜进行拘传，未果。此事被媒体报道，西丰县官方受到舆论广泛批评。1 月 8 日西丰县公安局正式撤销案件，并于 9 日到法制日报社道歉。

同年 2 月 5 日，辽宁省铁岭市委宣布，西丰县委书记张志国因在"进京拘传记者"事件中负有不可推卸的领导责任，被铁岭市委责令引咎辞职。[2]

案例评析：朱文娜以她的一篇报道而成为被警方以"涉嫌诽谤罪"立案拘

〔1〕　参见江苏省润州区人民法院民事判决书（2003）润民一初字第 251 号。
〔2〕　参见 2008 年 1 月 7 日《中国青年报》、2 月 5 日新华社消息。

传的记者"第一人"。此前，我国记者被追究刑事诽谤罪的案例只有两起，均发生在《民法通则》颁布之前，且所判刑罚是附加刑剥夺政治权利。自《民法通则》颁布之后，因新闻报道严重失实损害他人名誉的纠纷，基本都以民法加以调整。特别是1993年《最高人民法院关于审理名誉权案件若干问题的解答》规定"作者与新闻出版单位为隶属关系，作品系作者履行职务所形成的，只列单位为被告"，更是将职业记者从名誉权纠纷中解脱出来，即使严重失实，只要记者与媒体间存在隶属关系，其法律后果均由媒体承担。这被认为是我国保护言论自由和记者权益的一个努力。

但本案的出现却是一个很大的退步：县委书记张志国不满记者的报道，不是向法院提起民事诉讼，也不是依刑法规定的"告诉才处理"，自已向法院提起诽谤罪的刑事自诉，而是派出本县警察，适用公诉的诽谤罪追究进行新闻报道的记者，使本案成为2006~2010年间出现的滥用公诉的诽谤罪追究表达者的浪潮中最具典型意义的案例。

为遏制滥用公诉的诽谤罪的势头，最高人民检察院在2010年建立了诽谤罪案件批捕权上提一级制度。这一制度要求"在今后一段时间内，对于公安机关提请逮捕的诽谤案件，受理的检察院经审查认为属于公诉情形并有逮捕必要的，在作出批捕决定之前应报上一级院审批。此举被《检察日报》解读为"为舆论监督松绑"。

可见，新闻单位及新闻记者应当尽一切努力确保新闻的真实性。一旦因新闻的虚假、失实而发生冲突时，对适用公诉的诽谤罪追究记者个人刑事责任的企图应当保持高度的警惕——在绝大部分情况下，这是一种滥用。

【依据】

（一）道德依据

《中国新闻工作者职业道德准则》（2009修订）

第三条 坚持新闻真实性原则。要把真实作为新闻的生命，坚持深入调查研究，报道做到真实、准确、全面、客观。

……

第六条第二项 维护采访报道对象的合法权益，尊重采访报道对象的正当要求，不揭个人隐私，不诽谤他人。

（二）政策依据

《关于新闻采编人员从业管理的规定（试行）》（2005）

第二条 新闻采编人员要遵守宪法和法律，……依法维护报道对象的合法权益。……

第三条 新闻采编人员要坚持真实、全面、客观、公正的原则，确保新闻事实准确。要认真核实消息来源，杜绝虚假不实报道。……

（三）法律依据

《中华人民共和国宪法》（2004 修正）

第三十八条 中华人民共和国公民的人格尊严不受侵犯。禁止用任何方法对公民进行侮辱、诽谤和诬告陷害。

《中华人民共和国民法通则》（2009 修订）

第一百零一条 公民、法人享有名誉权，公民的人格尊严受法律保护，禁止用侮辱、诽谤等方式损害公民、法人的名誉。

《中华人民共和国刑法》（2011 修正）

第二百二十一条 捏造并散布虚伪事实，损害他人的商业信誉、商品声誉，给他人造成重大损失或者有其他严重情节的，处 2 年以下有期徒刑或者拘役，并处或者单处罚金。

第二百四十六条 以暴力或者其他方法公然侮辱他人或者捏造事实诽谤他人，情节严重的，处 3 年以下有期徒刑、拘役、管制或者剥夺政治权利。

前款罪，告诉的才处理，但是严重危害社会秩序和国家利益的除外。

《最高人民法院关于审理非法出版物刑事案件具体应用法律若干问题的解释》（1998）

第六条 在出版物中公然侮辱他人或者捏造事实诽谤他人，情节严重的，依照刑法第 246 条的规定，分别以侮辱罪或者诽谤罪定罪处罚。

此外，参照《最高人民法院关于贯彻执行〈中华人民共和国民法通则〉若干问题的意见（试行）》（1988）、《最高人民法院关于审理名誉权案件若干问题的解答》（1993）、《最高人民法院关于审理名誉权案件若干问题的解释》（1998）、《最高人民法院关于确定民事侵权精神损害赔偿责任若干问题的解释》（2001）、《最高人民法院关于审理利用信息网络侵害人身权益民事纠纷案件适用法律若干问题的规定》（2014）相关规定。

【编写组观点】

侵害他人名誉权，是新闻侵权最为主要的案件类型。"中国新闻侵权案例精选与评析"课题组针对近年发生的 800 起新闻侵权案件的一项统计数据表明，在 800 起新闻侵权案件中，名誉侵权案件所占比例达到了 95%，有 758 起之多。因此，说"侵害名誉权已成为媒体及新闻采编人员面临的最大法律风险"，是丝毫也不为过。

依据相关法律和司法解释的规定，新闻侵害名誉权主要有两种方式：诽谤和侮辱。诽谤的主要特征是虚假陈述，侮辱的主要特征是辱骂和丑化；诽谤涉及的主要是事实问题，侮辱涉及的主要是言词问题。因此，在新闻采编过程中防范、避免名誉侵权，也必须从核实事实、谨慎措辞两方面着手。

对于如何避免诽谤，《守则》第18条从正反两方面提出了要求。正面：简单说就是严格执行采编规范，严把报道事实关。反面：杜绝因故意或过失造成的报道严重失实，既反对恶意捏造虚假事实，同时也反对疏忽失察导致报道失实。本条还对实践中存在的一种严重认识误区作出了澄清。持此种认识的人以为，"客观转述"或"准确引用"不会侵权。这种误解有广泛市场，很多媒体在面对名誉侵权指控时，往往理直气壮地以此辩护。事实上，在报道中转述、引用有损他人名誉的诽谤性陈述或资料，除非消息源具有法律认可的来源（如国家机关依职权制作的公开的文书），媒体因此获得特许权保护，否则即便引述客观准确，媒体也不能因指明消息来源、证明上述诽谤性信息并非出于自己杜撰而免除侵权责任。媒体除了要交代消息来源，还必须能证明报道中所引述信息的真实性。因此，本条强调，引述可能影响他人名誉的信息，必须在独立核实、确信有证据证明其真实性的基础上审慎为之，未经核实或无法证实的信息不能引述。

对于如何避免侮辱，本条从谨慎措辞、不使用带有辱骂、丑化意味的言词、图像的角度提出了要求。侮辱性言词没有任何益处，它既不能促进真实事实的发现，也不能对公众有所启发。因此，避免侮辱，比避免诽谤简单得多，只要在措辞时保持足够的谨慎，排除侮辱性言词即可。

此外，从编写组掌握的情况看，有的媒体或采编人员之所以在名誉侵权官司中败诉，并不是因为没有认真核实事实，而是因为证据意识薄弱和不会自我保护，在调查核实事实的过程中，没有及时收集和固定能够证明事实真相的证据材料，以致在法庭上举证不能，有理说不出。同时，有的侵权官司，如果采编人员熟悉相关法律规定，事先预判出报道中可能存在的法律风险，只需采取一些技术手段对敏感信息进行简单处理，就可以避免日后陷入旷日持久的新闻官司之中。鉴于此，本条特别提出，新闻采编人员在采编实务中，应提高法律意识、证据意识和风险防范意识，与法律顾问保持联系，避免日后侵权官司找上门来时措手不及。

19. 隐私

19.1　未经本人同意，不披露个人隐私。对权利人自行公开的隐私不做有损人格的评价。

19.2　以下各项为法律明文保护的隐私：

（1）私人信息：身体（包括基因与疾病）信息、邮电通讯（包括信件、电话、电报、手机短信、电子邮件等）信息、个人储蓄及合法的财产信息等；

（2）私人空间：住宅、厕所、浴室、更衣室等；

（3）私人活动：性行为、性关系、婚姻关系等；

（4）不可被公众识别的人：涉嫌犯罪及犯罪的未成年人、性侵害事件的受害人、艾滋病相关人（包括病人、病毒携带者以及他们的亲属）、违纪及违法犯罪行为的举报（包括报案、控告）人、收养关系当事人（包括送养人、收养人）。以上人士的姓名、住址、照片、影像以及可能推断出其身份的信息不可披露。

19.3　针对隐私的窃听、窃照、刺探或披露等，均可能构成对他人隐私权的侵害。（见"14. 隐性采访"）

19.4　特别情况：

（1）披露收养关系需经收养人和送养人双方同意。

（2）对未成年人的隐私，即使本人或其监护人同意，也不能公开披露。

（3）国家公职人员经商及参与营利性活动，参与或支持色情、吸毒、赌博、迷信等活动不属于法律保护的隐私。（见附件2）

19.5　对可能被报道对象认为是个人隐私的事项须谨慎对待。一般包括：个人（特别是罪案及灾难事件受害者的）信息（包括年龄、住址、电话、工作单位、婚姻状况等）、家庭生活、过去的罪行与错误、悲伤的时刻（见"25. 悲伤"、"26. 死亡"）、正在宗教场所祷告等。

19.6　隐私可以因以下理由降低保护程度：

（1）本人（不包括未成年人）或法律规定的人员（如收养人或送养人）明示同意披露其隐私，且媒体向受众表明已获得权利人同意；

（2）关涉公共利益；（见"9. 公共利益"）

（3）涉及因成绩卓著，或身份显赫，或罪行重大而知名的公共人物；

（4）十分有利于该未成年人的成长（如因严重疾病而接受爱心捐助等），并采取了一切必要的保护措施。

【定义与背景】

（一）定义

所谓"隐私"，是指个人与公共生活无关的、不愿被他人知悉或被他人干扰的私人事项。这个定义的两个意思：一是"私"，即与公共生活无关，属于个人的事项；二是"隐"，即不愿被他人知悉或干扰，是秘密或秘密的状态。因此可以简单归纳：隐私即为个人秘密。

"隐私权"是民事法律保护的一种人格权。它是指自然人对其个人的、与公共利益无关的私人信息、私人活动和私人领域进行支配，不被他人非法侵扰、知悉、搜集、利用和公开的权利。

（二）背景

"隐私"及"隐私权"的概念均出自美国，它属于《世界人权宣言》保护的基本人权之一。随着信息技术的日益发展，隐私权的法律保护问题受到世界各国的高度关注。在我国，1987年生效的《民法通则》并没有把隐私权确立为一项独立的人格权加以规定，只是借助司法解释并通过保护名誉权的方式，对隐私权实施间接保护。实践证明，这种间接保护隐私权的方法是不完备、不周密的。因此，在2010年7月1日生效的《中华人民共和国侵权责任法》中明确规定隐私权为公民一项独立的人格权。目前，我国法律对公民隐私权的保护正在形成以宪法为核心，以民法为重点，以刑法、行政法等其他法律法规为辅助的保护体系。

媒体作为信息平台，公开、披露是其基本功能，这种功能总是与秘密有冲突，这是一种天然的冲突，不可避免。秘密包括国家秘密、商业秘密，也包括个人秘密——隐私。如果说披露、公开是权利，是责任，那么尊重并保守秘密就是义务，是底线。

在新闻传播领域，"隐私"既是法律问题，也是职业伦理问题。媒体侵犯隐私的行为与其传播内容的格调低下是一对孪生兄弟，总是相伴而生。对于隐私、隐私权问题如何把握、如何处理，特别可以考验一名新媒体工作者的专业素养与能力，也特别能够评价一个媒体的格调与品位。因此世界各发达国家的著名媒体均将避免侵犯隐私作为基本职业道德，同时也将合理披露个人隐私的理由及操作方式加以明确规定，以实现为公共利益服务的目的。

【典型案例】

案例一： 强奸案受害人个人信息是法定隐私

案例概述：原告小凤是未成年少女，被姐夫强奸多次。2005年初在小凤及其一家的努力下，终于将其姐夫绳之以法。后中央电视台《道德观察》栏目进行了采访，在答应保护受害人相关隐私等条件后，受害人一家接受了采访。不久，南京一家电视台于2005年7月27日~8月1日进行了多次播放，使得两姐妹被周围人认出，受到了很大的伤害，故两姐妹以隐私权受侵害为由，找电视台交涉，未果。8月底，将电视台告上法院。

法院审理认为：被告电视台播放的并非一般的新闻，其内容涉及原告的隐私，尤其是未成年人小凤的隐私。披露他人隐私应取得当事人的同意。虽然原告接受了中央电视台的采访并且同意在央视播出相关内容，但其并非无限制的同意，而是要求播出时对人物形象作技术处理，目的是使其隐私不被公开。被告抗辩其播放的影像来源于中央电视台，全部为中央电视台播放的影像，原告方的"隐私"已不具有任何私密性，但被告的举证不能证明其播放的内容与中央电视台播放的相关内容在有关人物画面的技术处理上一致。同时，被告的播放行为是否合法并不完全取决于其他媒体是否曾经播放过，公民的隐私不因曾被公开过而当然认定他人可不受限制地再向社会传播。原告未接受被告的采访，被告也未经原告同意而播放。因此，被告对涉及两原告隐私的内容再次进行编辑后播出的行为侵害了原告的隐私等人格权益，构成侵权，应承担一定民事责任。故判决被告电视台败诉，赔偿原告 10 366 元。[1]

案例二： **未经权利人明示同意发表，披露变性人**
隐私承担责任

案例概述： 原告李××于 1998 年 7 月因"异性癖"在医院做了变性手术，后去外地打工。1999 年 5 月，被告《兰州晨报》记者郝冬白采访了原告。采访中，原告对自己的情况进行了完整的讲述，并向记者提供了有关的材料，允许其对自己拍摄了照片。1999 年 6 月 9 日，记者将整件事情发表在《兰州晨报》上，并使用了原告的真实姓名以及照片。后其又将此文投于被告《现代妇女》月刊进行刊发。报道使得原告倍感压力，以至无法继续正常生活和工作。

1999 年 9 月 16 日，原告向兰州市中级人民法院提起诉讼，诉称：被告记者在未经其允许的情况下擅自使用其真名和照片。而被告两家媒体的发表使得其隐私更大范围地暴露在人们面前。为此，要求三被告停止侵害、消除影响、恢复名誉、公开赔礼道歉，索赔 55 万元。

兰州市中级人民法院审理认为：被告记者撰写涉及原告李××隐私的文章公开发表在报刊上，虽经李××同意，但原告对被告记者具体写什么、怎么写、写到什么程度并不知晓。被告在没有将写成的文章交由原告认可的情况下，公开发表在报刊上，给原告李××工作生活造成不便，构成名誉侵权。

原告与三被告在接受法庭调解后，自愿达成调解协议，共赔偿李××人民币 15 000 元。兰州市中级人民法院确认协议合法，于 1999 年 11 月 17 日制发了调解书。[2]

【依据】

（一）道德依据

《中国新闻工作者职业道德准则》（2009 修订）

第六条第二项 维护采访报道对象的合法权益，尊重采访报道对象的正当要求，不揭个人隐私，不诽谤他人。

---

[1] "南京姐妹状告当地某电视台一审获胜"，载《中国法院网》2005 年 11 月 22 日。
[2] "李某某诉郝冬白等以其真实姓名发表采访隐私内容的文章侵犯名誉权案"，载祝铭山主编：《名誉权纠纷》，中国法制出版社 2003 年版，第 46 页。

（二）政策依据

《关于新闻采编人员从业管理的规定（试行）》（2005）

六、依法维护报道对象的合法权益……不得宣扬他人隐私，或者捏造事实公然丑化他人人格，以及用侮辱、诽谤等方式损害他人名誉。要通过合法和正当的手段获取新闻，尊重被采访者的声明和正当要求。采访意外事件，应顾及受害人及亲属的感受，在提问和录音、录像时应避免对其心理造成伤害……

（三）法律依据

《中华人民共和国宪法》（2004 修正）

第三十八条 中华人民共和国公民的人格尊严不受侵犯。禁止用任何方法对公民进行侮辱、诽谤和诬告陷害。

第三十九条 中华人民共和国公民的住宅不受侵犯。禁止非法搜查或者非法侵入公民的住宅。

第四十条 中华人民共和国公民的通信自由和通信秘密受法律的保护。除因国家安全或者追查刑事犯罪的需要，由公安机关或者检察机关依照法律规定的程序对通信进行检查外，任何组织或者个人不得以任何理由侵犯公民的通信自由和通信秘密。

《中华人民共和国侵权责任法》（2009）

第二条 侵害民事权益，应当依照本法承担侵权责任。

本法所称民事权益，包括生命权、健康权、姓名权、名誉权、荣誉权、肖像权、隐私权、婚姻自主权、监护权、所有权、用益物权、担保物权、著作权、专利权、商标专用权、发现权、股权、继承权等人身、财产权益。

《最高人民法院关于审理利用信息网络侵害人身权益民事纠纷案件适用法律若干问题的规定》（2014）

第十二条 网络用户或者网络服务提供者利用网络公开自然人基因信息、病历资料、健康检查资料、犯罪记录、家庭住址、私人活动等个人隐私和其他个人信息，造成他人损害，被侵权人请求其承担侵权责任的，人民法院应予支持。但下列情形除外：

（一）经自然人书面同意且在约定范围内公开；

（二）为促进社会公共利益且在必要范围内；

（三）学校、科研机构等基于公共利益为学术研究或者统计的目的，经自然人书面同意，且公开的方式不足以识别特定自然人；

（四）自然人自行在网络上公开的信息或者其他已合法公开的个人信息；

（五）以合法渠道获取的个人信息；

（六）法律或者行政法规另有规定。

网络用户或者网络服务提供者以违反社会公共利益、社会公德的方式公开前款第 4 项、第 5 项规定的个人信息，或者公开该信息侵害权利人值得保护的重大利益，权利人请求网络用户或者网络服务提供者承担侵权责任的，人民法院应予支持。

国家机关行使职权公开个人信息的，不适用本条规定。

《中华人民共和国治安管理处罚法》（2012 修正）

第四十二条 有下列行为之一的，处 5 日以下拘留或者 500 元以下罚款；情节较重的，处 5 日以上 10 日以下拘留，可以并处 500 元以下罚款：

……

（六）偷窥、偷拍、窃听、散布他人隐私的。

《中华人民共和国执业医师法》（1998）

第二十二条 医师在执业活动中履行下列义务：

（三）关心、爱护、尊重患者，保护患者的隐私；

……

《中华人民共和国传染病防治法》（2013 修正）

第六十八条 疾病预防控制机构违反本法规定，有下列情形之一的，由县级以上人民政府卫生行政部门责令限期改正，通报批评，给予警告；对负有责任的主管人员和其他直接责任人员，依法给予降级、撤职、开除的处分，并可以依法吊销有关责任人员的执业证书；构成犯罪的，依法追究刑事责任：

……

（五）故意泄露传染病病人、病原携带者、疑似传染病人、密切接触者涉及个人隐私的有关信息、资料的。

《中华人民共和国侵权责任法》（2009）

第六十二条 医疗机构及其医务人员应当对患者的隐私保密。泄露患者隐私或者未经患者同意公开其病历资料，造成患者损害的，应当承担侵权责任。

《中华人民共和国商业银行法》（2003 修正）

第二十九条第一款 商业银行办理个人储蓄存款业务，应当遵循存款自愿、取款自由、存款有息、为存款人保密的原则。

《中华人民共和国刑法》（2011 修正）

第二百四十五条 非法搜查他人身体、住宅，或者非法侵入他人住宅的，处 3 年以下有期徒刑或者拘役。

司法工作人员滥用职权，犯前款罪的，从重处罚。

第二百五十二条 隐匿、毁弃或者非法开拆他人信件，侵犯公民通信自由权利，情节严重的，处 1 年以下有期徒刑或者拘役。

第二百五十三条 邮政工作人员私自开拆或者隐匿、毁弃邮件、电报的，处2年以下有期徒刑或者拘役。

犯前款罪而窃取财物的，依照本法第264条的规定定罪从重处罚。

国家机关或者金融、电信、交通、教育、医疗等单位的工作人员，违反国家规定，将本单位在履行职责或者提供服务过程中获得的公民个人信息，出售或者非法提供给他人，情节严重的，处3年以下有期徒刑或者拘役，并处或者单处罚金。

窃取或者以其他方法非法获取上述信息，情节严重的，依照前款的规定处罚。

单位犯前两款罪的，对单位判处罚金，并对其直接负责的主管人员和其他直接责任人员，依照各该款的规定处罚。

《中华人民共和国治安管理处罚法》（2012修正）

第四十条 有下列行为之一的，处10日以上15日以下拘留，并处500元以上1000元以下罚款；情节较轻的，处5日以上10日以下拘留，并处200元以上500元以下罚款：

……

（三）非法限制他人人身自由、非法侵入他人住宅或者非法搜查他人身体的。

第四十八条 冒领、隐匿、毁弃、私自开拆或者非法检查他人邮件的，处5日以下拘留或者500元以下罚款。

《中华人民共和国民事诉讼法》（2012修正）

第一百三十四条 人民法院审理民事案件，除涉及国家秘密、个人隐私或者法律另有规定的以外，应当公开进行。

离婚案件，涉及商业秘密的案件，当事人申请不公开审理的，可以不公开审理。

《中华人民共和国未成年人保护法》（2012修正）

第三十九条 任何组织或者个人不得披露未成年人的个人隐私。

对未成年人的信件、日记、电子邮件，任何组织或者个人不得隐匿、毁弃；除因追查犯罪的需要，由公安机关或者人民检察院依法进行检查，或者对无行为能力的未成年人的信件、日记、电子邮件由其父母或者其他监护人代为开拆、查阅外，任何组织或者个人不得开拆、查阅。

第五十八条 对未成年人犯罪案件，新闻报道、影视节目、公开出版物、网络等不得披露该未成年人的姓名、住所、照片、图像以及可能推断出该未成年人的资料。

《艾滋病防治条例》（2006）

第三十九条第二款 未经本人或者其监护人同意，任何单位或者个人不得公开艾滋病病毒感染者、艾滋病病人及其家属的姓名、住址、工作单位、肖像、病史资料以及其他可能推断出其具体身份的信息。

《中华人民共和国刑事诉讼法》（2012 修正）

第一百零九条第三款 公安机关、人民检察院或者人民法院应当保障报案人、控告人、举报人及其近亲属的安全。报案人、控告人、举报人如果不愿公开自己的姓名和报案、控告、举报的行为，应当为他保守秘密。

第二百七十四条 审判的时候被告人不满 18 周岁的案件，不公开审理。但是，经未成年被告人及其法定代理人同意，未成年被告人所在学校和未成年人保护组织可以派代表到场。

第二百七十五条 犯罪的时候不满 18 周岁，被判处 5 年有期徒刑以下刑罚的，应当对相关犯罪记录予以封存。

犯罪记录被封存的，不得向任何单位和个人提供，但司法机关为办案需要或者有关单位根据国家规定进行查询的除外。依法进行查询的单位，应当对被封存的犯罪记录的情况予以保密。

《中华人民共和国行政监察法》（2010 修正）

第四十六条 泄露举报事项、举报受理情况以及与举报人相关的信息的，依法给予处分；构成犯罪的，依法追究刑事责任。

《中华人民共和国外汇管理条例》（2008 修订）

第三十八条 任何单位和个人都有权举报外汇违法行为。

外汇管理机关应当为举报人保密，并按照规定对举报人或者协助查处外汇违法行为有功的单位和个人给予奖励。

《中华人民共和国禁毒法》（2007）

第四十六条 戒毒人员的亲属和所在单位或者就读学校的工作人员，可以按照有关规定探访戒毒人员。戒毒人员经强制隔离戒毒场所批准，可以外出探视配偶、直系亲属。

强制隔离戒毒场所管理人员应当对强制隔离戒毒场所以外的人员交给戒毒人员的物品和邮件进行检查，防止夹带毒品。在检查邮件时，应当依法保护戒毒人员的通信自由和通信秘密。

《中华人民共和国反垄断法》（2007）

第三十八条 反垄断执法机构依法对涉嫌垄断行为进行调查。

对涉嫌垄断行为，任何单位和个人有权向反垄断执法机构举报。反垄断执法机构应当为举报人保密。

……

《中华人民共和国反洗钱法》（2006）

第五条 对依法履行反洗钱职责或者义务获得的客户身份资料和交易信息，应当予以保密；非依法律规定，不得向任何单位和个人提供。

……

司法机关依照本法获得的客户身份资料和交易信息，只能用于反洗钱刑事诉讼。

《中华人民共和国治安管理处罚法》（2012 修正）

第八十条 公安机关及其人民警察在办理治安案件时，对涉及的国家秘密、商业秘密或者个人隐私，应当予以保密。

第一百一十七条 公安机关及其人民警察违法行使职权，侵犯公民、法人和其他组织合法权益的，应当赔礼道歉；造成损害的，应当依法承担赔偿责任。

《中华人民共和国海关法》（2013 修正）

第八十条 任何单位和个人均有权对海关及其工作人员的违法、违纪行为进行控告、检举。收到控告、检举的机关有权处理的，应当依法按照职责分工及时查处。收到控告、检举的机关和负责查处的机关应当为控告人、检举人保密。

第九十八条 未按照本法规定为控告人、检举人、举报人保密的，对直接负责的主管人员和其他直接责任人员，由所在单位或者有关单位依法给予行政处分。

《中华人民共和国收养法》（1998 修正）

第二十二条 收养人、送养人要求保守收养秘密的，其他人应当尊重其意愿，不得泄露。

此外，关于从事某项公务职业人员不得从事的活动，可参见《中华人民共和国公务员法》第 53 条、《中华人民共和国法官法》第 32 条、《中华人民共和国检察官法》第 35 条、《中华人民共和国人民警察法》第 22 条。（详见附件 2）

【编写组观点】

某些人认为，由于我国法律在《侵权责任法》生效之前一直对隐私权采取间接保护的方式，所以隐私权的保护并不充分。但《守则》第 19 条规范所持的法律依据如此众多，致本条成为本守则各条规范中法律依据最为充分的一部分。它说明我国的隐私法是发展非常迅速的领域，而互联网的出现又使这一发展呈加速状态。这使得以"公开"为基本功能的大众传播以及以获知并报告真相为职业的新闻记者面临着前所未有的挑战。

19.2 首先——列举了法定的隐私。除了分类列举了私人信息、私人空间、私人活动外，也明确指出了五种"不可识别的人"。这是因为法律均明文规定他们的个人信息不被披露，其中分为两种情况：一种是绝对不可披露，如犯罪的未成年人；另一种是未经本人（不包括未成年人）同意，不得擅自披露。这说明，隐私权是一种典型的私权，个人（不包括未成年人）完全可以处分，自行决定它是保密还是公开。如果他人（包括记者与媒体）擅自决定，可能导致侵权后果。但这并不表明在未经本人同意的情况下，隐私绝对不可以公开。在本条的第6款"隐私可以因以下理由而降低保护程度"中就列举了可以公开的条件。

19.3——列举了侵犯隐私的四种手段或方式，均与新闻采访或报道行为相关。其中，"窃听、窃照、刺探"都与记者的采访——获得新闻素材的行为相关，而"披露"实际上是媒体的发表行为。偷拍、偷录由于是未经权利人许可而获取他人信息的行为，因此存在较高的法律风险。关于这一问题，可参考本守则"隐性采访"专条。有人误认为，虽然是偷拍偷录获取的素材，但没有发表，即不构成侵权。但按照《治安管理处罚法》第41条的规定，只要是偷窥、偷拍、窃听，不论是否披露或散布，均构成违法。

19.4列举了三种"特别情况"，均属于新闻工作者特别容易忽略的情况，因此需要一一做出提醒。收养关系是双方的，因此将其中一方的决定视为"本人同意"存在着法律风险。具有这种共有隐私性质的还包括邮电通讯秘密、两性关系等。其中第三项涉及国家公务员、法官、检察官、警察违反公务员法、法官法、检察官法、人民警察法相关规定的行为不受隐私保护。所以做出这种列举主要出于两个考虑。一方面，从宪法及相关法律规定看，虽然宪法规定公民在法律面前一律平等，公务员等作为公民受到法律的平等保护，但公务员法等也一一列举了人民对从事公职人员的特别要求。这意味着，同样作为自然人，他们的法定义务多于普通人，这些义务决定了他们个人隐私应当对公共利益做出必要的退让。基于《宪法》第41条所规定的公民对国家机关及其工作人员监督批评的权利，当相关公职人员违反法定义务，被公民及媒体揭露、批评时，他们主张隐私权保护无效。另一方面，从我国民事司法实践看，目前"公共人物"概念虽然出现在我国生效的司法裁判中，但并未有任何一起适用于公职人员，而是全部适用于文化体育名人，甚至普通的小人物。如果媒体及其从业者只是一味主张官员是公共人物，要求他们接受公众的监督，退让私权，则可能在侵权诉讼中败诉。本条对此类情况做出指引是想说明：根据宪法法律规定，公职人员的隐私保护确实小于普通人，直接依据相关法律规定可以应对新闻监督所面对的诉讼风险，"公共人物"理论并不是唯一的选择。

19.5是列举酌定的隐私。"酌定的"相对于"法定的"而言，是指那些虽然没有法律规定或法律规定并不明确的，但是有可能被采访对象、进而可能被法庭认定为隐私加以保护的内容。其中有的已经在生效判决中有了说法，如在王菲诉北京凌云互动信息技术有限公司侵犯名誉权、隐私权一案，即被称为"人肉搜索第一案"的一审判决中，法院认定家庭住址、工作单位等信息"不具有一般的人格或身份属性，对于这些个人信息的披露或使用等行为是否构成侵犯隐私权，应当视行为人对这些信息的取得方式、披露方式、披露范围、披露目的及披露后果等因素综合认定"。这说明，同是披露家庭住址、工作单位，有的可能构成侵权，有的可能只会被质疑侵权，有的根本不是侵权。"酌定隐私"的另一类是对发达国家或地区大众传播侵犯隐私的情况加以归纳，按照相对前瞻的要求，将那些较为符合国情的部分提炼出来。这些事项侵权与否，结论并不十分清楚，因此属于"酌定"，主要目的是提醒新闻工作者本着尊重人的尊严的原则，在这些领域注意尊重当事人的决定。

19.6 是对新闻报道正当披露他人隐私给出的理由。隐私并非不可以披露，而是要避免非法获取、披露。正当的获取与披露需要一些条件。首先，要获得权利人的明示同意，并且向受众交待是经过了权利人同意。已有判例说明，越是核心的隐私（如涉及性），明示同意的把握标准越严格，默示的同意（表现为不反对）应当无效。其次，是涉及公共利益，因本守则设有"公共利益"专条，这里不再重复。再次，是涉及公共人物。本条文将公共人物界定为"因成绩卓著，或身世显赫，或罪行重大等原因而知名的人"，大致属于学理上的狭义的公共人物范畴，并未明确将公职人员单独列出。这并不意味着公职人员不属于公共人物，只要符合了"成绩卓著，或身世显赫，或罪行重大"的条件，公职人员也是公共人物，理应降低隐私保护程度。此外，由于本条第 4 款第 3 项已经详细指出国家工作人员违反公务员法、警察法、法官法、检察官法规定的法定义务的行为不受隐私保护，为新闻监督提供了法律的保护。

最后一项是关于未成年人的极为独特的设计。根据我国法律，未成年人隐私受到特别严格（或最高规格）的保护，但法律的相关规定在媒体中执行得并不理想。究其原因，与媒体的操作规范不清晰、不明了有较大关系。本条规定就未成年人的隐私保护确定了几项可操作的规范，如：将"犯罪的未成年人"和"收养关系当事人"明确列为"不被公众识别的个人"；在处理隐私问题的"特别情况"中明确指出，涉及未成年人隐私，"原则上不以本人同意或其法定监护人同意为公开披露之理由"；在"侵犯隐私的理由"中，提出了披露未成年人隐私的原则，即需要"十分利于该未成年人成长（如因严重疾病获得爱心捐助等）并采取了一切必要的保护措施"。这表明了新闻工作者在采访报道中必须谨慎评估披露未成年人隐私的后果，即使有必要披露未成年人的部分个人信息，也必须尽可能采取必要的保护措施，而不能轻率决定，更不能放任。这些规定与本守则涉及"保护未成年人"的其他有关内容相衔接，构成一个完整的保护体系。

20. 肖像

> 20.1 制作、使用他人肖像，一般应征得当事人同意。
>
> 20.2 未经他人同意使用其肖像，应采取技术手段，使该肖像不可辨认。
>
> 20.3 下列合理使用他人肖像的情形，可以不经当事人同意：
>
> (1) 为了维护社会公共利益的需要而使用他人肖像；
>
> (2) 为了维护公民本人利益的需要而使用该公民肖像；
>
> (3) 为了报道时事新闻或者进行舆论监督的需要而使用他人肖像；
>
> (4) 其他合理使用他人肖像的情形。
>
> 20.4 未经当事人同意，不得利用其肖像做商品广告或者商业宣传。
>
> 20.5 不得对他人肖像进行误导性、歪曲性使用。
>
> 20.6 不得污损、丑化他人肖像。

【定义与背景】

（一）定义

肖像，是指通过绘画、照相、雕塑、录像、电影等艺术形式，使公民的外貌在物质载体上再现的视觉形象。

肖像权，是指自然人享有的以其肖像所体现的人格利益为内容的权利。肖像权所体现的人格利益既包括精神利益，也包括财产利益，具体内容主要包括：①肖像制作权；②肖像使用权；③肖像使用转让权；④肖像利益维护权。肖像权是自然人特有的人格权利，法人没有肖像权。

（二）背景

在"读图时代"，图片（图像）在新闻媒体中占据着越来越重要的地位，图文并茂、相得益彰成为现代新闻报道的重点。然而，与之相对应，近年来公民诉新闻媒体侵犯肖像权的案件也呈逐年上升趋势。如何在肖像的合理使用与侵权之间划出一条明确界限，是一个亟须引起新闻采编人员重视的问题。

【典型案例】

案例一： **合理使用他人肖像，无需经当事人同意**

案例概述： 2006 年，某都市报刊登了一则题为"产妇死亡家属医院设灵堂"的新闻报道。该报道配有两张新闻图片，其中一张下有文字说明"死者家属在保健所设灵堂"，照片左半部分为灵堂，灵堂由一女子遗像、一幅"还我亡妻，讨回公道"字样的标语以及摆放遗像的桌子等组成,照片中从左往右有五名正在行走的路人,左一、左二面部特征不明显,左三、左四和左五的面部特征明显,可清晰认出。照片上出现的"路人"以自己的肖像权受到侵害为名向法院起诉。

法院审理认为,该新闻图片与新闻文字内容紧密联系,成为整个新闻报道的有机组成部分,使用该新闻图片符合社会公众利益的需要,目的是为了使读者对该新闻报道有较为全面、真切的了解,故被告某都市报使用该照片的行为具备阻却违法事由。法院驳回了"路人甲"的诉讼请求。"路人甲"不服,提起上诉。二审法院裁定驳回上诉,维持原判。[1]

案例二: **未经同意使用他人肖像,侵权**

案例概述: 1999 年 5 月 22 日,原告陈洪芹在南京某酒店举行结婚仪式。服饰导报社记者前去采访,并拍摄了婚礼照片,但未向陈洪芹说明此行的目的。婚礼进行过程中,陈洪芹对记者的行为没有制止。1999 年 6 月 1 日《服饰导报》第 12 版"玩家·品味"栏目以"婚礼办在泳池边"为题,刊登了该报记者的署名文章,介绍了陈洪芹的来历和婚礼的经过,随文附 5 幅婚礼现场的照片,其中4 幅有陈洪芹的肖像。在主文章的右边和左下方分别刊登了《你想办泳池婚礼吗?》和《泳池婚礼创意小辑》的附文,主要介绍可办泳池婚礼的地方、费用和婚礼方案。原告认为,该报社侵犯了她的肖像权,遂诉至法院。

一审法院认为,未经本人同意,不得以营利为目的使用公民的肖像。只有在为维护社会利益、公民本人利益、司法活动、时事报道需要和科学研究、教学活动需要时,使用其肖像才不受限制。原告不属于公众人物,但在一定范围内享有知名度。被告以原告为题材撰写的文章无疑是为了吸引更多的读者,照片更增强了文章的可读性、趣味性,最终目的是为了增加报纸的发行量,提高营业收入。因此被告刊登的照片侵犯了原告的肖像权。二审法院亦认为,服饰导报社未经陈洪芹同意,刊登陈洪芹婚礼的照片,不属于法律规定的免责行为,侵犯了陈洪芹的肖像权,应承担侵权责任。[2]

案例三: **造成他人人格受商业化侵害,构成侵犯肖像权**

案例概述: 2004 年 10 月 21 日,《精品购物指南》报社在其出版的千期专刊的封面中央刊载了大幅的刘翔跨栏动作肖像。该肖像来自北京百联网图科技有限公司提供的刘翔在第 28 届奥运会上进行比赛的新闻图片,但精品报社在使用该图片做千期专刊封面时,做了以下修改:①奥运现场背景被一面红旗所取代;②原图片上的跨栏为半截,只有一个竖杆,被修改为艺术化的整个跨栏,有两个蓝色竖杆;

---

[1] 参见云南省昆明市中级人民法院民事判决书（2008）昆民三终字第 397 号。
[2] 参见江苏省南京市中级人民法院民事判决书（2000）宁民终字第 31 号。

③跨栏上的奥运标志和刘翔运动服装上的耐克商标都被去掉了；④刘翔肖像的头部与文字"影响2004"相连。千期专刊封面还刊登了宣传北京中友百货第6届购物节的广告。该广告为矩形，位于封面下方，约占整个封面的六分之一，其与跨栏两个竖杆直接相连，和刘翔肖像跨过横杆的左脚几乎相连；广告底色为浅蓝色，其周边背景均为红色。刘翔认为，精品报社侵犯其肖像权，遂向法院起诉。

一审法院经审理后认为：精品报社为回顾2004年具有影响的事件进行报道，使用刘翔在公共领域的肖像，属于合理使用；刘翔跨栏形象与购物节之间不具有广告性质的关联性，刊登刘翔肖像并非广告行为。判决驳回刘翔的全部诉讼请求。

刘翔提出上诉。二审法院经审理后认为：精品报社在千期专刊的整体封面设计中，使刘翔肖像与购物节广告产生一定的广告性质的关联性，从而使社会公众产生"刘翔为中友公司购物节做广告"之有合理根据的误解，进而使刘翔人格受到购物节广告的商业化侵害。此与直接使用刘翔肖像做广告相比，两者在对刘翔人格的侵害样态上并无本质区别；而究此侵害之原因，精品报社在发布千期专刊封面广告之时，未尽力注意避让他人的肖像权，从而对载有刘翔肖像的图片进行了不妥当的修改，显然具有过错。因过错造成刘翔人格受商业化侵害，构成侵犯肖像权。[1]

【依据】

（一）道德依据

《中国广播电视编辑记者职业道德准则》（2004）

第二十九条 尊重公民和法人的名誉权、荣誉权，尊重个人隐私权、肖像权，不揭人隐私，避免损害他人名誉的报道。

（二）政策依据

《关于新闻采编人员从业管理的规定（试行）》（2005）

第二条 新闻采编人员要遵守宪法和法律，……依法维护报道对象的合法权益……

（三）法律依据

《中华人民共和国民法通则》（2009修订）

第一百条 公民享有肖像权，未经本人同意，不得以营利为目的使用公民的肖像。

第一百二十条 公民的……肖像权……受到侵害的，有权要求停止侵害，恢复名誉，消除影响，赔礼道歉，并可以要求赔偿损失。

---

〔1〕 参见北京市第一中级人民法院民事判决书（2005）一中民中字第8144号。

《最高人民法院关于贯彻执行〈中华人民共和国民法通则〉若干问题的意见（试行）》（1988）

139. 以营利为目的，未经公民同意利用其肖像做广告、商标、装饰橱窗等，应当认定为侵犯公民肖像权的行为。

《最高人民法院关于确定民事侵权精神损害赔偿责任若干问题的解释》（2001）

第一条 自然人因下列人格权利遭受非法侵害，向人民法院起诉请求赔偿精神损害的，人民法院应当依法予以受理：

……

（二）姓名权、肖像权、名誉权、荣誉权；

……

第三条 自然人死亡后，其近亲属因下列侵权行为遭受精神痛苦，向人民法院起诉请求赔偿精神损害的，人民法院应当依法予以受理：

（一）以侮辱、诽谤、贬损、丑化或者违反社会公共利益、社会公德的其他方式，侵害死者姓名、肖像、名誉、荣誉；

……

【编写组观点】

《民法通则》第100条规定："公民享有肖像权，未经本人同意，不得以营利为目的使用公民的肖像。"对于该条规定，理论界和司法实务界争议颇多。有人据此认为，"未经本人同意"和"以营利为目的使用"，是构成侵害肖像权的两个必要条件，缺一不可；也有人认为，该条赋予公民肖像权，明确规定以营利为目的使用他人肖像须经本人同意，但不能由此得出"不以营利为目的可以不经本人同意使用其肖像"的结论，不以营利为目的而擅自使用他人肖像的，也可构成侵害肖像权。两种观点孰是孰非，至今未有定论。在司法实践中如何界定"以营利为目的的使用"，也就难免"仁者见仁、智者见智"了。在认定是否构成侵害肖像权时，不同的法官往往基于自己的理解做出不同的判断。法律规定的不完善、不明确，一定程度上导致了司法的混乱。

基于此种现实，本编写组认为：在新闻采编过程中制作和使用他人肖像，应当从严要求，坚持谨慎、合理、正当的原则，这不仅是出于对他人合法权益的尊重，同时也是防范新闻官司、避免侵权后果的需要。

第一，制作和使用他人肖像，原则上都应征得本人同意。这不仅符合尊重人权、减少伤害的职业准则，同时"本人同意"也是媒体面对侵害肖像权指控时最为有力的抗辩理由。《守则》第20条还提出，在没有得到同意的情况下制作和使用他人肖像应采取技术手段，使肖像不可辨认。

第二，杜绝法律明确禁止的行为，即：未经当事人同意，不得利用其肖像做商品广告或者商业宣传。这一点是法律的硬性要求，没有讨价还价的空间。

第三，杜绝不当使用他人肖像的行为，如污损、丑化他人肖像，歪曲性、误导性地使用他人肖像。法律对此虽无明确规定，但司法实践中将此类行为认定为侵害肖像权的案例甚多；同时，从职业伦理的角度考量，此类行为也无疑应当被严格防范。

第四，合理使用他人肖像，可以不经其本人同意。尽管在侵害肖像权的认定问题上存在种种分歧和争议，但有一点在司法实践中已成共识：合理使用不侵权。对于何谓"肖像的合理使用"，基本可以形成通说，其中可作为媒体抗辩理由的主要有：①为了维护社会利益的需要；②为了维护公民本人利益的需要；③为了时事新闻报道的需要。此外，在司法实践中，"为了进行舆论监督的需要"，一般也被认为属于"合理使用"。"合理使用"构成阻却违法的理由。新闻采编人员既要注意尊重和保护被报道对象的肖像权，同时也要懂得运用法律武器来维护自身权益，避免自缚手脚。

此外，我国法律还对使用妇女、未成年人等特殊人群的肖像做出了限制性规定。因有专章讨论此类问题，此处不再赘述。

21．版权

21.1 未经著作权人许可，不得擅自发表其作品，法律另有规定的除外。

21.2 作者向媒体投稿，如无特别声明，可视为许可发表。

21.3 刊发新闻报道类作品，应署作者实名；其他作品，如法律法规或相关行业规范未作特别规定，是否在作品上署名，署实名或者笔名、化名，应尊重作者意愿。

21.4 不在未参与采写、创作的作品上署名。

21.5 不歪曲、篡改他人作品。对作品的思想观念、实质内容等进行修改，应当经作者许可；未经许可，仅可作必要的文字性修改、删节。

21.6 严禁剽窃、抄袭他人作品。

21.7 发表、使用他人作品应支付合理报酬，法律另有规定或与著作权人另有约定的除外。

21.8 引用、自制、再现、刊登或播放已经发表的作品，应当指明作者姓名、作品名称、作品出处，并且不得侵犯著作权人依照法律享有的其他权利。

【定义与背景】

（一）定义

著作权，是指作者或其他著作权所有人对文学、艺术和科学技术等作品所享有的专有权利。著作权的客体是"作品"，即"文学、艺术和科学领域内具有独创性并能以某种有形形式复制的智力成果"。

（二）背景

采集、制作、加工和传播信息，是新闻采编人员的主要工作方式，也是新闻媒体赖以实现其社会功能的重要手段。在此过程中，难免发生侵害他人著作权或者自身合法著作权益被他人侵害等问题。虽然法律有具体而明确的规定，但是从现实情况看，很多新闻采编人员对法律规定要么一无所知，要么一知半解。这也是新闻采编领域著作权纠纷居高不下的原因所在。而网络等新媒体的出现使这种法律风险有所加剧，局面更为复杂了。

【典型案例】

案例一： **未经许可擅自发表他人作品，构成侵权**

案例概述： 2007年8月6日，原告王耀理和同事在西安市南郊某擦鞋店擦鞋时，拍摄了其与同事共同擦鞋的照片，并将照片保存在自己的U盘里。2007年11月17日，《西安晚报》刊登了"小活儿干出大市场"一文，该文所使用的配图即为王耀理为同事拍摄的擦鞋照片。王耀理称其照片保存在电脑上，尚未发表，西安日报社侵犯了其著作权中的发表权、署名权、复制权及获得报酬权。西安日报社称涉案照片是从网上下载，但未能提供证据。

法院审理认为，《西安晚报》刊登的《小活儿干出大市场》一文中使用的配图系王耀理创作完成。西安日报社在使用争讼之作品时，未经王耀理许可，擅自将照片发表，未给作者署名，也未向王耀理支付报酬，侵犯了王耀理依法享有的著作权。[1]

案例二： **可以摘编他人已发表作品，但不支付报酬则构成侵权**

案例概述：《打工》杂志2005年1月下半月版刊登署名焦友龙的文章"良心考验：替人代买的彩票中了500万元咋办？——安徽一位彩票点店主的惊世之举引发的思考"，全文约6000字。该杂志在同期登载声明：凡在本刊发表的作品，未经签订协议，任何新闻媒体、出版单位和影视单位不得擅自转载、改写、结集出版和改编影视作品等。2004年12月下旬，一位读者向《文摘周刊》报社推荐

---

〔1〕 参见西安市中级人民法院民事判决书（2008）西民四初字第104号。

该文，并将登载该文的杂志原件交予《文摘周刊》报社。2004年12月24日，《文摘周刊》报社将该读者推荐的文章以"代买彩票中奖500万，咋办？——安徽一家彩票点讲诚信，义返买票人"为题刊载，并在文章的尾部注明：焦友龙文，温志斌荐自《打工》2005年1月下。全文共2000多字。但未向焦友龙支付稿酬。后焦友龙向法院起诉。

二审法院终审判决认为，《打工》杂志所作的统一版权声明，并非著作权人焦友龙本人或其委托杂志社作出的不得转载、摘编声明，故《文摘周刊》报社依法可以对该作品进行转载或者作为文摘、资料刊登，无需征得焦友龙的同意，但应当注明作品的作者和最初登载的报刊出处，并向焦友龙支付报酬。

著作权法规定的转载与摘编是法律规定报刊使用他人已发表作品的两种不同方式，全文登载其他报刊已发表作品的应视为转载，摘要登载其他报刊已发表作品的则为摘编。本案中，《文摘周刊》报社使用涉案作品不属于转载，而是摘编。经过摘编，涉案作品虽由6000字变成了2000多字，作品名称及三个小标题也相应作了些许调整，但保持了涉案作品主题、基本内容和基本表达形式，更没有歪曲和篡改涉案作品。因此，《文摘周刊》报社在使用涉案作品时进行的摘录、删节等行为，并未侵犯作者焦友龙享有的修改权和的保护作品完整权。但其在摘编、刊登涉案作品后未依法支付报酬，侵犯了焦友龙享有的获得报酬权。[1]

案例三： **无视作者声明，擅自转载构成侵权**

案例概述： 1998年5月10日陈卫华以笔名"无方"撰写了"戏说MAYA"一文并上传到其个人主页"3D芝麻街"上，并注明"版权所有请勿转载"。1998年10月16日《电脑商情报》社将该文刊载于其主办的《电脑商情报》第40期家庭版上。同年11月，陈卫华向《电脑商情报》社发出电子邮件，说明其本人系"戏说MAYA"一文的作者。同年12月2日，陈卫华又向《电脑商情报》社发出传真，提出《电脑商情报》社应承担侵权责任。《电脑商情报》社收到上述函件后拒绝了陈卫华的要求。后陈卫华诉至法院。法院认为，《电脑商情报》社在其主办的登有商业广告的报纸上擅自刊载陈卫华的作品"戏说MAYA"，为其商业目的扩大了该作品的传播范围，侵犯了陈卫华的作品使用权和获得报酬权，故《电脑商情报》社应依法承担侵权责任，停止侵权，向陈卫华公开赔礼道歉并赔偿由此给陈卫华造成的合理的经济损失。[2]

---

〔1〕 参见安徽省高级人民法院民事判决书（2006）皖民三终字第0008号。

〔2〕 北京市海淀区人民法院民事判决书（1999）海知初字第18号。

【依据】

（一）道德依据

《中国新闻工作者职业道德准则》（2009 修订）

第四条第四项 ……尊重他人的著作权益，引用他人的作品要注明出处，反对抄袭和剽窃行为。

（二）法律依据

《中华人民共和国民法通则》（2009 修订）

第一百一十八条 公民、法人的著作权（版权）……受到剽窃、篡改、假冒等侵害的，有权要求停止侵害，消除影响，赔偿损失。

《中华人民共和国著作权法》（2010 修订）

第三条 本法所称的作品，包括以下列形式创作的文学、艺术和自然科学、社会科学、工程技术等作品：

（一）文字作品；

（二）口述作品；

（三）音乐、戏剧、曲艺、舞蹈、杂技艺术作品；

（四）美术、建筑作品；

（五）摄影作品；

（六）电影作品和以类似摄制电影的方法创作的作品；

（七）工程设计图、产品设计图、地图、示意图等图形作品和模型作品；

（八）计算机软件；

（九）法律、行政法规规定的其他作品。

第五条 本法不适用于：

……

（二）时事新闻；

……

第十条 著作权包括下列人身权和财产权：

（一）发表权，即决定作品是否公之于众的权利；

（二）署名权，即表明作者身份，在作品上署名的权利；

（三）修改权，即修改或者授权他人修改作品的权利；

（四）保护作品完整权，即保护作品不受歪曲、篡改的权利；

（五）复制权，即以印刷、复印、拓印、录音、录像、翻录、翻拍等方式将作品制作一份或者多份的权利；

（六）发行权，即以出售或者赠与方式向公众提供作品的原件或者复制件的权利；

......

（十一）广播权，即以无线方式公开广播或者传播作品，以有线传播或者转播的方式向公众传播广播的作品，以及通过扩音器或者其他传送符号、声音、图像的类似工具向公众传播广播的作品的权利；

（十二）信息网络传播权，即以有线或者无线方式向公众提供作品，使公众可以在其个人选定的时间和地点获得作品的权利；

（十三）摄制权，即以摄制电影或者以类似摄制电影的方法将作品固定在载体上的权利；

（十四）改编权，即改变作品，创作出具有独创性的新作品的权利；

（十五）翻译权，即将作品从一种语言文字转换成另一种语言文字的权利；

（十六）汇编权，即将作品或者作品的片段通过选择或者编排，汇集成新作品的权利；

（十七）应当由著作权人享有的其他权利。

著作权人可以许可他人行使前款第 5 项～第 17 项规定的权利，并依照约定或者本法有关规定获得报酬。

著作权人可以全部或者部分转让本条第 1 款第 5 项～第 17 项规定的权利，并依照约定或者本法有关规定获得报酬。

第二十二条 在下列情况下使用作品，可以不经著作权人许可，不向其支付报酬，但应当指明作者姓名、作品名称，并且不得侵犯著作权人依照本法享有的其他权利：

......

（三）为报道时事新闻，在报纸、期刊、广播电台、电视台等媒体中不可避免地再现或者引用已经发表的作品；

（四）报纸、期刊、广播电台、电视台等媒体刊登或者播放其他报纸、期刊、广播电台、电视台等媒体已经发表的关于政治、经济、宗教问题的时事性文章，但作者声明不许刊登、播放的除外；

（五）报纸、期刊、广播电台、电视台等媒体刊登或者播放在公众集会上发表的讲话，但作者声明不许刊登、播放的除外；

......

前款规定适用于对出版者、表演者、录音录像制作者、广播电台、电视台的权利的限制。

第二十九条 出版者、表演者、录音录像制作者、广播电台、电视台等依照本法有关规定使用他人作品的，不得侵犯作者的署名权、修改权、保护作品完整权和获得报酬的权利。

第三十三条 著作权人向报社、期刊社投稿的，自稿件发出之日起15日内未收到报社通知决定刊登的，或者自稿件发出之日起30日内未收到期刊社通知决定刊登的，可以将同一作品向其他报社、期刊社投稿。双方另有约定的除外。

作品刊登后，除著作权人声明不得转载、摘编的外，其他报刊可以转载或者作为文摘、资料刊登，但应当按照规定向著作权人支付报酬。

第三十四条 图书出版者经作者许可，可以对作品修改、删节。

报社、期刊社可以对作品作文字性修改、删节。对内容的修改，应当经作者许可。

第四十三条 广播电台、电视台播放他人未发表的作品，应当取得著作权人许可，并支付报酬。

广播电台、电视台播放他人已发表的作品，可以不经著作权人许可，但应当支付报酬。

第四十四条 广播电台、电视台播放已经出版的录音制品，可以不经著作权人许可，但应当支付报酬。当事人另有约定的除外。具体办法由国务院规定。

第四十六条 电视台播放他人的电影作品和以类似摄制电影的方法创作的作品、录像制品，应当取得制片者或者录像制作者许可，并支付报酬；播放他人的录像制品，还应当取得著作权人许可，并支付报酬。

第四十七条 有下列侵权行为的，应当根据情况，承担停止侵害、消除影响、赔礼道歉、赔偿损失等民事责任：

（一）未经著作权人许可，发表其作品的；

（二）未经合作作者许可，将与他人合作创作的作品当作自己单独创作的作品发表的；

（三）没有参加创作，为谋取个人名利，在他人作品上署名的；

（四）歪曲、篡改他人作品的；

（五）剽窃他人作品的；

（六）未经著作权人许可，以展览、摄制电影和以类似摄制电影的方法使用作品，或者以改编、翻译、注释等方式使用作品的，本法另有规定的除外；

（七）使用他人作品，应当支付报酬而未支付的；

（八）未经电影作品和以类似摄制电影的方法创作的作品、计算机软件、录音录像制品的著作权人或者与著作权有关的权利人许可，出租其作品或者录音录像制品的，本法另有规定的除外；

（九）未经出版者许可，使用其出版的图书、期刊的版式设计的；

（十）未经表演者许可，从现场直播或者公开传送其现场表演，或者录制其表演的；

（十一）其他侵犯著作权以及与著作权有关的权益的行为。

第四十八条　有下列侵权行为的，应当根据情况，承担停止侵害、消除影响、赔礼道歉、赔偿损失等民事责任；同时损害公共利益的，可以由著作权行政管理部门责令停止侵权行为，没收违法所得，没收、销毁侵权复制品，并可处以罚款；情节严重的，著作权行政管理部门还可以没收主要用于制作侵权复制品的材料、工具、设备等；构成犯罪的，依法追究刑事责任：

（一）未经著作权人许可，复制、发行、表演、放映、广播、汇编、通过信息网络向公众传播其作品的，本法另有规定的除外；

（二）出版他人享有专有出版权的图书的；

（三）未经表演者许可，复制、发行录有其表演的录音录像制品，或者通过信息网络向公众传播其表演的，本法另有规定的除外；

（四）未经录音录像制作者许可，复制、发行、通过信息网络向公众传播其制作的录音录像制品的，本法另有规定的除外；

（五）未经许可，播放或者复制广播、电视的，本法另有规定的除外；

（六）未经著作权人或者与著作权有关的权利人许可，故意避开或者破坏权利人为其作品、录音录像制品等采取的保护著作权或者与著作权有关的权利的技术措施的，法律、行政法规另有规定的除外；

（七）未经著作权人或者与著作权有关的权利人许可，故意删除或者改变作品、录音录像制品等的权利管理电子信息的，法律、行政法规另有规定的除外；

（八）制作、出售假冒他人署名的作品的。

《信息网络传播权保护条例》（2013 修订）

第十六条　通过大众传播媒介传播的单纯事实消息属于著作权法第 5 条第 2 项规定的时事新闻。传播报道他人采编的时事新闻，应当注明出处。

第十七条　著作权法第 32 条第 2 款规定的转载，是指报纸、期刊登载其他报刊已发表作品的行为。转载未注明被转载作品的作者和最初登载的报刊出处的，应当承担消除影响、赔礼道歉等民事责任。

《最高人民法院关于审理著作权民事纠纷案件适用
法律若干问题的解释》（2002）

第二条　权利人享有的信息网络传播权受著作权法和本条例保护。除法律、行政法规另有规定的外，任何组织或者个人将他人的作品、表演、录音录像制品通过信息网络向公众提供，应当取得权利人许可，并支付报酬。

【编写组观点】

新闻采编的过程，实际上就是采集、制作、加工和传播信息的过程。在这一过程中，不可避免地会时时涉及著作权的保护问题。作为新闻采编人员，在著作权问题上有哪些禁忌，又有哪些权利？这不仅是一个法律问题，同时也是一个职业道德问题。

实践中，常见的侵权方式有：未经许可，擅自发表他人作品；不按作者要求署名；擅自对他人作品内容作大删大改；为使他人作品符合自己需要，不惜对其进行歪曲、篡改；抄袭、剽窃他人作品；无视作者声明，擅自转载他人作品；引用、转载他人作品，不写作者，不注出处，甚至断章取义；发表、使用他人作品，该支付报酬不支付……上述问题，在各类媒体普遍存在。这不仅使著作权人的合法权益遭受到严重侵犯，也大大影响了新闻媒体的公信力和新闻采编人员的职业形象。

本编写组认为，媒体作为社会公器，向社会公众宣传法制是其重要使命之一，这就要求新闻媒体和新闻采编人员首先是守法模范，在著作权保护问题上，应该率先垂范而非相反。

《守则》第21条只择要规范原则性问题，其他具体问题，法律有规定的按法律规定，法律未规定或规定不明确的，可征询法律顾问、律师等专业人士意见。

22. 未成年人

22.1　新闻传播应当对未成年人给予最大限度的保护。

22.2　不以家长或监护人同意为理由披露未成年人隐私。即便确因维护未成年人自身利益的需要而披露其隐私，也必须谨慎权衡并采取恰当的保护措施。

22.3　对未成年的犯罪人或受害人个人信息给予特别保护。（见"19. 隐私"）

22.4　不以披露未成年人不良行为的方式作为教育或惩罚未成年人的手段。

22.5　不以恐吓、诱骗或收买等方式迫使、引诱未成年人接受采访，不组织或引导未成年人讨论超过其判断能力的问题。

【定义与背景】

（一）定义

在我国，未成年人是指未满18周岁的公民。

（二）背景

未成年人因其心智发育不完全成熟，容易受到外界干扰影响，对事物的看法、价值判断也容易受到其他因素左右。而媒体在进行报道时所营造的环境会对人们认识世界、形成自我价值观产生较大影响，对未成年人影响更甚。故新闻媒体在报道活动时，应当注意对未成年人的影响，为帮助其树立正确价值观、人生观而营造良好社会氛围。

【典型案例】

案例一：　14 岁杀人少年从电视上学习犯罪方法获刑 15 年

案例概述：2001 年底，一起未成年人杀人案在北京市丰台区人民法院审结，被告人小冯被判处有期徒刑 15 年。小冯 14 岁，系单亲家庭男孩，初中学生，因同学的妹妹小何对自己有偏见，一直怀恨在心。2001 年 7 月 29 日下午，小冯趁只有小何一人在家时，用杀猪刀、铁锹、啤酒瓶、菜刀以及电线等多种凶器，残忍地将小何杀死，然后伪造抢劫现场，并在小何家冲掉身上的血迹，换上小何哥哥的裤子，翻墙逃跑。在法庭审理中小冯交代说，这些杀人手段都是从电视上学的。考虑到小冯犯罪时刚 14 周岁零两个月，从教育、挽救未成年人的角度出发，因此判有期徒刑 15 年。[1]

案例二：　"监护人同意"不能成为披露未成年人隐私的抗辩理由

案例概述：原告之母于 2007 年 2 月 23 日与淘思中心签订委托书，对其女周芳芳进行封闭培训。周芳芳在培训中受到了非人的对待，以致遍体鳞伤，于 2007 年 4 月 2 日至 9 月 15 日在医院进行治疗，共用去医疗费 3782.36 元。

被告长沙电视台女性频道将此事进行录制并播出。原告周芳芳认为，淘思中心和长沙电视台女性频道的行为严重诋毁了其名誉，使其精神上受到了极大打击，造成心理障碍，侵害了其名誉权，请求人民法院判令被告淘思中心创办人毛洪兵和长沙电视台女性频道赔礼道歉、消除影响，赔偿医疗费 3927 元，精神损失费 5 万元。

法院认为，淘思中心对周芳芳的虐待，严重侵犯周芳芳人格尊严，这些行为虽然发生在范围较小的封闭环境，但淘思中心明知女性频道录制节目是以播出为目的，不但不予制止，反而予以配合，致使其体罚、虐待行为产生了"当众"的后果，转化为侮辱。女性频道在其播出的节目中清晰再现了周芳芳及其家人的影像和生活环境、受体罚的完整镜头和过程，仅对周芳芳的眼部作了处理，其他影像未作任何技术处理，同时随意地将委托书上周芳芳的化名"周芳"改为"周芳芳"，致使与其真实姓名一致，使得周围人更加确定受害人为原告人。女性频道的行为明显降低了周芳芳的社会评价，并对周芳芳以后的学习、生活产生

〔1〕　参见"因同学妹妹不喜欢自己，14 岁少年模仿电视残忍杀人"，载《新华网》2002 年 1 月 3 日。

长期的不良影响，损害了原告的名誉。

虽然在采访和录制过程中得到原告之母的配合，但是并不代表其播出周芳芳受虐待的过程也得到原告之母的同意，且法律明确规定任何组织或者个人不得披露未成年人的个人隐私，所以女性频道主观过错明显。故，即使原告之母有过错，也不能减轻女性频道的民事责任。淘思中心与女性频道不但不制止对方违法行为，反而相互配合，致使周芳芳受体罚、虐待的行为转化为侮辱，其主观上均有过错。双方虽无明显意思联络，但两个行为结合一起，共同造成同一损害后果，应认定共同侵权。

综上所述，法院判决：涉案节目立即停止播出，并不得以任何形式传播；两被告在女性频道中播出向周芳芳赔礼道歉的公告；两被告共同赔偿 11 000 元，并互相承担连带责任。[1]

案例三：　　　校方公布学生拥吻画面引起首例未成年人隐私权案件

案例概述： 2003 年 8 月上海市一位大学生魏罡将高中母校上海复兴中学推上了被告席，揭开了全国首例未成年人隐私权案件的序幕。

魏罡和小云是复兴高中 2003 届同学。就读期间，学校电视台对学生违反校纪校规的情况进行曝光，播出了来自学校摄像头所摄制的录像：一年前的某日晚自习时他们两人搂抱、亲吻的镜头。尽管镜头上两人的脸都打了马赛克，但熟悉的人还是一眼可以看出是谁。当时，二人的感受都是"非常之难受、尴尬、难堪、震惊"，"导致情绪很消沉，高考成绩也受到很大影响。"

高考结束后，两人决定请律师出面，用法律来维护自己的权利，并利用假期打工所赚的钱来支付 3000 元的诉讼代理费，诉请法院判决学校公开道歉，并赔偿精神损失费 5000 元。复兴中学则称，魏罡的亲昵行为违反了学校制定的学生行为规范。学校进行播放是以教育为目的，并无侵害魏罡隐私权、名誉权的过错，魏罡的成绩也未受影响。上海市虹口区人民法院于 8 月 23 日作出一审判决，原告两位"早恋"当事人的诉讼请求被全部驳回，法庭同时也认为上海复兴中学有值得改进完善其教育方式的地方，但这些不构成侵权。

魏罡当庭表示上诉，但上海市第二中级人民法院作出终审判决认为，复兴中学的摄录、播放行为并不具有违法性，主观上并无侵害两上诉人名誉的故意，而且目前也无充分证据表明魏罡的社会评价会因此降低，复兴中学不构成对魏罡名誉权的侵害，驳回当事人魏罡的上诉，维持原判，上诉费用全部由原告承担。[2]

案例评析： 本案被媒体称为首例未成年人隐私权案件，两名年轻人维护自身

---

〔1〕　湖南省长沙市开福区人民法院民事判决书（2007）开民一初字第 1841 号。

〔2〕　资料来源：http://edu.qq.com/a/20040824/000082.html.

权益的努力虽然失败，却也令人唏嘘不已。在学校教室拥吻自然是不恰当或者是违反校规的行为。但两性感情却是人的核心隐私，如果与公共利益无关，根本不适合被公开。更何况当事人是未成年人。本案发生于 2004 年，当时《中华人民共和国未成年人保护法》已经生效近十年。我们在资料中未见法院或原告律师引用该法中关于"任何组织和个人不得披露未成年人隐私"的规定，不知是疏忽还是根本无知，确实令人遗憾。而被告学校关于"亲昵行为违反了学生行为规范，学校进行播放是以教育为目的"的辩解是典型的"以披露不良行为的方式作为教育或惩罚未成年人"表现，本不足取，更不应获得法院的支持。因此本案判决结果令人遗憾。相信在今天，学校、法院方面均会有新的、不同的认识，而大众传播也要从中吸取教训。

案例四： **"很黄很暴力"事件**

案例概述： 13 岁的北京女学生张某，在 2007 年 12 月 27 日 19 时中央电视台《新闻联播》一则关于净化网络视听的新闻里接受采访时说："上次我上网查资料，突然弹出来一个网页，很黄很暴力，我赶紧把它给关了。"这个片段被 CCTV 以实名身份播放出来，一时在网络上掀起轩然大波。而后出现一则名为"召唤人肉搜索——张某——很黄很暴力"的热帖，其后关于张某的视频、图片、恶搞漫画、帖子等此后开始在互联网上泛滥。尤其是前面提到的"很黄很暴力"的帖子，自 1 月 1 日发出后，截至 1 月 5 日凌晨，跟帖达 1200 条。其中一个回帖中，有匿名人士把张某的出生年月、所在学校、平时成绩以及所获奖励详细公开，内容精确到张某的出生医院名字。还有好事者，公布了一份某年的中小学生书法比赛名单，其中就有张某的名字。[1]

案例评析： 该事件中值得讨论的问题很多，除了未成年人个人信息遭到无理披露外，另外一个值得重视的问题是：记者及媒体是否应当让未成年人就他们所难以准确理解与表达的话题作出公开的表达。

一般所说未成年人身心尚待发育，理所当然地包括他们对性问题的理解与认识。关于性、两性、黄色、淫秽等方面的信息，有的是法律普遍禁止的，比如淫秽；有的是对特定对象（未成年人）限制传播的，比如色情。而何为色情，何为淫秽，法律上也没有具体标准与明确界限，对内容的鉴定甚至成为一个专业，许多成年人也未必能够准确理解。同时，未成年人对科学文化知识有受教育的权利，对与自己相关的信息也有知情权，认为只要涉及性就是黄色的、不好的，是一种过于简单化的见解。果真如此，就不需要提倡什么青春期性教育。可见，这样的问题对未成年人十分重要，却不适合他们公开发表言论。媒体就类似主题对

---

[1] "'很黄，很暴力'引发网络恶搞风波"，载《新闻晚报》2008 年 1 月 8 日。

未成年人的采访超过了 12 岁少年的理解能力。事件结果也表明，一个 12 岁的女孩说出不符合自己年龄的话，这种摆布未成年人的做法令许多网友反感，其结果是女孩被人肉搜索，对未成年人有害无利。

【依据】

（一）道德依据

《中国新闻工作者职业道德准则》（2009）

第六条　……

2. 维护采访报道对象的合法权益，尊重采访报道对象的正当要求，不揭个人隐私，不诽谤他人；

3. 维护未成年人、妇女、老年人和残疾人等特殊人群的合法权益，注意保护其身心健康；

……

《中国广播电视播音员主持人职业道德准则》（2004）

第十二条　尊重和保护未成年人、妇女、老人和残疾人的合法权益。报道违法犯罪的未成年人和性侵犯的受害者时，录音、图像应经过特殊处理，使之不可辨认；不公布其真实姓名，不描述犯罪过程。

（二）政策依据

《中共中央国务院关于进一步加强和改进未成年人思想道德建设的若干意见》（2004）

（二十）各类大众传媒都要增强社会责任感，把推动未成年人思想道德教育作为义不容辞的职责，为加强和改进未成年人思想道德建设创造良好舆论氛围。

……

《广播影视加强和改进未成年人思想道德建设的实施方案》（2004）

22. 未成年人犯罪案件一般不予公开报道。广播影视不能借报道新闻、宣传法制之名展示未成年人犯罪案件，不能为了追求收听率和收视率而公开披露未成年人的犯罪细节、作案方式。特殊情况需要报道的，要严格保护未成年人的姓名和肖像隐私权，要采取必要的技术手段加以处理。

（三）法律依据

《中华人民共和国宪法》（2004 修正）

第四十六条第二款　国家培养青年、少年、儿童在品德、智力、体质等方面全面发展。

《中华人民共和国未成年人保护法》（2012 修正）

第六条第一款　保护未成年人，是国家机关、武装力量、政党、社会团体、企业事业组织、城乡基层群众性自治组织、未成年人的监护人和其他成年公民的共同责任。

第三十二条第一款 国家鼓励新闻、出版、信息产业、广播、电影、电视、文艺等单位和作家、艺术家、科学家以及其他公民,创作或者提供有利于未成年人健康成长的作品。出版、制作和传播专门以未成年人为对象的内容健康的图书、报刊、音像制品、电子出版物以及网络信息等,国家给予扶持。

第五十八条 对未成年人犯罪案件,新闻报道、影视节目、公开出版物、网络等不得披露该未成年人的姓名、住所、照片、图像以及可能推断出该未成年人的资料。

《中华人民共和国刑事诉讼法》(2012 修订)

第二百七十四条 审判的时候被告人不满18周岁的案件,不公开审理。但是,经未成年被告人及其法定代理人同意,未成年被告人所在学校和未成年人保护组织可以派代表到场。

第二百七十五条 犯罪的时候不满18周岁,被判处五年有期徒刑以下刑罚的,应当对相关犯罪记录予以封存。

犯罪记录被封存的,不得向任何单位和个人提供,但司法机关为办案需要或者有关单位根据国家规定进行查询的除外。依法进行查询的单位,应当对被封存的犯罪记录的情况予以保密。

《联合国少年司法最低限度标准规则(北京规则)》(1985)

21. 档案

21.1 对少年犯的档案应严格保密,不得让第三方利用……

21.2 少年罪犯的档案不得在其后的成人讼案中加以引用。

《联合国儿童权利公约》(1989)

第二条 ……

2. 缔约国应采取一切适当措施确保儿童得到保护,不受制于儿童父母、法定监护人或家庭成员的身份、活动、所表达的观点或信仰而加诸的一切形式的歧视或惩罚。

第三条 1. 关于儿童的一切行动,不论是由公私社会福利机构、法院、行政当局或立法机构执行,均应以儿童的最大利益为一种首要考虑。

2. 缔约国承担确保儿童享有其幸福所必需的保护和照料,考虑到其父母、法定监护人或任何对其负有法律责任的个人的权利和义务,并为此采取一切适当的立法和行政措施。

……

第六条 ……

2. 缔约国应最大限度地确保儿童的存活与发展。

第十六条 1. 儿童的隐私、家庭、住宅或通信不受任意或非法干涉，其荣誉和名誉不受非法攻击。

2. 儿童有权享受法律保护，以免受这类干涉或攻击。

【编写组观点】

按照我国的法律规定，未成年人是指未满 18 周岁的公民，也就是联合国《儿童权利公约》所说的儿童。这是一个特殊的群体，因为他们是当代社会的未来中坚力量和当代文明继承者和传承者，同时又是当代社会的弱势人群，是分享有限社会资源时最易被忽略的群体，而且在生理和心理上均处于不成熟的阶段，因此，世界各国对未成年人均给予包括制定专门的法律等特殊的保护。我国 18 岁以下的未成年人约有近 4 亿，他们是国家和中华民族的希望。尽管我国早在 1992 年已加入联合国《儿童权利公约》，在未成年人的保护上已有了较健全的法律体系，但对他们生活细小处的保护往往是法律难以囊括的，对传媒和传媒人而言，为他们创造何种环境成为传媒自律首先考虑的问题，这也是传媒的自律规范必须将"最大限度地保护未成年人"确立为一个基本准则的理由。

在新闻报道和互联网视听节目的制作中，对成年人的名誉权、肖像权、隐私权方面比较注意保护，而对未成年人似乎不太在意。其表现有两种：一是对未成年人任意摆布，想怎么写就怎么写，想怎么拍就怎么拍；二是涉及未成年人隐私，想怎么"暴露"就怎么"暴露"。部分新闻工作者意识到采访报道题材与未成年人隐私有关，但却想当然地认为只要其父母或法定监护人同意即可。实际上，未成年人享有许多成年人所没有的特殊权利，其中就包括《未成年人保护法》所规定的"任何组织与个人不得披露未成年人隐私"。这里所说的"任何组织与个人"没有任何弹性，它包括未成年人的父母、教师、学校、医院、政府。因为未成年人属于无民事行为能力或者限制民事行为能力人，因此所谓"任何人"甚至也包括未成年人本人。可见，未成年人更应该受到特殊的保护。

以下内容涉及对未成年人的教育引导方法。

以披露不良行为的方式来教育惩罚特定未成年人，会给他们的成长带来非常严重的影响。研究表明，这种方式带有羞辱的性质，所造成的心理疾患和伤害甚至会延续个人一生的成长，有些影响直接或间接导致了个人的自闭、抑郁、暴力倾向和犯罪行为。而且这种教育方式所产生的逆反效应远远大于其产生的正面效果。当这种方式运用到大众传播时，危害性又明显大于其他方式，因此有必要加以限制。

未成年人处于心智发育的过程中，许多思考和判断还不成熟，他们不会以成人的角度观察和思考，不会对自己表达的后果尤其是自己的权益损害作出评估。有些新闻记者或视频节目制作者利用未成年人的这种特点，诱使他们说出对自己家庭成员的评价或个人隐私，以他们的幼稚和天真表现博取受众（观众）的关注或娱乐成年观众，这种做法不仅违反了未成年人保护的有关法律法规，而且违反了新闻职业或专业的关注关爱社会弱势群体的原则和精神。

> 22.6 报道或节目中呈现出的经过特殊训练才能获得的能力或行为以及"死而复生"等特定情节，要明确提示未成年人不能模仿。
>
> 22.7 除非出于教育目的或有充分理由，在未成年人可能接触的新闻报道中，不宜展现、渲染以下易被未成年人模仿的行为或习惯：
>
> （1）表现凶杀、赌博、吸毒、卖淫、嫖娼等内容；
>
> （2）以肯定、赞许的基调或引人模仿的方式表现打架斗殴、虐待和羞辱他人、酗酒、吸烟、仪态不端、污言秽语、随地吐痰、乱扔垃圾、虐待或残害动物等行为；
>
> （3）具体介绍自杀的方法或描写自杀的场面，如割腕、投水、自缢、服毒等；
>
> （4）超出未成年人行为能力的"英雄壮举"和"见义勇为"行为；
>
> （5）非因医疗而使用毒品、兴奋剂的行为（作为恶习展示的除外）。
>
> 当涉及以上各项内容时，应当提醒成年人注意避免未成年人接触。

【背景】

未成年人处于成长的重要阶段，在这个过程中逐渐形成人格、个性、特点等，这些都将影响其一生，而其模仿能力和对于新事物、陌生事物的好奇心是他们的主要共性。在这个阶段，未成年人必须受到良好的引导，才能健康成长。媒体的功能之一就是为他们营造这样的环境。充斥于屏幕上的凶杀、暴力、血腥、淫秽都会给未成年人的成长造成不良影响，故媒体应当为此自律。

【典型案例】

案例一：　　　未成年人模仿小说情节9次敲诈勒索被判刑1年半

案例概述： 2010年某日，包子店王老板看到一只死猫横尸店铺门前，上有一张沾满鲜血的纸："兄弟没钱吃饭，找你借3000元花花，如果不听话让你的包子吃死人。"策划这一幕的，竟是一名未满17岁的男孩。后普陀区人民法院以敲诈勒索罪判处犯罪嫌疑人小刚有期徒刑1年6个月。

来自湖北的小刚小学毕业后没再上过学，不久前跟父亲到上海朱家角打工，先后找了几份工作都没能做长久。迷上网络游戏后，他的零花钱很快用完，于是想起前不久在小说里读到的敲诈勒索的情节，便依样画葫芦。他先对一辆无人看管的宝马车下手，划伤车身，留下恐吓信，扬言"20万元汇进这个账户，否则杀你全家"。一个月下来，他共实施敲诈勒索9次，勒索总金额达到27万余元。[1]

案例二：　　　　　　　电视剧《红问号》停播事件

案例概述：《红问号》是由广西电影制片厂拍摄制作、广西广电局审查通过的一部24集涉案剧，该剧采取了"评案说法"的节目形式，通过刑警队赵大队长、女记者肖红、犯罪心理学郑教授的视角展示了11个案件的全过程，描述了众多女性的犯罪行为及其心理状态。

2007年9月18日，国家广播电影电视总局（以下简称广电总局）发布通知，要求全国各级电视台立即停止播出电视剧《红问号》，并要求全国各级广电主管部门严格把关，杜绝集中展示犯罪案件、制作粗劣、格调低下的电视剧播出，确保广播电视事业健康发展。

广电总局认为：（该剧）以一系列女性犯罪案件为表现内容，剧中集中展示和渲染女性犯罪过程，格调低级庸俗，制作粗劣，播出后产生了不良的社会效果，也给电视剧制作业的整体形象带来了负面影响。广电总局的通知发出时《红问号》的第二部（名为《泪洒红城》）正在播出，并未受此停播事件波及，但当时正在筹拍的第三部却至今未与观众见面。此事件发生后，《红问号》的制片方没有对广电总局或电视剧播出方提起任何法律诉讼。[2]

【依据】

（一）道德依据

《从事未成年人电视宣传工作自律公约》（2007）

第二十七条　应小心审慎地处理自主益方法、玩火、自我捆绑或反锁、闭气潜水或以胶袋套住头部等内容，尤其不应仔细描述自杀途径或方法。越是吸引未成年人的剧类（如动画片），就越要细心考虑这些规定。

第二十八条　应避免出现使用容易取得的危险武器的镜头。在大多数未成年人观看的时段，节目中涉及使用未成年人易取得的杀伤力强的刀子或其他攻击性武器、物品或材料时，更需特别小心处理，不宜播放这些镜头。

第二十九条　应避免播放以不寻常方法造成痛苦及受伤的镜头，包括殴打颈背、令人窒息、破坏车辆及设费恶作剧。

----

〔1〕　本文来源于《解放日报》2010年5月29日。
〔2〕　"广电总局通知要求立即停播电视剧《红问号》"，载《新华网》2007年9月25日。

第三十条 不得以赞赏的手法描述未成年人吸烟或饮用酒精饮品。除非绝对配合故事发展及情节需要，否则不可描述吸毒。

第三十一条 处理有关赌博、嫖娼、可怕罪行、社会或家庭冲突的主题时，必须小心谨慎。

第三十二条 应避免展示钱暴、吸毒、淫乱及性犯罪行为二若为情节所必需，应以淡化手法处理。

第三十三条 不得以肯定的态度表现不尊重维护现有秩序的司法人员、长辈以及良好道德观念及健康生活的情节。

（二）政策依据

《关于在广播影视节目中做好保护青少年身心健康宣传的通知》（1998）

一、广播电视要严格控制暴力性新闻报道，如爆炸、凶杀、绑架、投毒、劫机、制造骚乱等犯罪活动的报道，防止诱发青少年暴力犯罪。特别重大的暴力性新闻确需报道的，应按规定报批。

二、影视节目要严格控制暴力、恐怖镜头。国内拍摄的影视剧，要尽量避免和渲染暴力的镜头和场面，凡是有害青少年身心健康的镜头，必须做出修改或删改后方可播出。对进口影片和电视剧，要严格把关，对有害青少年身心健康的影视片，要作必要的处理后再批准播出。

三、广播影视作品及广告要杜绝带有色情的描写和画面。严格控制床上戏和带有性暗示或有过多的裸露镜头，如确因剧情需要，也要控制在最少范围内。

《广播影视加强和改进未成年人思想道德建设的实施方案》（2004）

18. 不要渲染吸毒、赌博等不法行为，避免出现吸烟、吐痰等不文明举止。广播影视宣传要帮助未成年人养成自觉守法意识、良好生活习惯、文明卫生举止。要多宣传遵纪守法、好学上进、德智体美全面发展的未成年人优秀典型，多表现生活中高雅得体的举止，积极健康的活动。广播影视作品不能渲染吸毒、赌博等不法行为和内容，不能渲染吸烟、酗酒等不良生活习惯，不能展现吸毒、赌博、抽烟、酗酒等不良嗜好所引起的感官刺激和生理快感，不能渲染仪态不端、打架斗殴、随地吐痰、乱扔垃圾、污言秽语等不良行为举止。

（三）法律依据

《中华人民共和国预防未成年人犯罪法》（2012 修正）

第十四条 未成年的父母或者其他监护人和学校应当教育未成年人不得有下列行为：

（一）旷课、夜不归宿；

（二）携带管制刀具；

（三）打架斗殴、辱骂他人；

（四）强行向他人索要财物；

（五）偷窃、故意毁坏财物；

（六）参与赌博或者变相赌博；

（七）观看、收听色情、淫秽的音像制品、读物等；

（八）进入法律、法规规定未成年人不适宜进入的营业性歌舞厅等场所；

（九）其他严重违背社会公德的不良行为。

第十五条 未成年人的父母或者其他监护人和学校应当教育未成年人不得吸烟、酗酒。任何经营场所不得向未成年人出售烟酒。

第三十二条第一款 广播、电影、电视、戏剧节目，不得有渲染暴力、色情、赌博、恐怖活动等危害未成年人身心健康的内容。

第三十四条 本法所称的"严重不良行为"，是指下列严重危害社会，尚不够刑事处罚的违法行为：

（一）纠集他人结伙滋事，扰乱治安；

（二）携带管制刀具，屡教不改；

（三）多次拦截殴打他人或者强行索要他人财物；

（四）传播淫秽的读物或者音像制品等；

（五）进行淫乱或者色情、卖淫活动；

（六）多次偷窃；

（七）参与赌博，屡教不改；

（八）吸食、注射毒品；

（九）其他严重危害社会的行为。

《出版管理条例》（2011 修订）

第二十六条 以未成年人为对象的出版物不得含有诱发未成年人模仿违反社会公德的行为和违法犯罪的行为的内容，不得含有恐怖、残酷等妨害未成年人身心健康的内容。

【编写组观点】

犯罪及错误不当的行为不是天生就有的，而是后天学习和模仿的结果。社会上的一切现象都会成为未成年人模仿的对象。在这方面，以视觉信息传播的互联网视听节目对未成年人的模仿行为提供了素材和原料，而某些电视节目在这方面也有极不谨慎的表现。由于未成年人抵御外界各种诱惑的能力差，网站上的视听节目对暴力、淫秽情节的渲染对青少年危害很大，不仅摧残未成年人的身心，而且由于未成年人的模仿引发了许多未成年人犯罪现象。视频节目以及部分电视节目中暴力群殴场景泛滥给社会尤其是未成年人的印象是：打架斗殴不会导致什么严重后果，即使被砍几刀或者被踢来踢去，也总能爬起来，经过简单休养就可以恢复。这其实传递了错误的信息，人的生命是非常脆弱的，血肉之躯的致命之处是禁不住拳脚相加或刀砍剑劈的。但这些场面会给孩子们一种错觉，使他们本就尚未成熟的心智难以生成正确珍惜生命的观念，最终使未成年人面临身心受伤的巨大危险。另外，教育孩子要"坚决与坏人作斗争"，常常会促使孩子去做些力所不能及的事情，从而导致未成年人漠视生命。因此，我们应提倡教育孩子"遇事积极逃生自救"，引导孩子珍惜生命，建立正常的"未成年人生命观"。

如果传媒不能有效自律，那么对未成年人的成长所产生的危害之大将不可估量。所以，对传媒的内容作适当的规范和自我约束将是一种防止未成年人受到影响和伤害的可行方法。如对影视作品予以分级或分时段播出，对暴力、哥们儿义气、私刑报复等未成年人不能理解、不能认识、又易于模仿的作品加以限制，避免未成年人接触，以保证他们欣赏到的是适合自己年龄、层次，对其健康成长有利的作品。

23. 暴力

23.1 不宣扬、渲染暴力、恐怖内容或者教唆犯罪。如确需展示暴力情节，应首先评估其对未成年人的不利影响，并视评估情况决定是否刊发与播出。

23.2 以未成年人为对象的新闻报道或节目，除非为教育目的或有充分的理由，不宜出现对身体或精神方面施加暴力，或怂恿他人使用暴力或攻击性语言的情节。

23.3 新闻报道或节目不应带有以下可能引起受众过度惊恐、焦虑、厌恶的暴力内容。即使为达到公益目的而在报道中使用下述情节内容，也应当尽可能缩减并含蓄表达，尤其应避免令未成年人受众感到难以承受的惊惧或不安：

（1）正面表现杀戮、折磨、私刑等行为；

（2）直接表现斩首、勒杀、肢解或伤害身体的一部分；

（3）对肉体痛苦进行详细的描写和夸大的暗示；

（4）刺激性较强的血腥、暴力、恐怖的画面、语言和音响；

（5）以对动物的虐待、杀戮而取乐的情节、场面；

（6）表现或暗示自杀的途径或方法；

> （7）过分集中、长时间持续、细致展现或反复播出抢劫、凶杀、强奸、绑架等各类暴力、恐怖事件的情节、手段或意外事故现场。

【定义与背景】

（一）定义

据童兵、陈绚主编的《新闻传播学大辞典》，暴力是指人们之间或人对物的物理性攻击或虐待。它涵盖家庭暴力、人们之间的暴力及战争暴力等，是传播及传播研究一直关注的话题之一。暴力强调个人力量的自然属性，它借助工具而得以强化，以一方的绝对主体性和另一方的绝对客体性为前提。

（二）背景

暴力血腥与淫秽色情一样，容易对未成年人的成长造成极端化的不良影响。新闻媒体在报道中，已经注意到了淫秽色情内容的负面影响，但宣扬或渲染暴力的内容却时常暴露在受众面前。特别是以未成年人为对象的新闻报道或广播电视节目，在内容上应当避免宣扬暴力，尽量剔除容易被未成年人模仿的危险内容。

【典型案例】

案例一： 　　　　　　　电视广告画面恐怖两岁幼童诉 LG 公司

案例概述： 1999 年 4 月，LG 电子（中国）有限公司开始在中央电视台一套晚间播出一则 15 秒钟的 LG 空调广告，广告画面有一只形似恐龙的巨大怪物口吐火焰。时年两岁的杨觉在广告播出的时间看到这则广告就扑到父母怀里哭闹不止，并用手指、嘴里喊着："不要这个，我害怕。"杨觉的父亲认为该广告内容恐怖、违法，观看该则广告受惊吓给原告身心健康造成较大伤害，于 1999 年 5 月 11 日起诉至法院，要求 LG 电子（中国）有限公司在全国范围内赔礼道歉，支付精神损害赔偿费 3 万元。LG 电子（中国）有限公司则认为，公司已于 1999 年 3 月在中国广告协会办理了中广咨法 9903033 号广告咨询认证证书，咨询认证书意见经请求国家工商行政管理局广告司中国广告协会审查后，同意该则广告先试播，中央电视台一套在《焦点访谈》节目前播放了这则广告。因此，该广告完全符合广告法的规定，没有违法内容，也不具有恐怖情节，原告的诉讼请求无事实和法律根据，应予驳回。

大连市沙河口区人民法院经审理认为，被告的广告经国家有关部门许可，符合有关法律规定。原告所称被告播放的该则广告具有"恐怖"内容，但就目前而言在法律上对此界定尚不明确，且原告所称伤害后果与被告播放该则广告之间不存在必然因果关系，故原告诉讼请求不予支持。[1]

案例评析：根据我国《未成年人保护法》、《预防未成年人犯罪法》及《广告法》、《电影管理条例》等法律法规的规定，渲染暴力、恐怖确实属于法律禁止或限制传播的内容。虽然法律明确规定"广告不得含有恐怖内容"，也规定了传播恐怖性广告所要承担的法律责任，但首要问题是判断一则广告是否含有恐怖性内容，因而恐怖广告的标准就成为司法裁判中的难题。

有研究者指出：从法律层面分析，在成年人领域其实并不存在恐怖性内容标准，因为成年人的身心已经发展成熟，社会化过程已经完成，法律将其当作理性人来看待，是完全行为能力人，他们有选择恐怖性信息（比如，惊悚电影或称恐怖电影）的自主权，此后产生的后果也由其自身承担。因此，《广告法》中的所谓"恐怖"应该是针对未成年人而言的，其对恐怖标准的掌握也应该以保护未成年人身心健康为宗旨。

本案说明现实中确有未成年人受到惊吓，未成年人的法定监护人也有依法保护未成年人的诉求。媒体应当谨慎为之。

案例二： **16 岁少年模仿电视剧暴力剧情强奸两女生**

案例概述：2007 年 9 月 20 日中午，重庆市彭水县一名 16 岁的辍学少年小志（化名）一个人在家连看了 4 集山东电视台播放的《红问号》电视连续剧。电视剧中，有一个"持刀强奸"情节被演员诠释得非常逼真，使处在青春萌动期的小志感到非常刺激和冲动。看完电视剧后，小志走到附近一个比较僻静的山林中放牛，脑海中却不停地浮现电视剧中的镜头。下午 5 时，附近的两个女孩放学经过，小志便学着剧中的情节，手持柴刀冲到两个女孩面前，强奸了她们。这一天，正好是广电总局下令封杀《红问号》的第三天。此外，小志此前还持刀对 5 名小学生实施抢劫。经检察官提出公诉，小志被判刑 3 年。

《红问号》一剧由广西电影制片厂于 2002 年拍摄完成，曾在中央电视台八频道及各地方电视台热播了 3 年。2007 年 9 月 18 日，广电总局以"集中展示和渲染女性犯罪过程，格调低级庸俗，制作粗劣"为由，对其下令封杀。2004 年 4 月，广电总局曾发出加强涉案剧审查和播出管理的通知，要求涉案题材的影视剧可排在每晚的 11 时以后播放。[2]

案例三： **宣扬恐怖、血腥等网络游戏遭行政处罚**

案例概述：据新华网北京 2009 年 10 月 8 日报道：新闻出版总署日前对已出

---

〔1〕 参见辽宁省大连市沙河口区人民法院 1999 年 10 月 25 日判决书。

〔2〕 摘编自沈义、赵维昌："检察官向广电总局发建议函"，载《检察日报》2008 年 3 月 25 日。关于此案背景，还可参见"22. 未成年人"中的典型案例"电视剧《红问号》停播事件"。

版运营的 200 多款包括网页游戏在内的网络游戏进行集中审查，对审查中发现有违规内容的网络游戏和企业分别予以责令关闭，停止运营服务；给予违规警告通知，并勒令限期整改；负责人被诚勉谈话等处罚。其中 26 款国产网络游戏在审批或备案后添加了宣扬暴力、血腥、色情等不健康内容，其中有 16 款网络游戏还采用低俗甚至色情挑逗性的广告语言进行游戏宣传推广。例如，《反恐行动 on-line》角色 PK 过程中有恐怖血腥画面；《帝国崛起》等设置收费"博彩"功能和出售涉嫌博彩道具；《热血三国》以"抢人、抢钱、抢天下"口号进行宣传推广。[1]

【依据】

（一）道德依据

《中国新闻工作者职业道德准则》（2009 修订）

第二条第二项　宣传科学理论、传播先进文化、塑造美好心灵、弘扬社会正气，增强社会责任感，坚决抵制格调低俗、有害人们身心健康的内容。

《从事未成年人电视宣传工作自律公约》（2007）

第二十一条　应避免可能使未成年人惊恐的镜头。

第二十四条　应避免描绘折磨或羞辱他人而从中取乐的镜头。

第二十五条　应删去描绘施加或接受折磨或羞辱的镜头。

第二十六条　对于有可能被未成年人模仿的内容，如：异于常人的行为和其他危险举动，应谨慎，并采取必要的事先提示以提高未成年人的防范意识。

《互联网站禁止传播淫秽、色情等不良信息自律规范》（2004）

第六条　不渲染、不集中展现关于性暴力、性犯罪、性绯闻等新闻信息；此类内容须严格控制数量，并不得在多个频道或栏目同时登载。登载这类新闻信息，应有利于弘扬社会正气和维护社会公德，确保导向正确。

（二）政策依据

《中国儿童发展纲要（2011～2020 年）》（2001）

5.……加强文化市场监管，加大查处传播淫秽、色情、凶杀、暴力、封建迷信和伪科学的出版物及儿童玩具、饰品的力度。重视少数民族文字少儿读物的创作、译制和出版工作。

《国家广播电影电视总局关于加强涉案剧
审查和播出管理的通知》（2004）

一、所有电视台的所有频道（包括上星频道和非上星频道）正在播出和准

---

〔1〕　资料来源：http://news.qq.com/a/20091008/000348.htm.

备播出的涉案题材的电视剧、电影片、电视电影，以及用真实再现手法表现案件的纪实电视专题节目，均安排在每晚 23：00 以后播放，特殊需要的需向总局专项报批。

《广播影视加强和改进未成年人思想道德建设的实施方案》（2004）

14. 要严格控制渲染暴力、凶杀、恐怖等内容的剧目。各级电视台的所有频道播出含有暴力、凶杀、恐怖等内容的涉案题材电视剧、电影片、电视电影以及用真实再现手法表现案件的纪实电视专题节目，必须在每晚 23：00 以后播放，特殊需要的须向国家广电总局专项报批。各级电视剧和电影审查机构对涉案题材的电视剧、电影片、电视电影要加强审查把关，特别是对表现大案要案，或表现刑事案件的电视剧、电影片、电视电影中展示暴力、凶杀、恐怖的场景和内容，要删减、弱化、调整，以防止此类情节和画面对未成年人产生不良影响。……

《国家广播电影电视总局关于 2008 年 3 月全国拍摄制作电视剧备案公示的通知》（2008）

在对近期报备剧目的审理中，我们注意到，反特剧和谍战剧似乎已成为一段时间以来的创作热点，针对这类题材，总局提醒各制作单位在结构故事时要避免渲染恐怖、暴力、猎奇、刺激、惊悚、怪异，要确立高尚的审美格调，正确的价值取向，积极的主题思想，促进这类题材创作的健康发展。

（三）法律依据

《中华人民共和国未成年人保护法》（2012 修正）

第三十四条　禁止任何组织、个人制作或者向未成年人出售、出租或者以其他方式传播淫秽、暴力、凶杀、恐怖、赌博等毒害未成年人的图书、报刊、音像制品、电子出版物以及网络信息等。

《电影管理条例》（2001）

第二十五条　电影片禁止载有下列内容：

……

（七）宣扬淫秽、赌博、暴力或者教唆犯罪的；

……

《广播电视管理条例》（1997）

第三十二条　广播电台、电视台应当提高广播电视节目质量，增加国产优秀节目数量，禁止制作、播放载有下列内容的节目：

……

（六）宣扬淫秽、迷信或者渲染暴力的；

……

《中华人民共和国预防未成年人犯罪法》（2012 修正）

第三十条　以未成年人为对象的出版物，不得含有诱发未成年人违法犯罪的内容，不得含有渲染暴力、色情、赌博、恐怖活动等危害未成年人身心健康的内容。

第三十一条　任何单位和个人不得向未成年人出售、出租含有诱发未成年人违法犯罪以及渲染暴力、色情、赌博、恐怖活动等危害未成年人身心健康内容的读物、音像制品或者电子出版物。

任何单位和个人不得利用通讯、计算机网络等方式提供前款规定的危害未成年人身心健康的内容及其信息。

《互联网新闻信息服务管理规定》（2005）

第十九条　互联网新闻信息服务单位登载、发送的新闻信息或者提供的时政类电子公告服务，不得含有下列内容：

……

（七）散布淫秽、色情、赌博、暴力、恐怖或者教唆犯罪的；

……

第二十七条第一款　互联网新闻信息服务单位登载、发送的新闻信息含有本规定第 19 条禁止内容，或者拒不履行删除义务的，由国务院新闻办公室或者省、自治区、直辖市人民政府新闻办公室给予警告，可以并处 1 万元以上 3 万元以下的罚款；情节严重的，由电信主管部门根据有关主管部门的书面认定意见，按照有关互联网信息服务管理的行政法规的规定停止其互联网信息服务或者责令互联网接入服务者停止接入服务。

【编写组观点】

国内外的相关研究表明，不良文化的传播易导致青少年心理扭曲，并加快犯罪的进程。暴力文化的传播，对青少年的行为产生误导，导致校园暴力和有组织犯罪的增加；散布仇恨情绪，宣扬恐怖主义以及其他邪恶思想，使青少年中毒之深等一系列问题都应当得到我们的审慎对待。由于我国没有影视分级制度，不少本来不适宜未成年人的暴力信息得以传播。因此，我国媒体特别是电视、互联网视频等在报道、传播含有暴力的内容时，均应首先评估其对未成年人的不利影响，并视评估情况决定是否刊发。

媒体关于暴力文化的传播，对青少年的行为产生误导，极其容易导致校园暴力和有组织犯罪的增加。青少年的模仿能力强，加上暴力文化的影响，使之将暴力认作理所当然的事情，把暴力犯罪当作儿戏。美国社会接连发生的校园枪击悲剧，就是源于未成年人过多地沉迷于暴力游戏而不可自拔。在网上还出现了诸如传授犯罪技巧的网页，以往"成年人教唆少年犯"的言传身教的犯罪逐渐被网络教化所替代，这些内容对正在成长中的青少年极具危害性。本条规范专门提醒针对未成年人而制作播出的广播电视节目等信息传播，更需要警惕暴力信息对未成年人的不良影响。

传播暴力内容往往被传媒所忽视。有研究证明，暴力内容和诱发犯罪行为是相关的，甚至会危害社会治安，严重影响社会的正常秩序。不传播淫秽、色情内容，很容易为社会各方认同和关注，而不传播暴力内容却没有得到应有的重视和响应。在传播机构的传播行为中，暴力内容的传播既容易获得收视率等经济上的回报，而且在目前极少被查出或追究责任。因而，减少暴力内容的传播应该成为大众传媒维护社会正常秩序必须履行的义务，同时也是大众传媒对受众，尤其是预防其对未成年人产生危害所应当承担的社会责任。

《守则》第23条一一列举了某些特别容易引起受众过度的惊恐、焦虑、厌恶的暴力内容，提醒新闻工作者对此特别注意。特别是提出了即使由于公共利益的原因必须传播时应当遵循的原则，即"应当尽可能缩减并含蓄表达"。

24. 性

24.1　传播涉及性的新闻报道和视听节目，应首先评估其对未成年人的不利影响。对决定传播而未成年人又不宜阅读或收听、收看的要明确提示，并以有效技术手段进行限制。

24.2　涉及社会伦理和性含义题材，不应伤害健康的家庭价值观。

24.3　对婚外恋、多角恋等男女关系淡化处理，合理导向，避免渲染情欲、情杀、乱伦等畸情、畸恋。

24.4　新闻报道和视听节目中涉及与性相关的内容，应避免冒犯公众并使人厌恶。不得表现以下内容：

（1）直接显露男女生殖器官；

（2）正面裸露男女躯体；

（3）表现性倒错、群交、强奸、乱伦、恋尸狂、卖淫、嫖娼等情节；

（4）表现涉及未满18岁或貌似未满18岁儿童的性行为；

（5）为强奸、轮奸或者其他性犯罪行为辩解；

（6）宣扬色情淫荡形象；

（7）其他令普通人不能容忍的对性行为的淫秽性描写。

24.5　对新闻报道和视听节目中保留的表现性与裸露的情节应作审

核评价，保证确为内容所需，并避免出现以下内容：

（1）时间较长的接吻、爱抚等具有挑逗性，没有艺术价值的画面；

（2）直接或隐含色情猥亵的语言、文字、图像、音效及背景音乐；

（3）过度表现与性行为有关的疾病，如梅毒、艾滋病等。

如果有关情节的发布符合公众利益（见"9. 公共利益"）的需要，也应适当编辑，尽可能缩短时间并含蓄表达。

24.6　对同性恋等存在争议的性爱现象的报道保持客观、严谨、克制的态度。

【定义与背景】

（一）定义

我国《刑法》第367条规定，本法所谓淫秽物品，是指具体描绘性行为或者露骨宣扬色情的诲淫性的书刊、影片、录像带、录音带、图片及其他淫秽物品。我国《刑法》第364条第1款、第4款规定，传播淫秽的书刊、影片、音像、图片或者其他淫秽物品，情节严重的，处2年以下有期徒刑、拘役或者管制。向不满18周岁的未成年人传播淫秽物品的，从重处罚。

关于"淫秽"的定义，《刑法》第367条在第2款、第3款中也规定："有关人体生理、医学知识的科学著作不是淫秽物品。包含有色情内容的有艺术价值的文学、艺术作品不视为淫秽物品。"

（二）背景

性、裸露、色情与淫秽，这些提法有交叉、有雷同，也有的含义不那么确定。特别是将色情与淫秽加以区别存在很多困难。但在一般大众传播中，这些又都是基本法律问题。本条试图从操作层面为媒体从业者提供相对具体的操作标准，以便识别与判断。而与色情、淫秽相关的共同概念就是"性"。

重视这方面的大众传播标准首先是为了保护未成年人。未成年人的身心发育处于一个好奇以及学习的阶段，善于模仿，媒体内容的不良倾向会对其成长产生不利影响。而性作为一个客观现象，是人类得以繁衍及幸福生活的基础，因此媒体亦不能视其为洪水猛兽。媒体应当是负责任的，既不能谈性色变，也不能对不适合的对象（如未成年人）不加区别地谈性。任何一种情形都不是对受众负责。

可见，媒体的涉性内容传播存在着固有的困难，这正是本条规范设计过程中试图解决的问题。

【典型案例】

案例一：　　　　　　　　**国家广电总局通报涉性节目**

案例概述：2007年9月5日，国家广电总局通报批评四川人民广播电台和成都市人民广播电台严重违规，制作播出肆意渲染性生活、性经验、性体会、性器官和吹嘘性药功能等淫秽不堪的节目。严格禁止各级广播电视播出机构策划、制作、播出涉及性生活、性经验、性体会、性器官和性药功能的低俗、下流节目栏目。

《通报》指出，四川人民广播电台经济节目、交通广播和成都市人民广播电台交通文艺频道、经济频道近期在每天21：00以后，用2～3小时公然谈论、肆意渲染描述性生活、性经验、性体会和性器官，大肆吹嘘性药功能，内容淫秽不堪，色情下流，严重污染社会风气，损害广大受众特别是青少年身心健康，严重损害广播电视形象，败坏广播电视声誉。

《通报》责令四川人民广播电台和成都市人民广播电台立即停止播出肆意渲染性生活、性经验、性体会、性器官和吹嘘性药功能等淫秽下流节目，并对有关责任人进行认真查处。《通报》明确要求，各级广播电视播出机构不得以任何理由和名目策划、制作和播出违背伦理道德、亵渎科学文明的节目栏目。凡涉及性生活、性经验、性体会、性器官和性药功能等的节目栏目，一律不得策划、制作、播出，正在制作、播出的必须立即停止。[1]

案例评析：本事件当中，涉及性内容的传播问题需要从两个方面考虑。首先是对未成年人的影响。从被通报的两家广播电台安排的播出时间看，应当是考虑到了节目内容可能对未成年人产生不利的影响。因此播出时间安排在晚间21：00之后，但这并不能排除21：00之后仍然有许多未成年人可能收听广播节目，尤其是节目并未对家长做出任何提醒，其对未成年人的影响几乎是不可控的。其次是这样的节目内容即使安排在深夜播出，也就是在绝大多数未成年人已经入睡后，因其节目可能涉及法律普遍禁止传播的内容——淫秽，对成年人也是不能允许的。在政府的通报中，先后使用了性生活、性经验、性体会、性器官、性药功能、淫秽不堪、色情下流等概念，反映出问题的复杂性。

媒体曾一度将广电总局此举称为"禁止涉性节目"。但显然，将"色情"与"淫秽"二者简单等同于一个"性"字并不科学。法律没有禁止性，法律只是普遍禁止淫秽，而"淫秽"也有法定的明确标准。被通报的节目内容里，可能有法律限制传播的性内容，比如对未成年人不得渲染的"色情"；也有法律禁止传播的性内容，指对所有人（包括成年人与未成年人）禁止传播的"淫秽"。

"性"只是一个中性词，它不是洪水猛兽，它的存在与传播具有天然的正当性，至少我们还需要对未成年人进行青春期性教育，而成年人也有获得性知识的正当权利。但这一切都以最大限度避免对未成年人的不利影响为前提条件。我们

---

〔1〕 资料来源：新华网 http：//news. xinhuanet. com/newscenter/2007 - 09/06/content_ 6668706. htm.

既不能为了成年人的权利而放弃对未成年人的保护，也不能为了保护未成年人权益不受侵害而对所有成年人禁止谈性。这既不科学，也不可能。而大众传播如何可以实现二者的平衡，是真正现实的难题。

案例二： <center>广电总局整饬婚恋交友节目</center>

案例概述： 2010年6月国家广电总局正式下发《广电总局关于进一步规范婚恋交友类电视节目的管理通知》及《广电总局办公厅关于加强情感故事类电视节目管理的通知》两份正式文件，对已经引起极大社会公愤的"相亲类节目泛滥、造假、低俗"等倾向着手整饬。比如《非诚勿扰》节目播出以来反响巨大，出现众多争议嘉宾人物，如"拜金女"等。各婚恋节目亦存在在节目中互相诋毁、攻击的情况。广电总局在文件中明确指出，节目要有助于展现嘉宾健康向上的精神面貌和择偶观念，不得设计出位环节。广电总局还明文规定，所有交友类节目均不得现场直播，要严格执行播前审查和重播重审制度，对有问题的内容和错误的观点必须删除。[1]

案例三： <center>某些电视剧忽视家庭伦理责任</center>

案例概述： 电视剧《蜗居》曾引起很大争议。包括宋思明和海藻之间的包养话题。不少剧评人和观众表示，海藻这个"小三"描写得太过完美和无辜了。而《错爱2》则是第一部正面反映"小三"转正为"正房"后的辛酸苦辣的家庭剧集。尤其是两家人在同一屋檐下，前妻和现任妻子在洗脚、搀扶、做饭等细节的表现，被观众评为最违反伦理的电视剧情节之一。但是也有媒体表示，近年在影视领域"小三"更多的是以一种收视卖点而存在，人们往往只是感受到"小三"对家庭的破坏力和恐怖性，却忽视了理性反思家庭、感情、责任的关系。对于此类电视剧，不少观众也表示，反伦理的东西看得多了，就会产生了一种错觉，是不是在我们的现实生活中，家庭伦理关系（包括社会伦理关系）真的很糟糕呢？一位网友说："一些反伦理的电视剧为什么会被搬上荧屏？有些电视剧对第三者的肯定太多了，最让我吃惊的是居然给第三者和出轨的男人披上了善良、理智等好品质的外衣。难道电视剧只图玩个性，而放弃了社会大众认同的道德观么？"[2]

案例四： <center>80后网站站长获刑，90后写手误入歧途</center>

案例概述： 2008年12月，25岁的王某某创办了耽美小说网。网站向用户收费提供小说阅读，并通过提高点击量赚取广告费。为了吸引用户、确保点击量，

---

〔1〕 "广电总局规范婚恋交友类电视节目"，载《人民日报》2010年6月13日。

〔2〕 资料来源：中国日报网http://www.chinadaily.com.cn/hqyl/dsneidigangtai/2010-07-06/content_541711.html.

耽美小说网在 VIP 专栏等版块中发布大量淫秽色情的小说。截至 2011 年 1 月，公安机关接到群众举报后将其查获，网站共发布淫秽小说 1205 部，淫秽图片 43 张，非法获利 1.2 万元。

案件审理中发现，这些网络小说的幕后写手竟然是一群 20 岁左右的年轻女孩，其中不少 90 后，涉世不深，有的甚至还没有感情经历。她们都是与耽美小说网签约后，按照发布作品点击量的多少获取报酬。尽管报酬并不丰厚，十万多字的小说通常才能获得数百乃至数十元的收入，这些作者却"笔耕不辍"。她们称自己都是网络小说的爱好者，开始是爱看，看多了就动手写，写作并不为报酬，而是圆自己的"作家梦"。其中不少人都是在签约后，由于网站站长王某某要求其把小说写得"露骨点、精彩点"以博取更高的点击量，而沦为淫秽色情小说写手。

王某某因放任作者发布淫秽色情小说以提高网站点击量，非法赚取广告费、下载费，被郑州市二七区法院以传播淫秽物品牟利罪判处有期徒刑 1 年 6 个月，并处罚金 1 万元。[1]

案例五： **湖北人民广播电台经济广播公然复播涉性下流淫秽节目被通报批评并查处**

案例概述： 国家广电总局指出，2007 年 9 月 13 日，湖北省楚天卫星频率、楚天新闻频率晚间节目播出的涉性下流淫秽节目曾被广电总局明令停播。2008 年 1 月 13 日，湖北人民广播电台经济广播罔顾广电总局禁令和湖北省广播电视局规定，明知故犯，公然违规复播涉性下流淫秽节目。这说明湖北人民广播电台的宣传管理工作存在漏洞，亟需加强和改进。

广电总局要求，湖北省广播电视局立即停播湖北人民广播电台的违规节目，并按照有关规定对湖北人民广播电台经济广播及负有领导责任者、直接责任者和相关责任人给予严肃处理。湖北省广播电视局要认真履行监督管理职责，严格执行广电总局有关宣传管理规定，立即对所辖区域内广播电视播出机构进行全面清理检查，认真查处所有违规节目，并将查处情况及时上报广电总局。[2]

案例六： **哈尔滨色情网站"炮兵俱乐部"创建者被判刑**

案例概述： 杜军为了牟取经济利益，于 2005 年 8 月通过互联网向国外服务器运营商购买了"炮兵俱乐部"网络域名，租用了国外的服务器空间，利用网络下载程序自行制作了网站论坛系统，并在论坛上建立了"炮兵俱乐部"网站。网站板块结构分为"炮兵指挥部"、"男兵营"、"女兵营"等 12 个板块，每个板

---

〔1〕 资料来源：新华网 http://news.xinhuanet.com/legal/2012-05/14/c_111945511.htm.

〔2〕 资料来源：www.rftgd.gov.cn/node_11/node_169/2008/01.

块又分为若干个栏目，共计 50 个版面，供网民上传、浏览、下载淫秽视频、图片、文章等，于 2005 年 8 月 13 日对公众开通运营。杜军使用"总参谋长"身份管理网站论坛。这个网站论坛设定登录浏览人员分为普通会员、正式会员、高级会员，通过收取不同的会员费，区别不同会员在网站内观看的权限。截至案发时，这个网站论坛共有注册会员 48 500 余人。为了保障网站正常运行，杜军在网站注册会员中招聘了数人为总版主，分别对各版面进行管理、维护和宣传。此外，杜军还策划组织了一次面向收费会员的网络视频色情表演，并将视频表演截图后上传至"炮兵俱乐部"网站。据查，杜军在网站运营过程中，获取非法所得人民币近 1000 元。

2005 年 9 月，杜军等人被抓捕归案。有关部门最终确认"炮兵俱乐部"网站有 13 700 多幅淫秽色情图片和 150 余篇淫秽色情文章。哈尔滨市中级人民法院以传播淫秽物品牟利罪判处杜军有期徒刑 11 年，并处罚金 3 万元，其他相关被告人也分别被判处 8 个月至 1 年 6 个月有期徒刑。[1]

案例七：　　　　　　　央视给大卫雕像打马赛克引争议

案例概述： 2012 年 7 月 9 日中国国家博物馆建馆 100 周年的纪念活动上，国家博物馆推出意大利文艺复兴名家名作展。9 日中午 11 点 49 分，央视新闻频道新闻直播间的新闻报道播出时，现场展出的米开朗基罗著名雕像大卫·阿波罗生殖器部位被打上马赛克。面对网络上呈一边倒的负面声讨，央视在新闻首播 3 个多小时后作出改变。9 日 15 点 54 分，新闻直播间重复播此新闻时，大卫·阿波罗身上的马赛克已经被去除。

意大利驻华使馆新闻官表示，雕像的隐私部位被打马赛克，或许是中央电视台为保护最敏感的观众群体所作出的选择，"我们对此表示尊重，也很感谢他们的报道"。尽管如此，央视给艺术品打马赛克之举，还是招致了激烈批评，一方面被认为是亵渎艺术，另一方面被认为"对民众的承受能力及道德水准操心过度"。[2]

案例评析： 大卫·阿波罗雕像作为一件世界知名的艺术品在国家博物馆展出，媒体传播过程中应该尊重艺术，尊重艺术品所表达的思想。我国法律对色情和淫秽有不同的法律界定，《刑法》中特别规定："包含有色情内容的有艺术价值的文学、艺术作品不视为淫秽物品。"明确两者的区分标准，是媒体在报道中正确对待不同信息的依据。这一风波也体现出我国大众传播从业队伍法律素养的欠缺。只有清楚地知悉法律有关规范及界定标准，媒体才不至于对一件艺术作品

---

〔1〕 资料来源：http://net.china.com.cn/jbqk/txt/2007-04/03/content_1542703.htm.

〔2〕 "央视大卫雕像打马赛克，三小时后复播去除"，载《东方卫报》2012 年 7 月 10 日。

的处理上前后不一，招致舆论批判。

案例八： 主持人对边缘人群称谓被指有偏见

案例概述： 2009 年 11 月 29 日傍晚 6 点 30 分，中央电视台新闻频道《共同关注》栏目报道了有关同性恋者的话题。CCTV 此次关注有两个大的背景：其一是第二天是世界艾滋病日，其二是 32% 敏感的数据（艾滋病感染者 32% 来自于同性恋性行为，或者更高）。虽然节目呼吁社会摒弃歧视与偏见，但是在节目中，主持人一口一个"同性恋患者"，被批评者指为明显不公正地引导性新闻。[1]

案例评析： 作为一个边缘群体，同性恋者背负的不仅是来自周围人的不理解，更承受着来自社会范围的好奇与误解。以往，对他们的措施往往是漠视，不报道，不推崇。而随着公民权利的觉醒，媒体对边缘群体的关注越来越多，同性恋群体作为一个新的关注点，进入到人们视野里。媒体对此不再是漠视，而是以一种施舍性、怜悯性，甚至带有病态的目光审视这一群体，而在报道中这些态度也不免显露出来。这是比漠视更加不公正的行为。客观、严谨、克制的态度是报道所需要的，刻意地区别对待反而会加剧这种媒体偏见。

【依据】

（一）道德依据

《互联网站禁止传播淫秽、色情等不良信息自律规范》（2004）

第三条 淫秽信息是指在整体上宣扬淫秽行为，具有下列内容之一，挑动人们性欲，导致普通人腐化、堕落，而又没有艺术或科学价值的文字、图片、音频、视频等信息内容，包括：

1. 淫亵性地具体描写性行为、性交及其心理感受；

2. 宣扬色情淫荡形象；

3. 淫亵性地描述或者传授性技巧；

4. 具体描写乱伦、强奸及其他性犯罪的手段、过程或者细节，可能诱发犯罪的；

5. 具体描写少年儿童的性行为；

6. 淫亵性地具体描写同性恋的性行为或者其他性变态行为，以及具体描写与性变态有关的暴力、虐待、侮辱行为；

7. 其他令普通人不能容忍的对性行为淫亵性描写。

第四条 色情信息是指在整体上不是淫秽的，但其中一部分有第三条中 1 至 7 的内容，对普通人特别是未成年人的身心健康有毒害，缺乏艺术价值或者科学

---

〔1〕 "cctv《共同关注》关注同性恋引发的三大思考"，载丑鱼尼莫的博客 http：//blog. sina. com. cn/s/blog_ 44491d9d0100fa7x. html.

价值的文字、图片、音频、视频等信息内容。

第五条 互联网站从事登载新闻信息、电子公告服务以及移动电信增值服务等业务，应当依照有关法律法规的规定，履行审批或备案手续，取得合法资格；新闻信息应来源于具有向互联网站提供新闻信息资质的媒体或其他合法的内容提供商。

第六条 不渲染、不集中展现关于性暴力、性犯罪、性绯闻等新闻信息；此类内容须严格控制数量，并不得在多个频道或栏目同时登载。登载这类新闻信息，应有利于弘扬社会正气和维护社会公德，确保导向正确。

（二）政策依据

《广播影视加强和改进未成年人思想道德
建设的实施方案》（2004）

15. 要杜绝色情描写、淫秽画面、下流语言。广播影视节目要充分考虑未成年人的欣赏习惯、接受能力和成长走向，加强正确思想和健康情感的宣传教育，坚决制止以色情和性为"噱头"、"卖点"等格调不高的广播影视节目，坚决制止宣扬与正常伦理道德相悖的不健康情感的内容。对于展示不健康的涉性内容，如宣扬性自由、性随意、性享受及同性恋的语言、画面和情节，要坚决删除。特别是要杜绝涉及未成年人的早恋、性行为等语言、画面和情节。

（三）法律依据

《中华人民共和国刑法》（2011 修正）

第三百六十三条 以牟利为目的，制作、复制、出版、贩卖、传播淫秽物品的，处 3 年以下有期徒刑、拘役或者管制，并处罚金；情节严重的，处 3 年以上10 年以下有期徒刑，并处罚金；情节特别严重的，处 10 年以上有期徒刑或者无期徒刑，并处罚金或者没收财产。

为他人提供书号，出版淫秽书刊的，处 3 年以下有期徒刑、拘役或者管制，并处或者单处罚金；明知他人用于出版淫秽书刊而提供书号的，依照前款的规定处罚。

第三百六十四条 传播淫秽的书刊、影片、音像、图片或者其他淫秽物品，情节严重的，处 2 年以下有期徒刑、拘役或者管制。

组织播放淫秽的电影、录像等音像制品的，处 3 年以下有期徒刑、拘役或者管制，并处罚金；情节严重的，处 3 年以上 10 年以下有期徒刑，并处罚金。

制作、复制淫秽的电影、录像等音像制品组织播放的，依照第二款的规定从重处罚。

向不满 18 周岁的未成年人传播淫秽物品的，从重处罚。

第三百六十七条 本法所称淫秽物品，是指具体描绘性行为或者露骨宣扬色情的诲淫性的书刊、影片、录像带、录音带、图片及其他淫秽物品。

有关人体生理、医学知识的科学著作不是淫秽物品。

包含有色情内容的有艺术价值的文学、艺术作品不视为淫秽物品。

《中华人民共和国预防未成年人犯罪法》（2012 修正）

第三十二条第一款 广播、电影、电视、戏剧节目，不得有渲染暴力、色情、赌博、恐怖活动等危害未成年人身心健康的内容。

《关于认定淫秽及色情出版物的暂行规定》（1988）

第二条 淫秽出版物是指在整体上宣扬淫秽行为，具有下列内容之一，挑动人们的性欲，足以导致普通人腐化堕落，而又没有艺术价值或者科学价值的出版物：

（一）淫亵性地具体描写性行为、性交及其心理感受；

（二）公然宣扬色情淫荡形象；

（三）淫亵性地描述或者传授性技巧；

（四）具体描写乱伦、强奸或者其他性犯罪的手段、过程或者细节，足以诱发犯罪的；

（五）具体描写少年儿童的性行为；

（六）淫亵性地具体描写同性恋的性行为或者其他性变态行为，或者具体描写与性变态有关的暴力、虐待、侮辱行为；

（七）其他令普通人不能容忍的对性行为的淫亵性描写。

《电影剧本（梗概）备案、电影片管理规定》（2006）

第十三条 电影片禁止载有下列内容：

……

（七）宣扬淫秽、赌博、暴力、教唆犯罪的；

……

第十四条 电影片有下列情形，应删剪修改：

……

（三）夹杂淫秽色情和庸俗低级内容，展现淫乱、强奸、卖淫、嫖娼、性行为、性变态等情节及男女性器官等其他隐秘部位；夹杂肮脏低俗的台词、歌曲、背景音乐及声音效果等；

（四）夹杂凶杀、暴力、恐怖内容，颠倒真假、善恶、美丑的价值取向，混淆正义与非正义的基本性质；刻意表现违法犯罪嚣张气焰，具体展示犯罪行为细节，暴露特殊侦查手段；有强烈刺激性的凶杀、血腥、暴力、吸毒、赌博等情节；有虐待俘虏、刑讯逼供罪犯或犯罪嫌疑人等情节；有过度惊吓恐怖的画面、台词、背景音乐及声音效果；

……

【编写组观点】

据公安部的初步统计，被破获的青少年犯罪案件中，有近80%的犯罪者曾通过网络受到各种诱惑，性是其中之一。媒体传播内容中的色情、甚至淫秽的内容而引发的犯罪虽然没有凶杀案那样血腥，但造成的社会影响是极其恶劣的。尤其是对于未成年人，他们的心理发育尚未成熟，对于有关裸露与性的话题的辨别力和抵御能力较差，一旦沾染色情信息这种精神鸦片，就难以自拔。因此本条规范指出，凡涉及性的内容在媒体上发表传播时必须首先应当就其对未成年人可能造成的影响作出评估。如果可能产生不利影响，即应采取措施进行控制。

近几年，有关家庭伦理、亲属关系的广播电视专题节目或电视剧层出不穷，有的也会涉及两性关系。有时类似节目还会安排在黄金时段播出，许多未成年人也可能看到。通过当事人的讲述，一些离奇复杂的人生际遇一幕幕地展现在观众面前，有的惊心动魄，有的令人唏嘘不已。家庭伦理和性等题材是具有隐私性质的内容，而且性还属于核心隐私，可能违背相关人的个人愿望以及内心安宁。某些涉及性及色情的内容也不适合未成年人收看。因此，无论是出于对隐私的保护，还是对家庭伦理价值观的宣传，这些涉及性内容的传播都应当慎之又慎。家庭是社会的细胞，婚姻家庭关系是我国宪法保护的对象。媒体上充斥着性丑闻、混乱而紧张的家庭关系会毒害整个社会的风气。因此，大众传播涉及婚姻家庭关系的应当以维护健康家庭关系为基本出发点。

我国正处于社会转型期，社会结构正在进行调整，必然深刻地影响着人们的交友观、婚恋观及家庭观。发达国家曾经走过的历史也表明，新闻价值与公众兴趣有时并不是完全重合，一味迎合兴趣需求则导致黄色新闻的出现。媒体若过多地报道婚外恋、多角恋、未婚同居等男女关系，着力渲染情欲、情杀、乱伦等畸情、畸恋等新闻，不仅影响社会风气，也极易导致媒体公信力的下降。

婚姻是家庭的纽带，家庭又是社会的细胞。家庭的平安健康，是社会和谐稳定的基础和前提。作为面向公众的媒体，应该对市场经济大背景下的婚姻家庭观念进行积极的引导，趋利避害，使婚姻家庭的变化代表先进的主流文化，符合我国的国情，有利于提高家庭生活质量，这属于大众传媒所承担的社会责任的一部分。

就婚姻与家庭而言，随着现代人的独立意识增强，尊重人格、选择自由、强调权利正在成为更多家庭成员的生活准则，媒体应关注在社会发展变革的婚姻生活中的夫妻矛盾、家事冲突和感情转移，在操作中应尽量避免将家庭伦理话题低俗化，避免过度冲击婚姻家庭领域中相对稳定的道德秩序。就家庭成员内部而言，新闻媒体即使善意介入他人家庭纠纷，也应避免对其家庭关系造成伤害，特别应当避免家庭中的未成年人因此遭受情绪干扰和负面影响。

对于淫秽与色情的区分主要来自人们的主观感受，正如美国前最高法院法官 Potten Stewart 所说："当我看到，我就知道。"虽然大部分国家的法律主张禁止淫秽，但并不主张向所有人禁止色情，只向特定人（未成年人）限制传播色情内容。我国的刑法还特别规定某些色情不视为淫秽，即不禁止。央视对大卫雕像的处理先是打上马赛克，后又迅速取消一事表明，试图在禁止传播淫秽、限制传播色情方面做到准确判断会很困难。但如果没有一个相对得到公认的依据或标准，完全由人为作出判定，人们就会对自己的行为后果失去可预期性而无所适从。如果对性、色情、淫秽不加区别，笼而统之，也会出现诸如"禁止涉性节目"这样极不科学的提法。这种认识如果只是某些学者的见解，则另当别论，如果是政府提出的，将在管理中产生许多混乱。其后果或是损害了未成年人的心智发展，或是损害了成年人对性科学的知情权利。本守则所规定的主要是法律禁止传播的内容——淫秽。但需要注意的是，那些含有某些色情信息，但又有艺术价值的内容并不在法律禁止之列。

关于新闻报道与广播电视节目中牵涉性倾向的问题，各国的规范当中都有明确的规定，而且相似度极高，那就是消除对此的歧视。每个人都有生而追求幸福的权利，在报道时没有必要专门突出什么，或者刻意抹掉什么，更不应当妖魔化。用正常、客观、克制、严谨的态度为他们营造一个与普通群体没有什么差异的环境，或许就够了。保持谨慎的态度，不应当为了满足受众要求而过分渲染。在有关同性恋的报道方面，还应当特别强调平等与反对歧视。人人生而平等，每一个生命都有存在的权利，任何的歧视均应被反对。

25. 悲伤

25.1 避免因采访报道而加重遭受自然灾害、空难、车祸、犯罪、战争等灾难的幸存者及其家人的悲伤与痛苦：
    (1) 不提问其可能不愿意回答的问题；
    (2) 不追问令其痛苦的细节；
    (3) 避免重复多次采访同一受难者。

【背景】

灾难报道是公众关注的重要新闻，伴随而来的是相关人的悲伤与痛不欲生。经受灾难（自然灾害、空难、车祸、犯罪、战争等意外事件）的幸存者（伤者、受害人、人质）及其家人，都是遭受了巨大的生理或者心理创伤的人，他们处于十分脆弱的精神状态中。不恰当的报道方式，会扩大他们所受到的伤害，进而形成二次伤害，而这是新闻工作者要极力避免的。在报道此类事件时，应当突显人道主义情怀。

【典型案例】

案例一：　　　　　　　　幸存者蒋敏在记者的追问中晕倒

案例概述：2008 年汶川地震中，四川省彭州市公安局女民警蒋敏在地震中失去了父母和女儿等 10 位亲人，在此期间，她一直坚守在救灾岗位上。然而，某电视台的一位记者在直播节目中竟冷漠地问她怎么能在痛失亲人的情况下还能拼命工作？而且接着问："你在救助这些灾民的时候，看到老人和小孩会不会想到自己的父母和女儿？"蒋敏被问得悲痛欲绝，神情恍惚，离开帐篷后很快昏倒；5 月 19 日，她在接受某门户网站的嘉宾访谈时坦言，已经不记得多少次因为难受而晕倒。而在前一天晚上，她作为全国唯一前往北京的公安民警，参加了面向全国直播的抗震救灾大型募捐活动，某电视主持人和该电视台记者在晚会上仍不断地让她回忆亲人受难的经历。[1]

案例评析：为达到报道效果，记者在采访时往往会采用"你当时想什么？""你能回忆一下当时的情况吗？"等问句，甚至不顾受访者意愿，追问采访对象痛苦的细节。当被采访人是灾难受难者时，这样的问句完全是一种冷漠的问答，让受访者重新回到灾难发生时的苦痛之中。尽管记者和媒体有满足公众知情权的义务，但是当这种义务遇到身体和心灵双重伤害的灾难受难者时，是应当对他们倾斜保护的。在减小伤害原则下，应当凸显人文关怀。

案例二：　　　　　　　　记者采访周克华老母受舆论批评

案例概述：《华商报》8 月 15 日报道："8 月 14 日中午 1 时许，记者再次来到周克华的家里，周母说有很长时间没见过儿子，也记不清他最近一次回来看自己是什么时候了。当被问到儿子回来有没有给她带过东西或钱时，周母摇头：'没，没有给过钱。'得知周克华的死讯时，她足足怔了 20 秒，握扇子的手微微抖了几下。"该报同时配发了面对记者，周克华老母以扇捂脸的照片。[2]

案例评析：此报道引起了多家媒体的批评。

《中国青年报》最早发表了王石川的文章"拒绝红包却拒绝不了消费周克华老母"。文中写道："握扇子的手微微抖了几下"，但凡有善念的读者读到这里也会心抖几下吧，不是为记者捕捉到这一微妙细节而触动，而是为如此违背新闻伦理、如此伤害周克华的年迈母亲而愤怒。"罪不及父母，祸不及妻儿"，恶魔周

〔1〕 "别再让蒋敏晕倒了"，载彼岸花开映采虹的博客，http：//blog.sina.com.cn/s/blog_ 3eac31890
1009awx.html.

〔2〕 参见《华商报》2012 年 8 月 15 日。

克华理应为其嗜血行为付出代价，但不能因此伤害他的老母和未成年的孩子，毕竟其家人是无辜的。退一万步说，即便周母对其子犯罪情况有所了解，也应该由警方处理——就像周克华的女友被警方调查一样，记者却不能残忍地惊扰她，把她拿出来示众，尤其是在她"始终用一把扇子遮着自己的面部"的情况下。显然，她极不愿接受采访，也不愿让人看到她的悲戚表情，但记者依然毫不在乎，直到问得她手抖，这何其残忍！此前，周母也流泪说过："我养他（周克华）养到这么大，为什么要这样"，"我很苦啊，这种苦，不能给外人说，只能往自己的肚子里咽"。

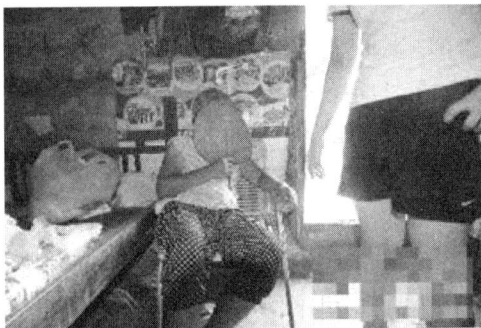

图：周克华母亲面对记者以扇掩脸

东方网发表署名金真的文章"莫在周克华的家人伤口上撒盐"，指出：悍匪周克华被公安部门击毙，自然是大快人心，让社会和民众感到安定。按理而言，此事应该可以到此为止，或者说即使要继续挖掘和反思，那也应该是集中在其个人身上，而在此时媒体匆匆忙忙地将周克华的死讯通报其母亲，并且希望就此挖到一些猛料，这既没有任何的必要，也实在是太过于缺乏媒体的职业素养。就算周克华十恶不赦、凶残无道，但这些都是其个人行为，与他人无关，更与其母亲无关。罪犯的母亲不是罪犯，罪犯的家属没有犯错。就算民众有希望能够多了解一些周克华人生的好奇心，媒体也不应当在此时为了独家报道，为了吸引眼球而将这种好奇心的解密建立在无辜的人的痛苦之上。

西部网发表评论：个别媒体记者为"挖出"所谓独家新闻而罔顾人性，丧失基本的恻隐之心。良心、道德、责任是新闻人的基本职业素养。新闻记者要对事实真相负责，更应对社会伦理负责。今天，面对公众对杀人恶魔周克华事件的关注，媒体进行客观公正的追踪报道，本是应尽之责。但是，如果新闻记者罔顾社会伦理，硬要在周克华的老母身上做文章，则不仅是对无辜老人的残忍，更是对社会伦理的践踏。但愿从今往后，不再有媒体残忍地惊扰周克华的老母了，她已风烛残年，经不起媒体的轮番折腾！

【依据】

道德依据

《中国广播电视播音员主持人职业道德准则》（2004）

第十条　采访意外事件，应顾及受害人及亲属的感受，在提问和录音、录像时应避免对其心理造成伤害。

【编写组观点】

悲伤与快乐不同。人们通常乐于与他人分享自己的快乐，却不那么情愿展示自己的悲伤。悲伤是个带有私密特征的个人情绪，这种情绪对于当事人的精神和心理而言，都是非常不健康的。澳大利亚曾有专家做过一个《应激事件与癌症》的调查，结果发现：一个人如果长期处于悲伤痛苦的情绪中，他的免疫力会下降，罹患癌症的可能性就有所增加。从而得出"悲伤情绪与罹患癌症间存在一定的因果关系"的研究结论。这一调查涉及的不幸事件按程度由高到低依次是丧偶、子女死亡、父母死亡、离婚、父母离婚等。另有一项调查表明，因各种打击而悲伤过度的人，其1年内的死亡率比适度受到安慰与克制的人要高出4倍或更多。

对这两个调查的权威性，这里不作讨论。但悲伤痛苦并非一种积极健康的情绪，也算是人类正常认知。因此，媒体采访一个正处于不幸境遇的人、刊发可能会对其情绪产生负面影响的故事，就成为了一个特殊的采访报道情境，值得讨论与研究。

一般而言，无论是普通人还是媒体都应努力帮助那些处于悲伤情境中的人减轻痛苦，而不是相反。媒体人在灾难报道中最有条件接近他们，也最容易在职业的名义下加重他们的悲伤，或是人为外在地施加新的伤害。

同时，悲伤情绪的私密性正在越来越受到关注。少数国家甚至将人的悲伤时刻视为一项隐私，特别设定法律来保护当事人不受打搅的权利；而大多数国家的新闻业则对采访报道悲伤时刻的行为加以特别规定，比如：不追问令其痛苦的细节，避免重复多次采访同一受难者，等等。

至于一些媒体人以"真实报道"的名义采访甚至逼访犯罪嫌疑人的亲属这个问题，其实也与悲伤情境的处理思路直接相关。无论是谁，亲友成为犯罪嫌疑人或是被判处死刑，他们内心都会难过。对于他们，媒体人同样应当以尊重为前提进行采访，或判断这类采访的价值与报道主题的相关性。2012年全国人大修订了《刑事诉讼法》，规定强制证人到庭作证的制度不适用于被告的父母、配偶、子女。也就是说，是否出庭作证的选择权属于这些近亲属。"一人犯罪、株连九族"的时代早已结束，当前刑法规定的原则之一就是罪责自负。准确理解法律的这一基本精神，有利于新闻记者在处理此类问题时作出恰当的选择。

> 25.2 尽量避免采访报道尚未成年的灾难受难者，确需采访报道时，应征得其本人及监护人同意，告知采访素材的使用情况，并隐去其个人信息。
>
> 25.3 尽量避免以特写方式展示死难者亲属悲痛欲绝，特别是痛苦失态的表情。
>
> 25.4 不对灾难事件进行娱乐化表达。

【背景】

在媒体报道中，关于如何处理未成年人题材有一套专门的规范，这在之前已经提到过了。承受了灾难的未成年人，无论从生理还是心理上来说，均处于更脆弱与无助的状态。媒体记者对受灾的未成年人进行采访时，应当尤其注意对他们敏感心灵的保护。不做勾起他们痛苦的行为，不使用刺激他们痛苦的语言。面对他们，首要的工作不是从他们口中套问新闻信息，而是保护、安抚他们受伤、不安的心灵。

灾难报道中，图片往往是最为直观的表现手法之一。近年来，某些记者在追求报道中的现场感的同时，未留意避免被采访人悲恸情绪恶化，将死难者亲属悲痛欲绝的表情、动作记录了下来，有的还是非正常状态下拍摄。使这类采访的专业标准问题一再被业界提出并研究。

灾难事件往往伴随着沉痛情绪，新闻媒体在报道此类事件时应持庄重严肃的态度。刻意渲染灾难场面来刺激感官，或是对灾难事件进行娱乐化表达以博取受众眼球，都严重忽视了灾难本身给人们带来的伤害，更忽视了媒体应有的良知与社会责任。

【典型案例】

案例一： 孩子是否有能力判断该不该允许记者拍照？

案例概述： 2007年7月19日，中国湖北省郧西县，一个名叫彭祝的小女孩在被大水毁坏的家中悼念遇难的奶奶和母亲。那一年夏天，中国由于洪水、雷电、泥石流和山体滑坡等自然灾害造成的人员死难者达到700多人。

案例评析： 媒体似乎非常喜欢将这种悲恸的特写镜头作为报道的常见手段。往往这种图片带给受众的是比文字更加直面的冲击力，但是，图片中的受难者，却被这种"有效"的方式固定成了一种长久的悲恸。无论是其本人还是亲属，在一次次看到该报道时，不啻又一次经历那种痛苦。通常，人在极度悲恸时，其感情表现往往更具有渲染力和爆发力，也意味着与常态下本人的巨大差别，无论是情绪的感染还是形象的差异，都不是受难者本人愿意再一次经历的。

尤其需要讨论的是，照片中的主人公是一位未成年人，她在镜头前的表现无

图：小女孩在被大水毁掉的家中悼念遇难的奶奶和母亲[1]

疑比成年人更真实，更打动人心，同时她也更难有效地保护自己。如果是成年人，他自己有条件、有能力决定是否允许记者拍摄本人的痛苦表情；但一个孩子，特别是在灾难中遭受打击、失去亲人的孩子，本已手足无措，基本没有条件对记者的行为及其后果做出判断。所以，记者在拍摄这类照片时，媒体在使用类似图片时，均应对未成年人利益做出特别考量。

案例二： **未成年的烧伤变形者是否应当被曝光？**

案例概述：2007 年 9 月 12 日，在埃及首都开罗老城区的一个贫民窟内，名叫 Nashwa Ahmed Khali 的 12 岁埃及女孩展示其身份证。在她的家人与该贫民窟里的其他贫民发生争执时，她的脸被对方泼了电池酸液，严重烧伤变形。

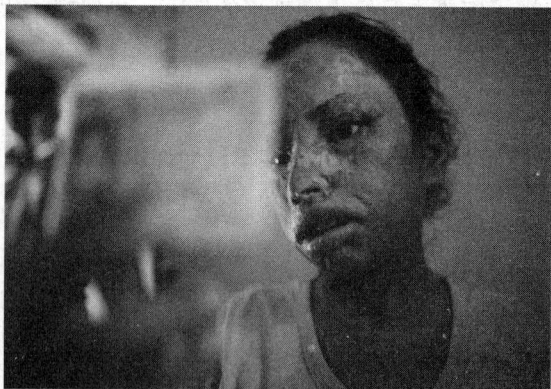

图：埃及女孩脸部被电池酸液烧伤[2]

案例评析：这显然是一个经过采编人员认真考虑过的照片。图片中将少女的

---

〔1〕 图片来源：路透社 2007 年图片精选。
〔2〕 图片来源：路透社 2007 年图片精选。

身份证等隐私性内容做了马赛克处理，适度注意到了对未成年人个人信息的保护。此外，被拍摄的孩子手持证件面对记者，她显然是自愿的，可以推断其监护人反对的可能性不大。

需要讨论的问题在于，图片报道的最大特点之一是直观，在经受了残酷的意外事件的受害者看来，如此直观的图片报道可是另一种更为深远的伤害。在身体的伤害结束后，媒体没有任何处理地报道了清晰的损害画面。受害者以及其家属在看到此报道时，将再一次面对伤害带来的后果。此外，这一照片所反映的伤害程度之惨烈清晰可辨，刺激受众的感官，极易使人产生惊恐不适的感觉。如果不是基于重大的公共利益，这样的照片是否应当出现在大众视线中值得讨论。

显然，即要反映真实，又要避免带给受众不适感，这是一对矛盾。如何把握与处理，正是对采编人员的专业能力的考验。

案例三： 拍摄死难者家人悲痛场面，报纸向读者致歉

案例概述： 1985 年 7 月 28 日，《加利福尼亚报》的摄影记者约翰·哈特从警方那里听说，在距巴卡菲尔德东北处 25 英里外的一个湖中发生一起幼儿溺亡事故。在事发现场，哈特抢拍到了 5 岁男孩德华·罗曼罗的死尸及其家人痛不欲生的悲剧场面，然后把图片通过美联社电讯发表出来。结果读者强烈谴责这份发行量极大的日报，打了 400 多个电话、写了 500 多封信表示反感，并有 80 人取消了订单，《加利福尼亚报》甚至受到了炸弹威胁。报社主编本特里在外界压力下，向全国读者致歉。[1]

案例评析： 这一事件当时在美国新闻界引起了强烈争议。一位报纸编辑认为："我们相信 1 张照片比 1 万字的文字更有助于人们注意水中安全。"但更多的人对此持反对态度。罗伯特·本特里事后在工作纪要里承认"犯了一个严重的编辑判断错误。我们常常出错——而这显然是一个大错"。另一位报纸的主编谴责这幅照片利用了人们的怜悯之心，他说："照片发表出来. 作为实物教育这一点我能理解。但是我不能理解为什么要刊发那些哭啼的妻子、母亲和孩子们的照片。我相信那些毫不迟疑地刊登了这些照片的人会用虔诚的伪装，引用查尔斯达纳的名言：'无论发生什么事，只要是事实，我就会很自豪地将它报道出来。'这是我能想到的最动听、最常被人引用的陈词滥调。"[2]

---

〔1〕 源自翟红蕾："灾难性新闻图片的伦理分析"，载《学术交流》2004 年第 10 期。

〔2〕 〔美〕克利福德·克里斯蒂安等著，蔡文美等译：《媒体伦理学：案例与道德论据》，华夏出版社 2000 年版，第 124～125 页。

案例四： **《旅游新报》组织模特表演地震受难者**
遭行政处罚

案例概述： 2008 年 5 月 19 日出版的第 60 期《旅游新报》推出汶川抗震特刊，其 B28 版以"废墟重生"为题刊登了几个涂着"鲜血"的裸露"美女"的写真照，背景为地震后城市废墟和滩滩鲜血，人物是几个穿着性感、女郎。后据《重庆日报》报道，5 月 19 日出版的第 60 期《旅游新报》在关于汶川大地震的报道中，刊发了严重违背社会公德的报道，造成了恶劣的社会影响。昨日，重庆市新闻出版局根据有关规定，决定给予《旅游新报》停刊整顿的行政处罚。与此同时《旅游新报》的主管单位重庆出版集团公司对《旅游新报》相关责任人进行了严肃处理，决定免去该报社社长职务，撤销该报总编辑和副总编辑职务，并对相关直接责任人予以除名。

据悉《旅游新报》已通过网络发表致歉信表示，尽管该期周刊系提前编印，但报道严重违背社会公德，亵渎了神圣的民族尊严，伤害了崇高的民族情感，在全社会造成了极其恶劣的影响。报社以最沉痛的心情和最真挚的诚意，向全社会公开道歉，并衷心感谢社会各界和网友的恳切批评和帮助。该报已按重庆市新闻出版局要求停刊整顿。[1]

图：《旅游新报》2008 年 5 月 19 日
"汶川抗震特刊"封面

图：《旅游新报》2008 年 5 月 19 日
"汶川抗震特刊"内页

案例评析： 这组图片是传媒娱乐化的一个鲜活例证。尽管报社称该期周刊系提前编印（5 月 16 日），我们也无法仅凭这组图片就轻易认定报纸一定有着伤害

〔1〕 来源：东方网 http://news.xinhuanet.com/newmedia/2008－05/22/content_ 8225697. htm.

民族情感的故意，但是，媒体利用该事件博取关注进而获取利益的动机依然非常明显。商业利益，已经成为当下媒体追求新闻娱乐化、挑战受众情感底线、违反职业规范的核心问题。

【依据】

（一）道德依据

《中国广播电视编辑记者职业道德准则》（2004）

第二十七条　对重大事件、社会热点和敏感问题的报道，应注意把握分寸、时机、力度，释疑解惑，积极引导。不炒作和蓄意制造舆论"热点"，误导受众。

（二）政策依据

《中国儿童发展纲要（2011～2020年)》（2001）

6. ……提高灾害和紧急事件中保护儿童的意识和能力，为受灾儿童提供及时有效的医疗、生活、教育、心理康复等方面的救助服务。

（三）法律依据

《中华人民共和国未成年人保护法》（2012修订）

第四十条　学校、幼儿园、托儿所和公共场所发生突发事件时，应当优先救护未成年人。

【编写组观点】

对于灾难中的未成年人的采访应当克制。在经过"5.12大地震"及动车事故后，媒体采访报道灾难中的未成年人的方式和思路，开始引起特别关注。孩子的经历、遭遇和表现总是易于引发同情与重视。不过，未成年人的心理并不成熟，在灾难发生后的短时间内，他们会更加敏感、脆弱。这时候对他们进行采访，曝光他们的生活，非但无助于他们平复心理创伤，相反，还可能加重其负面情绪，甚至使其陷入难以控制的局面。许多心理学研究成果均表明，一个人在儿童时期受到的刺激可能会深刻地影响他的一生。一次未能掌握分寸的媒体采访和报道，对于未成年人造成的伤害，将远超过成年人。因此，针对未成年人处于不幸境况的报道，宜更多地施以人文关怀，有选择、有克制地采访报道。

酌情处理悲伤的图片。悲伤本身包含有"痛苦失态"、"悲痛欲绝"等不同的程度、状态。编写组认为，这里没有一个刻度清晰的标尺，而只能依靠成熟编辑的主观判断。但是，这些模糊的标准至少包括：不刻意强调被拍摄者的"悲痛欲绝"，尽量不刊发那些"痛苦失态"的影像特写。编辑在判断时，要同时衡量刊发对于受众和被摄者哪个具有更重要的价值。一些坚持刊发的媒体有着自己的理由，比如"我们相信1张照片比1万字的文字更有助于人们注意水中安全"，故他们选择发表溺水孩子的遗体及家人痛不欲生的图片。但这个案例中读者的反应也同时表明，读者并不愿意看到一个母亲痛失爱子的悲痛画面。从读者角度出发，媒体人警示他人的目的并不必然优先于死者亲属的感受。因此，媒体应通盘考虑刊发新闻图片的影响力与照顾被摄者情绪，最后选出一个"最不坏"的方案执行。

这里需要特别提出的是，部分悲伤场合、场景、人物属于隐私范畴。根据联合国《为受害人取回公道手册》的建议，"事前没有死者遗属的同意，绝对不可以刊登丧礼的照片或播放丧礼的影像"，不论其悲伤表现是什么样的，这都是绝对私人的时刻，均应事先经过相关当事人的许可。

而对悲伤事件和悲伤场景、处于悲伤中的人的娱乐化表达，则是一个明确违反新闻伦理的行为。本部分列举的《旅游新报》在5.12地震的全民哀悼日当天，出版由模特表演的受难专刊，最终受到行政处罚和读者的谴责。而2004的俄罗斯别斯兰人质事件中，央视《今日关注》栏目以事件死亡人数为由头搞竞猜类的游戏活动，最终也得到了当事人被解除职务、开除的处理结果。类似的教训足够深刻，应当被媒体人引以为戒。

> 25.5 参与灾难报道的记者需掌握基本的救灾常识，如保护伤员的基本方法。记者的采访和报道行为不能妨碍医生和救援人员在现场的营救工作。

【背景】

记者在参与灾难报道时，职业角色与社会角色的冲突及新闻价值与人文道义的冲突是经常出现的。但国际新闻界已经形成共识：为追求新闻价值而将他人生命健康置之不顾的行为被认为是不正当的。当年，摄影记者凯文·卡特拍摄了题为"饥饿的苏丹小女孩"的新闻照片，并荣获了当年的普利策"特写性新闻摄影奖"，他也为此付出了沉痛的代价。而由此引发的讨论，更是形成了将新闻价值滞后于他人的生命健康的共识，因为生命永远是第一位的，是最重要的。

【典型案例】

案例一：　　　　　　记者现场报道干扰地震救援

案例概述： 2008年汶川大地震发生以后，媒体记者迅速赶赴现场，赶在第一时间给受众发回报道。然而在救灾现场，有的记者不顾抢救伤员的紧迫形势，要求营救人员为拍摄镜头让路。

5月14日，救援人员在废墟中发现两位幸存者，一名妇女和一名老大爷。此时，某电视台来到现场进行直播，有救援人员挡住了摄影机位，女主持人对营救人员说："你让让好不好，我们先拍。""只要5分钟就好。"此时幸存者上方有一块水泥板，随时都有可能垮塌，营救人员要把板撬开，女主持人则说："不用，就保持那样别动。"

老大爷一直在痛苦呻吟，大家劝老人不要发出声音保持体力，女主持人这样解说："在我们的下方还掩埋着一位老大爷，一直发出呻吟，我们现在试试把话筒放下去能不能听见老人的声音。"为了追求效果，女主持人把话筒伸向地下，要求被压的老大爷发出声音。最后，一名女性得救了，但是下半身残疾了，可能由于被压得太久，老大爷被救出后不幸死亡。

案例二：　　　　　　　　　**雨中摔跤照及其争论**

案例概述：2005年5月9日下午，一场暴风雨袭击厦门，路上水坑让不少骑车人栽了跟头。摄影记者"守株待兔"拍摄了一组照片，真实记录了一名骑车人冒雨经过福建厦门市厦禾路与凤屿路交叉路段时，因自行车前轮突然陷入一个水坑，身体失去平衡摔倒的情景。照片发表后引起不同凡响。有记者同行大为赞赏作者的能力，认为照片十分生动，而提醒路人不是记者的职责。然而一些网友却痛批记者无良，质问到：记者明知危险却不做任何事情，只为等着拍一张有人在雨中摔跤的照片，"那人要真的摔死了怎么办"[1]

图：骑车人雨中摔倒系列照片

案例评析：记者的职业角色与社会角色的冲突总是会引发诸多对于记者职业伦理道德的讨论。在这组图片中，记者明知水坑的存在，也知道这样会给路人带来危险，但是为了获取更多注意力和关注，并未采取任何措施提醒往来路人，而是用路人雨中摔跤的真实惨痛的画面来提醒其他人。

从记者本身职业角色来看，照片效果不错，他较好地完成了采访任务。而作为一个社会人来看，他却是放任危险发生，因此也极具争议性。我国《新闻摄影工作者自律公约》对此类问题已经有明确选择："反对只顾拍照，不顾当事人死活的采访。"

此时，根据各种均衡博弈、平衡双重角色的原则，应当这样做出选择：好记者首先应当是一个好人，在被采访人的生命受到威胁的情况下，记者应当立即伸

───────────

〔1〕 "雨中骑车人摔跤照片引发网民热议新闻职业伦理"，载《北京青年报》2005年9月23日。

出援助之手。此时记者的职业角色应当暂时退让。而如果并不是在这样的情况下，比如专业求援人员已经到场，正在实施救援，而采访主题重大，符合公共利益、社会效果的考虑，则应当以记者角色为主。

【依据】

道德依据

《中国新闻摄影工作者自律公约》（2005）

3. 在新闻摄影采访中体现人文关怀。……在紧急突发事件现场，遇到有人员受伤等情况，如其他救援人员不到或者不够的情况下，先救人后采访。反对只顾拍照，不顾当事人死活的采访。

【编写组观点】

《守则》25.5涉及的是关乎道德层面的规范，上述各项规范集中体现出对人类普遍情感的尊重。

表现灾难是传播内容不可避免的主题，灾难性事件主要包括两类：一类是人类无法阻止的自然灾难，如地震、台风、水旱灾害、火山爆发等；一类是人类自身造成的灾难，如恐怖事件、战争、海难、空难、交通事故、凶杀、矿井瓦斯爆炸等重大刑事案件或重大责任事故等。灾难性事件带给人的情感情绪是悲恸、颓废、焦虑、不安、恐慌等，但恰当地处理灾难性事件能转变受众的这些消极不良情绪，使悲痛得到安慰，颓丧得到振奋，焦虑得到舒缓，不安得到安宁，恐慌得到理智，从而产生积极的和良性的言与行。换言之，众多的灾难，尤其是自然性灾难，是人类无法左右的，所造成的经济损失也难以挽回，但灾难给个人带来的精神痛楚、心灵创伤却常常与媒体的作用相关。这就需要大众媒体能自觉地承担起一个关怀者的角色，"以人为本"，将对生命的尊重理念和富有人性、温情的表现方式，贯穿在灾难的报道中，体现出对人的尊重与关爱。

媒体工作者应当怀有人道主义精神，尊重灾难中的每一个人，不加重受难者及其亲属的痛苦，更不能哗众取宠，避免长时间多角度地对受害者及其亲属的刻意渲染，甚至是妨碍、阻碍生命的救助。

英国新闻界将对个人丧亲或极度痛苦的画面视为隐私的范畴；德国的媒体法专家将某人丧失亲属时的失态表现视为"绝对的隐私"；多数国家的新闻界也将其作为一项重要的职业道德。随着我国新闻界对重大突发事件与灾难事件报道的增多，也曾经出现了新闻报道及记者对受难者及其亲属的痛苦采取麻木不仁甚至刻意刺激的表达方式，伤害了公众的普通情感，也损害了被报道者的人格尊严，新闻媒体因此受到的批评不绝于耳。

如何把握表现灾难的尺度，足见一个媒体的功力、品味和素养。如果因为猎奇、哗众取宠而违背人道主义遭致受众的普遍反感，最终也将影响媒体本身的利益。

26. 死亡

26.1　死者名誉受法律保护，不以报道或评论等形式对死者施以侮辱与诽谤。

26.2　避免在报道中描述、展示死者的死亡过程及其所经受的痛苦；避免刻意描绘、渲染血腥惨烈的受难场景；避免报道中出现清晰的尸体影像和画面。

26.3　不得传播执行死刑的画面与图像。

26.4　自杀报道参考世界卫生组织制定的规范。（详见附件3）

【背景】

对人类而言，最宝贵的莫过于生命。如何面对死亡，是人类面对的重大法律与伦理问题。大众传播中对死亡现象的表达，不仅反映出该媒体的人文水准与格调品位，也将对整个社会产生深刻的影响。

现实中，家属因过世亲人名誉受损而对媒体提起诉讼的案件不在少数，一些涉及知名人士的案件引起了社会舆论的广泛关注。如改编逝者生前往事、公开逝者死前照片等，公众的舆论评价以及触目惊心的镜头画面难免会对其家人造成不同程度的心理伤害。在涉及死亡的新闻报道中表现出对逝者的基本尊重，既可避免对其亲属造成的二次伤害，也是媒体报道水准和格调高低的展示。

大众传播如何表现死亡（包括死刑），不仅是传播伦理中的一大命题，也是重要的法律问题。对此，中外新闻界均有许多例子，而世界各国的新闻职业道德规范中也均多有安排，可供参考。

【典型案例】

案例一：　诗人郭小川的配偶、子女诉媒体侵害名誉权案

案例概述： 1999年初，《幸福杂志社》发表了贺方钊撰写的"无语问情：生死相依两茫茫——著名诗人郭小川一段鲜为人知的黄昏恋"，虚构了已故著名诗人郭小川"黄昏恋"的故事。说郭在"文革"期间妻子杜惠含冤身亡，在干校与一女青年发生恋情，该女后患癌症去世，从此"生死相依两茫茫"。湖南省作家协会下属《作家与社会》、四川日报社下属《文摘周报》、吉林日报社下属《文摘旬刊》、购物导报社相继转载该文。1997年7月，郭小川的妻子杜惠及其子女以上述6被告侵害郭小川的名誉权，并给郭小川之遗属造成严重的精神伤害为由提起诉讼。法院判决6被告立即停止伤害，并分别在各自报刊（贺方钊在幸福杂志社）原侵权版面显著位置刊登《致歉声明》，共同赔偿原告精神抚慰金及经济损失共计 16 万元。[1]

案例二： **犯罪嫌疑人周克华被警方击毙**

案例概述： 周克华是公安部 A 级通缉令捉拿的犯罪嫌疑人，身负多起命案。2012 年被重庆警方击毙。对其尸体影像，首都主要媒体做了不同处理。以下照片摘自新华网，声明由公安部提供；而央视的电视新闻则对这具尸体的面部打了马赛克。这显示不同媒体针对同样血腥场景传播效果的不同考量。

这张照片在网络上引起很多质疑。之后，有人又在网上发布了周克华的验尸照片（http://news.sina.com.cn/c/2012-08-21/130025007363.shtml），引起了对死者身份的新一轮讨论。不过警方明确表示，从未对外发布周克华的尸检照片。

图：周克华今晨（2012 年 8 月 14 日）被击毙[2]

案例评析： 善待生命，是人类一项重要的伦理准则。费尔巴哈说："生命就是人的最高的宝物"，"生命本是一切福利的总和"。如何表现人类生命的消失——死亡，是媒体传播标准的重要组成部分。

一般而言，对于遗体的表现不宜明摆浮搁，最好是予以遮盖。许多国家的新闻职业规范中均提醒新闻工作者在表现遗体时应当用远景，要避免特写、避免血腥和令人作呕。在少数国家，遗体照或遗容照甚至成为隐私保护的范畴，有公众调查认为应当禁止发放这些图片，除非这样做有与之抗衡之处，足以构成披露图片的理由。上图所展示的遗体照不仅没有任何遮盖，甚至鲜血遍地，相信有许多人看着很不舒服。即使死者曾是一个依法应当被剥夺生命的罪犯，我国《刑事诉讼法》也规定"执行死刑不得示众"。

不过这张照片的发表也有一定的特殊性——死者是一个杀人越货的凶犯，在

---

〔1〕 中国新闻侵权案件精选与评析课题组编著：《中国新闻（媒体）侵权案件精选与评析 50 例》，法律出版社 2009 年版，第 27 页。

〔2〕 来源：新华网。

多地作案，屡屡得手，正被公安部 A 级通缉令捉拿。当地百姓惊恐不安，流言甚多。警方动员巨大人力已搜捕多日，此照可以证明其确已被击毙，这对安抚当地百姓有一定作用。因此其公布有一定的公共利益理由。同时，这张由新华社发布的照片下，注明"由公安部提供"，可见并非媒体拍摄并自行发布的。

尽管如此，媒体上的处理仍然不同。新华社完整表现了死亡现场及遗体全貌，而央视的新闻节目中给死者面部打了马赛克。至于网上发布周克华的尸检照片，实在刺激人的感官，没有必要让全民观看这一画面，警方不发布完全正确。

近年来，在世界范围里，可能被一些人视为存在"足以构成披露图片理由"情形的，还包括萨达姆、卡扎菲以及斯里兰卡猛虎组织领导人的尸体照。当然，这些公布尸体照的行为也受到了一些国际舆论的谴责。比如，俄罗斯总理普京气愤地说："卡扎菲一家几乎全部被打死。卡扎菲尸体的画面在全球电视台播放，令人看后不可能不反感。这一切在电视上滚动播出，与世界上任何一种宗教的道德，无论基督教、印度教、还是伊斯兰教，都毫无共同之处。"美国总统奥巴马也表示，"谁都不愿意看到有人像他（卡扎菲）那样死去"，他对卡扎菲之死缺乏"体面"感到遗憾。

案例三：　　　　　　　**央视直播大毒枭糯康死刑引发争议**

案例概述： 2013 年 3 月 1 日，央视在新闻频道直播特别节目——《诛枭——糯康集团主犯被执行死刑》。从整个节目内容看，主要反映了死刑犯从公安看守所交付法院的过程，并未直接展示行刑画面。整个节目突出了糯康怕死、想家、人身被械具强制、被多名警察前后簇拥、被形象地"绳之以法"（取下械具，再被绳子五花大绑），出现在直播画面中的执法者始终都是警察。主持人的解说中谈到了"报应"。

这次直播节目迅速引起关注，也引来不少批评。舆论主要指出这一节目违反了《刑事诉讼法》关于"执行死刑应当公布，不应示众"的规定。直播结束后央视在微博上做出回应，辩称"诛枭不是看杀人"，同时也删除了央视网上的所有相关视频内容，但相关视频内容在其他网站上仍然存在[1]。

【依据】

（一）道德依据

《中国新闻工作者职业道德准则》（2009 修订）

第二条　……增强社会责任感，坚决抵制格调低俗、有害人们身心健康的内容……

---

[1]　徐迅："一次'死刑犯的电视游街示众'——'糯康死刑直播'批判"，载《新闻记者》2013年第4期。

《中国广播电视编辑记者职业道德准则》（2004）

第二十六条 坚持把社会效益放在首位，严肃认真的考虑新闻传播的社会效果……

《中国新闻摄影工作者自律公约》（2005）

3. 在新闻摄影采访中体现人文关怀。特别是在拍摄意外事件和日常新闻时，尊重被采访对象的合法权益和感受……

（二）法律依据

《中华人民共和国民法通则》（2009 修正）

第一百零一条 公民、法人享有名誉权，公民的人格尊严受法律保护，禁止用侮辱、诽谤等方式损害公民、法人的名誉。

《最高人民法院关于审理名誉权案件若干问题的解答》（1993）

五、……死者名誉受到损害的，其近亲属有权向人民法院起诉。近亲属包括：配偶、父母、子女、兄弟姐妹、祖父母、外祖父母、孙子女、外孙子女。

《最高人民法院关于确定民事侵权精神损害赔偿责任若干问题的解释》（2001）

第三条 自然人死亡后，其近亲属因下列侵权行为遭受精神痛苦，向人民法院起诉请求赔偿精神损害的，人民法院应当依法予以受理：

（一）以侮辱、诽谤、贬损、丑化或者违反社会公共利益、社会公德的其他方式，侵害死者姓名、肖像、名誉、荣誉；

（二）非法披露、利用死者隐私，或者以违反社会公共利益、社会公德的其他方式侵害死者隐私；

（三）非法利用、损害遗体、遗骨，或者以违反社会公共利益、社会公德的其他方式侵害遗体、遗骨。

《中华人民共和国刑法》（2011 修正）

第三百零二条 盗窃、侮辱尸体的，处 3 年以下有期徒刑、拘役或者管制。

《中华人民共和国刑事诉讼法》（2012 修正）

第二百五十二条第五款 执行死刑应当公布，不应示众。

【编写组观点】

按照民法原理，人的权利从出生时开始，到死亡时截止，因此死者不再享有名誉权。但是我国法律根据本国国情，对死者名誉（而不是名誉权）给予有限的保护，即死者的配偶、父母、子女、祖父母、外祖父母、孙子女、外孙子女以及兄弟姐妹可以为保护死者名誉（而不是名誉权）提起诉讼。可见，死者权利是生者权利的延伸，尊重死者也是对生命的尊重。

大众传播中，许多从业者对真实性问题十分重视，对报道事实均严加核实。

但对涉及死者的报道中，对事实的标准就难免心存侥幸，认为可以马虎点。但事实上，为死者名誉打官司的事情并不少见。不仅有为共和国名人、革命先烈的名誉诉讼，也有民国人士后代、前清人士后代为死者名誉打官司，甚至有的案件判决中还出现了"历史公众人物"的概念。可见侥幸心理要不得。

构成名誉侵权，其最主要的客观表现还是诽谤与侮辱，所谓诽谤，一般指无中生有；所谓侮辱，多指污言秽语，也包括影像的丑化。死者与生者的标准并无差别。

比名誉权法律纠纷更为重要的是表现死亡过程中涉及的人类尊严问题。人人皆有生有死，死亡是每个人人生的必经阶段。关于如何对待与表现死亡，其核心词是"尊严"。康德解释说："一个有价值的东西能被其他东西所代替，这是等价；与此相反，超越一切价值之上，没有等价物可代替，才是尊严。"

人人皆有生有死，但有尊严的死，和不体面的死，都是人类生命消失。不论是因病、因灾，因战争，还是因杀戮、因死刑，都是生命的结束，均应保有一份尊严。因此"有尊严的死"是人类文明的必然要求，首先是法律禁止将执行死刑的过程示众，而大众传播所持的相关标准也将深刻影响整个社会的文明。

大毒枭糯康虽然被依法执行死刑，但这一过程的电视直播实为"示众"，违反了法律的禁止性规定，超越了底线。日本媒体在海啸灾难后不播出任何尸体画面，既是为了避免渲染灾难气氛，更是为了生命的尊严。萨达姆政权、卡扎菲政权被推翻，但他们本人的死亡及尸体受辱画面还是饱受舆论批评。可见人类存在一些共同的道德，尊重生命，就是尊重每一个人，也就是维护全人类的尊严。

四、事实与意见

27. 客观与理性

27.1 客观报道新闻事实，理性传播公众意见，不断满足人民群众日益增长的信息需求，努力保障公众的知情权、参与权、表达权、监督权。

27.2 在促进信息自由流动的过程中，穷尽一切努力，保证事实信息的准确和观点信息的公正。

【定义与背景】

（一）定义

传播信息是媒体的基本功能。信息包括事实信息与意见信息。在传播信息的过程中，传媒应当尊重事实，及时、客观、准确传播事实信息；尊重真理，全面、公正、理性传播观点信息；尊重公众，通过发挥媒体的舆论场作用，不断满足公众的信息需求和表达欲望，保障广大人民群众的知情权、参与权、表达权、监督权。

（二）背景

总体看，媒体和新闻人在传播事实信息与观点信息的过程中，大体做到了真实、准确、客观、公正。但实践中依然存在诸多不尽人意的事实。除了媒体自身要加强自律与规范以外，一个非常突出的矛盾是，信息传播的主动权在很多时候往往并不掌握在媒体手里。比如，对于突发事件的报道，常常受到有关方面的封锁，即便网络舆论发酵，媒体依然不能获得权威的消息。一些部门常常以涉密为由，限制信息的公开与流通，同时，还随意设定保密事项和保密级别。公民的知情权得不到充分保障，参与权、表达权、监督权也就成了无源之水。因此，必须从政治权利的高度和法律权利的视角，保障媒体的信息传播权；从传媒角度看，必须以专业规范的报道水准，做好信息传播，最大限度地保障公民实现"四权"。

【典型案例】

辽宁西丰县警方以"涉嫌诽谤罪"拘传记者并最终撤案

案例概述： 参阅本书"18. 名誉"典型案例四。

案例评析： 本案女商人短信表达的内容是作者依据自己的所见所闻作出的一种评价，是宣泄的一种情绪。这种评论或措辞可能有失偏颇，但与捏造具体事实造谣中伤相去甚远。"要求每种意见都是正确的，无异于封杀言论自由"。这起案件没有以侮辱为由提起诉讼，大概有关方面已经认识到，对于单纯的意见即便感情上无法接受，也属于公民的言论自由，不可能要求法律进行规制。所以，只能在"失实"上做文章，诉委屈。对照本案短信传播的内容，很明显不是"捏造"具体事实的，而是笼而统之地表达观点与评价——换句话说，它表达的仍然是一种意见而非事实。

"事实可以证伪，意见没有真假"。需要法律制裁的诽谤是散布虚假事实，即事实不存在而不是观点不正确，来损害他人名誉的行为。无论是英美法系还是大陆法系，都有判例明确指出：意见分歧（价值判断）不属诽谤审理的范围。从这个角度看，以涉嫌诽谤来处理意见表达行为，不是别有用心，就是法律上的无知。

【依据】

（一）道德依据

《中国新闻工作者职业道德准则》（2009 修订）

第一条 全心全意为人民服务。要忠于党、忠于祖国、忠于人民，把体现党的主张与反映人民心声统一起来，把坚持正确导向与通达社情民意统一起来，把坚持正面宣传为主与加强和改进舆论监督统一起来，发挥党和政府联系人民群众的桥梁纽带作用。

1. 积极宣传党和政府的重大决策部署，及时传播国内外各领域的信息，满足人民群众日益增长的信息需求，保证人民群众的知情权、参与权、表达权、监督权。……

《中国广播电视编辑记者职业道德准则》（2004）

第六条 真实报道新闻，正确引导舆论，努力传播知识，热情提供服务，不断满足广大人民群众的精神和文化需要。

（二）政策依据

《胡锦涛在中国共产党第十七次全国代表大会上的报告》（2007）

扩大人民民主，保证人民当家做主。人民当家做主是社会主义民主政治的本质和核心。要健全民主制度，丰富民主形式，拓宽民主渠道，依法实行民主选举、民主决策、民主管理、民主监督，保障人民的知情权、参与权、表达权、监督权。

《中国共产党党内监督条例（试行）》（2003）

第五条 ……党的各级组织和党员领导干部，应当自觉接受并正确对待党和人民群众的监督。

《胡锦涛在 2009 世界媒体峰会开幕式上的致辞》[1]

中国政府始终高度重视媒体发展，鼓励和支持中国媒体贴近实际、贴近生活、贴近群众，创新观念、创新内容、创新形式、创新方法、创新手段，增强亲和力、吸引力、感染力，在弘扬社会正气、通达社情民意、引导社会热点、疏导公众情绪、搞好舆论监督和保障人民知情权、参与权、表达权、监督权等方面发挥重要作用。

《关于新闻采编人员从业管理的规定（试行）》（2005）

第三条 新闻采编人员要坚持真实、全面、客观、公正的原则，确保新闻事实准确……报道涉及有争议的内容时，要充分听取相关各方的意见，认真核对事实，准确把握分寸。

《中共中央办公厅关于进一步加强和改进
舆论监督工作的意见》（2005）

二、……舆论监督工作……要事实准确，深入调查研究，听取各方意见，防止报道失实、以偏概全。要客观公正，坚持以理服人，充分考虑实际情况的复杂性，善于听取不同意见，防止主观臆断、感情用事……

（三）法律依据

《中华人民共和国宪法》（2004 修正）

第三十五条 中华人民共和国公民有言论、出版、集会、结社、游行、示威的自由。

第四十一条 中华人民共和国公民对于任何国家机关和国家工作人员，有提出批评和建议的权利；对于任何国家机关和国家工作人员的违法失职行为，有向有关国家机关提出申诉、控告或者检举的权利，但是不得捏造或者歪曲事实进行诬告陷害。

对于公民的申诉、控告或者检举，有关国家机关必须查清事实，负责处理。任何人不得压制和打击报复……

《出版管理条例》（2011 修订）

第二十三条第一款 公民可以依照本条例规定，在出版物上自由表达自己对

---

［1］ 载 http://news.xinhuanet.com/politics/2009-10/09/content_12200932_1.htm.

国家事务、经济和文化事业、社会事务的见解和意愿，自由发表自己从事科学研究、文学艺术创作和其他文化活动的成果。

第二十七条第一款　出版物的内容不真实或者不公正，致使公民、法人或者其他组织的合法权益受到侵害的，其出版单位应当公开更正，消除影响，并依法承担其他民事责任。

《广播电视管理条例》（2013 修订）

第三十四条　广播电视新闻应当真实、公正。

《世界人权宣言》（1948）

第十九条　人人有权享有主张和发表意见的自由；此项权利包括持有主张而不受干涉的自由，和通过任何媒介和不论国界寻求、接受和传递消息和思想的自由。

【编写组观点】

现代社会，新闻媒体的行为不仅影响着"事实"的出现，而且左右着"意见"的生成，同时还影响着舆论本身的发展变化。可以说，在这样一个被媒介四处包围的时代，人人都需要从媒体中获取信息，并且，真正有影响力的意见也需要靠新闻媒体来传播。如果说公众拥有的是"话语权"的话，传媒拥有的是"（话语）发布权"，最终需要享有"决定权（或者说处分权）"的法人或个人依照法定程序进行处理，才能真正发挥舆论意见的作用，保障公民知情权、参与权、表达权、监督权的实现。

保障公民"四权"，是对民主权利内涵的拓展和充实，是对公民权利和自由在国家政治经济活动过程中的延伸和明确化、具体化，有利于实现公民的民主权利，保证人民当家做主，推进社会主义民主政治建设。随着新媒体的发展繁荣，公民了解信息的渠道更加畅通，参与、表达的领域和机会越来越多，监督作用也日益凸显。但是保障公民"四权"的工作还没有发展为常态，更多的是依靠领导的开明而不是制度的"托底"。比如，知情权没有上升到法律层面而仅仅停留在《政府信息公开条例》的位阶上，政府信息公开与保守国家秘密的权利义务关系没有得到很好的处理。公民行使参与权、表达权、监督权不仅缺乏途径，而且缺乏法律保障。

作为社会公器，新闻媒体理应充分发挥媒介平台作用，维护"忠实收集和发表新闻的自由，及公正评论与批评的权利"，在及时、客观、准确传播事实信息的同时，全面、公正、理性地传播观点信息，为实现公民"四权"、弘扬社会正气、通达社情民意、引导社会热点、疏导公众情绪、维护和谐稳定发挥应有作用。

28. 事实与意见分离

28.1　区分事实陈述与意见表达，在评论、推测和事实之间，划分出一条明晰的界线。

28.2　不将评论、推测作为认定的事实发表。

28.3　在单纯的事实性新闻报道中，不掺杂记者个人私见或带有任何偏见，对夹叙夹议始终保持必要的警惕。

28.4　在传递事实过程中，如果要发表评论或推测性言论，必须署名。

28.5　引用观点应明确地标识来源。

【定义与背景】

（一）定义

事实与意见分离，是指在新闻传播中对何为事实、何为意见，进行明显地界定或清晰地区分，使事实陈述与观点表达泾渭分明，以便受众了解事实真相，评判信息价值。

（二）背景

在报道事实中评价事实，是我国新闻界曾经流行甚至依然流行的一种手法。其典型代表就是声称"用事实说话"类的一些新闻栏目。"事实"本身并不会"说话"，真正说话的还是记者、还是媒体。一边在叙述事实，一边在评价事实，事实中有观点，观点中有事实，这种"说话"的冲动和"夹叙夹议"的习气，往往使新闻报道变成一个按照需要"裁剪"事实的过程。在"主题先行"的思路导引下，新闻报道让人雾里看花，苦笑连连，甚至"篡改"事实也就不在话下了。

报道和评论分离，或者说事实与意见分开，是世界上许多国家新闻界长期坚持的一个传统。一方面是为了尊重受众的判断力，另一方面也是为了提高传媒的公信力。从我国的司法实践看，它还常常是避免新闻侵权的一个有效途径。

【典型案例】

案例一：　　　　　　　　　夹叙夹议，麻烦缠身

案例概述： 周良沛在 2002 年第 1 期《扬子江诗刊》杂志上发表"诗的缺席与作者到位的诗奖"一文，谈到"在全国书市，我找媒体一再宣传获'全票'的杨晓民之《羞涩》，不想，出版它的长江文艺出版社本可趁它'全票'大大促销时，竟然无此书卖。不是脱销，而是从未卖过"。"读石湾同志'找不到的获

奖书'才知，获奖书里，还有自费印几百册，排版印制很不规范，以致有评委对它提出疑问的印刷品"。2002年8月23日，原告杨晓民向北京市海淀区人民法院递交诉状，认为被告歪曲事实，贬损了其名誉，要求判令其承担责任。

周良沛辩称，杨晓民诗集"从未卖过"，是指其在昆明召开的全国第12届书市遍寻《羞涩》而不得，在出版《羞涩》的长江文艺出版社展台"无此书可卖"的经历。周良沛认为此文是根据自己经历的事实而展开的正常文学评论，不是针对杨晓民个人，故不同意杨晓民的诉讼请求。

一审判决认为：一方面，周良沛不能举证证明诗集《羞涩》"从未卖过"这一事实，应承担相应的举证责任后果；另一方面，从本案查明的事实看，长江文艺出版社公开出版发行诗集《羞涩》，并非"从未卖过"，故周良沛文章中所描述内容与事实不符。遂综合其他情节，判决被告败诉。

二审判决虽对部分内容进行了改判，但同样指出："周良沛在文章中文笔犀利，部分内容未经核实且措辞激烈，从客观上使读者对鲁迅文学奖的公正性和杨晓民的作品和人格产生怀疑和误解，对杨晓民的名誉造成一定的侵害。"[1]

案例二：　　　　　是评论还是事实？含混不清的代价

案例概述： 2001年8月31日，《中国青年报》发表了题为"揭开刘涌保护伞：干爹干妈和姘头"的文章，文中写道："市中级法院副院长、以致公党沈阳主委身份担任市政协副主席的焦玫瑰则是他的'姘头'"。正在辽宁省女子监狱服刑的焦玫瑰认为，文中4次出现的"姘头"一词是中国民间对妇女极其恶毒的谩骂语言，在媒体使用是对自己极大的精神伤害。遂将报社告上法庭。

《中国青年报》认为，冠以"姘头"并非本报首用。根据调查，早在2001年3月，就有济南一家媒体这么称呼，而且被多家媒体使用，已经在社会上形成共识。2004年11月17日，北京市东城区人民法院开庭审理后，本案至今尚无结案报道。[2]

案例评析： 明明是一篇评论文章，但由于没有交代新闻来源，被认为是披露了新的事实。这就是报道和评论不分带来的综合症：按照理论通说，如果是评论，显然就不需要承担举证责任；如果是事实，媒体就必须证明事实属实。

有论者认为，由于该文未注明系转载其他媒体，读者就会把该作品视为《中国青年报》的独家新闻。作品不注明原载新闻媒体，就享受了原始新闻的精神和物质回报。因为对于读者来说，看到未注明新闻来源的新闻，他们就会把该作品

〔1〕详见北京海淀区法院海民初字（2002）第13700号，北京市第一中级人民法院（2003）一中民终字第4363号。
〔2〕"女贪官狱中状告中国青年报，指中青报'刘涌姘头'提法侵犯其名誉权"，载《大河报》2004年11月18日。

视为该媒体的独家新闻。按照权利义务相一致的原则，转载作品的媒体不注明原载媒体，侵权责任就不能让原载媒体分担。如果被侵权人不同意追加刊登原始作品的媒体和作者为被告，未注明新闻来源的媒体要承担完全的诉讼义务和实体侵权责任。

这个观点很有见地，对于规范转载行为具有警示意义。但是，没有标明转载媒体就视为原始作品，并由此承担全部侵权责任明显不公。对于一个公民而言，一篇不当的报道就如同一枚重磅炸弹，足以使自己声名狼藉，而最有杀伤力的这枚"炸弹"无疑来源于最先发表的原始报道。后发报道固然扩大或加重了这种损害后果，但它是建立在首发报道已经侵权这一基础之上的。按照权利义务相一致的原则，首发媒体从这种轰动报道的效应中获益最大，自然要承担最主要的责任，后发媒体获益较小，所以承担较轻的责任——只就扩大或加重的后果部分承担责任。

诚然，后发媒体没有注明新闻来源可能引起误解，存在过错，应当进行惩戒包括责令其承担责任，但这种责任是针对职业操守而不是针对损害后果而言的。因为任何省去新闻源头的做法本身，都不可能对原告名誉造成新的损害，对名誉的损害只能是事实本身。通常情况下，对于引用媒体公开传播的信息，因为有推定公信力的共识，证明有事实根据基本上是首发媒体的责任，需要评论者承担责任的理由并不充分。事实上，对于一些广为人知的事实（哪怕是错误的事实），评论者略去笔墨不去赘述，是得到许可的。

即便如此，因为略去新闻源而被认为是首发新闻事实的看法，仍然具有一定的合理性，值得媒体重视。

案例三：　　　　　　　　毛阿敏八成不来？推论何其不慎

案例概述：参见"1. 明确交代消息来源"中典型案例一。

案例评析：众多学者对本案判决提出了质疑。有人认为，公众有知情权，媒体将明星因病手术的情况告诉公众，是媒体的天职；媒体关于"毛阿敏八成不来太原"的判断，只是一种观点，是基于毛阿敏因病手术这一事实而作出的判断，属于"公正评论"，应当免责。也有人指出：《山西晚报》5 月 22 日的报道已弥补了先前报道的不足，履行了新闻更正的法律义务，法院对此不予认可从而减轻媒体的责任，对媒体过于苛求且缺乏法律依据。还有专家认为，《山西晚报》的报道是站在社会公共利益的立场上，根据事实和一般道理为广大歌迷感到担心，不是报道虚假消息，无从得出侵权的结论。从报道的真实性方面看，学者指出，"毛阿敏八成不来"、"恐怕要泡汤"的报道是有根据的推测，是客观报道，不是虚假信息，没有过错，法院的认定偏离事实，外企公司组织演出的风险来自与演出有关的人、地、时等多方面的因素，不应把自己应承担的风险损失说成可期待的利益，归责他人。

这些观点当然都有一定的道理，但没有准确把握评论与推论的法律要求。所谓评论，就是批评或议论；所谓推论，就是"用语言的形式进行推理"。而推理是"由一个或几个已知的判断（前提）推出新判断（结论）的过程，有直接推理、间接推理等"。从这些权威解释中，大体可以说，评论是主体对客体的一种主观认识和评价：或批评，或议论。它针对的对象是客观事实（事件、行为等），表达的是主体对事实的性质、过程、结果的认识观点，根据的是客观已发生的事实，所以通常认为，只要客观事实存在，从主观角度所作出的评论基本不会出现"失实"的问题，最多看是否"恰当"。从法律上说，需要考察的是它的"正当性"问题。而推论不同，由于它是对事实存在背景、事实和结果之间的因果关系以及事件发展后果的一种演绎和推理，是由若干个前提条件推导出的一个新的结论，所以它必须讲究一个客观的逻辑联系，必须以客观存在的事实作为依据，而不能完全由主观判断来确定。即正确的推论不仅要求前提真实，同时还要方法正确。法律上需要认定的是它的结论的"真实性"问题。作为媒体来说，既要力求这种评论的公正性，报道中还要特别注意推论的可靠性、准确性。对推论性的言词，由于它更多地涉及客观事实，所以除非当事人有确凿的证据能够证实，否则，媒体就要承担不利的后果。

回到本案。《山西晚报》的断言的确不能说是虚假信息，但属于基于现有事实作出的一种推论，但在推理时出了问题："得了阑尾炎住院就不能演出"这个前提可能真也可能假。对于小手术而言，简单恢复，完全可能提前出院；即便不能痊愈，也不能排除带病演出的可能性。对推理的前提没有穷尽一切可能，推导出的结论就不能确保真实。因此而进行错误预测的，应当认定为具有主观过错，承担不利后果。

【依据】

（一）道德依据

《中国广播电视编辑记者职业道德准则》（2004）

第十五条 区分报道事实和评价事实，不将评论或猜测作为认定的事实发表。

（二）政策依据

《关于新闻采编人员从业管理的规定（试行）》（2005）

第三条 新闻采编人员要坚持真实、全面、客观、公正的原则，确保新闻事实准确……报道涉及有争议的内容时，要充分听取相关各方的意见，认真核对事实，准确把握分寸。

《关于进一步加强和改进舆论监督工作的意见》（2005）

二、……舆论监督工作……要事实准确，深入调查研究，听取各方意见，防止报道失实、以偏概全。要客观公正，坚持以理服人，充分考虑实际情况的复杂性，善于听取不同意见，防止主观臆断、感情用事……

（三）法律依据

《中华人民共和国宪法》（2004 修正）

第三十五条 中华人民共和国公民有言论、出版、集会、结社、游行、示威的自由。

《出版管理条例》（2011 修订）

第二十三条第一款 公民可以依照本条例规定，在出版物上自由表达自己对国家事务、经济和文化事业、社会事务的见解和意愿，自由发表自己从事科学研究、文学艺术创作和其他文化活动的成果。

第二十七条 出版物的内容不真实或者不公正，致使公民、法人或者其他组织的合法权益受到侵害的，其出版单位应当公开更正，消除影响，并依法承担民事责任。

报纸、期刊发表的作品内容不真实或者不公正，致使公民、法人或者其他组织的合法权益受到侵害的，当事人有权要求有关出版单位更正或者答辩，有关出版单位应当在其近期出版的报纸、期刊上予以发表；拒绝发表的，当事人可以向人民法院提起诉讼。

《广播电视管理条例》（2013 修订）

第三十四条 广播电视新闻应当真实、公正。

《互联网站从事登载新闻业务管理暂行规定》（2000）

第十三条第六项 互联网站登载的新闻不得含有下列内容：散布谣言，编造和传播假新闻，扰乱社会秩序，破坏社会稳定。

《最高人民法院关于审理名誉权案件若干问题的解答》（1993）

因撰写、发表批评文章引起的名誉权纠纷，人民法院应根据不同情况处理：

文章反映的问题基本真实，没有侮辱他人人格的内容的，不应认定为侵害他人名誉权。

文章反映的问题虽基本属实，但有侮辱他人人格的内容，使他人名誉受到侵害的，应认定为侵害他人名誉权。

文章的基本内容失实，使他人名誉受到损害的，应认定为侵害他人名誉权。

《最高人民法院关于审理名誉权案件若干问题的解释》（1998）

消费者对生产者、经营者、销售者的产品质量或者服务质量进行批评、评论，不应当认定为侵害他人名誉权。但借机诽谤、诋毁，损害其名誉的，应当认定为侵害名誉权。

新闻单位对生产者、经营者、销售者的产品质量或者服务质量进行批评、评论，内容基本属实，没有侮辱内容的，不应当认定为侵害其名誉权；主要内容失实，损害其名誉的，应当认定为侵害名誉权。

【编写组观点】

事实与意见分离，不独是中国新闻界面临的难题，在传媒发达的西方，至今也未摆脱这个问题的困扰，比如由此带来的关于新闻"客观性"的争执至今尚无定论。

解决这个问题，必须厘清这样的思路：

1. 什么是事实，什么是意见？新闻学语境中的"事实"指的是在客观上可验证的事实情况，该事实情况可根据其发生的地点和时间予以确定并且可以证明。因此，对于事实而言只存在"真实"或者"不真实"两种情况。

而新闻学语境中的"意见"指的是主观的评价或看法，且不能通过证据向法院证明。观点有时不能用"正确"或"错误"这个绝对的标准来衡量，所以，通常的标准是看是否"公正"。

2. 区分事实与意见的价值何在？对于新闻报道中的某些表述，到底是传播新的事实（Statements of fact）还是表达单纯的意见（Opinions），必须有一个明晰的界定。如果是事实，就要看是否属实；如果是意见，就要看是否公正。因为事实是客观的，它的生命是真实；意见是主观的，它的生命是真理（言之成理）。这种特性决定了：事实要通过举证证明真伪，而意见只能判断它是否公正——而公正是无法证明的，诚所谓"意见的自由之所以存在，是因为没有所谓虚假的（false）意见"。这个观点已经成为国际诽谤法理论研究的共识。

事实是神圣的，意见是自由的。区分事实报道和观点表达还有一个很重要的理由，即事实报道常常给人一种不容抹煞的正确的印象，并对公众产生相应的影响。如果后来发现该事实是错误的，而该影响却又不可能再被完全消除，这就对当事人的名誉造成很大的危险。而观点表达的作用则完全不同。虽然观点表达当然也可能对当事人造成损害和伤害，但是可以明确的是，这只是表达者自己的观点，而不可能取得如事实一般的普遍效力。

由于事实报道存在更大的危险性，因此对其应当采取更为严格的控制措施。相应的，媒体对此也负有更为严格的谨慎义务，并且传播错误的事实报道的法律责任也更为严苛。

3. 如何区分事实与意见？在一部作品中，意见与事实往往很难划出一个鲜明的界限，相反"你中有我，我中有你"，使得事实与意见难解难分。比如，新闻评论在表达观点时，事实作为最有杀伤力的论据，被人百用不厌；陈述事实时，也常常裹挟着观点或情绪，"夹枪带棒"以泄心中块垒。从语言习惯上看，主观上要表达一种意见，客观上却可能是在陈述一种事实——常常给人的感觉是这样。反之，词不达意也完全可能。因为陈述意见通常要采用判断的形式，而判断的形成，往往又要以事实的陈述为基础，所以它常常暗含着事实。

事实与意见如此"如胶似漆"，并不意味着司法对此束手无策。经过多年的摸索，能否被证伪，一度被国际上认为判断陈述是意见还是事实的标准。无法证伪的显然就是意见，反之就是事实。

但是舆论和司法后来发现这个标准过于单一，必须综合考察作品的其他内容。这样，奥尔曼标准在 1984 年应运而生。该标准包含有四项内容：①该陈述能否被证实或证伪？②措辞的普通意义或一般意义是什么？③该评论的新闻语境如何？④该评论的社会语境如何？按照这个（语境的）逻辑，即使在专栏文章中说"没有人知道市政厅的资金从哪里来，也没人知道他是怎么开上凯迪拉克的"，法院仍然可能认为不是事实性陈述，而是意见性陈述。

从能否被证伪到联系新闻语境和社会语境，理论的丰富为司法实践提供了具体的指导。

4. 对事实与意见进行相对合理的区分之后，如何全面平衡地保障表达自由，提高新闻公信力？在新闻报道中区分事实与意见，意味着：

（1）必须在评论、推测和事实之间，划分出一条明晰的界线。如果将三者混为一谈，势必让受众雾里看花，影响公众的独立判断。就事实而言，新闻工作者必须对现有信息进行过滤甄别，在确定信息价值与可靠程度后，才向公众发布。所有新闻，不管是硬新闻还是特写新闻，都必须准确。

（2）不把评论、推测作为认定的事实来发表。因为事实是客观的，评论是主观的，而推测更是作者个人的主观判断。在"主题先行"的思路引领下，把主观的思考变为客观的事实描述，甚至篡改事实，违背了新闻的基本操守。

（3）在单纯的新闻报道中，不掺杂记者个人的观点。个人观点不代表媒体立场，在新闻报道中保持中立，不带偏见，是一个记者成长的优秀品质。因此，成熟的记者必须对夹叙夹议保持足够的警惕。

（4）如果要表达记者或媒体的观点或情绪，一定要有所标识，让人一眼就能看出来哪些是客观事实，哪些是个人观点，从而帮助受众独立判断新闻的价值。记者要努力做到公正全面，努力讲述准确而真实的情况，反映实情，而非自己或他人对实情的看法。但不让记者轻易传递观点，并不意味着不让公众说话，相反，要想方设法为公众敞开言路。

29. 公正评论

> 29.1　支持公开的意见交流，兼容并蓄，平衡表达，持论公正，远离偏见。
>
> 29.2　公正评论应当符合以下条件：
>
> （1）评论的事项与公共利益有关；（见"9. 公共利益"）
>
> （2）评论有一定的事实根据，明知或应知事实虚假，不得轻率发表评论；
>
> （3）意见表达出于诚意，以理服人，不得侮辱人格。

【定义与背景】

（一）定义

对于一切进入公共领域的事物，包括公众普遍关注的新闻事件、社会问题、生活现象、思想倾向等，公民都可以自由地、诚实地进行批评或议论。只要持论公允，没有恶意，即便其观点有些偏激或夸张，也不受法律限制。

（二）背景

公正评论是国际诽谤法中仅次于证明真实的又一重要抗辩理由，当新闻媒介面临诽谤指控时，如果能够证明被指控侵权的评论属于公正评论，就可以免责。在西方媒介法理论上，针对评论侵权的指控，一般都可以适用公正评论或者诚实评论抗辩，只要评论是公正或者诚实的，评论者就无需承担侵权责任。而构成公正评论或者诚实评论的条件是：①评论的事项与公共利益有关；②有可靠的事实来源；③立场应当公允；④没有恶意。由于评论本身是一个认识问题，而不同的人认识可能完全不同，对同一个事物，人们有不同的意见和看法是完全正常的。因此，对于评论，即使评论者的观点是偏激的、片面的，不为一般人接受的，只要没有侮辱与诽谤，也当受到法律的保护。

我国《宪法》第35条明确规定，公民享有言论自由权。这其中包括发表意见和评论的自由。然而，由于缺乏相应下位法的具体规定，《宪法》又不能作为法院裁判案件的直接依据，在司法实践中，《宪法》保护言论自由的规定往往难以落实。相反，《宪法》第38条关于人格尊严的规定，则有《民法通则》、《治安管理处罚法》乃至《刑法》等下位法的具体规定与之对应，这就对言论自由形成了限制。因而在言论自由问题上，存在一种强调责任甚于保障权利的局面，事实上形成言论自由被悬置、言论责任却被充分强调的不平衡格局。

鉴于自由表达意见、自由发表评论的重要意义，以及我国在保障自由表达方面存在的问题，因而有必要借鉴法治国家的有益经验，并根据我国国情，确定公正评论的原则，以体现在公民言论和人格权之间，对与社会公益有关的评论予以优先保护的思路。

【典型案例】

案例一：　　　　　中国公正评论第一案：提出三项标准

案例概述：2003 年 7 月，《中国改革》刊出了一组关于国企改制的专题报道，其中涉及广州华侨房屋开发有限公司（以下简称"侨房公司"）改制过程中损害职工利益等内容。8 月 22 日，广州侨房公司向广州市天河区人民法院提起诉讼，要求《中国改革》杂志赔偿经济损失 590 万元。

2004 年 10 月 12 日，广州市天河区人民法院作出一审判决。法院认为：判断一个新闻机构是否由于其不正当行使言论自由的权利而导致侵害公民和法人依法享有的名誉权时，应以其报道的内容是否严重失实、评论是否公正为标准。衡量新闻机构的评论是否公正，应当从其评论的对象是否与社会公共利益有关、评论依据的事实是否真实存在、评论是否出于诚意来考量。据此，广州市天河区人民法院认为：《中国改革》发表的文章，在评论中虽然个别用词略显尖锐激烈，使原告的形象和原告职工的感情受到一定影响，但这些评论仍属于法律所允许的公正评论的范畴。综上，广州市天河区人民法院判决：驳回侨房公司的诉讼请求。[1]

案例二：　　　　　说这"好汉"像"大娘"，没事

案例概述：1998 年 6 月 4 日，《羊城晚报》的新闻周刊上刊登了刘鸿志撰写的"'好汉'与'王大娘'咋就这么像"一文。文章写道：电视剧《水浒传》里的主题曲《好汉歌》，正是自己心里没有阳光，硬要充好汉，把富于诙谐戏谑风格的民俗小调，硬套在 108 位梁山好汉的身上，撒向电视观众心里。如是，大江南北、大河上下、城乡山区、大街小巷都在哼唱，好像 90 年代后期的音乐高潮到了。但谁知那描述仗义行侠、顶天立地、路见不平、拔刀相助、劫富济贫、替天行道的梁山泊英雄的《水浒传》主题曲，正是 1940 年前后，笔者在读小学时就能耳熟背唱的流行全国的《王大娘补缸》调呢？从《好汉歌》的旋律来看，几乎与《王大娘》调完全一样，只是作了某些乐句的加花或压缩，把原曲欢快的民俗小调的 2/4 拍子改成 4/4 拍子，用快速来唱。而《好汉歌》的作者赵季平先生竟把此曲当成自己的作曲。刘鸿志在文章中将《王大娘补缸》和《好汉歌》的曲调排列出来，并写道"以供有识之士参考，到底是'好汉'还是'王大

---

〔1〕 见广东省广州市天河区人民法院民事判决书（2003）天法民一初字第 1832 号。

娘'"。此后6月16日~18日，访报又连续3天刊登相关文章围绕着音乐创作对民间音乐素材的汲取和应用问题展开了讨论，各自陈述了观点。

1998年6月8日，法制日报社主办的《法制文萃报》第4版转载了刘鸿志的这篇文章，并使用了"《水浒传》的主题曲《好汉歌》竟是剽窃之作"的标题。

1998年7月5日，《好汉歌》曲作者赵季平以侵犯名誉权为由将刘鸿志、《羊城晚报》、《法制文萃报》告上法庭，指控"刘鸿志文章的中心意思，即是要向社会披露《好汉歌》曲作者是抄袭了《王大娘补缸》，因而认定《好汉歌》的作者心里没有阳光，构成了对我的人格尊严和音乐创作道德等名誉权的严重侵害"。要求判令刘鸿志、羊城晚报社、法制日报社构成侵权并赔偿精神损失。

北京市朝阳区人民法院一审认为：赵季平为大型电视剧《水浒传》写作主题曲《好汉歌》时，汲取了《王大娘补缸》等民间音乐素材并加以艺术发挥和再创作，是专业作曲中正常的创作手法。刘鸿志撰写的"'好汉'与'王大娘'咋就这么像"一文，提出了《好汉歌》和《王大娘补缸》这一民间小调风格相近的观点。《羊城晚报》刊登了刘鸿志的文章后，又陆续刊登"'好汉'咋就不能像'王大娘'"等不同的文章，此过程是在新闻媒体上所进行的由《好汉歌》的音乐创作问题所引起的学术讨论。因而刘鸿志的文章总体上仍属学术讨论范畴，不构成对赵季平名誉权的侵害。故对原告的诉讼请求，法院不予支持。但应指出学术问题讨论应坚持严谨的学术精神和使用规范的语言。而刘鸿志在文章中使用的言辞过于尖刻，《法制文萃报》在转载时加了"竟是剽窃之作"的标题，对此，均应予以批评。

据此法院判决驳回原告赵季平诉被告刘鸿志、羊城晚报社、法制日报社侵害名誉权之诉讼请求。一审判决后，双方当事人均未提出上诉。[1]

案例三： **"学术讨论"法院不干预，贬损人格判决说侵权**

案例概述： 2003年9月，《艺术评论》杂志创刊号刊登了云南音乐理论家吴学源的文章"'纳西古乐'是什么东西？"。文章对原丽江县申报联合国人类口头与非物质文化遗产的"纳西古乐"进行了学术考证，认为"申遗"所谓的"纳西古乐"，"谎言十分荒唐，完全是对观众的一种欺骗"，是"毫无音乐常识的胡言乱语"，"不仅蒙蔽了广大的国内外观众、新闻媒体，也蒙蔽了许多不同级别的领导、一些社会名流、知名学者"，提出"文化打假势在必行，这样的国际玩笑应该收场了"，因为它"完全是商业炒作行为，甚至是挂羊头，卖狗肉"，并忠告"纳西古乐"的宣传者宣科"切切不可利令智昏，今后的路要走好"。

---

〔1〕 见北京市朝阳区人民法院民事判决书（1998）朝民初字第6217号。

2004 年 3 月，宣科将吴学源和《艺术评论》杂志社起诉到云南省丽江市中级人民法院，指控吴学源"以歪曲事实的方法"，"对原告进行大肆诽谤，大搞人身名誉攻击和对民族文化的攻击"，"将学术问题上升为民族问题，诽谤原告十多年来蒙蔽国内外观众媒体、各级领导、社会名流、外国高层官员等，诽谤当地人民政府对民族文化的保护、利用，是'功利主义、地方保护主义及狭隘的民族主义等'"。指控《艺术评论》"登载了有上述内容的文章，造成有侵权内容文章的扩散，其带来的侵权后果影响非常大，使原告承受着巨大的社会舆论压力，人身和名誉受到了伤害和损失"。要求判令吴学源和《艺术评论》杂志社对原告承担诽谤名誉侵权的责任，向两被告共索赔精神损失费 122.7 万元人民币。

云南省丽江市中级人民法院一审认为，本案中诉争文章内容涉及对"纳西古乐"的评论，属于百花齐放、百家争鸣的学术问题，学者对学术问题的研讨、行使发表评论自由的权利，属正当行为，本院对学术问题不作法律上的裁判。但吴学源在文章中有借评论"纳西古乐"攻击、侮辱原告宣科名誉的内容及言辞。首先，从文章的标题"'纳西古乐'是什么东西?"来看，在将"纳西古乐"界定为"假文化"的前提下，将"纳西古乐"称为"东西"，就具有对原告和"纳西古乐"明显的轻蔑和侮辱的意思。其次，从文章针对原告宣科的内容来看，"谎言十分荒唐，完全是对观众的一种欺骗"、"毫无音乐常识的胡言乱语"、"蒙蔽了广大观众……"等言辞，明显超出学术评论的范畴，是对原告宣科名誉的贬低、损毁，属于贬低、损毁原告名誉的内容，其行为已构成名誉侵权，应承担侵权责任。

原被告分别上诉后，云南省高级人民法院经过审理认为：涉案文章"'纳西古乐'是什么东西?"属学术评论性质，有其合理性。对正常的学术争论，法律不作干预。原审法院确定的法律对学术争论的问题不作评判是正确的。但学术评论和批评应当遵循客观、公正的原则以保证其正当性，即学术评论只应针对学术问题提出不同意见和观点，而不能借学术评论对他人的人格进行攻击和贬损。涉案文章中针对宣科的诸多言辞，明显超出学术评论的范畴，并针对上诉人宣科的人格提出质疑，违背了作为学术争论应遵循的公正评价的原则，丧失了学术评论应有的正当性，已构成对宣科的名誉侵权，应承担侵权赔偿的民事责任。[1]

案例四： **学术批评：即便"上纲上线"也要适度宽容**

案例概述： 2000 年前后，南京大学教授余一中相继发表了"《钢铁是怎样炼成的》是一本好书吗?"、"炼出的'一炉废钢'"、"'大炼《钢铁》'炼出的废品"等文章。在第一篇文章中，余一中认为《钢铁是怎样炼成的》一书不是一

---

〔1〕 见云南省丽江市中级人民法院民事判决书（2004）丽中民一初字第 10 号。

本好书，应当把它送进历史的博物馆。后两篇文章，则主要针对一本名为《钢铁是怎样炼成的》（电视文学剧本，下称《钢铁》）中出现的字词、修辞、语法、体例、标点、地名、人名、称谓等编校错误提出批评。

针对余一中的上述文章，新闻出版报社在 2000 年 6 月 26 日的《新闻出版报》上，刊登了署名钟宜渔的"由批评编校差错所引发的论争"（下称"钟文"）的文章，并配发编者按。"钟文"认为，"余先生指责文学剧本的编校质量是项庄舞剑"，只要综合考察余一中在三篇文章中的一系列评论就可以看出，"其批判编校质量只是一层薄薄的面纱，借题发挥的后面却做着一块更厚重的文章"；这"已不是严肃的学术研究，而是在借题发挥、肆意攻击"；"如果带着政治和自己的狭隘眼光、偏见来评判一部被公认的优秀文学作品，这种批评的用心就值得怀疑"。在配发的编者按中写道："围绕出版《钢铁是怎样炼成的》书籍和改编电视连续剧一事，居然有一场尖锐的思想论争"，"这个论争不是纯学术的，也不是鸡毛蒜皮的小是小非，而是关系到是否坚持中国先进文化前进方向的原则之争"，是一个"大是大非"的问题。余一中认为，《新闻出版报》把纯属学术讨论的问题引到政治上，用虚构的言论诽谤自己，损害了自己在学术界的声誉和形象，并给自己带来了很多的精神痛苦，故请求法院判令被告赔礼道歉，消除影响，赔偿精神损失。

一审法院——南京市鼓楼区人民法院对余一中诉讼请求不予支持，认为：《新闻出版报》社针对余一中的观点，发表了持相反观点的文章并配发编者按，是《新闻出版报》社行使舆论监督的权利，履行新闻机构的职责，应当得到尊重。"钟文"和编者按的措辞虽然较为严厉，但就其发表文章的动机来说，是欢迎读者参与讨论，并无损害对方权利的目的。

二审法院——南京市中级人民法院驳回余一中上诉，维持原判，认为：报纸作为新闻媒介，就他人的文章或观点展开讨论，是办报的一种形式。《新闻出版报》社发表的"钟文"及编者按中，既没有捏造事实对上诉人余一中进行诽谤，也没有侮辱余一中的人格，故不构成对余一中名誉的侵害。余一中的上诉理由，主要是认为"钟文"和编者按表达观点的方式不当。而在有关争论中，争论双方在表达自己的观点时，只要不构成侮辱、诽谤，就不能认定侵犯他人的名誉权并要求其承担民事责任。[1]

案例评析： 将学术论争上升到意识形态领域，甚至"上纲上线"，是否属于公正评论？能否构成"虚构的言论诽谤"？对此，两审法院的逻辑十分清晰：本案没有诽谤，也没有侮辱，仅仅是言辞过激，不构成侵权；只要双方的争论不违

---

[1] 见《最高人民法院公报》2003 年第 2 期。

反法律的禁止性规定，都不应承担法律责任。

首先，本案符合公正评论的特征，依法应当受到保护。在公正评论的构成上，通常包含以下几点：①该评论与公众利益有关；②该评论有一定的事实根据；③该评论是意见性而不是事实性陈述；④评论者主观上没有恶意。对照这4条标准，具体到本案而言，大是大非问题显然与公众利益有关；评论的措辞和指向都来源于被批评的观点和文章，显然不缺乏"一定的事实根据"；除了观点的争鸣以外，文章没有暗含新的事实，显然符合意见性陈述的特征；媒体为了引导公众讨论，仅对观点进行批评，且没有采用侮辱性言辞，显然主观上没有恶意。

其次，被告文章没有诽谤和侮辱。"钟文"和编者按中凡涉及原告余一中之处，均引用余一中评论文章中的原话，不存在捏造事实的情况。"钟文"和编者按中，除对《钢铁是怎样炼成的》一书和同名电视连续剧表达了与原告余一中相反的观点外，并无损害余一中人格或者名誉的言辞。因此，《新闻出版报》社的行为也不构成侮辱。

本案判决赢得舆论界好评的另一个重要原因正在于它泾渭分明，虽然保护公正评论，但没有偏袒公正评论，明确指出，"被告作为新闻机构在今后的工作中，对学术争论的批判应当更加严谨，措辞应当更加谨慎、客观，尽量避免对他人造成不良影响"。这实际上隐含着这样的潜台词：被告文章的措辞，是不尽严谨、客观的，对原告的影响也没有控制在最合理的限度内。对法院的这种委婉批评，作者和媒体不能无动于衷。

的确，我们反对动辄将一种观点、一种言论"上纲上线"，因为那样容易摧毁真正平等的学术研讨。但是，不能矫枉过正，因为讨论方法上将学术问题政治化，就认为构成了名誉侵权。何况，对于一些需要运用政治立场政治观点才能说清的问题，把它上升到意识形态领域来进行讨论，也是必要的。对待学术问题政治化的最好办法，就是通过言论的竞争以理服人，让受众自己来评判谁是谁非。

"对于夸张、不合逻辑、讽刺挖苦、嘲弄奚落甚至是错误百出的评论，如基本事实都可证明它的合理性，便一律受到保护"。这是国际社会对于公正评论的基本态度。[1]

案例五：　　　案例引用事实难证实，评论作者多大责？

案例概述： 2000年第2期《书屋》杂志刊登了肖夏林撰写的"文化中的文化"一文，文章说余秋雨"作深圳文化顾问，为深圳扬名，深圳奉送他一套豪华别墅。文化在这里已是具体的名利"。余秋雨认为这段文字"歪曲了我多年对

---

〔1〕 转引自〔美〕T. 巴顿·卡特等著，黄列译：《大众传播法概要》，中国社会科学出版社1997年版，第47页。

深圳文化和香港文化的整体研究，诬陷我正面评价深圳文化是为了牟取一套豪华别墅。事实上，深圳的任何机构、单位和个人，从未奉送我寸土片瓦。被告的行为已经严重侵害了我的名誉权，诋毁了我的人格"，遂于 2002 年底告到法院，要求判令被告公开道歉，同时赔偿精神损失费 10 万元人民币。

肖夏林辩称，"深圳送别墅"之说，是文化界的盛传，非我蓄意捏造。为此，他还找到了两名证人出庭作证，证明当时文化界确实有好多人都在流传着"深圳送别墅"的信息。同时，他认为，从侵权行为的构成来看，即使文章内容失实，并不必然造成原告名誉损害，因在市场经济社会并不禁止以自己的才学获得回报。原告以其自身的名誉感来代替公众的认知是不妥的。故不同意原告的诉讼请求。

一审法院北京市东城区人民法院驳回原告余秋雨的诉讼请求，认为：受评论性文章的时限性、评论文章作者调查的非强制性等多种因素限制，被告结合原告对深圳文化的褒扬的事实，对当时文化界所传的"深圳送别墅"的信息未产生怀疑而予以使用，此"说法合乎情理"，因而不能认定此部分内容是被告故意凭空捏造、无中生有的；尽管被告文章中"深圳送别墅"的言辞令原告产生不快（可以理解），且被告以此批评原告作深圳文化顾问，为深圳扬名有利益因素，（此与实际）不仅存有极大偏差，也与原告的价值观产生冲突，但利益行为在社会变革、价值取向多元化的今天，在与法不悖的情况下，并未超越时代的主流观念，不会使原告应有的社会评价降低；同时肖夏林作为一名文学评论人员，轻信传言并付诸文字的做法毕竟不够妥当，应提出批评。

二审法院北京市第二中级人民法院维持了一审判决，并指出：肖夏林将"深圳送别墅"作为一个事实来采用，目的是论证"文化在这里已是具体的名利"这一论点，是为不妥，法院在此对肖夏林予以批评。而无论上述传言是真是假，社会公众对余秋雨"作深圳文化顾问，为深圳扬名"与"深圳奉送他一套豪华别墅"的看法和评价，会出现褒贬两种结果，即"这是文化商品化的正常表现"，和"文化行为实际是为牟取经济利益"。因此，肖夏林撰写的文章虽有不妥，并不必然导致余秋雨社会评价的降低，故不构成对余秋雨名誉权的侵害。[1]

案例评析：评论作者要不要对文章引用事实的真实性承担责任？换句话说，一旦无法证实，如何确定侵权责任？看起来，这是一个小问题，却直接关乎公民言论自由的张力。本案依据传言展开评论，其司法价值也正在于此。

传言之所以是传言，就是因为它在辗转流传时，还难以得到白纸黑字的证明，否则，就成了纯粹的有据可查的事实而不是传言了。所以，要求引用者证明传言的内容属实，是不现实的。即便是演艺界流行"潜规则"这些让人心知肚

---

〔1〕 见北京市东城区人民法院民事判决书（2003）东民初字第 1807 号。

明的经验事实，要证明起来，也是谈何容易。但是，传言是不是真在流传，却是引用者必须证明的。否则，就成了引用者的杜撰，发生侵权后果，就免不了要承担责任。从这个角度看，我们判断一则传言是否"有事实根据"，不是要花气力去核查传言的内容是否属实，而是要证明社会上真的存在这则传言。所以，这里的事实根据指的是传言本身确有其事而不是传言的内容毫发不爽。

如果流传的信息，足以让一般人相信是真实的（如联系原告的所作所为等），那么，评论者未经怀疑而引用"合乎情理"；即使由于时限性、调查的非强制性等多种因素限制，采用者无法证明其内容是真实的，但只要他不是凭空捏造、无中生有的，也不构成侵权行为。

具体到本案来说，作为引用者，其责任不在于证明这个传言的内容即"深圳送别墅"是否确有其事，而是要证明这个传言本身有无事实根据，即"文学界的盛传"是否确有其事。如果有，自然就言之有据而不需要承担责任；如果压根就没有这个"盛传"，那引用者主观上的过错是明显的——他很可能就是始作俑者。在这里，需要证伪的是"盛传"的真实性而不是事实本身的真实性。本案被告方的高明和司法的清醒也正在于此：通过找到两名重要的证人出庭证明这个信息确实是在流传的，从而表明被告的引用是"有事实根据"的。在被告能够举证证明坊间确实存在这种传言之后，原告如果拿不出令人信服的反证予以推翻，那么从法律上就无法认定被告明知采用的信息是虚假的而恶意引用，进而需要承担侵权责任。

本案对保护公正评论的最大贡献在于：依据传言展开评论，虽未必完全属实，但只要有根有据，不是无中生有、凭空捏造，就不需要承担侵权责任。但是从两审判决对被告"轻信传言并付诸文字的做法毕竟不够妥当"，并进而"提出批评"的态度中，我们也应该看到，对待传言，任何轻信都是不够妥当的，所以仍然要保持必要的谨慎。从行文技巧上看，如果在文章中直接点明是"文化界的盛传"，留给读者自己去判断，不仅可以轻松地厘清作者的责任，而且丝毫不会削弱文章论证的力度，因为聪明人同样能对这样的措辞心领神会。如果在评论时直接标明是传言，那么判决书中连"批评"的笔墨都可以略去，因为没有任何人会禁止公民对传言进行评论，也没有任何人会要求公民必须对传言一一核实后才能展开评论——果如此，则与限制言论自由没什么两样。

案例六： **可以大胆质疑，切勿轻下断言**

案例概述：2004 年 3 月 20 日～5 月 7 日，原告陈建民在四川省雅安市雨城区碧峰峡开展"挑战人类饥饿极限"活动。雅安市公证处指派 7 名公证员对原告禁食 49 天的挑战活动进行全程监督、公证，并有 47 名证人先后参与见证。公证书证明：活动符合细则规定，"活动结果真实"。

2005 年 1 月，北京科技报社在其所属媒体上发表《2004 年中国十大科技骗局》一文，将原告陈建民禁食 49 天的活动评定为科技骗局。该文评论：原告陈建民禁食 49 天的活动是"绝食秀"；原告陈建民禁食 49 天的活动不光在挑战人类"生理极限"，也在挑战人们的"道德底线"，是明显违反科学常识、混淆百姓理智的商业闹剧，有违公序良俗。并在该文中插配"骗局之一———中医绝食 49 天"的漫画。原告陈建民为此将媒体告上法庭，要求被告赔礼道歉，并赔偿精神损害抚慰金 80 000 元。

四川省泸州市纳溪区人民法院一审认为：骗局是指使用欺诈的语言或虚构事实的手段诱使他人上当而设计的圈套。科技骗局，应指以科技之名，行骗人之实的圈套。设置骗局的人是社会评价低下、缺乏社会公德、有害于社会的人。以非法占有他人财产或损害他人情感为目的而设置骗局的行为，是应受道德谴责、法律制裁的行为。评定自然人、法人和其他组织实施的行为是骗局，应当有确实充分的证据，有严密的合乎逻辑的论证。

原告陈建民的"挑战极限"活动，有生效公证文书证明，没有相反证据证明该活动过程和结果虚假、不真实，其客观真实性应当成立。至于原告陈建民开展的禁食活动，是否符合中医养生学，是否具有科学意义的问题，应当是科学研究的范畴，不是人民法院司法审查的范围。自由评价禁食 49 天"挑战人类饥饿极限"活动，是自然人、法人和其他组织的权利，但权利的行使不得以损害他人的合法权益为前提，更不得以法律所禁止的行为毁损他人人格。尊重自然人、法人和其他组织的名誉权，是诚信善意的媒体经营者应当尽到的注意义务。媒体报道应当客观真实，不得传播侵害自然人、法人和其他组织名誉的事实。这既是媒体职业道德的要求，也是民事法律认定是否侵权的基本标准。被告北京科技报社在没有证据证明原告禁食活动虚假的前提下，对其活动的客观性予以否认，认定其禁食 49 天活动的程序和结果虚假，违背社会伦理道德，并公开在报刊、网络媒体上评定原告禁食 49 天的活动是"2004 中国十大科技骗局"之首。所发表的"2004 年中国十大科技骗局"一文，文章标题直接使用"科技骗局"一词，所指责的对象是明确具体的本案原告。该"骗局"一词是对原告名声和信誉的诋毁；文中使用"有违公序良俗"、"挑战人们道德底线"等词语，贬损原告的人格信誉；文中插配"骗局之一———中医绝食 49 天"的漫画，丑化原告在社会公众中的形象。依照我国宪法、民法对公民人身权保护的规定，应属于法律禁止的行为。判决被告北京科技报社停止对原告陈建民的名誉侵害，消除影响；公开向原告陈建民赔礼道歉；赔偿原告陈建民精神损害抚慰金 10 000 元。

四川省泸州市中级人民法院二审基本赞成这些理由，并认为：一般情况下，人不进食物 7~10 天会死亡，但在特殊情况下或在一定条件下会是什么状态，科学对事物的探索是否穷尽一切，人们的认识是有限的。关于人只有水而无其他食物可生存40天以上，已有法医学研究的书籍记载，因而当以一般的常识难以解释特别的现象时，就不能以常识主观推定特别现象是虚假的。报社应当承担证明陈建民禁食活动不真实的举证责任。因此，报社没有证据，仅以医学常理认定陈建民的禁食活动违反科学，是不真实的理由，不能成立。由于上诉人报社不能举证证明陈建民禁食活动不真实，其对该活动所下的"骗局"的定义缺乏事实根据。上诉人没有事实根据，采用媒体报道的方式，对陈建民人格进行贬低，侵犯了陈建民的人格权利，故判决驳回上诉，维持原判。[1]

案例评析：本案的两审判决逻辑严密、说理透彻。其最突出的价值体现在：一方面，承认自由评论某种活动是否符合科学常识、是否具有科学意义，从科学的角度去分析并提出质疑，"是自然人、法人和其他组织的权利"，属于"科学研究的范畴，不是人民法院司法审查的范围"。另一方面又指出：评论必须以事实为基础和依据，在没有事实依据或者未揭示事实依据的情况下，就断言某种活动是"骗局"，逾越了自由评论的界限，不能援引公正评论原则进行抗辩，而必须证明其关于"骗局"的事实性断言是真实的，否则，就可能承担侵权责任。这样，就既给自由评论留下了很大的"喘息空间"，又在言论自由与新闻侵权之间划出了明确的界限。

审视《北京科技报》的涉诉文章，我们不难看出，该文所传达的中心信息是断言"陈建民禁食49天的活动是一场科技骗局"，正如一审判决所指出的，评定自然人、法人和其他组织实施的行为是骗局，应当有确实充分的事实依据，而《北京科技报》的涉诉文章却恰恰没有揭示这个事实依据是什么。因此，它只能是一种非纯粹的评论，

非纯粹的评论是被当作"事实主张"来处理的，被告不能援引公正评论原则进行抗辩。在诉讼中，法庭可以要求评论者揭示评论中所包含的事实，并证明这种事实是真实的。本案的两审法院，正是遵循这样的原则判决被告承担侵权责任的。如一审法院认定，被告北京科技报社在没有证据证明原告禁食活动虚假的前提下，对其活动的客观性予以否认，认定其禁食49天的活动程序和结果虚假，并公开在报刊、网络媒体上评定原告禁食49天的活动是"2004中国十大科技骗局"之首，构成了对原告名誉权的侵害；二审法院也认定，由于报社不能举证证明陈建民禁食活动不真实，其对该活动所下的"骗局"的定义缺乏事实根据，上诉人可以对陈建民的禁食活动，从科学的角度去分析并提出质疑，但在尚不能证明其虚假的情况下，则不能以"骗局"这一对他人人格的否定评价给陈建民

---

〔1〕 见四川省泸州市溪区人民法院民事判决书（2005）纳溪民初字第410号。

的行为下定义，对陈建民人格进行贬低，侵犯了陈建民的人格权利，应当承担民事责任。

没有事实依据轻下断言逾越了自由评论的界限。具体到本案，报社在上诉时就公然宣称：绝食活动与人在饥饿状态下存活时间的现代科学知识，即众所周知的常识相悖，报社不须举证即可认定陈建民的绝食活动不真实。然而正如二审判决所指出的，该常识只是在一定时代人们根据现有科学知识的普遍认知，一般情况下，人不进食物 7～10 天会死亡，但在特殊情况下或在一定条件下会是什么状态，人们的认识是有限的。关于人只有水而无其他食物可生存 40 天以上，已有法医学研究的书籍记载，因而当以一般的常识难以解释特别的现象时，就不能以常识主观推定特别现象是虚假的。

科学的进步不是靠野蛮的打压和武断的断言来实现的。媒体对待科学问题，可以大胆质疑，但切勿轻下断言。

【依据】

（一）道德依据

《中国新闻工作者职业道德准则》（2009 修订）

第一条　……积极宣传党和政府的重大决策部署，及时传播国内外各领域的信息，满足人民群众日益增长的信息需求，保证人民群众的知情权、参与权、表达权、监督权……

积极反映人民群众的正确意见和呼声，批评侵害人民利益的现象和行为，依法保护人民群众的正当权益。

《中国广播电视编辑记者职业道德准则》（2004）

第六条　真实报道新闻，正确引导舆论，努力传播知识，热情提供服务，不断满足广大人民群众的精神和文化需要。

第十一条　在报道、说明、解释和评论事实时，要全面把握和正确反映社会生活的本质和主流，避免因为报道肤浅、片面而导致公众对事物的判断产生偏差或错误。

（二）政策依据

《中共中央办公厅关于进一步加强和改进舆论监督工作的意见》（2005）

二、舆论监督工作……要客观公正，坚持以理服人，充分考虑实际情况的复杂性，善于听取不同意见，防止主观臆断、感情用事……

（三）法律依据

《中华人民共和国宪法》（2004 修正）

第三十五条　中华人民共和国公民有言论、出版、集会、结社、游行、示威的自由。

第四十一条第一款　中华人民共和国公民对于任何国家机关和国家工作人员，有提出批评和建议的权利；对于任何国家机关和国家工作人员的违法失职行为，有向有关国家机关提出申诉、控告或者检举的权利，但是不得捏造或者歪曲事实进行诬告陷害。

《中华人民共和国消费者权益保护法》（2013 修订）

第十五条第二款　消费者有权检举、控告侵害消费者权益的行为和国家机关及其工作人员在保护消费者权益工作中的违法失职行为，有权对保护消费者权益工作提出批评、建议。

《出版管理条例》（2011 修订）

第二十三条第一款　公民可以依照本条例规定，在出版物上自由表达自己对国家事务、经济和文化事业、社会事务的见解和意愿，自由发表自己从事科学研究、文学艺术创作和其他文化活动的成果。

第二十七条　出版物的内容不真实或者不公正，致使公民、法人或者其他组织的合法权益受到侵害的，其出版单位应当公开更正，消除影响，并依法承担民事责任。

报纸、期刊发表的作品内容不真实或者不公正，致使公民、法人或者其他组织的合法权益受到侵害的，当事人有权要求有关出版单位更正或者答辩，有关出版单位应当在其近期出版的报纸、期刊上予以发表；拒绝发表的，当事人可以向人民法院提起诉讼。

《广播电视管理条例》（1997）

第三十四条　广播电视新闻应当真实、公正。

《最高人民法院关于审理名誉权案件若干问题的解答》（1993）

因撰写、发表批评文章引起的名誉权纠纷，人民法院应根据不同情况处理：

文章反映的问题基本真实，没有侮辱他人人格的内容的，不应认定为侵害他人名誉权。

文章反映的问题虽基本属实，但有侮辱他人人格的内容，使他人名誉受到侵害的，应认定为侵害他人名誉权。

文章的基本内容失实，使他人名誉受到损害的，应认定为侵害他人名誉权。

《最高人民法院关于审理名誉权案件若干问题的解释》（1998）

消费者对生产者、经营者、销售者的产品质量或者服务质量进行批评、评论，不应当认定为侵害他人名誉权。但借机诽谤、诋毁，损害其名誉的，应当认定为侵害名誉权。

新闻单位对生产者、经营者、销售者的产品质量或者服务质量进行批评、评论，内容基本属实，没有侮辱内容的，不应当认定为侵害其名誉权；主要内容失实，损害其名誉的，应当认定为侵害名誉权。

《世界人权宣言》（1948）

第十九条　人人有权享有主张和发表意见的自由；此项权利包括持有主张而不受干涉的自由，和通过任何媒介和不论国界寻求、接受和传递消息和思想的自由。

【编写组观点】

马克思说："发表意见的自由是一切自由中最神圣的，因为它是一切自由的基础。"的确，自由发表意见不仅是保障人性健康发展的内在需求，更是推进民主政治的前提，发现和传播真理的途径。

自由发表"评论"，正是公民和新闻媒介自由表达意见的主要形式。遗憾的是，到目前为止，我国法律中还没有确立公正评论原则。这不仅影响到公民与媒体的意见表达，而且由于缺乏一套调整评论与名誉侵权关系的规范，一旦公民的言论自由与名誉权保护发生冲突，由于无法可依常常让人无所适从。因此，在中国建立公正评论原则具有急迫的现实意义。

在英美诽谤法中，公正评论被定义为"在涉及公共利益事项的情况下，公民诚实地表达其真实观点的权利，而无论相关观点是准确的，还是夸张的或者是存在偏见的"。之所以确立这样一个原则，是基于这样的考虑：任何事物一旦进入社会公共领域，就注定要受到公众的评论。评论总是带有评论者的主观好恶，难免众说纷纭，如果把错的、负面的意见都等同于侵权或予以禁止或反对，那就无异于取消了发表意见的自由。

借鉴这些理论成果，包括2011年3月15日英国司法部公布诽谤法修改草案咨询意见中以"诚实意见"代替公正评论的新动向，结合我国国情，我们认为中国的公正评论应当符合以下几个条件：

1. 评论的事项与公共利益有关。评论"涉及公共利益事项"，这是许多国家适用公正评论抗辩时首先需要证明的问题。由于大众媒体的公共属性，决定了纯粹公民之间的私域话题，不应占有宝贵的公共空间。的确，"公共利益"是一个难以界定的概念，但并非不可把握。比如，一切进入了公众视野、引起了公众的关注的事实特别是"公开传播的新闻事实"，都可以视为与公众利益有关，公民和新闻媒介都有权发表评论，同时，也都应当受到"公正评论"规则的保护。

2. 评论要有一定的事实根据。"虽然公正评论只是发表议论，但是这些议论要有一定的事实根据"。评论所依据的事实应达到何种标准，各国要求并不相同。我国法院在裁判因发表评论引发的侵权案件时，有的要求评论必须依据客观事实，有的仅要求"并非捏造、虚构事实进行评论"即可。

我们认为，有事实根据，就是有事实作为（评论的）根据。这种作为评论根据的事实不能完全等同为客观事实，即内容没有争议的、客观的、真实的事实。就客观事实本身而言，有根据的事实与真正的客观事实之间常常存在着很大的距离。有根据的事实不完全等同于客观事实，甚至也不能完全等同于法律事实——因为引用者本身常常无法掌握能够从法律上证明真实的证据。如果再考虑到经验事实的因素，那么，有根据的事实就只能理解为，采用的事实有一定的根据或者说出处（如报道、亲眼所见等），而作为"根据"的原件本身是否真实、准确、完整，不是采用者能够证明的——这个责任也不应当强加给采用者。

这个结论，在法律上同样是立得住的。《宪法》第41条规定，只要不是"捏造或者歪曲事实进行诬告陷害"，公民有对"任何国家机关和国家工作人员"提出批评和建议的权利。这说明：被告人当时若合理相信评论的依据真实，即使事后证明当初认知有误，也不应据此认定其构成侵权，或据此剥夺公民批评和建议的权利。这与英美诽谤法中的"实际恶意"原则也是相通的。因为不存在"实际上的恶意"的心理状态，其实就是"合理相信真实"。而要求评论依据必须属实，势必导致媒体或公民进行如履薄冰式的"自我审查"，在意见表达上噤若寒蝉，那么有关公共事务的自由讨论将会受到不合理抑制，最终损害公共利益。

当然，如果评论者明知或者有足够的理由知道他人所传播的事实是虚假的，仍然加以传述和评论，那么评论者实际上等同于一个虚假事实的传播者，他就应当为其所传播的事实负责。所以，明知或应知事实虚假时，不得"轻率发表评论"。

3. 意见表达须出于诚意，不对他人进行诽谤或侮辱。通过评论来表达意见必须出于诚意，在表达意见的过程中，捏造事实，借机对他人进行诽谤，当然为法律所不容，为公正评论所不屑。同时，也不能进行恶意的嘲弄和辱骂。因为侮辱性言辞对公共讨论没有任何益处，它既不能促进真实事实的发现，也不能像不同意见那样对公众有所启发。而禁止使用侮辱性言辞，并不会阻碍言论者表达所睹闻的事实以及内心的意见。

"在自由辩论中，错误意见不可避免；如果自由表达要找到赖以生存的呼吸空间，就必须保护错误意见（的表达）"。公正评论所表达的一个重要思想，就是宽容那些偏激的、夸张的然而是一个诚实的合理人所持有的意见。尤其是在网络表达中，对这种偏激、情绪化的表现同样要予以宽容。而网络表达的随意性、多样性，比如公民在个人博客、互联网讨论区上随意写上的几句话，随手贴上的一张图片、一个表情、一个动作，更多的属于意见表达，而非我们通常所说的评论。所以，目前英国有将"公正评论"改为"诚实意见"的趋势，甚至在英国判例中早就出现了"诚实评论"（honest comment）之说。这种扩大抗辩涵盖范围的动向，值得关注。

无论如何，评论者必须出于诚意，而不能表现为恶意的嘲弄和谩骂，这是保护公民人格权利的需要，也是推动公正评论健康发展的要求，为我国司法解释所明确要求。

总而言之，新闻媒体和从业人员，在促进信息自由流动的过程中，必须穷尽一切努力，矢志不渝地追求新闻真实、评论公正。

五、利益冲突

30. 避免利益冲突

30.1 新闻工作者在面临利益冲突时，应当遵循拒绝、回避和公开的原则。

30.2 遇到以下情形应当回避：

（1）与报道对象有夫妻关系、直系血亲关系、三代以内旁系血亲以及近姻亲关系；

（2）与报道对象属素有往来的朋友、同乡、同学、同事、恋人等关系；

（3）与报道对象存在具体的经济、名誉等利益关系。

30.3 不在本媒体上发表有关本单位及员工法律纠纷的报道和评论。

【定义与背景】

（一）定义

利益冲突，是指传媒和新闻工作者在利用新闻资源（如报道、版面、受众等）获取个体利益的过程中，其行为与新闻职业道德之间发生的冲突，如有偿新闻、兼职和社会活动、广告与新闻的混淆、传媒的不正当竞争等。

（二）背景

在如今市场经济形成不同经济主体、普遍出现利益分化的现实背景下，利益冲突也成为威胁中国新闻行业职业伦理道德的一个突出问题。新闻行业利益冲突的典型表现包括新闻敲诈、有偿新闻、红包和车马费、兼职和社会活动、广告与新闻的混淆、传媒的不正当竞争等。利益冲突问题如果处理不好，既直接影响新闻报道的准确性和公正性，还会降低媒体公信力，损害新闻工作者形象，以至于扰乱社会传播秩序。

然而，近年来新闻行业因利益冲突引发的新闻职业伦理问题却愈发突出，而且违法违纪案件形式更加多样，对新闻传播工作产生严重不良影响。以有偿新闻为例，在2012年6月1日中国记协举办的第35期记者大讲堂上，国家新闻出版总署新闻报刊司司长王国庆介绍说，从 2008 年到 2010 年，国家新闻出版总署接到群众举报及查处的新闻报刊违法案件总体呈下降趋势，2008 年共接到举报及查处案件 780 多件，2010 年下降到 380 多件。但是，群众反映的虚假新闻和有偿新闻案件一直呈上升趋势，2009 年共接到群众举报虚假新闻、有偿新闻及新闻敲诈案件 76 件，2010 年上升到 107 件，2011 年为 110 件。[1]

　　利益冲突是新闻工作者在与消息源接触时应尽量避免的现象之一。在西方国家，许多新闻媒体都建立明确的道德准则或行为指南来规避利益冲突所带来的职业伦理问题，禁止记者接受消息来源的任何有价值的东西，限制可能会造成利益冲突的活动。同样的，利益冲突问题在我国也受到越来越多的重视，新闻行业管理部门进一步打击媒体及新闻工作者违法违纪行为，以规范新闻采编秩序，维护社会和谐稳定。

【典型案例】

案例一：　　四川电子报利用自己的版面为自己涉讼案件
鸣不平遭法院罚款

案例概述：1992 年 9 月 13 日，四川《电子报》在其"曝光台"专栏刊登了读者刘某的一封来信，来信对当时正在市场走俏的一款产品的设计原理及有关广告提出质疑。《电子报》社全文刊登了刘某的来信和发表在《湖南广播电视报》上的两则宣传产品的广告，并在其"编者按"和"编后"中称："（这项技术）不是什么创新，而用于此处的确弊多利少"，并称其为吹牛广告。生产商环达公司了解情况后，马上与《电子报》交涉，同时提供了十几份文件和证件，要求挽回影响。1992 年 10 月 18 日，《电子报》以"来函照登"的形式，刊载了环达公司提供的 3 份材料，但随后又于 1993 年 1 月、3 月、5 月 3 次发表文章，其中大部分文章对其继续提出异议。环达公司认为《电子报》前后的行为均侵犯了企业的名誉权，并带来严重后果，即向长沙市中级人民法院递交了民事诉状。

　　1994 年 1 月 8 日，长沙市中级人民法院作出一审判决，判决《电子报》社败诉，向产品所有者赔礼道歉，赔偿名誉损失 7000 元及经济损失 51.3 万元，共计 52 万元。第二天，即 1 月 9 日，《电子报》在其头版头条的位置刊登加黑框的"特大新闻"，其报道称："这一结果是我们欲哭无泪的恶果，同时也是我们不可能咽下去的苦果！……如果《电子报》在众多的铁的事实面前尚且最终败诉的话，简直是对国家法律的嘲弄，对学术的讽刺！……法律是公正无私的，科学是实事求是的，真理是不容歪曲的，正义是不可战胜的。任何不老实的人，都将在法律、科学、真理、正义面前缴械投降！"1 月 16 日，《电子报》又以两个半版

---

〔1〕　数据来源：http://news.ifeng.com/gundong/detail_ 2012_ 06/02/14992211_ 0. shtml.

的篇幅刊登了官司的有关内容，包括报社收集的证据以及对一审判决的质询。

自 1 月 8 日收到一审判决书后，《电子报》社先后在 6 期报纸上刊登了这起官司的相关内容，总篇幅达 8 个版，占该报同期出版全部内容的 11.66%。

面对《电子报》社连篇累牍地对法院一审判决进行谩骂、侮辱的行为，长沙市中级人民法院在沉默了一段时间以后，终于作出反应：对严重干扰和妨害法院工作秩序及案件正常审理的电子报社罚款 2 万元，对该社法定代表人罚款 500 元。据长沙市中级人民法院《罚款决定书》称，是其"不按法定的程序和方式正当行使其诉讼权利，而滥用该报的出版权利及全国公开发行的便利条件，以法律明令禁止的形式，使用影射、蛊惑和煽动性语言，在该报载文公开诽谤司法机关工作人员，干扰司法机关的正常审判活动，情节恶劣"[1]。

案例评析：法院曾明文通知电子报社，在诉讼期间不能刊登任何有关涉诉产品的文章，显然法院警告并没有引起报社的重视。法院认为，《电子报》的行为已构成严重妨害民事诉讼行为。依据当时的《民事诉讼法》第 102 条第 1 款第 4 项、第 2 款有关规定，即诉讼参与人或者其他人对司法工作人员进行侮辱、诽谤、诬陷的，人民法院可以对其主要负责人或者直接责任人员予以罚款。当时这条规定对单位的罚款最高不超过 3 万元。我国法院首次对新闻机构动用这一罚款权就靠近上限，不能不说十分严厉。长沙中院副院长黄国保曾对记者表示，电子报社不服一审判决，完全可以按正常诉讼程序行使诉权，但电子报社无视法院的警告，无视法律的规定，把法律赋予新闻媒体的权利当作自己的便利，并且一再使用法律明令禁止的形式，无异于写"大字报"[2]。

案例二： 　　　　《新快报》头版呼吁"请放人"

案例概述：2013 年 10 月 22 日 19 时 25 分，长沙市公安局在其官方微博"长沙警事"公布，《新快报》记者陈某（陈永洲）因涉嫌损害商业信誉罪，已于当日被长沙警方依法刑事拘留。第二天（23 日），《新快报》在头版刊登"请放人"三个大字，并发表声明称"敝报虽小，穷骨头，还是有那么两根的"；第三天（24 日），《新快报》再度在头版要求放人。（如下图）

〔1〕 徐迅："电子报社在诉讼期间被法院罚款记实"，载《新闻记者》1994 年第 5 期。
〔2〕 徐迅："电子报社在诉讼期间被法院罚款记实"，载《新闻记者》1994 年第 5 期。

图：《新快报》2013年10月23日、24日头版

　　10月23日晚，新浪微博认证为《新快报》要闻主编的"边城蝴蝶梦"在微博上贴出文章，描述陈妻及各同事眼中的陈永洲，称其勤奋努力、谦逊节俭等。10月26日，陈永洲在央视《朝闻天下》栏目中面对镜头，称"这些文章都不是我写的，原稿是他们提供给我，弄来以后我弄好了交给他们，他们拿去发表。……"陈在镜头中承认收受中间人酬劳50万元。"我愿意认罪，也愿意悔罪，对在事件中造成损伤的比如说中联重科……比如说整个新闻行业的这种公信力，比如说我的家人，对于他们所受到的创伤我愿意真诚地道歉，对于中联的股民来说，如果我的稿件造成了他们股价的市值波动，我也愿意道歉"。目前，陈永洲已被法院判决有期徒刑16个月。而《新快报》也于2013年就此事发表声明称："本报记者陈永洲受人指使收人钱财发表大量失实报道，严重违反了《中国新闻工作者职业道德准则》和新闻真实性原则，报社对稿件的审核把关不严。事发后报纸采取的不当做法，严重损害了媒体的公信力，特此向社会各界致以深深的歉意。"广东省新闻出版广电局于2013年10月31日作出查处决定，给予《新快报》记者陈永洲吊销新闻记者证的行政处罚，责成羊城晚报报业集团对《新快报》社进行全面整顿。建议追究《新快报》社相关人员责任，立即调整《新快报》社领导班子。羊城晚报报业集团于11月1日宣布免去《新快报》社长、总编辑李宜航和副社长马东瑾的职务。

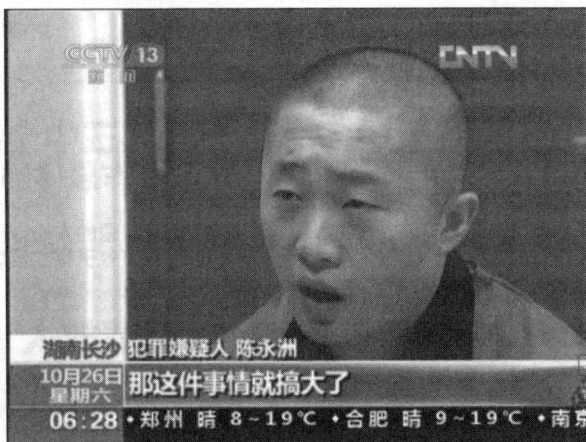

图：央视新闻画面截屏

案例评析：《新快报》在其头版呼吁释放自己涉嫌犯罪被刑事拘留的记者，引来大量关注。媒体以自己的版面替自己的记者打抱不平，最终又迅速道歉的尴尬，其影响甚至超过了陈永洲收受 50 万元一事。在陈永洲尚未定案的时候，报社领导层就已遭免职，说明不论记者是否被冤枉，利用本媒体喊冤叫屈均有所不妥。

根据徐迅"媒体报道案件的自律规则"（载《新闻记者》2004 第 1 期）中的观点，媒体不应在自己的媒体上发表自己涉诉的报道和评论。当媒体涉诉时，该新闻机构及其记者是诉讼当事人，而不是客观中立的观察者。运用新闻机构的话语优势为自己的官司"助阵"导致诉讼双方的信息和观点披露不对称，破坏公平原则。而新闻单位一直强调新闻媒体是为人民服务、为公共利益服务的，用媒体便利替自己打官司，却成了为自己服务。如果可以为媒体自己留下一点空间，只应是因为犯下某种误导公众的错误而向公众做出道歉，而不是以宝贵的版面或播出时段为自己喊冤叫屈。当然，作为诉讼事件当事人，涉案的新闻单位也有权利像其他新闻事件的当事人一样，接受其他媒体的相关采访，或在其他媒体上发表相关评论。

【依据】

（一）道德依据

《中国新闻工作者职业道德准则》（2009 修订）

第四条 ……坚决反对和抵制各种有偿新闻和有偿不闻行为，不利用职业之便谋取不正当利益，不利用新闻报道发泄私愤，不以任何名义索取、接受采访报道对象或利害关系人的财物或其他利益，不向采访报道对象提出工作以外的要求……

【编写组观点】

对于传媒和新闻工作者来说，新闻资源本身就意味着利益。一方面，传媒需要挖掘新闻资源，开发新闻资源，利用新闻资源来维持传媒的运转和赢利；另一方面，新闻资源又是一种社会资源，传媒之所以能够拥有这种资源，在于它承载了传递信息的社会责任，而以正当合法的手段获取信息、坚持正确的导向等是这种社会责任的具体体现。这两方面应该并行不悖，甚至是相互依存。一般说来，充分发挥新闻资源作为社会资源应有的社会价值和影响，有助于树立传媒和新闻工作者良好的公众形象，提高传媒公信力，这些都有利于传媒的发展和赢利。但是，现实情况是，有些传媒和新闻工作者只是单纯地将新闻资源看作利益，而忽视了在获取以及利用新闻资源的同时还应该承载的社会责任。这使得利益冲突构成了新闻职业伦理与职业道德的一个重要范畴。因此，处理利益冲突问题时，应采取拒绝、回避和公开的原则，即拒绝接受可能诱发新闻职业道德问题的利益；若无法拒绝，应尽可能避免与这些利益发生关联；若无法回避，则应在报道中公开表明这种利益关联。

31. 相关刑罚风险

31.1 严重的利益冲突可能导致追究刑事责任。

31.2.1 新闻工作者利用职务上的便利，索取他人（主要是被报道对象及其他利害关系人）财物，或收受他人财物，并以有偿新闻或有偿不闻等方式为他人谋取利益，数额较大的，将面临受贿罪的指控。

31.2.2 新闻单位索取、非法收受他人财物，为他人谋取利益的，一旦构成单位受贿罪，不仅单位可能被判处罚金，而且其直接负责的主管人员和其他直接责任人员都将面临刑事制裁。

31.2.3 新闻单位或新闻工作者恶意造假，损害他人商誉的，将面临损害他人商业信誉罪、损害他人商品声誉罪的指控。

31.2.4 新闻工作者以暴力、威胁等手段，强迫他人进行交易如交纳广告费、发行费、赞助费等，情节严重的，将面临强迫交易罪的指控。

31.2.5 借新闻单位或新闻工作者名义，向被报道对象等敲诈勒索财物，数额较大或次数较多的，将面临敲诈勒索罪的指控。

【定义与背景】

（一）定义

所谓利益冲突中的刑罚风险，是指媒体及其从业人员在面临利益冲突时，要谨慎选择，一旦逾越法律的底线且情节严重，需要面对的不只是伦理的考问和行业的处罚，还包括最严厉的刑事法律的制裁。

（二）背景

传媒整体利益与新闻从业人员个人利益并不总是一致。在利益多元化的时代，媒体及其从业人员面临的利益冲突也非常复杂。当媒体职员行为现实地或潜在地损害媒体的利益，或者某一个媒体的行为现实地或潜在地损害整个传媒的公信力时，单纯的道德谴责、行业处罚甚至民事制裁，都不足以起到杀一儆百的效果。这时，就不得不动用最为威严的刑罚手段，以儆效尤。事实上，在我国已经判决了多起记者、编辑等新闻从业人员因为有偿新闻、有偿不闻等而受贿、损害商品声誉、强迫交易、敲诈勒索等犯罪案件，并分别予以刑事制裁。前车之覆，后车之鉴。作为新闻媒体及其从业人员，必须时刻谨记：法律的高压线尤其是刑罚的高压线，绝对不能冲撞。否则，失去的不仅是个人的自由和幸福，对所在媒体乃至整个传媒的形象，都将是无以复加的戕害。

【典型案例】

案例一： 　　　　　　　　**用曝光相要挟，站长被判受贿罪**

案例概述： 2005 年 12 月 3 日 16 时许，《中国工业报》河南记者站原站长陈某利用其站长的身份，以曝光光山县建设局违规发证为由，向该局委托处理相关事宜的罗某称：如欲撤回稿件需要 2 万元打点关系。2005 年 12 月 4 日，陈某在郑州一咖啡厅收受罗某交付的 2 万元后，被闻讯赶来的河南省新闻出版局工作人员当场抓获。

2006 年 3 月 30 日，金水区人民检察院以被告人陈某犯受贿罪向金水区人民法院提起公诉。据悉，这是河南省 2005 年开展新闻打假专项活动以来第一个被查处的案件。

金水区人民法院认为，被告人陈某身为国家机关工作人员，利用职务上的便利索取他人财物，其行为已构成受贿罪。公诉机关指控被告人陈某犯罪的罪名成立。被告人陈某有索贿情节，应从重处罚。被告人陈某犯罪行为系未遂且能自愿认罪，认罪态度较好，可以从轻处罚。根据被告人的犯罪情节和悔罪表现，适用缓刑确实不致再危害社会，故判决其有期徒刑 1 年，缓刑 2 年。[1]

案例二： 　　　　　　**非法设立记者站疯狂敛财，真假记者**
　　　　　　　　　　　　均获敲诈勒索罪

案例概述： 2011 年 7 月 ~ 2013 年 1 月期间，《购物导报》记者李德勇在江苏

---

〔1〕 来源：http://www.cctv.com/news/law/20060518/102251.shtml.

省连云港市非法设立记者站。期间，李德勇伙同王利平等另外5人，通过从互联网、电视新闻上收集有关政府、企业违规拆迁、占地以及环境污染等负面信息，或是根据群众举报的相关违法线索，先后在江苏、山东、浙江等地，利用《购物导报》记者身份或冒用《南华时刊》、《中国新农村月刊》、"中国产业经济信息网"等新闻机构记者身份，到开发区问"征地手续"，到企业问"环境保护"，到乡政府问"农民负担"。以负面曝光相要挟，单独或者共同实施敲诈勒索作案十余起，勒索相关单位财物合计人民币9.76万余元。其中李德勇参与实施8起，勒索财物32 850元；王利平参与实施6起，勒索财物55 000元；李鸣参与实施4起，勒索财物26 000元；刘鹏程参与实施5起，勒索财物17 050元；李金龙参与实施4起，勒索财物10 900元；李配银参与实施5起，勒索财物8810元。

检方认为被告人采取以发表负面报道相要挟的手段，勒索他人财物，其行为均触犯了《中华人民共和国刑法》第274条的规定，犯罪事实清楚，证据确实充分，应当以敲诈勒索罪追究其刑事责任。检方同时指控，被告人李德勇、王利平、李鸣、刘鹏程、李金龙、李配银共同实施的部分行为构成共同犯罪。

法院经审理后认为，李德勇等6人利用记者或者虚假的新闻单位采编等身份，采取以发表负面报道相要挟的手段，勒索他人财物，其行为均构成敲诈勒索罪，且6人分别共同实施的部分行为构成共同犯罪，依法应追究6人的刑事责任。公诉机关指控事实清楚，证据确实充分，指控的罪名正确。法院一审判处李德勇有期徒刑3年并处罚金人民币2万元，其余5人分别被判处有期徒刑9个月~3年的刑罚，并处4000元~2万元的罚金。

国家新闻出版广电总局（新出厅字〔2013〕170号）发布关于《购物导报》等报纸违法案件处理情况的通报：单位及记者的违法行为，不仅严重侵害基层单位和群众利益，也败坏了新闻记者的良好社会形象，损害了新闻单位的公信力。希望全国新闻单位和记者引以为戒，吸取教训。[1]

案例三：　想"封口"请掏广告费，强迫交易记者被判刑
（强迫交易罪）

案例概述： 2008年7月14日，河北省张家口市蔚县李家洼煤矿新井发生特别重大炸药燃烧事故。经认定，这是一起非法盗采国家资源、造成重大人员伤亡、恶意瞒报的责任事故。事故发生后，有多家媒体工作人员前往采访，为隐瞒事故，由县委县政府个别领导指使，矿主出钱向部分人员支付了"封口费"后

---

〔1〕　资料来源：国家新闻出版广电总局 http://www.gapp.gov.cn/news/1663/150554.shtml；《购物导报》记者李德勇敲诈勒索案一审被判刑3年"，载新华网 http://news.xinhuanet.com/2013－11/09/c_118073113.htm.

有6家媒体及8名从业人员被判刑。

2009年3月27日河北省康保县检察院以涉嫌强迫交易罪将关键起诉至康保县法院。起诉书称，2008年7月16日，《网络报》社驻山西省大同市工作人员冯虎、许俊刚，通过线人得知"7·14矿难"信息，他们遂将矿难材料告知报社负责人。随后，《网络报》总编任鹏宇安排该报首席记者关键赴蔚县采访矿难情况。

2008年7月20日左右，关键与冯虎、许俊刚赶到事故煤矿进行采访，取得了"7·14矿难"确已发生的相关录像等证据，此后他们试图就矿难采访张家口市国土局、煤炭局未果。在接下来的两天里，关键写好了有关"7·14矿难"的报道，并通过网络传回《网络报》社。同时，他电话告知任鹏宇，自己第二天将去张家口，让报社将编辑好的矿难稿件报样直接传到张家口市，任鹏宇当即告诉关键，将马上安排编辑此稿。

起诉书记载，2008年7月24日下午，关键将矿难报样及核稿函交给张家口市委宣传部副部长常毅峰。常在看过报样后表示，"7·14矿难"还没有调查清楚，等调查清楚后再与报社联系。关键则称，关于矿难稿件报社已走了程序，"是否刊发，我说了不算"。

此后，蔚县主管煤炭工作的副县长王凤忠从常毅峰处看到了报样，要求常毅峰"不管采取什么手段，把这事压了"。《财经》记者获知，王凤忠事后已被有关部门调查，他是该矿难瞒报过程的主要决策者和执行者。

随后，常毅峰与关键联系，问其能不能暂缓报道。关键表示，自己作不了主。常毅峰于是与《网络报》总编任鹏宇取得联系。任鹏宇回复，可以暂缓报道，但具体事项要与关键协商。常毅峰再与关键联系，关键表示，"既然总编同意暂缓报道，我也没意见，但要花54万元在《网络报》上做3个版面的广告"。后经双方讨价还价后商定，蔚县方面做价值25万元的2个版面广告，并订阅价值3万元报纸，作为《网络报》暂不报道矿难的交换条件。

2008年8月1日，常毅峰等人来到位于北京的《网络报》社，他在见到关键后提出要见任鹏宇，关键则表示自己就可以办这件事。常毅峰遂将25万元钱交给关键，并索要发票。关键表示会计不在，发票只能以后再开。

做完这一切后，关键取出一盘录像，扯断带子以后交给常毅峰。据他供述，这就是录有"7·14矿难"资料的录像带。从《网络报》社出来后，常毅峰当着同行者的面将录像带扔到垃圾箱里。此后，常毅峰和关键再无联系。

起诉书称，随着国务院调查组对"7·14矿难"展开调查，这起瞒报事件真相渐显。在这种情况下，关键急忙给常毅峰打电话，让常毅峰赶快做两个版面的蔚县宣传广告。常毅峰随后将此事交由下属承办，《网络报》在2008年9月25日和10月9日分两次刊出两个版的蔚县文化旅游广告。

在瞒报事件暴露后不久，常毅峰即受到调查，原因是涉嫌在瞒报矿难过程给相关媒体记者发放"封口费"，同时还收受贿赂。常毅峰很快供出了收受"封口费"的媒体记者名单，关键正在其中。

张家口警方旋即对关键展开调查，并于2008年12月1日将其从山西太原带走。第二天，警方以涉嫌非国家工作人员受贿罪，将关键刑事拘留。

2009年1月7日，张家口市检察院批准逮捕关键，罪名更改为涉嫌"强迫交易罪"。2009年3月7日，警方将关键案向张家口市检察院移送审查起诉。两天后，张家口市检察院指定此案由康保县检察院管辖。

康保县检察院在起诉书中称，"关键利用自己掌握的'7·14矿难'资料作筹码，以向社会报道'7·14矿难'真相为要挟，以精神强制为手段给蔚县方面施加压力，迫使蔚县方面拿出25万元'封口费'进行了非法交易"，"应当以强迫交易罪追究其刑事责任"。

另据起诉书显示，《网络报》社总编任鹏宇已将赃款退回，康保县检察院还取得了相关证据，证明《网络报》社其他人员近年来与张家口市各县区单位曾进行过强迫交易。[1]

案例四：　"砸空调"闹剧一场，原来有记者帮忙
（损害商品声誉罪）

案例概述：2001年冬季，陈恩等3人数次组织、实施采用砸毁空调方法，故意捏造、散布双菱空调质量低劣的事实，在巨额索赔无望情况下，借质量问题对双菱公司施加压力。

2001年12月28日和2002年1月14日，被告人《南京晨报》记者钱广如先后两次在江苏省南京市的报纸上刊登两篇新闻报道，宣传双菱空调存在批量质量问题，并收受陈恩等人给予的人民币4000元。在两次报道后，报社领导通知钱广如不得再继续报道，但钱广如在得知陈恩等人准备砸空调后，又专程赶至陈恩等人在南京的住宿地，承诺由其通知新闻媒体到场采访报道，并先后又索取了8000元人民币。在2002年3月14日和5月13日南京的两次砸空调事件中，钱广如策划了诋毁双菱空调的宣传标语、提议让路过群众砸毁空调、确定了砸空调地点、联系新闻媒体予以报道等。

该批双菱空调经上海市产品质量监督检验所、国家日用电器质量监督检验中心抽验检验，符合国家标准要求。由于三次砸空调事件由媒体报道以后，双菱空调声誉受到损害，被用户无故退货，双菱空调的经销商被迫终止、变更销售合同并退回空调，造成双菱公司直接损失价值人民币57.7万余元。

---

〔1〕 资料来源：http://www.bosshr.com/shownews_22801.html.

上海市奉贤区人民法院审理认为：被告人钱广如在已经得知其两篇报道有失公正的情况下，为贪图个人利益，反而勾结陈恩等被告人，共同策划了两起砸空调事件，并积极通知新闻媒体采访，扩大砸空调事件的社会影响，损毁他人商品声誉，其与陈恩等人已经构成共同犯罪。遂依法以损害商品声誉罪单处其罚金 3 万元。二审法院维持原判。[1]

案例五：　　　　站长犯 5 罪，领刑 20 年
（数罪并罚）

案例概述： 唐克林，原四川工人日报社遂宁记者站站长，2007 年 6 月 21 日因涉嫌敲诈勒索罪被刑事拘留。同年 10 月 10 日，大英县人民检察院指控被告人唐克林犯贪污罪、受贿罪、挪用公款罪、敲诈勒索罪、虚报注册资本罪向大英县人民法院提起公诉。11 月 7 日，大英县人民法院公开开庭审理了此案。

经审理查明，唐克林有如下犯罪事实：

贪污罪：唐克林于 2003 年 1 月 17 日~2006 年 6 月 5 日期间，以四川工人日报社遂宁记者站的名义，违反四川工人日报社管理规定，擅自使用《四川省非经营性结算统一收据》先后到遂宁市辖区内 16 家单位部门以宣传费和办公补助的名义共收取 103.4 万元，未交回四川工人日报社财务入账，而是将此款以付劳务、杂支等名义陆续取出，用于个人购买高档轿车、包养情妇等。

受贿罪：2004 年 11 月~2007 年 6 月，唐克林利用四川工人日报社遂宁记者站站长的职务之便，以为有关单位做过宣传报道等理由先后到遂宁市辖区内 8 家单位索要财物共计 28.2635 万元，将其占为己有。

挪用公款罪：2006 年 3 月 5 日，唐克林以四川工人日报社遂宁记者站的名义，使用加盖有"四川工人日报社遂宁记者站财务专用章"的《四川省非经营性结算统一收据》到遂宁市某局收取宣传费人民币 3.6 万元供个人使用。同年 8 月，唐克林到四川工人日报社开具了该笔宣传费的正式发票，该社广告部多次询问，唐克林均以还没有收到此款为借口拒不上交，至案发时仍未将该宣传费交回报社财务入账，个人将其耗用。

敲诈勒索罪：2004 年夏季，遂宁市内某乡镇发生一起医疗事故。唐克林对此次事故作了报道，后唐克林以要邀请其他媒体的记者对这件事作跟踪报道为由，向该县领导进行要挟，逼迫该县给其解决宣传费 6 万元。2005 年 1 月，唐将此款收到后据为己有。

虚报注册资本罪：2005 年初，唐克林联系到一项修建工程，于是邀王某某合作修建该工程，因修建该工程需要具有三级资质，注册资本为 800 万元的建筑

---

〔1〕 资料来源：http://www.chinacourt.org/html/article/200309/26/82731.shtml.

公司，二人商议成立四川林国建设有限公司，因二人均无钱注册公司，于是由唐克林找其朋友曾某联系成都某投资担保有限公司办理工商登记，唐克林与该公司签订了工商代理协议。该公司的邬某某找到王某某垫资注册资本 800 万元，为四川林国建设有限公司进行了工商登记，获取了营业执照，并将其垫资的 800 万元取出，后将印章及四川林国建设有限公司营业执照交邬某某，再由邬某某交给了唐克林，唐克林支付了该投资担保有限公司代理费用 6 万元，王某某还花费 7 万元为四川林国建设有限公司购买了三级企业资质证。

法院以被告人唐克林犯贪污罪，判处有期徒刑 13 年，剥夺政治权利 3 年，并处没收财产 30 万元；犯受贿罪，判处有期徒刑 12 年，并处没收财产 10 万元；犯挪用公款罪，判处有期徒刑 3 年；犯敲诈勒索罪，判处有期徒刑 4 年；犯虚报注册资本罪，判处有期徒刑 1 年，并处罚金 20 万元。决定执行有期徒刑 20 年，剥夺政治权利 3 年，并处没收财产 40 万元，并处罚金 20 万元。对被告人唐克林违法所得的财物予以追缴。

唐克林上诉后，遂宁市中级人民法院驳回上诉，维持原判。[1]

【依据】

（一）道德依据

《中国新闻工作者职业道德准则》（2009 修订）第 4 条。详见《守则》"30. 避免利益冲突"道德依据部分。

（二）政策依据

**《中共中央宣传部、新闻出版署关于加强新闻队伍职业道德建设、
禁止"有偿新闻"的通知》（1993）**

二、根据中共中央办公厅、国务院办公厅《关于严禁党政机关及其工作人员在公务活动中接受和赠送礼金、有价证券的通知》精神，新闻单位和新闻工作者不得接受被采访或被报道者以任何名义给的礼金和有价证券，不得向被采访或被报道者索要钱物；各单位不得以任何名义向新闻单位和新闻工作者赠送礼金和有价证券，也不得以任何名义向新闻单位和新闻工作者赠送礼金和有价证券，也不得以重奖办法吸引新闻工作者到本地区、本单位采访报道。

三、新闻与广告必须严格分开，不得以新闻报道的形式为被报道单位做广告。凡属新闻报道，新闻单位不得向被报道者收取任何费用；凡收取费用而刊播的，应标明为"广告"。

四、新闻报道与经营活动必须严格分开。记者、编辑不得从事广告业务，从中牟利。

---

〔1〕 资料来源：http://www.suiningwang.com/thread - 18975 - 1 - 1.html.

(三) 法律依据

《中华人民共和国刑法》(2011修订)

关于受贿犯罪的规定:

第三百八十五条 国家工作人员利用职务上的便利,索取他人财物的,或者非法收受他人财物,为他人谋取利益的,是受贿罪。

国家工作人员在经济往来中,违反国家规定,收受各种名义的回扣、手续费,归个人所有的,以受贿论处。

第三百八十六条 对犯受贿罪的,根据受贿所得数额及情节,依照本法第三百八十三条的规定处罚。索贿的从重处罚。

第三百八十七条 国家机关、国有公司、企业、事业单位、人民团体,索取、非法收受他人财物,为他人谋取利益,情节严重的,对单位判处罚金,并对其直接负责的主管人员和其他直接责任人员,处五年以下有期徒刑或者拘役。

前款所列单位,在经济往来中,在帐外暗中收受各种名义的回扣、手续费的,以受贿论,依照前款的规定处罚。

第三百八十八条 国家工作人员利用本人职权或者地位形成的便利条件,通过其他国家工作人员职务上的行为,为请托人谋取不正当利益,索取请托人财物或者收受请托人财物的,以受贿论处。

第三百八十八条之一 国家工作人员的近亲属或者其他与该国家工作人员关系密切的人,通过该国家工作人员职务上的行为,或者利用该国家工作人员职权或者地位形成的便利条件,通过其他国家工作人员职务上的行为,为请托人谋取不正当利益,索取请托人财物或者收受请托人财物,数额较大或者有其他较重情节的,处3年以下有期徒刑或者拘役,并处罚金;数额巨大或者有其他严重情节的,处3年以上7年以下有期徒刑,并处罚金;数额特别巨大或者有其他特别严重情节的,处7年以上有期徒刑,并处罚金或者没收财产。

离职的国家工作人员或者其近亲属以及其他与其关系密切的人,利用该离职的国家工作人员原职权或者地位形成的便利条件实施前款行为的,依照前款的规定定罪处罚。

第一百六十三条 公司、企业或者其他单位的工作人员利用职务上的便利,索取他人财物或者非法收受他人财物,为他人谋取利益,数额较大的,处5年以下有期徒刑或者拘役;数额巨大的,处5年以上有期徒刑,可以并处没收财产。

公司、企业或者其他单位的工作人员在经济往来中,利用职务上的便利,违反国家规定,收受各种名义的回扣、手续费,归个人所有的,依照前款的规定处罚。

国有公司、企业或者其他国有单位中从事公务的人员和国有公司、企业或者

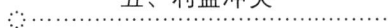

其他国有单位委派到非国有公司、企业以及其他单位从事公务的人员有前两款行为的，依照本法第 385 条、第 386 条的规定定罪处罚。

第九十三条 本法所称国家工作人员，是指国家机关中从事公务的人员。

国有公司、企业、事业单位、人民团体中从事公务的人员和国家机关、国有公司、企业、事业单位委派到非国有公司、企业、事业单位、社会团体从事公务的人员，以及其他依照法律从事公务的人员，以国家工作人员论。

关于扰乱市场秩序罪的规定：

第二百二十一条 捏造并散布虚伪事实，损害他人的商业信誉、商品声誉，给他人造成重大损失或者有其他严重情节的，处 2 年以下有期徒刑或者拘役，并处或者单处罚金。

第二百二十六条 以暴力、威胁手段，实施下列行为之一，情节严重的，处 3 年以下有期徒刑或者拘役，并处或者单处罚金；情节特别严重的，处 3 年以上 7 年以下有期徒刑，并处罚金：

（一）强买强卖商品的；

（二）强迫他人提供或者接受服务的；

（三）强迫他人参与或者退出投标、拍卖的；

（四）强迫他人转让或者收购公司、企业的股份、债券或者其他资产的；

（五）强迫他人参与或者退出特定的经营活动的。

关于侵犯财产罪的规定：

第二百七十四条 敲诈勒索公私财物，数额较大或者多次敲诈勒索的，处 3 年以下有期徒刑、拘役或者管制，并处或者单处罚金；数额巨大或者有其他严重情节的，处 3 年以上 10 年以下有期徒刑，并处罚金；数额特别巨大或者有其他特别严重情节的，处 10 年以上有期徒刑，并处罚金。

《关于人民检察院直接受理立案侦查案件立案标准的规定（试行）》（1999）

一、贪污贿赂犯罪案件

……

（三）受贿案（第 385 条，第 386 条，第 388 条，第 163 条第 3 款，第 184 条第 2 款）

受贿罪是指国家工作人员利用职务上的便利，索取他人财物的，或者非法收受他人财物，为他人谋取利益的行为。

"利用职务上的便利"，是指利用本人职务范围内的权力，即自己职务上主管、负责或者承办某项公共事务的职权及其所形成的便利条件。

索取他人财物的，不论是否"为他人谋取利益"，均可构成受贿罪。非法收受他人财物的，必须同时具备"为他人谋取利益"的条件，才能构成受贿罪。但是为他人谋取的利益是否正当，为他人谋取的利益是否实现，不影响受贿罪的认定。

国家工作人员在经济往来中，违反国家规定，收受各种名义的回扣、手续费，归个人所有的，以受贿罪追究刑事责任。……

国家工作人员利用本人职权或者地位形成的便利条件，通过其他国家工作人员职务上的行为，为请托人谋取不正当利益，索取请托人财物或者收受请托人财物的，以受贿罪追究刑事责任。

涉嫌下列情形之一的，应予立案：

1. 个人受贿数额在5000元以上的；

2. 个人受贿数额不满5000元，但具有下列情形之一的：

（1）因受贿行为而使国家或者社会利益遭受重大损失的；

（2）故意刁难、要挟有关单位、个人，造成恶劣影响的；

（3）强行索取财物的。

（四）单位受贿案（第387条）

单位受贿罪是指国家机关、国有公司、企业、事业单位、人民团体，索取、非法收受他人财物，为他人谋取利益，情节严重的行为。

索取他人财物或者非法收受他人财物，必须同时具备为他人谋取利益的条件，且是情节严重的行为，才能构成单位受贿罪。

国家机关、国有公司、企业、事业单位、人民团体，在经济往来中，在账外暗中收受各种名义的回扣、手续费的，以单位受贿罪追究刑事责任。

涉嫌下列情形之一的，应予立案：

1. 单位受贿数额在10万元以上的；

2. 单位受贿数额不满10万元，但具有下列情形之一的：

（1）故意刁难、要挟有关单位、个人，造成恶劣影响的；

（2）强行索取财物的；

（3）致使国家或者社会利益遭受重大损失的。

《最高人民检察院、公安部关于公安机关管辖的刑事案件立案追诉标准的规定（二）》（2010）

第十条　［非国家工作人员受贿案（刑法第163条）］公司、企业或者其他单位的工作人员利用职务上的便利，索取他人财物或者非法收受他人财物，为他人谋取利益，或者在经济往来中，利用职务上的便利，违反国家规定，收受各种名义的回扣、手续费，归个人所有，数额在5000元以上的，应予立案追诉。

第七十四条　［损害商业信誉、商品声誉案（刑法第221条）］捏造并散布虚伪事实，损害他人的商业信誉、商品声誉，涉嫌下列情形之一的，应予立案追诉：

（一）给他人造成直接经济损失数额在 50 万元以上的：

（二）虽未达到上述数额标准，但具有下列情形之一的：

1. 利用互联网或者其他媒体公开损害他人商业信誉、商品声誉的：

2. 造成公司、企业等单位停业、停产 6 个月以上，或者破产的。

（三）其他给他人造成重大损失或者有其他严重情节的情形。

《最高人民法院、最高人民检察院关于办理敲诈勒索刑事案件适用法律若干问题的解释》（2013）

第一条 敲诈勒索公私财物价值 2000 元～5000 元以上、3 万元～10 万元以上、30 万元～50 万元以上的，应当分别认定为刑法第 274 条规定的"数额较大"、"数额巨大"、"数额特别巨大"。

各省、自治区、直辖市高级人民法院、人民检察院可以根据本地区经济发展状况和社会治安状况，在前款规定的数额幅度内，共同研究确定本地区执行的具体数额标准，报最高人民法院、最高人民检察院批准。

第二条 敲诈勒索公私财物，具有下列情形之一的，"数额较大"的标准可以按照本解释第 1 条规定标准的 50% 确定：

（一）曾因敲诈勒索受过刑事处罚的；

（二）1 年内曾因敲诈勒索受过行政处罚的；

（三）对未成年人、残疾人、老年人或者丧失劳动能力人敲诈勒索的；

（四）以将要实施放火、爆炸等危害公共安全犯罪或者故意杀人、绑架等严重侵犯公民人身权利犯罪相威胁敲诈勒索的；

（五）以黑恶势力名义敲诈勒索的；

（六）利用或者冒充国家机关工作人员、军人、新闻工作者等特殊身份敲诈勒索的；

（七）造成其他严重后果的。

第三条 2 年内敲诈勒索 3 次以上的，应当认定为刑法第 274 条规定的"多次敲诈勒索"。

第四条 敲诈勒索公私财物，具有本解释第 2 条第 3 项至第 7 项规定的情形之一，数额达到本解释第 1 条规定的"数额巨大"、"数额特别巨大"80% 的，可以分别认定为刑法第 274 条规定的"其他严重情节"、"其他特别严重情节"。

【编写组观点】

对违法行为最严厉的制裁手段是动用刑罚。新闻从业人员一旦严重逾越法律底线，构成犯罪，就可能面临刑事制裁。除了诽谤罪、侮辱罪等自诉案件之外，受贿罪、敲诈勒索罪、强迫交易罪、损害商品声誉罪等都可能成为悬在新闻人头上的达摩克利斯之剑，警醒所有的新闻人和新闻媒体必须时时谨慎，处处小心，不容有失。

（一）记者的身份符合国家工作人员的特征

根据现有的司法判决，国家新闻媒体履行的是国家赋予的对社会的舆论监督权，国有媒体舆论监督权是一种公共权利。因此，记者等新闻从业人员通常被认定为从事公务的国家工作人员。这里主要看其是否在国家机关、国有企事业单位等接受了具有公务性质的任务，至于他是否取得国家机关或国有企事业单位的证件，是否列入单位的正式编制，则对其身份认定没有影响。因而，记者在履行职责的过程中向被批评报道的有关单位索取财物，或收受财物为他人谋取利益的，符合受贿罪的构成特征。

当前，新闻媒体正在加紧改制。即便有的媒体单位被完全改制成企业性质的法人单位，按照 2010 年 5 月《最高人民检察院、公安部关于公安机关管辖的刑事案件立案追诉标准的规定（二）》，公司、企业或者其他单位的非国家工作人员受贿 5000 元以上的，同样可以立案追诉。

（二）新闻人以敲诈勒索为手段索要财物的，可以受贿罪"从一重处"

记者以发表批评报道相要挟，向报道对象索要财物的行为，从表面上看，确实符合敲诈勒索罪的特征；但同时，无论从主体、客体，还是主观方面、客观方面来分析，也同时具备了受贿罪的构成要件。实施一个犯罪行为，同时触犯数个不同罪名，所触犯的罪名之间又不存在逻辑上的从属或者交叉关系，这种情形显然属于刑法理论上的"想象竞合犯"。对于想象竞合犯，公认的司法处断原则是"从一重处断"，即在犯罪人同时触犯的数个罪名中，选择处罚较重的一罪定罪处刑。对于数额超过 10 万元的，从量刑上看，显然受贿罪更重，因而以受贿罪从一重处是合理的。

敲诈勒索罪与受贿罪的根本区别在于是否利用了职务便利。对于何谓"利用职务上的便利"，《关于人民检察院直接受理立案侦查案件立案标准的规定（试行）》（高检发释字〔1999〕2 号）作出了明确解释："'利用职务上的便利'，是指利用本人职务范围内的权力，即自己职务上主管、负责或者承办某项公共事务的职权及其所形成的便利条件。"因此，对于非法新闻机构或者其中非法从业人员，利用没有获得批准的身份，从事敲诈勒索的，就不能用受贿罪而只能适用敲诈勒索罪论处。

按照刑法规定，普通受贿需要具备"为他人谋取利益"这一要件，但索贿型受贿则不需要。所谓"索取"，除一般性的"索要"，当然也包括使用要挟、胁迫的方法进行"勒索"。最高人民检察院《关于人民检察院直接受理立案侦查案件立案标准的规定（试行）》明确规定："索取他人财物的，不论是否'为他人谋取利益'，均可构成受贿罪。"

（三）行为不端的新闻人面临的刑罚风险是多重的

到目前为止，记者利用职务便利犯罪最多的四川工人日报社原遂宁记者站站长唐克林，共有五项罪名：受贿罪、贪污罪、挪用公款罪、敲诈勒索罪、虚报注册资金罪，最后被合并执行的刑期也高达20年。其他如行贿罪、诈骗罪、损害商品声誉罪等同样是利剑高悬，虽然这些罪名有时可能与新闻报道职权无关。

在记者触犯的诸多罪名中，除受贿犯罪以外，另一项与新闻职权密切相关的罪名是强迫交易罪。这就是以曝光相威胁，迫使被批评单位提供发行费、广告费、赞助费等。认定这一行为是否属于受贿的关键是看勒索所得到的财物是否上交新闻单位，双方是否进行了真正的交易，如刊登广告，发行报刊，开具发票等。谨防以此为名，规避受贿的本质。

记者利用新闻报道的权力损害商品声誉的犯罪已然不是一起。虽然其结果常常是单独被判处罚金，但身败名裂的下场，想必对所有珍爱新闻岗位的人都是一个绝好的警醒。当然，对于制造假新闻，损害某个行业声誉（如纸包子案）的行为，虽然在社会上造成了极端恶劣的影响，但是否构成损害商品声誉罪，学界业界多持反对态度。但不能因此而有丝毫的松懈。

（四）单位受贿罪敲响长鸣警钟

以批评报道相威胁，勒索财物的，如果记者站或相关新闻单位纵容、包庇甚至一起参与策划，不仅记者构成犯罪，单位也难辞其咎，将构成单位受贿罪，接受双重处罚。这对传媒界而言，是最大的耻辱。因此，所有的媒体人尤其是管理者必须警钟长鸣，时刻牢记《中国新闻工作者职业道德准则》第4条的规定：坚决反对和抵制各种有偿新闻和有偿不闻行为，不利用职业之便谋取不正当利益，不利用新闻报道发泄私愤，不以任何名义索取、接受采访报道对象或利害关系人的财物或其他利益，不向采访报道对象提出工作以外的要求。

传媒业的声誉来自传媒业的自律。传媒人的清醒需要全体传媒人的智慧。记者是守护社会良心底线的崇高职业。身为记者应该具有比一般人更高的道德素养和精神追求。即便偶有违法，也必须迅速采取措施予以挽救。如果听之任之，就可能滑向犯罪的深渊，而这带来的损失将是灾难性的。对此，整个媒介都不能有丝毫的麻痹。

32. 有偿新闻

32.1 坚决反对和抵制各种有偿新闻和有偿不闻行为。不利用职业之便谋取不正当利益。

32.2 不以发表或不发表稿件交换各种利益，包括索取贿赂、撤销公开发表稿件或内参、压制公众对报道对象投诉、要求购买稿件、担任理事、缴纳会员费、购买广告版面或时段、赔偿不发表带来的损失（如差旅费、拍摄费、稿费、奖金、误工费）等。

32.3 不接受报道对象提供的各种利益好处，包括现金、有价值的物品或服务，如报销差旅、招待用餐、免费旅游、门票、代金券、礼品、折扣以及免费享受服务、免费成为会员等。

32.4 因报道需要以借用或试用名义使用报道对象提供的物品，在报道结束时应及时归还。比如新产品、发明成果、书、工具等。

32.5 当场无法拒绝的礼物建议在采访结束后用以下方式处理：

（1）退还给报道对象；（建议参考附件8）

（2）自己出钱购买；

（3）交由所在单位处理；

（4）捐给慈善机构并索取凭证。

32.6 未经所在新闻单位批准，不自行组团、参团采访。

32.7 不因为未拿到礼物、馈赠、免费旅游等好处而利用新闻报道恶意攻击报道对象。

32.8 已经刊播的报道中若存在有偿新闻情形，发现后及时在相应版面道歉并做出说明。

【定义与背景】

（一）定义

有偿新闻，是传媒和新闻工作者在采访或报道中收取报道对象报酬或费用的行为，包括有偿不闻和新闻敲诈等变化形式。有偿不闻，是传媒和新闻工作者在履行舆论监督职责的过程中或者是借舆论监督之名，接受或变相接受报道对象的贿赂（俗称"封口费"），而使舆论监督活动终止或改变的行为。新闻敲诈，是传媒和新闻工作者以报道不利于报道对象的信息（包括编发内参等）相威胁，强行向被报道对象索要财物或其他好处的行为。

（二）背景

有偿新闻是新闻传播业的腐败现象，以新闻的报道权、舆论话语权和传媒的传播权来谋取个人的好处。一些记者接受红包或贿赂，正是以出卖自己的良心和职业道德为代价的。记者面对这种好处的时候对于采访对象的动机应该是很清楚的，这种好处的份量越重，影响报道的动机往往越明显，一旦记者接受它，就等于已经下决心要放弃职业道德。拿新闻作筹码换取好处，也破坏了社会共同遵循的道德规则。很多国家的新闻职业规范将有偿新闻视为一种严重的问题。

【典型案例】

山西繁峙矿难中 11 名记者违纪被查处

案例概述： 11 名新闻记者在采访山西繁峙"6·22"特大爆炸事故中因收受当地有关负责人及非法矿主送的现金、金元宝，受到纪检监察部门的查处。

2002 年 6 月 22 日山西省繁峙县义兴寨发生金矿爆炸事故后，当地负责人和金矿矿主为隐瞒真相，分别对采访事故的一些新闻单位记者送了现金和金元宝，其中，新华社山西分社记者鄯宝红、安小虎分别收受现金 2 万元、金元宝 1 个（价值约 2400 元）。记者王东平、谭旭各收受金元宝 1 个（价值约 2400 元）。2002 年 7 月 10 日，安小虎向太原市廉政账户上交 20 800 元。中纪委驻新华社纪检组和社监察局立即成立调查组，对 4 名记者的违纪问题进行了调查。根据调查结果，决定给予鄯宝红开除党籍、开除公职处分，给予安小虎开除留用察看处分，分别给予王东平、谭旭党内严重警告处分。据悉，在采访事故前后，《山西经济日报》、《山西法制报》和《山西生活晨报》3 家新闻单位的 7 名记者收受矿主杨治兴等人送的现金共 4.5 万元，其中：《山西经济日报》记者苏勇收受 8000元，《山西法制报》驻忻州记者站站长刘玉柱收受 8000 元，《山西法制报》驻忻州记者站记者白建芳收受 7000 元，《山西法制报》驻忻州记者站记者闫珍寿收受7000 元，《山西生活晨报》记者魏停收受 5000 元，《山西生活晨报》记者樊武杰收受 5000 元，《山西生活晨报》记者郭龙收受 5000 元。这 7 名记者相继受到撤职、除名、留用察看、解聘、取消记者资格的处理。[1]

【依据】

（一）道德依据

《中国新闻工作者职业道德准则》（2009 修订）第 4 条（见本书第"30. 避免利益冲突"道德依据部分）。

（二）政策依据

《中共中央宣传部、国家新闻出版署关于加强新闻队伍职业道德建设禁止"有偿新闻"的通知》（1993）

新闻单位和新闻工作者不得接受被采访或被报道者以任何名义给的礼金和有价证券，不得向被采访或被报道者索要钱物；各单位不得以任何名义向新闻单位和新闻工作者赠送礼金和有价证券，也不得以重奖办法吸引新闻工作者到本地区、本单位采访报道。

---

〔1〕 资料来源：新华网 http：//news. xinhuanet. com/newmedia/2003 – 09/27/content_ 1102217. htm.

《中共中央宣传部、广播电影电视部、新闻出版署、中华全国新闻工作者协会关于禁止有偿新闻的若干规定》（1997）

一、新闻单位采集、编辑、发表新闻，不得以任何形式收取费用。新闻工作者不得以任何名义向采访报道对象索要钱物，不得接受采访报道对象以任何名义提供的钱物、有价证券、信用卡等。

二、新闻工作者不得以任何名义向采访报道对象借用、试用车辆、住房、家用电器、通讯工具等物品。

三、新闻工作者参加新闻发布会和企业开业、产品上市以及其他庆典活动，不得索取和接受各种形式的礼金。

（三）法律依据

《报纸出版管理规定》（2005）

第三十九条 报纸出版单位不得在报纸上刊登任何形式的有偿新闻。

报纸出版单位及其工作人员不得利用新闻报道牟取不正当利益，不得索取、接受采访报道对象及其利害关系人的财物或者其他利益。

第六十三条 报纸出版单位有下列行为之一的，由新闻出版总署或者省、自治区、直辖市新闻出版行政部门给予警告，并处3万元以下罚款：

......

（十一）刊登有偿新闻或者违反本规定第39条其他规定的；

......

《报刊记者站管理办法》（2009）

第二十三条 报刊记者站及其工作人员不得以新闻机构、报刊记者站或者新闻记者名义谋取不正当利益，不得以新闻报道为名要求采访对象订报刊、做广告、提供赞助或者从事经营活动，不得搞有偿新闻、虚假报道，不得从事违反新闻职业道德的活动。

《新闻记者证管理办法》（2009）

第二十八条第三款 新闻机构不得聘用存在搞虚假报道、有偿新闻、利用新闻报道谋取不正当利益、违法使用新闻记者证等不良从业记录的人员。

【编写组观点】

有人替接受小恩小惠的行为辩护，认为这些好处都是被报道对象主动给的，并不是自己主动索要的。还有人认为现在开招待会都约定俗成拿红包，如果不拿，反而会破坏与采访单位的关系，显得"太另类"，下次再有采访机会没准人家就不通知你了。再说这种红包是组织单位酬劳记者的辛苦费，不算是真正的受贿。还有人认为，只要不影响新闻的真实性，拿了红包也没有关系。的确，有很多记者拿了招待会上的纪念品或者红包，并没有因此扭曲报道，也有很多记者在接受东西时并不是别有用心，但是凡在采访中直接或间接获得采访对象的好处（包括金钱、礼品、招工招干、入学、旅游、娱乐、餐饮等），不论其价值多少，撰写出稿件或制作出节目公开发表或播出，不论其稿件或节目是否具有新闻价值，均可视为有偿新闻。而我们反对这些行为，不仅仅是因为它可能造成新闻失实，更是因为它使新闻行业失去了应有的道德水准。职业道德的维护不仅在于结果即新闻的真实，还在于报道新闻过程的公正与公平。至于担心自己不去拿红包显得格格不入，会造成与被报道对象的隔阂，与其他记者的隔阂，甚至有可能会遭到其他记者的抵制和嘲笑的问题，这的确是一种现实情况，但却是一种不正常的现象。如果记者跟着风气走而不去考虑风气的正与邪，那么新闻事业赋予记者的引导社会风气、弘扬正气的职责实际上就落空了。记者与不正之风沆瀣一气，新闻这个职业还有什么值得信赖的地方呢？动机和目的是评价一个行为是善意的还是恶意的衡量标准，因此从动机和目的的角度看，媒体必须尽量使新闻背后的动机和目的公开化、透明化，这样才能使公众对他们从媒体上获得的东西保持信任。作为记者，我们也许可以清楚地看到，自己并没有因为接受了采访对象的一顿晚餐而被收买了，但这不是问题的关键，问题的关键在于我们如何避免使公众产生我们被收买的感觉。

因此，本编写组在制定关于礼物和免费旅游的条文时，首要考虑的原则就是拒绝接受，以避免产生任何侵害新闻职业精神的可能性。而对于特殊情况而不得不接受时，我们也给予了如何处理的具体方法：自己出钱购买；交由所在传媒处理；捐给慈善机构并索取凭证。在退还礼物给被报道对象时，可以附上信函说明情况，参考附件 9 "退还礼物的信件样稿"，目的仍是尽可能减少这种可能性。已经刊播的报道中若存在有偿新闻，发现后应及时在相应版面作出道歉和说明。（本条与第 7 条 "与消息来源保持距离" 可互相参看。）

33. 兼职与社会活动

33.1　未经本单位批准，新闻工作者不从事与本职工作利益相关的兼职与社会活动。

33.2　兼职及社会活动与本职工作存在利益冲突时，应当回避。

33.3　不参与报道对象的相关经济活动：

33.3.1　报道房地产、证券、股票、彩票等领域的新闻工作者不参与相关经济活动。

33.3.2　不利用兼职或社会活动中获取的内部消息、秘密等获取利益或进行交易。

33.4　新闻工作者从事自由撰稿、博客、微博等撰写以及演讲、广告代言、节目主持等活动时：

(1) 若以职业身份从事上述活动时，应获得本单位的批准或备案，且不违背本单位的立场与利益；

(2) 未经批准，不以职业身份从事上述活动，而应当隐匿自己的职业身份，如使用笔名或网名等。

【定义与背景】

（一）定义

兼职或社会活动是指新闻工作者在工作时间以外到其他单位或部门，擅自兼任某种职务或从事某些活动，并获取报酬或与个人利益相关的好处，这些活动可能会危害媒体声誉和新闻专业原则。经过媒体单位批准的、非盈利的兼职与社会活动不在此列。

（二）背景

我国许多传媒明确规定其记者不能兼职。但是，现实中存在很多地方记者参与经济性活动，地方、央视名记者主持人频频"走穴"的情况，这样的规定越来越形同虚设，而传媒对此的态度也相对比较暧昧。这种暧昧出于传媒功利性的考虑，即只要新闻工作者不影响自身的工作，以及不为竞争者服务，这种行为就被默许。而传媒并没有重视这样的兼职或社会活动所潜藏着的利益关联。新闻工作者因为这种利益关联一般会得到某种利益，也有可能因为这种利益而放弃新闻的专业原则，比如，对新闻真实和客观的违背。实际上，对新闻工作者的兼职和社会活动的规范既不能简单地一律禁止，也不能默许纵容，这就有必要对此进行更具操作性的规范，以规避这种利益关联对新闻专业原则实际或潜在的伤害。

【典型案例】

王小丫"顶风作案"主持商演，可能受央视处罚

案例概述： 2007 年 11 月，央视主持人毕福剑被曝为一沈阳富商主持婚礼收了 20 万元的酬金。北京某媒体报道毕福剑将为此接受了央视处罚。记者致电毕福剑，他没有否认央视即将开罚单的消息，但不愿再回应此事。除了毕福剑，央视的另两位主持人王小丫和梁毅苗最近也分别在重庆和西安主持"节目"。王小丫未回应主持商演一事，而梁毅苗主持田亮婚礼则是得到台里"允许"的。按

照央视的有关规定，主持人不能擅自在外有偿主持。[1]

【依据】

（一）道德依据

《中国新闻工作者职业道德准则》（2009 修订）第 4 条。见"30. 避免利益冲突"道德依据部分。

（二）政策依据

《中共中央宣传部、广播电影电视部、新闻出版署、中华全国新闻工作者
协会关于禁止有偿新闻的若干规定》（1997）

四、新闻单位在职记者、编辑不得在其他企事业单位兼职以获取报酬；未经本单位领导批准，不得受聘担任其他新闻单位的兼职记者、特约记者或特约撰稿人。

《中共中央办公厅、国务院办公厅转发
〈关于治理党政部门报刊散滥和利用职权发行，减轻基层和农民
负担工作情况和今后工作意见的报告〉的通知》（2004）

第三条　……不得将机关公务员与报刊社工作人员混岗；不得以机关名义参与协办报刊。……

（三）法律依据

《新闻记者证管理办法》（2009）

第十九条　新闻记者不得从事与记者职务有关的有偿服务、中介活动或者兼职、取酬，……不得借新闻采访活动牟取不正当利益，……

《广播影视新闻采编人员从业管理的实施方案（试行）》（2005）

十四、……不得从事与职业有关的有偿中介活动；不得经商办企业；不得在无隶属关系的其他新闻单位或经济组织兼职取酬。广播影视播音员主持人不得将自己的名字、声音、形象用于任何带有商业目的的文章、图片及音像制品；不得私自从事未经批准的节目主持、录音、录像、配音工作及以个人赢利为目的的社会活动。

【编写组观点】

西方新闻媒体提出"实际的利益冲突"（actual conflicts of interest）和"利益冲突的迹象"（the appearance of conflicts of interest）两个概念。后者即潜在的利益冲突，认为避免后一种利益冲突有助于维护媒体的信誉。较之实际利益冲突，潜在利益冲突是记者违反职业道德的隐形便利条件和诱因，也是记者更容易忽略它们与自身行为关联的因素。虽然受众对于这些利益冲突并没有清晰的认识，但

---

〔1〕　资料来源：新华网 http://news.xinhuanet.com/fortune/2007 - 12/04/content_ 7198037.htm.

是从媒体角度来讲，要保持自身的公正立场和公信力，杜绝这些妨碍公正的可能性是相当必要的。试想，一名报道股票市场的记者，如果本身持有大量股票，那么在解析股票政策或者报道股市行情的时候，有多大把握可以保证自己能够排除自身利益的左右，公正客观报道这一领域呢？虽然这些记者个人生活的经济情况或其他情况往往并不为受众详知，受众对于记者的个人情况有无或在多大程度上左右了报道也是知之甚少，但是如果因为受众的不知而放松这方面的自我控制，实际上就是为实际利益冲突打开了一扇门。

当然，并不是所有的潜在利益冲突都会转化为现实冲突。制定相应控制规范，是一种防患于未然的手段，也是媒体自律的更高层次表现。在西方国家，个人财产情况属于个人隐私，但是作为报道相应经济领域的记者必须向媒体公开自己这方面的情况，这是记者为这个职业做出的让步和牺牲。在我国，很少有媒体在这方面做出要求，媒体对记者个人的经济情况了解甚少，而且也很少将记者的这些个人情况与其报道的领域联系起来。但是，这并不等于不存在潜在经济利益方面的问题。只能说明我们的媒体对潜在利益冲突还缺乏应有的重视，在规范方面还没有对记者提出更高的要求。

因此，关于兼职与社会活动，新闻工作者应得到本单位书面批准后，才可以在工作以外的时间从事兼职和社会活动；所从事的新闻报道与这些活动存在关联时，应采取利益回避原则，以保证新闻的真实、准确、客观、公正等基本原则。

在本单位以外的某个社会组织中（如党政机关、企业、学校或其他社会团体等）长期兼职时，应在兼职期间放弃与该社会组织及其所属领域相关的新闻报道活动。比如，在某一级政府机关长期担任兼职时，就不要从事该政府机关以及政治方面的新闻报道，但可以从事其他领域的新闻报道。

在本单位以外的某个社会组织中临时兼职，或以新闻工作者身份从事演讲、剪彩、评奖等社会活动时，无论是义务或有偿的，若涉及有关该社会组织的报道，应主动申请回避，由本单位或其他传媒的新闻工作者来完成新闻报道。

在兼职或社会活动中获取内部消息、秘密等时，不能利用这些信息获取利益或进行交易；如果需要公开报道这些信息，应得到本单位的书面批准，且要遵守相关的法律规定。

关于投资活动。记者所从事的新闻报道领域不涉及自身或家人参与的投资活动范围，比如房地产、证券、股票、彩票等；从事房地产、证券、股票、彩票等报道领域的新闻工作者不参与相关经济活动；如果将要采写的报道涉及自己或家人持有的投资时，要将这些投资的名称（不需具体细节）告知本单位，并主动申请回避，不参与这些产品或投资相关的新闻报道活动。

在长期从事有关财经或金融新闻报道时，不能利用职业之便从事以下活动：

不进行相应投资或风险规避活动以盈利，包括不买卖近期自己报道过或将要报道的股票证券等；不将相关新闻报道在公开传播前透露给他人以使自己或他人从中获利；在报道中不扭曲有关股票、证券、房地产或其他投资分析。

从事自由撰稿，博客、微博等撰写，演讲，广告代言，节目主持等活动时，以本单位新闻工作者身份从事这些活动的，要告知本单位（微博等社会化媒体行为规范详见《守则》第35条），在得到本单位的批准后，可以本单位新闻工作者身份从事这些活动，否则要隐匿自己的身份，如使用笔名或网名等。同时，新闻工作者的言辞要符合本单位的立场与利益；若言辞与本单位的立场与利益不一致，则不能以本单位新闻工作者身份从事活动。

如果以上兼职或社会活动在自己的新闻报道中无法回避，要在报道中明确标明这些兼职或社会活动。

我们对新闻工作者的兼职和社会活动进行规范的基本原则是公开与回避。公开就是要求新闻工作者在从事这些活动前必须告知所在传媒，并且要得到传媒的同意，这样才能以此保证新闻工作者的这些活动至少在本传媒的监督之中。另外，公开还要求新闻工作者必须向传媒告知自己拥有的利益关联，如所持的证券和股票等。回避就是要求新闻工作者不能从事与自己兼职或社会活动有关的新闻报道工作，或者不能拥有与自己的报道领域相关的利益关联。而当这些无法回避时，新闻工作者又被要求公开，即在报道中标明这种利益关联。

34. 新闻报道与经营活动分开

34.1 严格执行新闻报道与经营活动分开的规定。

34.2 不以订阅报刊为条件进行新闻报道，不直接要求被采访报道单位或个人订阅报刊，不以批评曝光为由强迫采访报道单位或个人订阅报刊、投放广告或提供赞助。

34.3 不以记者、编辑、审稿人、制片人、主持人、播音员、评论员等身份拉广告，不以新闻报道换取广告，不为经营谋利而操纵新闻报道。

34.4 发布的广告应当避免消费者产生误解。

（1）应当有广告标记，与其他非广告信息明显区别。

（2）不以新闻报道或变相新闻报道形式刊播广告，广告的标题中不使用"访"、"记"、"报告"、"专访"、"访谈录"、"采访札记"、"答记者问"及其他令人疑为新闻的字眼。

【定义与背景】

（一）定义

新闻工作者参与广告与经营活动，主要包括以新闻报道的形式发布广告，以新闻报道来换取订阅或赞助等。

（二）背景

新闻采编部门与广告经营部门遵循的是完全不同的职业理念，所以应该也必须有一条非常鲜明的职责"界限"。广告经营部门应保障新闻媒体有足够的生存空间和发展动力，从而有能力为社会提供高品质的新闻信息——但这一和谐而理想的关系在现实中还显得十分遥远。在一些世界主流媒体那里，新闻部门与广告经营部门的矛盾主要表现为两者为了自己的职业诉求而不可避免地碰撞、争吵、讨价还价。这种"公开"的矛盾并非中国新闻媒体经营部门与采编部门矛盾的最主要表现形式。中国新闻界更常见的情况是新闻采编部门的工作者被要求从事采写新闻式广告、拉广告、报刊征订等经营性活动。在这种心照不宣的潜规则压力下，记者编辑们对自身职业角色的认定出现了一定程度的混乱。

【典型案例】

以新闻形式发布的广告

案例概述： 2007 年 6 月中旬至今（8 月），《北京晨报》头版下半部经常出现通栏标题的新闻，诸如"70 位老将军签名见证首部毛主席'立体邮票'面世"、"北京发现'圆明园全景'黄金卷"、"一代伟人邓小平彩色金银币轰动收藏界"、"'首都古钱币大全'圆满结束发行"、"整套中国历代纸币惹火京城投资人"、"《清邮原票大全套》惊世亮相"等。文中还有彩色照片，最后都有联系电话。明明是广告，均以新闻的形式刊登，有的还在开头写有"焦点"二字，以吸引读者当作新闻阅读。[1]

【依据】

（一）道德依据

《中国新闻工作者职业道德准则》（2009 修订）第 4 条。详见"30. 避免利益冲突"道德依据部分。

---

〔1〕 陈力丹："北京各报违法充斥新闻形式的收藏品广告"，载新浪博客 http://blog. sina. com. cn/s/blog_ 4a59403701000aii. html.

（二）政策依据

《中共中央宣传部、广播电影电视部、新闻出版署、中华全国新闻工作者协会关于禁止有偿新闻的若干规定》（1997）

第八条　新闻报道与广告必须严格区别，新闻报道不得收取任何费用，不得以新闻报道形式为企业或产品做广告。凡收取费用的专版、专刊、专页、专栏、节目等，均属广告，必须有广告标识，与其他非广告信息相区别。

第九条　新闻报道与赞助必须严格区分，不得利用采访和发表新闻报道拉赞助。新闻单位必须把各种形式的赞助费，或因举办"征文"、"竞赛"、"专题节目"等得到的"协办经费"，纳入本单位财务统一管理，合理使用，定期审计。在得到赞助或协办的栏目、节目中，只可刊播赞助或协办单位的名称，不得以文字、语言、图像等形式宣传赞助或协办单位的形象和产品。

第十条　新闻报道与经营活动必须严格分开。新闻单位应由专职人员从事广告等经营业务，不得向采编部门下达经营创收任务。记者、编辑不得从事广告和其他经营活动。

《中央宣传部、国务院纠风办、新闻出版总署、国家邮政局关于采取切实措施规范报刊发行秩序的通知》（2006）

第二条第三项　……采编人员不得从事广告经营活动，不得以商业贿赂的形式进行报刊发行和报刊广告经营。禁止广告赠版，禁止有偿新闻和以新闻形式刊登广告。

《新闻出版署关于转发上海市新闻出版局〈关于禁止用新闻形式进行企业形象广告宣传的通知〉的通知》（1995）

第一条　专门刊登广告的版面或栏目，不得使用"企业形象"、"企业形象策划""专版"、"专刊"等概念不清的词语作为名称，必须在这些名称的前或后有"广告"二字，使之具有可识别性，使读者不致产生误解。

第二条　严格禁止在广告的标题中出现"访"、"记"、"报告"、"专访"、"访谈录"、"侧记"及其它可能使读者把广告误为新闻的字眼。严格禁止在广告中使用"本报讯"、"采访札记"、"答记者问"等欺骗读者的词句。

第四条　对继续以新闻形式发布广告，或既无明显的广告形式、又不明确地标明广告的，将按有偿新闻处理，没收报社的非法所得；对直接参与广告活动（如拉广告、从事广告策划、设计、写作）的记者编辑，将收缴其记者证。

《中共中央办公厅、国务院办公厅转发〈关于治理党政部门报刊散滥和利用职权发行，减轻基层和农民负担工作情况和今后工作意见的报告〉的通知》（2004）

不得把报刊的经营收入变成机关的"小金库"；不得将机关公务员与报刊社

工作人员混岗；不得以机关名义参与协办报刊。所有报刊都不得采取提成回扣、赠钱赠物、出国考察、公费旅游等办法进行推销；不得搞有偿新闻扩大发行。

《新闻出版总署关于进一步做好出版发行领域不正当
交易行为自查自纠工作的通知》（2006）

第二条第三项 ……不得刊登任何形式的有偿新闻；报刊出版单位工作人员不得利用新闻报道牟取不正当利益，不得索取、接受采访报道对象及其利害关系人的财物或者其他利益；禁止以采编报道相威胁，以要求被报道对象做广告、提供赞助、加入理事会等方式牟取不正当利益；严禁报刊经营人员为争取广告客户，进行暗箱操作，给广告客户支付回扣或者其他形式的贿赂，进行不正当竞争。

（三）法律依据

《中华人民共和国广告法》（2015 修订）

第十三条 广告应当具有可识别性，能够使消费者辩明其为广告。

大众传播媒介不得以新闻报道形式变相发布广告。通过大众传播媒介发布的广告应当显著标明"广告"，与其他非广告信息相区别，不得使消费者产生误解。

广播电台、电视台发布广告，应当遵守国务院有关部门关于时长、方式的规定，并应当对广告时长作出明显提示。

《报纸出版管理规定》（2005）

第三十八条 报纸刊登广告须在报纸明显位置注明"广告"字样，不得以新闻形式刊登广告。

报纸出版单位发布广告应依据法律、行政法规查验有关证明文件，核实广告内容，不得刊登有害的、虚假的等违法广告。

报纸的广告经营者限于在合法授权范围内开展广告经营、代理业务，不得参与报纸的采访、编辑等出版活动。

第四十条 报纸采编业务和经营业务必须严格分开。

新闻采编业务部门及其工作人员不得从事报纸发行、广告等经营活动；经营部门及其工作人员不得介入新闻采编业务。

第六十三条 报纸出版单位有下列行为之一的，由新闻出版总署或者省、自治区、直辖市新闻出版行政部门给予警告，并处 3 万元以下罚款：

……

（十）报纸刊登广告未在明显位置注明"广告"字样，或者以新闻形式刊登广告的；

（十一）刊登有偿新闻或者违反本规定第 39 条其他规定的；

……

第二十二条 报刊记者站不得从事与新闻采访无关的其他活动，不得以报刊记者站名义发布新闻，不得从事出版物发行、广告、开办经济实体及其他经营活动，不得利用行政权力摊派发行，不得设立分支机构。

《报刊记者站管理办法》（2009）

第二十三条　报刊记者站及其工作人员不得以新闻机构、报刊记者站或者新闻记者名义谋取不正当利益，不得以新闻报道为名要求采访对象订报刊、做广告、提供赞助或者从事经营活动，不得搞有偿新闻、虚假报道，不得从事违反新闻职业道德的活动。

【编写组观点】

新闻与广告的混淆，实质上就是把广告主的自我需求、自我宣传冒充为具有普遍新闻价值的信息，把市场行为冒充为公益行为，把广告主体的局部利益冒充为社会公共利益。它利用新闻的诚信，将广告信息融入新闻中间或者干脆以新闻的形式包装广告，在编排处理过程中不加区别标识，甚至有意将这些广告与其他新闻内容编排在一起，致使受众被新闻形式所迷惑，将其内容轻信为完全真实可信的东西，这样的传播效果超出了广告应有的效果，而结果往往是使受众的利益受到了损害。反过来，一旦受众认识到这种欺骗行为，这种误导又会强化受众对新闻媒体的不满与失望。时至今日，广告与新闻的融合并不比之前高明，只是更泛滥而已。

我国有关管理部门早就将新闻与广告的混淆以及新闻工作者参与经营活动定性为有偿新闻的一种，并且已经制定出不少细致的规定。但是，这些规定并没有产生实际的约束作用。其中一个很重要的原因就是传媒没有给予自身约束，如不向记者和编辑摊派发行广告的任务。我们对待此规范时，首先就规定传媒有责任确保其新闻工作者能够独立于商业利益而工作，这是前提。有了这个前提，具体的操作规范就比较容易执行了。

这部分的规范可以包括：

广告与新闻：传媒的采编部门及其新闻工作者要保持其新闻工作的自主，拒绝传媒广告部门或广告主的经济利益诱惑，确保新闻工作者不涉及媒体的广告与经营业务，如不借采访和报道名义招揽广告、赞助或订阅等，不以新闻手法写广告。

在不影响新闻事实解读的情况下，新闻报道不涉及如下个别对象信息：企业开张时间、产品价格、服务、经营地址、商标、品牌、标识以及生产商、销售商、零售商、供应商等。在确认必须要提及时，要征得传媒的书面同意。

新闻报道中涉及比较鉴别商品或服务的内容，不得不披露商品品牌或服务时，不片面介绍某一产品或服务内容，尽可能提供不同公司的产品或服务资料。

新闻类版面或节目不能以企业或产品名称冠名，或者出现任何形式的赞助广告；刊播有关人物专访、企业专题等新闻报道中隐匿其地址和联系方式等内容。

新闻类版面或节目中，如报纸新闻栏目的边角、电视屏幕的边角、主持人使用的服装、笔记本电脑背面等，只能出现与本传媒有关的标识，而不能出现其他机构的名称、标识等。

所有的广告内容（包括商业广告、公益广告、政治广告等）在进行刊播时必须注明"广告"等标识，而不能使用"企业形象"、"企业形象策划""专版"、"专刊"等模糊名称，以确保公众能将其与新闻报道相区别。

广告的标题中不能使用"访"、"记"、"报告"、"专访"、"访谈录"、"侧记"、"本报讯"、"采访札记"、"答记者问"及其他可能使公众把广告误为新闻的字眼。

在新闻报道中对所涉及的企业、产品等进行客观和理性的评述，不能对赞助机构或广告主夸大其辞。

不擅自将版面或节目时段出售给企业团体或个人。

未经单位许可，新闻工作者不能将自己的姓名、形象等应用于广告，或者参与广告内容的制作和传播。

等等。

35. 使用微博等社交媒体

35.1　新闻工作者使用社会化媒体应当遵循"内外有别"原则，避免与单位及职业身份产生利益冲突。

35.2　注册及使用媒体"官方微博"账号应履行严格的批准程序，遵循媒体发布信息的审核程序。

35.3　注册个人账号，在能够被公众识别其职业身份时，其内容不损害单位的利益，观点不违背单位的立场。具体应做到：

（1）对事实信息的发布提供相关链接；

（2）对冲突事件表态应当谨慎；

（3）不传播敏感或争议性话题的内部讨论；

（4）不传播对媒体内部事务的建议；

（5）及时删除评论（跟帖）中损害单位利益的内容。

【背景】

职业新闻人在自媒体上的表达应延续职业规范要求，同时结合特定自媒体产品的特点，在其基础上进行针对性补充、完善。媒体制定自媒体行为准则的起因和宗旨是"避免利益冲突，不给所在媒体带来负面影响"。在避免利益冲突内容中，守则应区分"事实信息"与"观点信息"，并分别制定规则及建议。例如，不应自行发布媒体尚未刊布的信息（亲身观察的非职业信息除外），发布事实性信息给出相应链接，内容不损害单位利益；发布观点信息时，应不违反单位立场，尽量中立平衡，避免对社会热点话题表态，谨慎言辞；等等。

新闻人的专业化程度、职业素养使其成为自媒体中的一支特殊的力量。清华刘峥对知名记者微博的抽样调查表明，专业新闻记者利用微博发布新闻的数量、频率高于普通用户，新闻类微博数量占总微博数的44.4%。公众一般认为，职业新闻人发布信息的权威性、可信度高于普通民众，因而职业新闻人在自媒体平台上也获得更多的关注，具有较广泛的影响力。近年出现了不少职业媒体人网络表达过于随意、行为缺乏规范的事件，误导了受众，也对其所在媒体带来了负面的影响。因此，课题组对这一话题进行研究，总结与此话题相关的基本内容，并提出意见和建议。

【典型案例】

案例一：　　"2014年放假安排"被《新闻记者》杂志评为
2013年十大假新闻

案例概述：2013年11月13日傍晚起，多家媒体新闻客户端以及官方微博纷纷发布据称来自中国政府网的"2014年放假安排时间表"的消息。按照这条放假消息，2014年元旦放5天，春节放9天，元宵节放假2天，清明节放假3天，劳动节放假5天，端午节放假3天，中秋节放假3天，国庆节放假9天。这一方案中含有多个长假，瞬间引发网络"疯转"。11月13日22点21分，新华网、新浪和腾讯微博发布辟谣消息称，记者核实得知，中国政府网目前并未发布过"2014年放假安排时间表"，按往年的做法，放假安排时间表要到12月份发布。12月11日，官方正式发布2014年放假安排时间表。

实际上，从10月份起在网上流传的这一放假版本源于网民自制，而且其中故意留下"新闻发言人胡周称"之类明显恶搞的破绽，但还是被网络媒体转载后当成新闻。[1]

案例评析：这份"虚假放假方案"已在一段时间内通过"改头换面"来多次传播，此次经过不少把关不严的媒体客户端的传播，这条被冠以"2014年放假安排时间表"的假消息还是瞬间骗倒一大片。其实核实很简单，只要到中国政府网上查证一下便知真伪，这个举手之劳为何却被轻易忽略了呢？刊布此信息的财经网等媒体官微、财经网等媒体网站、网易等新闻客户端均是新媒体，如果他

---

〔1〕　参见年度虚假新闻研究课题组："2013年虚假新闻研究报告"，载《新闻记者》2014年第1期。

们能够按照信息发布流程，核实、把关，这一错误就能够避免。[1]

案例二： 央视军事频道总监说"拉登是民族英雄"，
被指"同情恐怖主义"

案例概述： 2011 年 5 月 6 日，中央电视台军事频道总监张欣在自己的微博上发表如下言论："作为一个亿万富翁，放着好日子不过，非要与强权叫板，非要过野人的生活，拉登图的是什么？拉登是阿拉伯世界有史以来最伟大的民族英雄。"这条微博被转发 9000 多次、评论 6000 多条，遭到网友疯狂拍砖。张欣后来在微博解释说：自己绝对不是同情恐怖主义，只是想探求恐怖主义的根源，从另一个角度思考问题。"如果这些根源不消除，还会有这个拉登及那个拉登。"他承认："看来是我的表述不太清楚，请各位原谅！我可绝不是同情恐怖主义。"他同时还说："大家说得都对，恐怖主义是全人类的公敌，谁都恨。"[2]

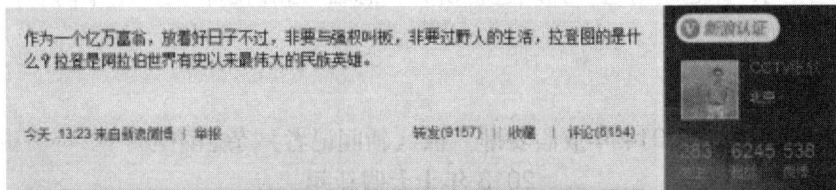

图：张欣微博截图（2012 年 10 月 2 日）

案例评析： 央视频道总监在微博上声称拉登是"最伟大的民族英雄"，这显然与我国政府的立场以及央视作为"党和政府的喉舌"向公众传播的价值观有所不同。尽管他事后进行澄清并删除相关微博，仍然引起巨大争议，留下许多猜测与误解的空间，甚至有人质疑其反映了"央视一贯的价值取向"，给其所在媒体带来了不良影响。

案例三： 《中国新闻周刊》官博转发虚假信息，
相关人员引咎辞职

案例概述： 2010 年 12 月 6 日，《中国新闻周刊》在其新浪官方微博上未经核实，就转发了"金庸去世"的消息，并在其人人网的公共主页同步更新。该微博拥有 30 万余名粉丝，其人人网主页拥有 15 万余名好友，这无疑加速了该信息的传播。但很快就证明，这是一条无中生有的假新闻，并由于正规媒体的转发增加了可信度而得以快速传播。事后，网友纷纷指责："国家级新闻媒体的官方微博不加证实就发布谣言，太无责任感！"《中国新闻周刊》副总编辑、新媒体

---

〔1〕 部分参照年度虚假新闻研究课题组："2013 年虚假新闻研究报告"，载《新闻记者》2014 年第 1 期。
〔2〕 本案例根据张欣微博信息整理。

总编刘新宇，新媒体内容总监汤涌和编辑邓丽虹三人因此事引咎辞职。[1]

案例评析：本事件的关键词是：传统媒体的官博、虚假信息。传统媒体开办的官博有一个共同的特征：作为传媒品牌在网络上的延伸，其质量控制的方法与手段应完全依照传统媒体的信息发布程序和内容要求，即努力使信息真实、准确。针对不是权威信息来源的事实，官博应当努力核实，确保信息的真实与准确。

【依据】

政策依据

《国家新闻出版广电总局关于加强新闻采编人员网络活动管理的通知》（2013）

1. 牢牢把握正确舆论导向。……积极利用传统媒体、新闻网站、博客、微博等载体传播主流信息，引导社会舆论，自觉抵制有害信息的渗透和传播，不引用、不报道未通过权威渠道核实的网络信息，不传播、不转载网上流言、传言或猜测性信息。

2. 进一步规范新闻采编行为。……未经批准，各类新闻单位均不得擅自使用境外媒体、境外网站的新闻信息产品。

3. 进一步加强媒体新闻网站管理。新闻单位须加强新闻网站内容审核把关及新闻采编人员网络活动管理，要按照传统媒体刊发新闻报道的标准和流程，严格审核所属新闻网站发布的信息。禁止境外网站及网站频道的新闻采编业务承包、出租或转让，禁止无新闻记者证人员以网站及网站频道名义采访或发稿。未经核实，新闻单位所办新闻网站不得擅自发布新闻线人、特约作者、民间组织、商业机构等提供的信息。

4. 进一步加强博客和微博管理。新闻单位设立官方微博，须向其主管单位备案，并指定专人发布权威信息，及时删除有害信息。新闻采编人员设立职务微博须经所在单位批准，发布微博信息不得违反法律法规及所在媒体的管理规定，未经批准不得发布通过职务活动获得的各种信息。

5. 加强和改进网络新闻舆论监督。……新闻采编人员不得在网络上发布虚假信息，未经所在新闻机构审核同意不得将职务采访获得的新闻信息刊发在境内外网站上。

6. 各地新闻出版行政部门和各新闻媒体主管主办单位要切实履行属地管理、分级管理的职责，强化对本地媒体、所辖媒体和中央媒体在地方记者站、分支机构、新闻网站地方频道新闻采编人员及新闻业务的监管。对新闻采编人员以网络

---

〔1〕 "微博误传金庸去世，周刊副总编辞职"，载《钱江晚报》2010 年 12 月 10 日。

为平台牟取非法利益等行为，要坚决制止，依法严肃查处，并视情节限期或终身禁止其从事新闻采编工作。

【编写组观点】

"新闻工作者的自媒体行为规范"是自媒体发展、应用到一定程度后的一个新话题。如果说，在以往新闻工作者的法律和伦理规范问题的研究中，我国的研究水平相对落后，但在这个问题上，全世界的媒体都站在了同一条起跑线上。甚至，因为我国传播行业共识与行规尚未建立完善，因而新闻工作者的自媒体表达呈现出更加多元的层次与维度，违反新闻职业规范的事件也更为五花八门。

一般而言，中、外新闻媒体都会鼓励记者恰当地使用自媒体获取信息和新闻来源。但对凡是"能够被公众识别职业身份"的新闻工作者的个人账号，都会有一定的限制。无论使用的是实名、化名、匿名，只要被一定数量的公众将其账号与其职业身份挂钩，那么博主就应当了解一些行为的基本规范。即便新闻工作者声明"言论仅代表个人，与所在单位无关"的免责条款，实际上也难以与所在单位分离。因为公众已经对这个账号产生了与其职业角色相关的期待。

编写组将新闻工作者在网络发布的信息分为"事实信息"与"观点信息"两类，分别分析并提出建议。

一般而言，事实信息的发布标准是真实、全面、客观。总结以上各事件，新闻工作者不恰当地发布"事实信息"后，事件的发展路径是：擅自发布、抢先发布信息——网友负面评价/单位负面评价——误导公众的结果——内部处理结果。因为事实有真假，责任易认定，媒体对此类事件的处理驾轻就熟。因此，新闻工作者使用微博等自媒体过程中，应遵守国家新闻出版广电总局2013年4月8发布的《关于加强新闻采编人员网络活动管理的通知》（以下简称《通知》）规定，不引用、不报道未通过权威渠道核实的网络信息，不传播、不转载网上流言、传言或猜测性信息。新闻采编人员不得在网络上发布虚假信息。未经批准不得发布通过职务活动获得的各种信息；未经所在新闻机构审核同意不得将职务采访获得的新闻信息刊发在境内外网站上。西方发达国家对于员工在自媒体上发布事实性信息的规定形象而具体，比如美联社针对网络发布事实的行为，就提出，不以任何形式抢发美联社没发的新闻或其他信息，不能"胳膊肘往外拐"。

新闻工作者在自媒体上发布"观点信息"的规范相对复杂。前述案例表明，那些给新闻工作者及所在单位带来麻烦的事件发展路径是：新闻工作者的微博表达——网友多元评价——职业角色与个人角色争议——大多无明确的处理结果。仅从处理结果来看，媒体单位对员工发布错误事实行为的处理较简单，而对引发讨论的观点信息，却因缺乏判断标准，容易不了了之。因此，"观点信息"的微博发布行为是新闻工作者的自媒体行为中最易引起公众讨论、最易给单位、媒体

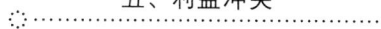

公信力带来负面影响的突出问题。由于观点属于言论自由的范畴，划分合理的行为边界尤需谨慎。自媒体的使用者应明确：互联网上言论具有非私密性，网络上没有"8小时以外"，没有时间和地域的分界，其个人角色与职业角色均统一在可被公众识别其职业身份的账号上。它时刻带有单位的背景与影响，无论是否添加免责声明，公众都会将博主的行为、言论、观点与其所在单位联系在一起。因此，按照《通知》规定，新闻采编人员设立职务微博须经所在单位批准，发布微博信息不得违反法律法规及所在媒体的管理规定，未经批准不得发布通过职务活动获得的各种信息。另外，有些内容属于媒体与其员工间的"约定"。如果媒体与新闻工作者的工作协议中签有相关内容，那么在互联网上发言，就应当遵循这些协议的规定。比如，新闻工作者在网络发布的观点不应与所在单位立场相悖，避免造成公众认知上的混乱，"推特杀"、张欣评价拉登事件就是实例；对重大社会议题和有争议的事件发表看法时，应注意保持中立立场，避免使用过激词语，如李铁对同性婚姻发表的观点。美联社之前也发生过同类事件，为避免员工重蹈覆辙，美联社专门制定了员工自媒体表达规范。规范严格要求，员工不应当对有争议的公共事件发表个人见解。这些国内外新闻界真实发生的事件都深刻表明，自媒体时代的职业标准和以往并没有质的不同，职业个体的自律永远都是职业群体自由的最佳保障。

在我国，某些媒体也意图通过内部的规章制度规范员工的微博表达，最大限度地分享新媒体带来的机会，也最大限度地避免潜在的风险。但目前出现的媒体员工在互联网上表达与媒体表达不一致的情况还比较多，除了法律和媒体有规定的外，新闻工作者使用微博等自媒体的表达规范中究竟要包括哪些内容也处于讨论之中。比如，对于是否应与所在媒体对某事持有同样的见解，一些新闻工作者以观点自由为由，发布与所在媒体不同的看法，这种公开唱反调、与所在单位意见掣肘的局面，往往容易损害所在媒体的利益、进而损害媒体的公信力，公众也会因此而感到困惑。

以法律、新闻主管部门相关规定为基础，本课题组认为，对于新闻工作者注册的、能够识别其职业身份的个人账号，应避免其网络发言者角色与新闻工作者职业角色之间可能产生的各种利益冲突。

1. 新闻工作者发布信息应遵守信息发布的一般法律规定和所在媒体的规定。确保发布的事实性信息真实、全面。通过交代新闻的来源或提供原文链接、使用核实、验证等把关方式。不要擅自、先于本单位发布信息。

2. 新闻工作者发布观点信息应当公正，不违背单位立场；重大社会议题中，保持中立立场，谨慎言辞。

整体而言，新闻工作者的自媒体表达行为，其实就是媒体发布"事实"、表达"观点"在自媒体上的延伸，其规范并无本质差别。一句话：新闻工作者不应利用微博等自媒体发布违反本单位立场和利益的信息。

以上重点讨论的是新闻工作者个人在网络上的表达规范；媒体作为组织机构，在微博等自媒体上的组织行为规范，本篇没有过多的涉及。应当说，传统媒体在自媒体上开办的"官博"同样应遵守一定的规范。根据《通知》要求，媒体官博的注册首先应获得所在媒体的授权，根据所获批准的具体内容、经营的思路和具体方式、遵照媒体内部的规章制度运营官博，指定专人发布权威信息，及时删除有害信息。比如要与其依托的媒体立场、风格、观点保持一致；同时与隶属媒体遵守同样的信息发布规定等。

36. 反对不正当竞争

36.1　采访中的同行竞争遵循如下规范：

36.1.1　不在采访对象面前或在报道中诋毁其他媒体或其他记者；

36.1.2　不以向采访对象付费为条件，要求对方不接受其他媒体和记者的采访；

36.1.3　不影响或阻挠其他记者的采访进程，遵守双方的采访约定；

36.1.4　不以卧底的方式打探其他媒体的运作方式、选题策划、选题提纲、新闻线索等。

36.2　编辑中的同行竞争遵循如下规范：

36.2.1　使用通讯社的新闻稿要注明电头，并且只做删节，不能增补内容；

36.2.2　执行媒体间的转载协议；

36.2.3　不在他人的作品上署名；

36.2.4　引用其他媒体的报道要注明出处，无论全部引用还是部分引用。

【定义与背景】

（一）定义

传媒的不正当竞争，是指传媒和新闻工作者违背《中华人民共和国反不正当竞争法》或传媒职业规范的要求，损害其他传媒、新闻工作者和社会组织的合法权益的行为。

（二）背景

传媒和新闻工作者要处理好与其他传媒与新闻工作者之间的关系并不容易。

这不仅涉及传媒的内部文化、组织结构、沟通机制，而且关系到具体某个人的性格、气度和修养，因此这方面明确的职业规范还较少。传媒的不正当竞争涵盖了传媒与传媒之间、新闻工作者与新闻工作者之间、传媒内部之间的竞争，表现为相互攻击、打压同行、拒绝合作、卧底获取信息、剽窃同行新闻作品等。

【典型案例】

《财经》公开谴责其他媒体转载侵权

案例概述： 在中国财经新闻领域具有影响力的《财经》杂志，2006年公开谴责了24家媒体擅自转载或抄袭了自己的文章。一直以来，媒体之间相互转载文章，即便是在原著方不知晓的情况下转载，也被视为一个约定俗成的规则，少有纠纷。《财经》用12份公开谴责公告打破了这种潜规则，声称要"最终促成一个遵从法律、恪守职业道德规则的健康的市场环境早日来临"。

【依据】

（一）道德依据

《中国新闻工作者职业道德准则》（2009修订）

第四条第四项 尊重新闻同行，反对不正当竞争。尊重他人的著作权益，引用他人的作品要注明出处，反对抄袭和剽窃行为。

（二）政策依据

《新闻出版总署关于进一步做好出版发行领域不正当交易行为 自查自纠工作的通知》（2006）

（三）……报刊出版单位不得以不正当竞争行为或方式开展经营活动……

《中央宣传部、国务院纠风办、新闻出版总署、国家邮政局 关于采取切实措施规范报刊发行秩序的通知》（2006）

……对报刊出版单位利用媒体互相攻击、贬损竞争对手等问题要严肃查处。……各报刊出版单位在出版发行活动中要遵循公平竞争、诚实守信的原则。……

（三）法律依据

《报纸出版管理规定》（2005）

第四十三条 报纸出版单位不得以不正当竞争行为或者方式开展经营活动，不得利用权力摊派发行报纸。

第六十三条 报纸出版单位有下列行为之一的，由新闻出版总署或者省、自治区、直辖市新闻出版行政部门给予警告，并处3万元以下罚款：

……

（十二）违反本规定第43条，以不正当竞争行为开展经营活动或者利用权力摊派发行的。

《中华人民共和国著作权法》（2010 修正）

第二十二条 在下列情况下使用作品，可以不经著作权人许可，不向其支付报酬，但应当指明作者姓名、作品名称，并且不得侵犯著作权人依照本法享有的其他权利：

……

（三）为报道时事新闻，在报纸、期刊、广播电台、电视台等媒体中不可避免地再现或者引用已经发表的作品；

（四）报纸、期刊、广播电台、电视台等媒体刊登或者播放其他报纸、期刊、广播电台、电视台等媒体已经发表的关于政治、经济、宗教问题的时事性文章，但作者声明不许刊登、播放的除外。

第四十七条 有下列侵权行为的，应当根据情况，承担停止侵害、消除影响、赔礼道歉、赔偿损失等民事责任：

（一）未经著作权人许可，发表其作品的；

……

（三）没有参加创作，为谋取个人名利，在他人作品上署名的；

（四）歪曲、篡改他人作品的；

（五）剽窃他人作品的。

《最高人民法院关于审理著作权民事纠纷案件适用法律若干问题的解释》（2002）

第十六条 ……传播报道他人采编的时事新闻，应当注明出处。

第十七条 ……转载未注明被转载作品的作者和最初登载的报刊出处的，应当承担消除影响、赔礼道歉等民事责任。

【编写组观点】

传媒间与传媒内部竞争关系的良恶直接关系到受众的利益。首先，传媒间的相互攻击行为直接以报道的形式呈现出来，将同行的所谓"内幕"曝光，无非是想以此作为噱头吸引受众，同时也是为了填充版面，应对稿源不足，转移受众对报道不足的注意力。以这些口水战占据版面，实际上是浪费了受众的时间和金钱。其次，传媒间以及传媒内部的互相不合作，似乎是很符合竞争的原则，但是从整体新闻业的发展来说，这种闭关自守的做法显然是一种退步，尤其是传媒内部记者之间的相互防范和不合作。新闻资源的共享其实是一种双赢，因为在现代社会，信息的交叉程度决定了任何细致的分工都不是绝对的，互助和资源共享是更能提高效率的方式。最后，剽窃篡改同行新闻作品的行为，不仅是对同行劳动成果的不尊重，更是对受众的一种不负责任和欺瞒。因此，新闻的著作权保护以及记者尊重其他作者的版权问题是世界新闻界高度关注的职业道德问题之一。至于采用卧底的方式来打探其他媒体消息的行为，同一媒体内部利用便利打压其他记者的行为，早已超出了道德的范围。处理好以上这些关系的途径就是建立一个互相尊重和协作的良性竞争机制和环境，机制可以由操作层面的职业规范来建立，但是良性竞争环境的建立已超出职业规范层面。

制定规范时可参照的内容包括：

（一）传媒的不正当竞争

传媒间合作是一种双赢，既有利于传媒的资源共享，也有利于公众。传媒在报道中相互攻击会降低传媒的格调。

不剽窃其他传媒和新闻工作者的新闻作品。时事新闻不受著作权法保护，除非作者作了不许转载的声明。其他类型的新闻作品受著作权保护，不能有剽窃、篡改等行为。

不影响或阻挠其他记者的采访进程，包括不破坏其他记者的采访工具、交通工具、通信设备、遵守双方采访约定等。

不在采访对象面前或在报道中诋毁其他传媒或其他记者，包括其他传媒内幕、记者个人生活经历、曾经出现的有悖职业规范或法律的报道等。

不以付费给采访对象为条件，要求对方不接受其他传媒和记者的采访。

不以卧底的方式打探其他传媒的运作方式、选题策划、选题提纲、新闻线索。

（二）关于引用其他传媒的报道

引用其他传媒报道时注明出处，包括全部引用和部分引用。

对于通讯社的新闻稿要注明其电头，并且只能删节不能增补内容。

不利用职务之便打压同一传媒内部其他记者，比如以版面紧张、稿件没有新闻价值、不符合形势等借口撤掉记者有价值的稿件，在对方没有参与采访写作的稿件（通常涉及曝光）上故意署上对方姓名，以恶化对方与被报道对象之间的关系等。

在采访过程中获得其他传媒或新闻从业者的信息资源等方面的帮助后，可以在报道中署上对方的名字或说明情况，以感谢对方的帮助。

传媒不能利用权力摊派发行、压低价格等手段从事经营活动。

六、专业报道

37. 案件报道

37.1　尊重无罪推定原则。

37.1.1　不超越诉讼程序，进行预先定性（特别是定罪）式的报道和评论。严格遵循不得强迫犯罪嫌疑人或被告人自证其罪原则。

37.1.2　根据案件诉讼进程，及时、动态、连续跟进报道。报道案件的事实信息时，要多源求证，客观平衡，注重权威消息来源。

37.1.3　尽量针对案件事实就事论事，非因必要，不针对当事人、办案人等与案件相关的人员。

37.1.4　判决前，对刑事案件掌握最严格的报道标准：

（1）对尚未提起公诉的刑事案件，一般只在立案、采取强制措施、侦查终结、移送审查起诉等环节，进行程序性报道；

（2）对提起公诉的刑事案件，可根据起诉书的内容同时报道涉嫌犯罪的事实，但对具体案件情节特别是可能发生变化的涉案数额等，要保持足够的审慎。

37.1.5　判决后，可以根据公开的裁判文书进行报道和评论，但应尊重司法权威。对不公开审理的案件进行报道，应以判决书披露的内容为限。

【定义与背景】

（一）定义

案件报道，就是对已经发生并且进入司法程序的案件，按照新闻规律，进行符合法治精神的宣传报道。

（二）背景

在法治社会，案件资源是新闻报道的"富矿"。但开采"富矿"的过程，也是"事故"频发的过程，比如"媒体审判"现象就曾引起了社会的广泛关注。而纠结传媒与司法关系的最大痛点，还是案件报道的"收"与"放"。

从理论上说，强调公民的言论自由，保障公民的知情权，传媒报道司法案件似乎无所不能，甚至可以"放"得很开；但另一方面，出于维护司法权力和自身权威的需要，司法机关特别是一些地方司法机关出台了不少限制案件报道和评论的规定，处处"收"得很紧。一旦这种"收"与"放"的张力拿捏不准，比如，案件报道的时机、火候把握不好，措辞运用失当，就可能影响司法裁判，影响案件的传播效果，甚至产生负面效应。反过来，一味"收"得过死，也会影响司法信息的公开，妨碍公民言论自由的实现。

在法律层面，我国目前还没有直接的关于案件报道的授权性或禁止性规范，案件报道的"收"与"放"主要是依靠职业准则、行业规则和宣传纪律来规制。目前，主管部门先后发布的涉及案件报道的"意见"达到 7 个，而最高人民法院发布的相关"规定"也有 3 个，此外，一些地方有关部门也制定了不少"办法"，从而形成了"7 + 3 + N"的规范模式（文件名称见本节附件）。毫无疑问，这些规范性文件对于做好案件报道，传递司法信息，宣传法治建设，维护司法尊严，起到了积极的引导作用。这些规范在法律位阶上也存在着先天不足，一旦这种"收"与"放"的张力拿捏不准，就会使案件报道的时机欠妥火候欠佳，不是影响司法信息的公开，就是影响案件的传播效果与司法权威。

因此，在新闻法治逐渐觉醒的现代社会，传媒与司法双方都应当以更加务实的态度和更加理性的对话，尊重司法规律，尊重新闻规律，加强行业自律，使司法案件报道"收"得依法，"放"得有度，收放自如，最终实现司法公信力与公民知情权的两全其美。

【典型案例】

案例一： **张金柱："我是死在媒体的手里"**

案例概述： 张金柱是原河南省郑州市某区公安分局局长。1997 年 8 月 24 日晚，他酒后驾车沿人行道逆向行驶，撞上一对推自行车行走的父子。11 岁的孩子苏磊不治身亡；父亲和自行车被卷在车下，拖行长达 1500 米，致使全身大面积挫伤，白骨裸露，生命垂危。

8 月 25 日，当地《大河报》率先报道了这一惊人血案，之后又做了连续报道。8 月 27 日，郑州市公安局金水分局将涉嫌交通肇事的张金柱刑事拘留。同日，金水区检察院以涉嫌交通肇事罪批准逮捕张金柱。

10 月 13 日晚，中央电视台《焦点访谈》播出"8·24"血案的重大新闻，引起社会的强烈反响。12 月 3 日，郑州市中级人民法院公开审理此案。审判庭内数百个座位座无虚席，就连法庭外边，一大早也聚集了数百名群众。当被害人苏磊母亲抱着苏磊遗像出现在现场时，数千名市民聚集于现场，群情激愤，纷纷打出"诛杀公安败类"之类的条幅。

庭审中，检方认为张金柱不仅构成交通肇事罪，而且构成故意伤害罪。理由是张金柱撞人后还能驾车回到自己的顺行道上，并在围追堵截的情况下驶过一座桥，一个十字路口，三个丁字路口，能在障碍物前主动停车，在被打了一耳光后说"犯了法也不应该挨打"……所有这些都表明张金柱是有清醒意识的，由此推断他应当知道车底下拖着人，并得出他有伤害故意的结论。

法院最终认定这两个罪名都成立，并判处张金柱死刑。

张金柱长叹："我是死在媒体的手里啊！"[1]

案例二：　　　　　　胡斌：从舆论唾沫下仓皇逃生

案例概述：2009年5月7日晚8时许，杭州青年胡斌驾驶一辆三菱跑车，将穿越斑马线的大学生谭卓撞死。据杭州市交警调查：肇事者胡斌没有喝酒，事故发生后也没有逃逸，不存在蓄意杀人或者其他什么离奇情节。8日，警方说，肇事发生地路段限速为每小时50公里，案发时肇事车辆速度为每小时70公里左右。9日凌晨，胡斌因涉嫌交通肇事罪被杭州警方刑事拘留。警方表示，胡斌驾驶遇人行横道没有避让和减速，而行人没有任何违法行为，因此胡须负全责。

此案发生后，以网络为代表的民意一片沸腾。以"富二代飙车"、"70码"、"替身出庭"等为关键词的网络舆论迅速发酵，传统媒体也相继跟进，很快成为一起全国性公共舆论事件。

2009年5月17日晚，齐鲁电视台《开讲天下》节目对"杭州富家子闹市飙车撞死人该不该严惩"展开激烈辩论。山东观众短信投票支持从重判处的占所有投票数的89%，接近九成（2009年5月9日，《新商报》）。不少市民发短信称，希望该案件能够引起相关部门的重视，用法律手段实现对肇事者的严惩，甚至有市民建议通过该案件引发法律条文是否完善的讨论。

论者指出：大多数主张判处胡斌以危险方法危害公共安全罪的论者，未必与这位富豪公子有不共戴天之仇，欲置之死地而后快。这些情绪，一是为维护法律的公正，二是防患胡斌式的凶手再度危害社会。假如胡斌最终被处以较轻的刑罚，无疑刺激了第二个胡斌在闹市飙车的雄心——即便撞死人，不过三五年甚至更少的刑期——谁能保证，你不是下一个谭卓？

面对这种一边倒的声音，法院在胡斌先行赔偿113万元的情况下，最后以交通肇事罪判决其有期徒刑3年。有人批评判决太轻，有人认为这是法官理性地对待民意的结果，呼吁民意也应当理性地尊重法律。总之，围绕本案定性的争议，

---

〔1〕"张金柱驾车撞人逃逸案，曾经的血案曾经的风波"，载《人民法院报》2007年10月29日。

至今未了。[1]

案例三： 范志毅是否赌球？连续报道说端详

案例概述： 2002年6月，中国国家足球队在日韩世界杯输球后，6月14日，《体坛周报》刊登特约记者梁小周采写的"某国脚涉嫌赌球"，报道被多家媒体转载，"范志毅赌球"传闻引起轩然大波。

6月16日《东方体育日报》第一版刊登了"中哥战传闻范志毅涉嫌赌球"一文，在开篇转载《体坛周报》文章后，对所涉及的国脚进行排除式的分析，指明涉嫌赌球的球员为范志毅，同时报道了范志毅的否定意见和足协领导和队友们的反应，报道还引用网友的文章并注明将继续关注这一事件。6月17日和19日，该报刊登"范九林：我儿子没赌球"、"范志毅郑重声明"，分别为对范志毅父亲的采访和范志毅本人关于没有赌球的声明。

6月20日，《体坛周报》发表声明称："本报6月14日刊发的'某国脚涉嫌赌球'一文出自不实消息来源，我们对文中未能援引任何证据支撑报道观点深表遗憾，我们承认在报道中使用'未经核实的消息'一词是极不严肃的。文章刊登后，给中国足球队造成了精神上的压力和伤害，在此，我们深表歉意。"6月21日，《东方体育日报》随即以"真相大白：范志毅没有涉嫌赌球"为题，就事件发表了编后总结，指出"有关包括范志毅在内的中国国家足球队员涉嫌赌球的传闻，已真相大白。事实表明范志毅没有赌球，在社会上包括网络中所流传的所谓范志毅赌球的谎言已不攻自破。本报通过连续报道为范志毅澄清事实真相，洗刷无端罪名的目的已达到。"

2002年7月4日，范志毅向上海市静安区人民法院提起诉讼，认为6月16日刊登在《东方体育日报》的"中哥战传闻范志毅涉嫌赌球"报道损害其名誉权，请求判令公开赔礼道歉并赔偿精神损失费5万元。

上海市静安区人民法院在判决中肯定了被告媒体以连续报道的方式澄清事实的努力，认为"被告的系列报道是有机的、连续的，它客观地反映了事件的全部情况，是一组完整的连续报道，就本案的情况而言，不应当将该组报道割裂开来审读"。[2]

案例四： 清华博士：凭什么说我"不懂做人的基本道理"？

案例概述： 2005年2月5日上午，浙江省丽水市缙云县新建镇山岭下村发生一起邻居间因修房纠纷而引发的故意伤害案件。《青年时报》社记者2005年2月

---

〔1〕 "杭州'5.7'交通肇事案被告人胡斌一审被判三年"，载新华网http://news.xinhuanet.com/legal/2009-07/20/content_11739922.htm.

〔2〕 上海市静安区人民法院民事判决书（2002）静民一（民）初字第1776号。

17、18 日连续发表两篇报道，标题分别为"谁挡我建房我叫谁死"（以下简称第一文）和"在乡村权力场中迷失的博士"（以下简称第二文）。文章直指清华大学博士生董秀海杀人。报道还请所谓专家对董的人品进行贬损性评价，并在 2 月 18 日该报社的报纸上发表。之后在一些网站发表了这些文章。不少媒体直称"清华博士棒杀乡亲"，甚至引发关于"大学人文教育为何缺失"的讨论。在案件未判决之前，引起媒体关注的不是案情，而是针对当事人，或者说针对当事人的身份。

然而，两年后，检察院决定对董不起诉，法院也裁决董无刑事责任只需承担民事责任。董于是以侵犯名誉权为由将媒体告到法院。

法院经审理认为：《青年时报》社在案件并无定论的情况下，通过采访撰写的第一篇文章，使一般读者认为董秀海导致马开亮死亡，而此时董秀海仅被司法机关立案侦查，因此，报道内容与事实不符，构成侵权。

在第二篇文章中，第一个小标题为"传言折射权力梦想"的 8 个自然段中有如下内容："董秀海将来念完书要回家做县长的……而董秀海则心安理得地在谣言中迎着村民畏惧的目光出出入入"、"……而事后董秀海则当着杨彩英的面阴阳怪气地说'等我当了县长用轿子抬你们过来坐坐'"、"村里流传一种说法：董秀海读行政管理专业就是为了做官，让自己和家里人扬眉吐气"，该段内容传达给读者的含义是董秀海读书是为了当官；第二个至第四个小标题分别为"自小沉默寡言"、"聪慧少年崭露头角"、"清华大学的优秀团干部"，主要记述了董秀海的成长过程；第五个小标题为"不懂做人的基本道理"，在 6 个自然段中有如下内容："……接受了捐助的董秀海，去了大学近 5 个月也没给周建华及其他捐助者去过一个电话"、"'至少不是很懂事吧，不懂做人的基本道理。哪怕到了大学后来电话报个平安。'周建华说"，该段内容表达的意思是董秀海接受捐助后不与捐助者联系，不懂做人的基本道理；第六个小标题为"伤痛的不仅是马家"，该段主要表述了董秀海母亲的态度。该文后附有两则专家点评，题目分别为"受宗族势力的影响比较大"、"对人际关系敏感"。

法院认为，通过对第二文的阅读，读者会认为，董秀海读书的目的是为了做官，读者可以了解董秀海的成长经历和性格特点，并有人评论董秀海为"不懂做人的基本道理"，"不具备一个社会公民最起码的道德修养规范"。该文作为建立在第一文基础上的后续报道，第一文报道内容失实，因此，第二文报道以至于引发讨论思考的前提即不存在，报社亦未就第二文报道内容属实提供充分证据。因此，第二文会让一般读者认为董秀海不懂做人道理、缺乏最起码的道德修养，会使董秀海社会评价降低，因此，第二文侵犯了董秀海的名誉权，《青年时报》社应对此承担相应法律责任。

法院判决，对于董秀海要求停止侵权、赔礼道歉、消除影响、恢复名誉、赔偿精神损害抚慰金的诉讼请求予以支持。[1]

案例五： **"不破不报"，17 名中学生相继遇害**

案例概述： 2003 年 11 月 10 日，河南平舆警方破获一起特大杀人案，在凶手黄勇的住处共挖出 17 具中学生的尸骨。经法院审理查明：被告人黄勇自幼受暴力题材影视剧的影响，梦想成为一名职业杀手。2001 年夏，黄勇将自己家中的轧面条机机架改装成杀人机械，取名为"智能木马"。精心策划后，决定向出入网吧、录像厅、游戏厅的男性青少年下手，实施杀人计划。自 2001 年 9 月至 2003 年 11 月，黄勇先后从网吧、录像厅、游戏厅等场所，以资助上学、帮助提高学习成绩、外出游玩和介绍工作为诱饵将被害人骗到自己家中，以被害人要想实现自己的愿望，必须经过"智能木马"测试为由将被害人绑在木马上，或先把被害人用酒灌醉，然后用布条将被害人勒死。至案发共计杀死无辜青少年 17 人，轻伤 1 人。法院以故意杀人罪判处黄勇死刑，剥夺政治权利终身。

在剖析这个案件时，人们发现，从 2001 年 9 月开始，就不断有孩子失踪的消息，甚至一天有两个孩子失踪。但平舆警方和传媒却未就此事向社会发布任何信息，以致短短的两年余，酿发了不堪回首的人间惨剧。正如法新社的评论所言："这非常令人震惊。直到警方破了案，人们才知道这些案件。"报道认为，如果警方及早向公众通报连环谋杀案，居民就可以加强自我保护，给警方提供线索。而且，媒体的报道可能使凶手心生恐惧，不敢轻举妄动。但警方没有这么做，致使杀人者得以继续行凶。[2]

案例六： **佛山晚报：报道说"霸占"，法院认为不侵权**

案例概述： 2000 年 1 月 26 日，《佛山晚报》"百姓生活版"刊登了标题为"三个老太太霸占三栋楼"，副标题为"旧城区一正在改造的工地遇到巨大障碍，不得不停工 3 个月"的文章说："佛山市老城区一正在改造的工地遇到了巨大障碍，三个老太太固执地霸占着需要拆迁的 3 座大楼，使得整个工程基本上停工……这里的 9 栋居民共有住户 280 家，接到通知后，277 户居民非常配合，但是拆迁 50 号、52 号、62 号楼时遇到了巨大麻烦……这些老太太冲在最前面，她们谁都不怕，什么话都敢骂，当拆迁人员向她们作解释时，老太太就破口大骂，阻止施工人员进场工作……城区人民法院一审判决这些钉子户搬迁，这些老太太不服，上诉到佛山市中级人民法院后被驳回。"

二审宣判后，上述 3 住户仍拒绝搬迁，后被法院强制拆迁。2000 年 1 月，记

〔1〕 "清华博士'杀人事件'大逆转"，载《南方周末》2007 年 4 月 19 日。
〔2〕 "专家呼吁进一步公开犯罪案件"，载《参考消息》2003 年 11 月 20 日。

者依据上述两级法院的判决书，撰写了"三个老太太霸占三栋楼"一文，发表在《佛山晚报》上。原告彭少琼等6人以被告报道的"三个老太太霸占三栋楼"一文严重失实，侵犯了她们的名誉权为由诉至法院，要求解决。

法院认为：本案原告在法院终审判决原告迁出原住房后仍然拒不迁出是明显违法，基于这一事实，报道中称"住在这里的3户人家死活不搬"并无失实；报道中使用"霸占"、"钉子户"等词语属于正当的舆论监督范畴，没有违背、歪曲基本事实，没有侮辱、贬损名誉的内容。再则，本案讼争的报道中所述的"三个老太"、"50号、52号、62号楼的3户人家"并不是指特定的个人，文中也未提及本案原告的姓名甚至住房号，普通的读者均不会认为上述所指就是本案原告，故被告的行为对原告的社会评价不发生影响，即原告的名誉不存在因被告的新闻报道而产生被损害的事实。被告认为其行为属正常的舆论监督，文章内容基本属实，不构成名誉侵权的抗辩，理由充分，予以采纳。依法驳回原告的诉讼请求。

二审法院重申：报道依据的是生效裁判文书，其报道基本属实，且内容没有诽谤性、侮辱性，对三名老太的名誉并未造成损害，故未构成名誉侵权。原审判决认定事实清楚，适用法律正确，本院予以维持。于是驳回上诉，维持原判。[1]

【依据】

（一）道德依据

《中国新闻工作者职业道德准则》（2009修订）

第六条 ……

4. 维护司法尊严，依法做好案件报道，不干预依法进行的司法审判活动，在法庭判决前不做定性、定罪的报道和评论；

……

《中国广播电视编辑记者职业道德准则》（2004）

第十九条 案件报道不应影响司法公正和法律判决。不偏袒诉讼任何一方；案件判决前，不做定罪、定性报道；不针对法庭审判活动进行暗访；报道公开审理的案件，应遵守相关法律规定。

《中国法制节目编辑记者自律公约》（2007）

第十条 在案件终审判决之前，不应作定性、定罪的结论性报道，在采访和报道中，必须保持冷静、谨慎和客观，不得采用媒体审判的方式影响或干扰司法机关正常的审判工作。

第十一条 在民事案件的报道中，要做到平衡报道，公平、公正，特别是涉

---

〔1〕 佛山市中级人民法院（2003）佛中法民一终字第403号，佛山市城区人民法院（2002）佛城法民初字124号。

及侵权和赔偿的民事、经济类案件时，要倾听双方当事人意见，并明确法院的终审判决。

（二）政策依据

《中共中央办公厅关于进一步加强和改进舆论监督工作的意见》（2005）

五、……严格遵守法律法规，不得干扰和妨碍政法机关依法办案。……

《关于新闻采编人员从业管理的规定（试行）》（2005）

九、切实搞好司法审判的报道。……案件判决前，不作定罪、定性报道；……

中宣部、中央政法委《关于加强和改进案件报道的通知》（2005）

（八）不得超越司法程序，不得违反事实和法律，不得擅自对案件定性。

《中宣部、中央政法委关于进一步加强和改进刑事案件报道工作的意见》（2010）

三、严格规范案件新闻报道。各类各级媒体的案件报道要严格遵守法律规定，符合法律程序，严守报道规范。

（一）规范新闻信息来源。以权威信息为依据，不采用未经证实的素材，不道听途说，不偏听偏信，不主观臆测。

……

（七）在案件侦查和审理过程中，原则上不采访、不报道，如确需报道，由有关部门统一组织。

《广播电视播出机构工作人员违反宣传纪律处分处理暂行规定》（2002）

第十条 违反有关规定，有下列情形之一的，对负有直接责任的主管人员和其他直接责任人员，情节较轻的，给予警告或者记过处分；情节较重的，给予记大过、降级、降职或者撤职处分；情节严重的，给予开除留用察看或者开除处分：

……

（三）超越司法程序，对案件进行定罪、定性式报道，造成不良影响的；

……

（三）法律依据

《中华人民共和国宪法》（2004 修正）

第一百二十六条 人民法院依照法律规定独立行使审判权，不受行政机关、社会团体和个人的干涉。

第一百三十一条 人民检察院依照法律规定独立行使检察权，不受行政机关、社会团体和个人的干涉。

《中华人民共和国宪法修正案》（2004）

第二十四条 ……国家尊重和保障人权。……

《中华人民共和国刑事诉讼法》（2012 修正）

第十二条 未经人民法院依法判决，对任何人不得确定有罪。

第五十条 ……不得强迫任何人证实自己有罪。……

《最高人民法院关于审理名誉权案件若干问题的解释》（1998）

新闻单位根据国家机关依职权制作的公开的文书和实施的公开的职权行为所作的报道，其报道客观准确的，不应当认定为侵害他人名誉权；其报道失实，或者前述文书和职权行为已公开纠正而拒绝更正报道，致使他人名誉受到损害的，应当认定为侵害他人名誉权。

《最高人民法院关于人民法院接受新闻媒体舆论监督的若干规定》（2009）

第一条 人民法院应当主动接受新闻媒体的舆论监督。对新闻媒体旁听案件庭审、采访报道法院工作、要求提供相关材料的，人民法院应当根据具体情况提供便利。

第三条 对于公开审判的案件，新闻媒体记者和公众可以旁听。审判场所座席不足的，应当优先保证媒体和当事人近亲属的需要。有条件的审判法庭根据需要可以在旁听席中设立媒体席。记者旁听庭审应当遵守法庭纪律，未经批准不得录音、录像和摄影。

第五条 新闻媒体因报道案件审理情况或者法院其他工作需要申请人民法院提供相关资料的，人民法院可以提供裁判文书复印件、庭审笔录、庭审录音录像、规范性文件、指导意见等。如有必要，也可以为媒体提供其他可以公开的背景资料和情况说明。

第九条 人民法院发现新闻媒体在采访报道法院工作时有下列情形之一的，可以向新闻主管部门、新闻记者自律组织或者新闻单位等通报情况并提出建议。违反法律规定的，依法追究相应责任：

……

（二）对正在审理的案件报道严重失实或者恶意进行倾向性报道，损害司法权威、影响公正审判的；

……

【编写组观点】

编写组认为，媒体超越程序，在法院开庭前对案件进行定罪定性的报道，是媒体审判行为，有违法治。媒体作为社会的守望者，既有监督司法，帮助司法公开的责任，也有维护司法独立，使相关人员得到公正审判的义务。避免媒体审判的发生，既需要媒体从业者学习并严格遵守刑事诉讼法确立的无罪推定、不得自证其罪等原则，从思想上树立起法治意识，也需要在新闻报道中注意自己的报道方式，做到平衡报道，避免失实报道。媒体在案件立案侦查、审查起诉、审判及宣告判决之后等过程中，更要遵守法律规定的每个阶段的义务，有所为有所不为，既避免监督的缺位，也不要出现媒体对案件的干预与影响。

（一）关于无罪推定

传媒报道司法案件必须遵守法律规定，尊重司法规律和新闻规律，维护法治尊严，维护公民权利，维护司法公正。这是法治社会对新闻媒体的应然要求，也是媒体以新闻的力量推动法治建设的实然回应。

具有鲜明的程序性是司法案件的基本特征。进行案件报道必须遵循这种规律，按照既定的司法程序，一步一步进行及时动态的跟进。在实体上保持适当克制的同时，注意舆论导向，确保报道的准确与实效。对事不对人作为一条基本的报道准则，在案件报道中也不例外。这既是媒体负责任的表现，也是增强媒体报道效果、规避新闻侵权的有效路径。即便在某些非常必要的场合，媒体对人的报道依然要以人身上发生的事为主，通过事来反映人，反映报道的主题，从而避免抽象的人格形象描绘，避免给他人哪怕是有罪、有错者带来不必要的伤害。

超越司法程序对案件进行定性甚至定罪，被认为是"媒体审判"的典型表现。这种做法由于违反无罪推定、罪刑法定等原则，常常为司法理性所不容。当下中国也不同程度地存在着媒体报道和评论，左右公众情绪，形成司法压力并最终影响司法公正的现象，对此必须引起新闻界的高度重视。特别在案件判决前，非依公开法律文书，不对案件进行定性定罪的揣测并试图来证明这些观点，从而为司法公正创造一个良好的舆论环境。

从法治角度说，中国政府已签署联合国《公民权利和政治权利公约》，其中第14条明确了无罪推定原则。我国1997年修改的《刑事诉讼法》也明确规定："未经人民法院审判，任何人不得确定为有罪。"它与宪法及其他法律一起，共同构成了我国的无罪推定制度。毕竟，获得不受任何不法干预的公平审判，是每一个公民最基本的人权。

需要补充的是，按照我国目前的新闻纪律，对于涉及疆独、藏独、台独、民运、邪教、恐怖、国家安全、大规模群体性事件、重大突发事件等敏感内容的案件，其报道和评论都要慎之又慎，这种克制是维护社会和谐稳定的需要。

（二）关于报道时机

客观报道司法案件，既是媒体的权利，也是媒体的义务。如何掌握案件报道的时机，动态反映案件进程，在报道效果上"化腐朽为神奇"，必须注意以下几点：

　　首先，根据办案的程序节奏，及时报道案件进程。大量事实表明，"捂盖子"的做法不仅侵害了公众的知情权，还可能让社会为此付出惨痛的代价，使类似黄勇案的悲剧重复上演。因此，重大恶性案件发生后，有关部门应当配合媒体在第一时间发布权威信息，回应社会关切，抢占先机，赢得主动，为妥善处理重大突发事件提供舆论支持。普通案件发生后，按照司法公开的程序要求，媒体也完全可以根据公开的法律文书进行客观报道。

　　其次，报道司法案件要处理好实体性报道与程序性报道的关系。确需报道民事案件和行政案件的事实信息时，要注意多源求证、客观平衡、留有余地。但对刑事案件的报道应掌握更为严格的标准：对尚未提起公诉的刑事案件，一般只在立案、采取强制措施、侦查终结、移送审查起诉等环节，进行程序性报道；对提起公诉的刑事案件，可根据起诉书的内容同时报道涉嫌犯罪的事实，但对具体案件情节特别是可能发生变化的涉案数额等，要保持足够的审慎；对尚未宣判的刑事案件，不能撇开权威消息源去深挖犯罪事实；对办案人非经法定程序而私下透露的案件信息，原则上不予披露。因为这时办案人并不能代表办案机关，其信息也不具有权威性，不足以成为媒体进行报道的依据。这对那些挖空心思去和办案人"套瓷"的媒体记者而言，是个必要的提醒。

　　再次，法院作出判决前，如果媒体要报道案件事实，一般应有办案部门的权威声音（如新闻发布会或办案人授权发布等），同时应避免定性定罪特别是超越司法程序进行预先定性式的媒体审判，对案情报道要留有余地，对具体情节特别是可能出现变化的涉案数额等，要保持足够的审慎。对于案件的进展情况，要及时跟进报道，以连续报道等形式，动态、全面报道案件的办理进程及处理结果。

　　最后，动态跟进案件进程，反映案件进展，对事实出现变化的，及时进行连续报道。既然新闻往往只能反映事实发展的某一即时状态和局部状态，那么当新闻报道发表之后，客观事实又有了新的变化和发展，媒体就有责任和义务进行持续地跟进与报道，给事实一个完整的报道真相。毕竟报道者的认识不可能一步到位，更不可能超越客观事件的进程，在某一事件发生之初，有关的报道难免存在某些偏差，但只要新闻机构把报道连续下去，先前报道中的偏差对公众的影响就可以被后续报道所消除。因为媒介在一定时期里，总是有一个相对稳定的辐射边界。多数受众也往往从他所熟悉和喜爱的特定的新闻媒介上不断地获取信息。因而，连续性报道留给多数受众的乃是全部报道所体现的有关事件的完整真相，而不是其中某一篇报道的片面印象。既然这种偏差对特定相对人的不利影响已为后续报道所纠正，自应视为影响已经消除。对相对人的客观损害事实既然不存在，侵权行为自然不能成立。这也就意味着，连续性报道必须是"连续"的，必须及时跟踪事件进展。否则就会使受众不能了解事件真相，也会给当事人造成一定的不利影响。另外，有许多事件的发展是很难预见的，有许多案件结果产生之前的报道中存在某些偏差，报道者在主观上既非故意又无过失，从这个角度说，也不应承担法律责任。

当然，在连续性报道中，阶段性事实与最终结论不符，只是事件本身发生转折从而认识发生变化的反映，有关报道在当时的具体情境中仍然应当是真实的。如果该报道本来就没有多少事实根据，那就不是连续性报道本身的误差了，报道者有什么问题就应当承担什么样的责任。但是，新闻单位在某一事件未有最终调查、处理结果前发表的新闻报道，虽与事件最终的调查、处理结果不符，但其发表时有在一般人看来可以合理相信的证据支持，并以后续报道等形式，客观、公正地报道各方提出的不同事实和意见，及时、连续地报道事件的进展情况和最终的调查、处理结果的，不应认定为报道失实。

迟来的连续报道同样可能带来负面影响。所以，案件报道只有及时、动态、连续跟进，才能给读者一个完整的事实，从而使传媒免于侵权的困扰。

（三）关于平衡与权威

案件报道必须表达准确、来源权威。这是由新闻的真实性和法律的严肃性共同决定的。所以，有关部门多次要求案件报道以权威信息为依据，不采用未经证实的素材，不道听途说，不偏听偏信，不主观臆断。

1. 尽可能参照公开的法律文书，保证信息来源的权威性。相比其他信息源而言，公开的法律文书是披露案件事实最权威的载体，是反映公开职权行为最重要的窗口，是在众说纷纭的案件事实中判明法律事实的捷径。因此，对与公开的法律文书特别是起诉书、判决书等不一致的内容，要仔细核实，清晰交代新闻来源，合理反映各方声音，不故意偏袒一方当事人。真正做到这一点，即便内容失实，也可以克减媒体的侵权责任。按照最高人民法院 1998 年的司法解释：新闻单位根据国家机关依职权制作的公开的文书和实施的公开的职权行为所作的报道，其报道客观准确的，不应当认定为侵害他人名誉权。即便后来证明这些事实不符合客观实际情况，媒体除非是在司法机关作出更正后拒绝纠正报道，否则也不必承担责任。

2. 慎重对待消息源。案件报道特别强调消息源的权威度，一个重要的理论基点在于，在真伪难辨的案件信息来源中，新闻报道要做到去伪存真，就应当设法使新闻事实无限接近法律事实，努力接近客观事实。而法律事实是司法机关在法定程序内，按照职权行为，运用司法证据认定的事实，因此它显然比作者或媒体个体获得的事实（新闻事实）要全面、可信得多。而且，由于这些法律文书（包括行政文书等）是面向公众公开的，是代表国家机关作出的，具有相当的公信力，公民个人包括媒体记者既无必要也不可能凭借一己私力去进行核实，因此，按照推定公信力理论，媒体有权认为其可信可靠而直接进行引用。

真正以法律文书为依据进行案件报道，就不会超越诉讼程序，进行预先定性（特别是定罪）式的报道和评论，可以有效避免屡遭诟病的"媒体审判"。具体地说，在案件判决前，非依公开法律文书（主要是起诉书、判决书）和职权行为（如公开的新闻发布会），不对案件进行定性定罪方面的揣测并试图来证明这些观点。反之，背离这一点，就会使案件报道出现负面效果。新闻实践中，那些过早地断言刑事"冤案"，或过急地表彰抓捕英雄的做法，从根本上说都是缺乏法治思维的表现。

3. 辩证理解准确权威。对准确权威的理解要符合常人的判断标准，不能用法律标准苛求新闻表达。2007 年 5 月 16 日，在国家药监局原局长郑筱萸犯罪案件报道中，某报将郑筱萸称为"药监大案"的头号主犯。另一家知名媒体在谈到药品注册司原司长曹文庄的量刑时称，"根据记者掌握的情况，目前起诉罪名可能是受贿罪，由于其职位比郑略低，涉案金额也比郑筱萸少，曹文庄的量刑可能比郑筱萸略轻"。学者质疑：法院还未判决，记者就判定郑筱萸为"主犯"是否合适？曹文庄的案件还未审理，记者就对案件的起诉罪名和量刑作出推测是否有越权之嫌？是否已经肯定曹文庄有罪？我们认为，这种担心确有道理，比如称郑筱萸为主犯在法律上的确不够严谨。但也不能要求所有的新闻语言、百姓语言都如法律语言般严丝合缝。在郑筱萸案件中，作者根据他的身份和拥有的权力，结合他在整个犯罪体系中的（头号）地位和作用，"认定"他是主犯，虽不专业，但也不悖常理。而在曹文庄案件中，即便法院判决前的法律分析不被提倡，但作为言论自由的一种，这种新闻解读和专家分析也断然不能禁止。因此，与其担心媒体有定性之嫌，不如规劝媒体避表达之拙。

4. 准确权威并非一成不变，而是具有动态性。来源不权威，信息难准确；即便来源权威，信息也未必总能准确。何况，权威信息来源本身也可能出错。所以，准确权威是个动态的概念，一旦权威来源认定的事实发生变化，媒体必须知错即改，否则仍需承担侵权责任。比如刘景全被河南省遂平电视台称作"南霸天"后引起名誉权纠纷。法院认为：这种报道是否构成侵权，要看该报道的内容是否客观准确。"客观"是指公正，不偏向任何一方；"准确"是指报道与文书、职权行为的内容一致，不失实、不歪曲、不添枝加叶。虽然原来报道准确，但电视台在原告刘景全涉嫌诈骗一案公开纠正后，却未作更正报道，致使原告名誉持续受到损害，故应当承担民事侵权责任。这个判决的启示至少有两点：①一旦报道依据的公开文书发生变化，相关报道内容也必须跟进纠正。②案件报道不是文学创作，任何贬损现实生活中公民名誉的不准确用词，都可能承担法律责任——今天，虽然"南霸天"之类的提法少了，但"蛀虫"、"硕鼠"等具有贬损意义的用词仍不鲜见。

总之，无论是尊重司法规律，还是把握新闻规律，最大限度地参照法律文书进行案件报道，是法治新闻日臻成熟的标志，也是树立法治权威的必然要求。

附：关于案件报道的现有规则（"7+3+N"模式）

（一）主管部门7个规定

1. 中华全国新闻工作者协会《中国新闻工作者职业道德准则》（2009年11月9日修订）

2. 中共中央办公厅《关于进一步加强和改进舆论监督工作的意见》（中办发【2005】11号）

3. 中宣部、国家广电总局、新闻出版总署《关于新闻采编人员从业管理的规定（试行）》（2005年3月29日）

4. 中共中央宣传部、中共中央政法委员会《关于当前报刊在法制宣传方面应注意的几个问题的通知》（1985年3月27日）

5. 中宣部、全国人大常委会办公厅、司法部和新闻出版署等《关于新闻法制的意见》（1996年）

6. 中宣部、中央政法委《关于加强和改进案件报道的通知》（2005年）

7. 中宣部、中央政法委《关于进一步加强和改进刑事案件报道工作的意见》（2010年12月15日）

（二）最高人民法院的3个意见

1.《关于人民法院接受新闻媒体舆论监督的若干规定》（2009年11月）

2.《人民法院法庭规则》（1994年1月1日）

3.《关于严格执行公开审判制度的若干规定》（1998年3月8日）

37.2　依法、正当获取案件新闻。

37.2.1　主动出示采访证件，表明采访意图，尊重司法机关和其他被采访对象的合理要求，依法查阅或复制允许公开的案件资料。

37.2.2　在突发案件的现场采访要服从办案人员的指挥。在指定区域内采访拍摄，不逾越警戒线，不妨碍公安、消防、医护等人员工作。

37.2.3　对政策性强的敏感案件、社会关注度高的热点案件的采访报道，要保持适度克制，必要时应征求办案部门的意见。

37.2.4　不以"钓鱼"等引诱犯罪的方式进行采访，不以假扮犯罪嫌疑人、窃取或泄露侦查秘密等涉嫌违法犯罪的方式揭露违法犯罪。

37.2.5　未经许可，不得擅自进入公民私人空间进行采访，也不得以监听、监视、私自调查公民隐私等方式进行采访报道。（见"14.隐性采访"、"19.隐私"）

37.2.6　除非为了公众重大利益（见"9. 公共利益"）且非此不能获得真实情况，一般不采用隐性采访方式来揭露违法犯罪。

37.2.7　非经授权，不披露案件相关人包括办案人、举报人、证人、嫌疑人的近亲属、受害人等的个人信息。

37.2.8　非经本人同意，不采访犯罪嫌疑人或被告人的父母、配偶、子女。

37.2.9　对不公开的法庭审判活动不进行采访；对公开的庭审活动不进行暗访。

37.2.10　遵守法庭纪律，对审判活动的直播以及录音、录像、摄影，或通过邮件、博客、微博客等方式传播庭审情况应征得法庭同意。

37.2.11　未经执行机关批准，不得与被监视居住的犯罪嫌疑人、被告人会见或通信。

37.2.12　遵守未成年人犯罪案件的报道规范（详见"19. 隐私"、"22. 未成年人"）。

37.2.13　对合法消息源提供的法律禁止传播的信息，依照法律规定作出独立判断。

37.2.14　使用侦查机关提供的采取技术侦查措施获取的信息有法律风险。

37.2.15　妥善收集、转化、保管在采访过程中取得的各种证据资料，以合法的手段取得证据、固定证据，对可能引起纠纷的证据保存两年以上。

【背景】

法律是讲求程序正义的，美国形象地把使用非法手段获取的证据比喻成"毒树之果"。案件报道应当同法律一致，力争程序的科学正义，为公众还原案件最真实、最平衡、最客观的原貌。

但当下的案件采访与报道还存在很多与此精神相违背的做法。隐性采访曾经泛滥一时，使得记者这个行业出现了空前的信任危机；"钓鱼"式的报道手段也引起了媒体"自己制造新闻是否合理"的争论；另外，一些记者法律意识淡漠，缺少专业理性与人文关怀，在报道活动中逼访嫌疑人、被告人及其家属，给他们带来了法律程序之外的诸多困扰。2012 年《刑事诉讼法》修订之后，很多之前只是有违新闻伦理的行为如今就会涉嫌违法。因此，依法正当地获取案件的新闻素材无论是对当事人还是对媒体工作人员都是必要的。

此外，有调查显示记者如今成为"高危行业"之一。其实，记者面临的不仅是生命健康层面的"危险",还有经常因为报道被起诉但是缺少法律知识拿不出证据的败诉赔偿危险。因此,依法、正当地获取案件新闻,也必然要求记者能够保存好关键的、可能会有争议的信息,以备出现法律纠纷。

【典型案例】

案例一:　　　　　　　假扮文物贩子,记者涉嫌犯罪?

案例概述:2001年,中央电视台播出了暗访节目《亲历盗墓》,两名央视记者装扮文物贩子"亲历盗墓",在西安假扮文物贩子到当地有名的盗墓村进行了历时七天七夜的暗访,偷拍了盗墓者团伙分工合作、包干到人、责任明确的盗墓全过程。一共挖出了13件距今2000多年的西汉文物,为了防止文物流失,记者花1.4万元将文物买回。事后记者向陕西省文物局报案,但犯罪团伙的头目闻风而逃。

这次暗访节目一经播出,立即引起了全国范围内的大讨论,有关专家指出:两名记者的行为涉嫌触犯我国《刑法》第328条"盗掘古文化遗址、古墓葬罪"和第326条规定的"倒卖文物罪",给记者敲响了警钟。据悉,两位记者虽然没有被追究责任,但也离开了央视。[1]

案例二:　　　　　　　记者卧底偷车,应否豁免责任?

案例概述:2004年11月初,南京某媒体记者钟某经人介绍打入一盗窃自行车团伙内部,调查偷车情况。11月4日,钟某在向报社汇报情况并获得同意之后,于当晚与团伙成员见面,正式加入偷车的行动。之后,钟某卧底盗窃团伙四天三夜,亲身参与偷盗自行车多达15辆。虽然她事后向公安机关报了案,于7日凌晨协助公安人员抓获了3名偷车团伙成员,但法学专家普遍认为,记者并不享有异于他人的特权,钟某的行为涉嫌盗窃罪,毋庸置疑。

玄武区检察院认为,钟某的行为已经涉嫌盗窃,但情节较轻。为防止类似事件的再次发生,4月14日南京市玄武区检察院向记者所在报社发出《检察建议》:对记者钟某进行严肃批评教育,并给予一定行政处理;报社领导要提高分析和辨别是非的能力,引导记者正确履行工作职责;要加强对全体记者的法制和职业道德教育,增强社会责任感,不要将采访证作为违法的特权证,并对采访中记者应如何遵纪守法提出了具体建议。

该报社就上述建议内容进行了回复。据了解,为进一步规范记者采访行为,该报社制定下发了《关于隐性采访实行申报许可制度的通知》,规定"凡重大题材或可能产生重大风险的隐性采访活动,必须在司法机关或报社相关部门的监督指导下进行,行动时必须采取双人相互掩护、监督的措施"。[2]

---

〔1〕 详见《中国电视报》2001年第35期及《新闻记者》2001年第5期。

〔2〕 "卧底女记者偷车不犯罪吗?",载《检察日报》2005年3月23日。

案例三：　　　　　　　　记者接报暗访，涉嫌诱惑侦查？

案例概述： 2009 年 6 月，广东电视台和南方都市报记者接到举报，称有人在番禺大石街冼村私自挖山卖泥。其"应急调查报告单"被举报是花钱买来的伪造报告单：报告单上虽有国土部门的公章，但没有编号，文件上签有广州市地质调查院预警室主任刘永全的名字。

记者推断，刘永全可能存在非法出售国家公文的嫌疑。这两家媒体的 3 名记者，遂于同年 7 月 10 日假扮成某公司的业务员，准备找刘永全"购买"一份地质灾害报告单。在大门口，记者遇到了该院预警室副主任黄健民。黄带着 3 名记者与质量审核部副部长罗锦华谈定了价格——2.5 万元。7 月 13 日下午，罗锦华开具了报告，收下 2.5 万元，并给了黄健民 2500 元。7 月 20 日前后，此事被这两家媒体曝光。

广州市检察院反渎局介入调查，调取了相关资料。2010 年 1 月，广州市番禺检察院以暗访资料作为唯一的证据，指控罗锦华滥用职权。

2010 年 3 月 3 日上午，罗锦华被带进广州番禺法庭。罗锦华被指控向记者出售虚假的《广州市地质灾害点应急调查报告单》，犯下滥用职权罪。罗锦华的辩护律师陈启环在法庭上认为：记者暗访涉嫌"钓鱼执法"。"钓鱼执法"即诱惑侦查，并不为《刑事诉讼法》允许。

不过公诉人指出，本案并不是以记者暗访资料作为指控证据。

1. 记者暗访与"钓鱼执法"、诱惑侦查的主体不同。"钓鱼执法"中，那些所谓的"钓饵"是为了获取利益，在执法人员的授意下，出于恶意去引诱他人。而诱惑侦查则是侦查人员或者其授意的人员引诱本没有犯意的人员形成犯意，进而实施犯罪。在本案中，记者作为暗访人，既不是侦查人员，也不是得到侦查人员授意的"钓饵"。

2. 记者没有引诱罗锦华违法犯罪的恶意。暗访开始，记者要找的人本不是罗锦华，因而也就不存在引诱其犯罪的故意。偶遇黄健民并被引见罗锦华后，记者试探性地提出要求，得到了罗的积极回应。至于报告单如何收费，如何走程序等，记者并不清楚，完全是罗主导的，谈何引诱？事实上，罗锦华出售虚假报告单牟利的故意自始至终是明确的，并且是积极追求的。

3. 记者暗访是履行舆论监督职责的需要。根据《宪法》规定，一切国家机关、国家工作人员必须接受人民群众的监督。接到群众举报后，记者首先进行了明访，但遭到干扰，不得不改为暗访。这次暗访偷拍得到了广东电视台的同意，因为开展"广东省委机关作风建设大调查"是他们的常规任务之一。显然这种作风调查既需要明察，也需要暗访。[1]

案例四：　　　　　　　　记者蜂拥而上法庭场面混乱

案例概述： 1998年11月3日早上，位于海口市中心的海南省海南中级人民法院大楼前，警卫森严，气氛紧张。轰动岛内外的原东方市委书记、市人大常委会主任戚火贵受贿案，今天在这里公开进行一审判决。

上午8∶30，审判正式开始。当被告人戚火贵和妻子符荣英在法警的押送下双双出庭时，现场实录庭审的海南电视台碘钨灯大亮，几十名摄影记者拥上前台，争相抢拍镜头，场面几乎混乱。在审判长数次"请采访记者遵守法庭纪律！"的断喝下，记者们才一一退去。[2]

【依据】

（一）道德依据

《中国新闻工作者职业道德准则》（2009）

第三条　……

1. 要通过合法途径和方式获取新闻素材，新闻采访要出示有效新闻记者证。认真核实新闻信息来源，确保新闻要素及情节准确。

……

第六条　……

2. 维护采访报道对象的合法权益，尊重采访报道对象的正当要求，不揭人隐私，不诽谤他人；

……

（二）政策依据

《中共中央办公厅关于进一步加强和改进舆论
监督工作的意见》（2005）

五、……要通过合法和正当的途径获取新闻，不得采取非法和不道德的手段进行采访报道。……

《广播影视新闻采编人员从业管理的实施方案（试行）》（2005）

六、……要通过合法和正当的手段获取新闻，尊重被采访者的声明和正当要求。……

---

〔1〕 见"记者暗访揭发官员，正义之举还是'钓鱼执法'"，载《南方周末》2010年3月11日；"暗访资料作为唯一证据指控犯罪？"，载《检察日报》2010年3月17日。

〔2〕 "海南省东方市原市委书记戚火贵受贿案"，载 http：//data. jxwmw. cn/index. php？doc－view－91528.

《中宣部、中央政法委关于进一步加强和改进刑事案件报道工作的意见》（2010）

三、严格规范案件新闻报道。各类各级媒体的案件报道要严格遵守法律规定，符合法律程序，严守报道规范。

······

（二）不报道涉密内容。报道不得违反保守国家秘密法及其他有关保密规定。

（三）不公开内部信息。报道不得公开司法机关的情报来源、侦查手段，办案人员个人信息和审讯方略、策略、技巧，公安监管场所、监狱和劳教所的基础设施、警戒设施、警力分布等。

······

（五）不侵害有关涉案人员合法权益。不得公开报道被害人、举报人、证人的姓名、住址、工作单位和肖像，不得公开可能对涉案未成年人造成不良影响的各种信息。

（六）服从公安机关案件现场管理，在指定区域内采访拍摄，不逾越警戒线，不妨碍公安、消防、医护等人员工作，防止对有关当事人造成二次伤害。

四、分级分层做好案件报道。将案件分为重大恶性、恶性、常发三个层级，分级分层做好报道工作。

······

（四）关于一些特殊案件报道。对恶意报复社会、伤害未成年人等易诱发模仿效应的案件，涉民族宗教案件，易引发群体性事件案件，涉及我国家利益案件，涉外案件，以及发生在敏感地区、敏感时段的案件，各级各类媒体原则上不公开报道。确需报道的，严格按照统一安排执行。

六、规范网上案件报道。各网络媒体要严格按照国务院新闻办公室《可供网站转载新闻的新闻单位名单》，规范网上案件报道的新闻来源，不得将博客、播客、微博客、论坛等内容作为新闻登载。······对于网上出现的涉案件谣言、传言，可采取"网上来网上去"的办法，通过适当方式，在网上发布正面信息，澄清事实真相，引导网民情绪。

中宣部、中央政法委《关于加强和改进案件报道工作的通知》（2005）

四、完善案件宣传工作制度，严格规范案件新闻报道

······

（四）不得公开侦查人员的照片、图像、姓名、家庭住址及其亲属的有关情况。

（五）不得刊播卖淫妇女以及被拐、骗受害女性的姓名及肖像、不得披露涉嫌犯罪的未成年人的姓名、住址、照片及可能对未成年人造成不良影响的各种资料。

（六）不得公开报道被害人、检举人、证人的姓名、住址、工作单位及肖像。

《广播电视播出机构工作人员违反宣传纪律
处分处理暂行规定》（2002）

第六条　在宣传工作中，播出内容泄露国家秘密的，对负有直接责任的主管人员和其他直接责任人员，情节较轻的，给予记过、记大过或者降级处分；情节较重的，给予降职或者撤职处分；情节严重的，给予开除留用察看或者开除处分。

第十一条　在宣传工作中侵犯他人人身权利或其他合法权利，有下列情形之一的，对负有直接责任的主管人员和其他直接责任人员，情节较轻的，给予警告或者记过处分；情节较重的，给予记大过、降级、降职或者撤职处分；情节严重的，给予开除留用察看或者开除处分。

……

（二）报道各类案件时，未征得办案人、被害人、检举人、知情人同意，公开他们的姓名、地址、工作单位、图像及其他相关资料的；

（三）播出未成年犯罪嫌疑人的姓名、地址、图像及其他相关资料的；

（四）播出披露未成年人隐私的；

（五）播出内容泄露商业秘密或个人隐私、个人档案内容，造成不良后果的；

……

（三）法律依据

《中华人民共和国宪法》（2004 修正）

第五条　……任何组织或者个人都不得有超越宪法和法律的特权。

第五十一条　中华人民共和国公民在行使自由和权利的时候，不得损害国家的、社会的、集体的利益和其他公民的合法的自由和权利。

《中华人民共和国刑事诉讼法》（2012）

第七十五条　被监视居住的犯罪嫌疑人、被告人应当遵守以下规定：

……

（二）未经执行机关批准不得会见他人或者通信；……

……

第一百五十条　……采取技术侦察措施获取的材料，只能用于对犯罪的侦查、起诉和审判，不得用于其他用途。

公安机关依法采取技术侦查措施，有关单位和个人应当配合，并对有关情况予以保密。

第一百八十八条　经人民法院通知，证人没有正当理由不出庭作证的，人民法院可以强制其到庭，但是被告人的配偶、父母、子女除外。……

最高人民法院《关于司法公开的六项规定》（2009）

二、庭审公开建立健全有序开放、有效管理的旁听和报道庭审的规则，消除公众和媒体知情监督的障碍。依法公开审理的案件，旁听人员应当经过安全检查进入法庭旁听。因审判场所等客观因素所限，人民法院可以发放旁听证或者通过庭审视频、直播录播等方式满足公众和媒体了解庭审实况的需要。……

《最高人民法院关于人民法院接受新闻媒体舆论监督的若干规定》（2009）

第一条 人民法院应当主动接受新闻媒体的舆论监督。对新闻媒体旁听案件庭审、采访报道法院工作、要求提供相关材料的，人民法院应当根据具体情况提供便利。

第三条 对于公开审判的案件，新闻媒体记者和公众可以旁听。审判场所座席不足的，应当优先保证媒体和当事人近亲属的需要。有条件的审判法庭根据需要可以在旁听席中设立媒体席。记者旁听庭审应当遵守法庭纪律，未经批准不得录音、录像和摄影。

《最高人民法院关于民事诉讼证据的若干规定》（2001）

第七十条 一方当事人提出的下列证据，对方当事人提出异议但没有足以反驳的相反证据的，人民法院应当确认其证明力：

……

（三）有其他证据佐证并以合法手段取得的、无疑点的视听资料或者与视听资料核对无误的复制件；

……

《人民法院法庭规则》（1994）

第十条 新闻记者旁听应遵守本规则。未经审判长或独任审判员许可，不得在庭审过程中录音、录像和摄影。

《中华人民共和国刑事诉讼法》（2012 修正）

第二百七十四条 审判的时候被告人不满 18 周岁的案件，不公开审理。但是，经未成年被告人及其法定代理人同意，未成年被告人所在学校和未成年人保护组织可以派代表到场。

第二百七十五条 犯罪的时候不满 18 周岁，被判处 5 年有期徒刑以下刑罚的，应当对相关犯罪记录予以封存。

犯罪记录被封存的，不得向任何单位和个人提供，但司法机关为办案需要或者有关单位根据国家规定进行查询的除外。依法进行查询的单位，应当对被封存的犯罪记录的情况予以保密。

《中华人民共和国民事诉讼法》（2012 修正）

第一百三十四条　人民法院审理民事案件，除涉及国家秘密、个人隐私或者法律另有规定的以外，应当公开进行。

离婚案件，涉及商业秘密的案件，当事人申请不公开审理的，可以不公开审理。

《中华人民共和国行政诉讼法》（2014 修正）

第四十五条　人民法院公开审理行政案件，但涉及国家机密、个人隐私和法律另有规定的除外。

《中华人民共和国反间谍法》（2014）

第四条　中华人民共和国公民有维护国家的安全、荣誉和利益的义务，不得有危害国家的安全、荣誉和利益的行为。……

第二十三条　任何公民和组织都应当保守所知悉的有关反间谍工作的国家秘密。

《中华人民共和国保守国家秘密法》（2010 修订）

第二十七条　报刊、图书、音像制品、电子出版物的编辑、出版、印制、发行，广播节目、电视节目、电影的制作和播放，互联网、移动通信网等公共信息网络及其他传媒的信息编辑、发布，应当遵守有关保密规定。

《中华人民共和国刑法》（2011 修正）

第一百一十一条　为境外的机构、组织、人员窃取、刺探、收买、非法提供国家秘密或者情报的，处 5 年以上 10 年以下有期徒刑；情节特别严重的，处 10 年以上有期徒刑或者无期徒刑；情节较轻的，处 5 年以下有期徒刑、拘役、管制或者剥夺政治权利。

《中华人民共和国反不正当竞争法》（1993）

第十条　经营者不得采用下列手段侵犯商业秘密：

（一）以盗窃、利诱、胁迫或者其他不正当手段获取权利人的商业秘密；

（二）披露、使用或者允许他人使用以前项手段获取的权利人的商业秘密；

（三）违反约定或者违反权利人有关保守商业秘密的要求，披露、使用或允许他人使用其所掌握的商业秘密。

第三人明知或者应知前款所列违法行为，获取、使用或者披露他人的商业秘密，视为侵犯商业秘密。

《中华人民共和国侵权责任法》（2009）

第二条　侵害民事权益，应当依照本法承担侵权责任。

本法所称民事权益，包括生命权、健康权、姓名权、名誉权、荣誉权、肖像权、隐私权、婚姻自主权、监护权、所有权、用益物权、担保物权、著作权、专利权、商标专用权、发现权、股权、继承权等人身、财产权益。

《最高人民法院关于人民法院接受新闻媒体舆论
监督的若干规定》（2009）

第九条 人民法院发现新闻媒体在采访报道法院工作时有下列情形之一的，可以向新闻主管部门、新闻记者自律组织或者新闻单位等通报情况并提出建议。违反法律规定的，依法追究相应责任。

损害国家安全和社会公共利益的，泄露国家秘密、商业秘密的；……

【编写组观点】

法律面前人人平等，记者没有超越法律之上的任何特权，即便是因为公益性的采访活动也不例外。记者的采访必须合乎法律规定和职业道德规范，决不允许在违法犯罪的道路上行走。因为，揭露罪恶的目的是减少罪恶而不是诱惑罪恶、制造罪恶。因此，揭露真相并不能作为新闻记者违法犯罪的理由。不能为了获取真相就不择手段，这是新闻采访的一条底线。

（一）恪守职业规范，尊重受访者特别是司法机关的正当要求

记者采访必须主动出示采访证件（主要是记者证，必要时还需要单位介绍信等），表明采访意图，这既是对受访者的尊重，也是采访的必经程序。因为被采访人有权对采访的内容、方式知情，进而作出是否接受采访的决定。拒绝采访、不愿意在媒体面前表达本身也是公民行使表达权的一种体现。

采访中，必须尊重司法机关和其他采访对象的合理要求，特别是一些重大敏感或涉及公民隐私权的案件，媒体要认真听取司法部门的意见，尊重采访对象在特定情形下的"拒访权"、"不表达权"，保护秘密新闻源，必要时，采访活动也要为"救人"让路，为采访对象生活的安宁让路。"在别人陷入巨大悲伤的时候，记者应当谨慎处理，不要过度询问，与此相关的报道要遵循司法程序。"同样，未经许可，未经被采访人许可，记者也不能以被采访人不能接受的采访方式、手段进行采访，更不得擅自进入公民私人空间进行采访，也不得以监听、监视、私自调查公民隐私等方式进行采访报道。

尊重司法部门的正当要求是尊重司法权威的必然要求。特别是对突发案件的现场采访要服从办案人员的指挥。在指定区域内采访拍摄，不逾越警戒线，不妨碍公安、消防、医护等人员工作，防止对有关当事人造成二次伤害。

案件报道常常需要公开的、权威的法律文书等资料作为报道依据。按照司法公开和《政府信息公开条例》的要求，这些公开发布依法制作的资料，记者都有权获得。2009版记者证上也明确要求，"各级人民政府应为持本证进行采访的新闻工作者提供便利和必要保障"。在获取这些案件资料的过程中，记者要设法取得采访对象的配合，依法进行查阅或复制，比如经过一定的申请程序，部分内

容在一定期限内特别是一审宣判前可能还需要恪守保密承诺等。

（二）确立层级意识，对特殊案件的采访报道保持高度审慎

对政策性强的敏感案件、社会关注度高的热点案件的采访报道，要保持适度克制，必要时应征求办案部门的意见。目前有关部门已经明确将刑事案件分为重大恶性、恶性、常发三个层级，要求分级分层做好报道工作。对于一些特殊案件，如恶意报复社会、伤害未成年人等易诱发模仿效应的案件，涉民族宗教案件，易引发群体性事件案件，涉及我国家利益案件，涉外案件，以及发生在敏感地区、敏感时段的案件，由于有关"通知"明确要求"各级各类媒体原则上不公开报道，确需报道的，严格按照统一安排执行"，因此，记者要从维护司法权威与社会和谐稳定的大局出发，统一采用权威发布的消息来源，有效遏制采访"独家新闻"的冲动。

（三）遵守法律规定，不以违法犯罪的方式进行采访

"记者不享有任何特权，采访证不是违法的特权证，新闻媒体应该成为遵纪守法的表率。"即便为了采访，记者也不能逾越法律底线。特别是不以"钓鱼"引诱犯罪等方式进行采访，不以假扮犯罪嫌疑人、窃取或泄露侦查秘密等涉嫌犯罪的方式揭露犯罪。实践中，采用这些方式只会使案件报道适得其反。一个社会假若认可以违法犯罪来对付违法犯罪，这种制止违法犯罪的成本不仅过于昂贵，而且这种所谓的"制止"也丧失了原来的意义。

当然，新闻事实的错综复杂性，决定了新闻信息的采集方法也必定是多种多样的。有时是迫不得已，比如当事人拒绝接受采访；有时是为安全考虑，因为揭黑报道，常常面临报复；有时又是因为事发隐秘，不可能进行公开采访。凡此种种，如果一律禁止隐性采访，美国"水门事件"就不可能曝光，中国中央电视台的"每周质量报告"与"3·15晚会"也差不多需要停播——人民群众不仅要牺牲知情权（包括知政权）、监督权，还可能牺牲健康权和生命权。在反腐年年成为两会高频热词的当下，胸怀正义的隐性采访往往也是公众追求正义的一条管道。

但采用偷录、偷拍等隐性采访措施时，必须具备公共利益需要且非此不能获得真实情况等条件。按照社会利益最大化的原则进行"优先权"的配置是法治社会的一条基本准则。与保障社会公众的知情权和舆论监督权相比，与伸张社会正义相比，隐瞒记者身份的程序瑕疵，显然是值得原谅的。"以正义的违法行为对待一种非正义的犯罪行为，符合民间道德。"记者隐性采访有一定的合理性。当然，这必须附加一定的限制：为了公共利益；不得已而为之；不冒充人大代表、司法人员、军人等国家法律专门授予的身份进行采访；尽最大可能地尊重并维护普通人的隐私权等。

在案件的报道当中，还应当恪守《刑事诉讼法》的一般规定。在2012年修订的《刑事诉讼法》施行之后，要特别留意应当保密的事项。案件侦查阶段采访时需要注意不可以与被采取监视居住措施的犯罪嫌疑人通信，另外在采访嫌疑人、被告人的近亲属时需要注意法律赋予了他们可以不出庭作证的权利，也就意味着记者无权以"公众知情权"的名义逼访嫌疑人、被告人的相关亲属。因此，一些案件报道的逼访行为（如2011年末发生在安徽阜阳的"最残忍采访事件"）在2012年《刑事诉讼法》修订之后很可能已经不单是不尊重受访人，而是涉嫌侵犯相关当事人正当权益的行为。

（四）遵守法庭纪律，审慎做好法庭采访

法庭是审判的场所，具有严肃性和权威性，正常的法庭秩序是公开审判的必要条件。限制部分采访行为是为了保障法庭秩序，也是维护当事人合法诉讼权利的需要。某些采访行为（如摄影、直播等）妨碍法庭秩序，过多的采访行为常常有喧宾夺主的情形，某些法官面对庭上的大量记者，会产生压力或出现"作秀"现象，从而忽略了审判职责等。这一切都可能妨碍司法公正。因此，对庭审活动的直播、录音、录像、摄影，或通过邮件、博客、微博客等方式传播庭审情况均应征得法庭同意。违反法庭规则的，将受到警告、训诫或没收录音、录像和摄影等器械，责令退出法庭；情节严重的，甚至可以被追究刑事责任。

遵守法庭规则既有利于审判活动的正常进行，也有利于庭审信息有序地公开，任何记者在公开审判的法庭上进行采访必须经过许可。这里的采访行为包括录音、摄像、摄影、转播，几乎囊括了所有的采访方式，因此在法庭上不存在进行暗访（包括偷拍、偷录以及未经许可的记录等行为）的空间。事实上，对公开的庭审活动也没有偷拍的必要——即便偷拍到一些与庭审活动无关的镜头，出于对司法权威的尊重，也必须审慎公开。

（五）强化证据观念，妥善收集、转化、保存证据

案件报道由于涉及的事实复杂且经常处于变化之中，当事人的表达也可能发生变化，因此，媒体记者要始终强调证据意识，绷紧证据这根弦。这包括两层意思：一是在报道案件事实时，必须有权威的公开的法律文书或政府公文作为依据，防止以推理、想象等方式代替细致的采访工作，对道听途说的内容必须多渠道、多角度进行采访核实，特别是不能将博客、播客、微博客、论坛等内容直接作为新闻登载。二是在采访案件时要注意获取、转化和保存证据，如采访记录、录音录像的签字保存等。采写案件报道，必须养成"凭证式"的采写习惯，做到报道的每一事实细节都有相应的材料可以证实。只有做到这一点，采写案件报道才不会因为失实而构成侵权。

有识之士针对司法实践对证据的要求和采写批评性新闻的特殊性，建议采

用：①利用电子设备收集证据；②收集书面材料；③被采访人签字和单位盖章；④摘要记录难以收集的书面资料；⑤记录在场人的联系资料等五种方法和技巧收集和保存证据，确实很有见地，值得新闻界借鉴。此外，对于重要的、可能引起纠纷的证据资料可以提前进行公证，以提高证据的证明效力。

按照《民法通则》第135条"向人民法院请求保护民事权利的诉讼时效期间为2年"和第137条"诉讼时效期间从知道或者应当知道权利被侵害时起计算"的规定，一般来说，公民向人民法院请求保护民事权利的诉讼时效期间为2年，即案件报道发布之日起两年内，被报道对象可以向人民法院提起侵权之诉。所以，证据的保存期限，应不短于2年。因为还有不少人知道被侵权的时间要远远晚于报道发表的时间。

传播案件信息要做到专业、规范，除了遵循基本的法治理念，尊重和保障人权，采访合法守德，内容准确权威以外，还必须掌握法律或职业规范中的一些特别规定，确保信息传播取得良好的社会效果、法治效果。

1. 对不公开审理的案件，判决前以不报道或仅作程序性报道为原则，判决后报道案情时，应以判决书披露的内容为限。审判公开是一项基本的法治原则，是司法信息公开的必然要求。但是为了某些必须保护的利益，如防止国家机密、商业秘密、个人隐私因公开审判而再次扩散，或为了保护未成年人及犯罪案件的受害人等，法律明文规定有六种案件不公开审理。设置这个雷区，是法律在不同利益间作出的一种平衡，不管是谁，一旦逾越，就可能要付出相应的代价。新闻媒体自然也不能例外。

当然，由于判决应当公开宣告，因此所谓"不公开审理"的案件并非完全不可以公开披露。现实中，有些案件的报道还有满足公众知情权及普法方面的价值。所以涉及国家机密、商业秘密的案件需要披露，必须得到有关部门的许可（比如特定的解密程序等），案件判决之后，对判决书披露的内容进行报道，应当视为获得许可。因为判决都是公开的，如果有些内容不宜公开，法院应当提前度量。

2. 保守秘密，克制报道冲动。国家秘密事关国家的安全和利益。对于依法确定的国家秘密，任何人都负有保守的义务，媒体也不例外。同样，商业秘密也是商家生存的法宝，事关产业发展与民族创新，任何人都不得轻易泄露。媒体必须权衡信息发表的时机与内容，抵制抢报独家新闻的诱惑，不泄露包括侦查秘密在内的各种秘密。根据《保密法》第9条"维护国家安全活动和追查刑事犯罪中的秘密事项"，"应当确定为国家秘密"的规定，警方和检控方认为需要保密的侦查技巧等，都属于应当保守的机密，非经许可或授权，一律不得泄露。特别是在劫持人质案件中，不得披露警方的部署和行动信息，以免为犯罪嫌疑人提供反侦查手段，或者诱发犯罪，妨碍警方的解救行动。

3. 非经同意，不披露他人隐私；即便同意，也不得披露未成年人隐私；披露收养关系须经收养人和送养人双方同意。

4. 对案件相关人包括办案人、举报人、证人、嫌疑人的近亲属、受害人等的个人信息，非经授权，一律不得披露，切实避免对被害人造成二次伤害。这一方面，我国媒体普遍重视不够，随意公开当事人亲属信息，给无关人员生活带来了严重的影响。马加爵杀人案发后三年多时间里，不断有传媒前去马家采访拍摄，公开马加爵父母的照片，其父马建夫几乎家喻户晓，有的传媒还将马加爵哥哥的名字公之于众。传媒的不断来访报道给马加爵家人的生活造成很大影响，马加爵的母亲害怕回家，马加爵的奶奶看到记者常常满含泪水地走开。同样，对举报人、办案人的保护意识也比较薄弱，以致发生了不少悲剧，令人扼腕。在2005年秋天发生的宁夏灵武市村民马生忠因举报遭到打击报复的案件中，虽然主要是由于公诉人的不慎，但在后来的报道中，没有一家媒体对举报人使用化名，等于再一次向社会公开了侦查信息，给当事人造成了二次伤害，同时也给伤害的修复带来了新的困难。

案件报道的专业规范，对媒体并不是过高的要求。保守国家机密、商业秘密，是媒体也是公民的义务，没有讨价还价的余地。克制报道冲动，不泄露侦破手段和防范技术，是媒体的义务和责任。遵守表达自由的边界，不擅自披露隐私特别是未成年人隐私和收养关系，是媒体的自觉。注重对案件相关人信息的保密，切实避免带来二次伤害，是媒体的良知。在加快建设社会主义法治国家的征程中，肩负传播法治理念的各路媒体，必须深刻理解法治精神，以专业规范的实践，为维护社会和谐稳定，推进依法治国作出应有的贡献。

> 37.3 尊重有罪、有错者的人格尊严。
>
> 37.3.1 公开开庭审判前，非因必要，不公开犯罪嫌疑人及其他相关人员的姓名、照片等资料。
>
> 37.3.2 不得披露违法犯罪的未成年人和受到性侵犯的未成年人的姓名、住所、照片、图像及其他足以使人辨认其身份的个人信息。（见"19. 隐私"）
>
> 37.3.3 不传播公捕、公判或将违法犯罪者（包括死刑犯）游街或以其他方式示众的文字或画面。

【定义与背景】

（一）定义

人格尊严，是指公民所具有的自尊心以及应当受到社会和他人最起码的尊重权利。我国《宪法》第38条保护公民的人格尊严不受侵犯，禁止用任何方法对公民进行侮辱、诽谤和诬告陷害。

（二）背景

有罪、有错者虽然会受到国家法律的制裁，但是其人格尊严依旧不容任何人侵害。然而，当下的新闻报道中，时常会出现涉嫌侵犯犯罪嫌疑人或被告人的人格、名誉、隐私等权利的报道。在这些报道中，有的不符合法定公开程序，在未定案宣判前就给犯罪嫌疑人或者被告人"扣帽子"，有的把法定不许公开的个人信息公之于众，还有的甚至侵犯到了未成年人的人格尊严，给其精神造成了严重的损害。

媒体从业人员的法律意识淡薄以及经常不平等地对待有罪、有错的受访者是上述问题产生的原因。侵犯有罪、有错者的人格尊严被起诉的案件也逐渐增多。媒体应该给予足够重视。

【典型案例】

案例一：   **"女张二江"：概念化、符号化的标签**

案例概述： 湖北省枣阳市原市长尹冬桂，因犯受贿罪于 2003 年 9 月 9 日被湖北省宜城市人民法院一审判处有期徒刑 5 年。在尹冬桂受贿案审理过程中，《武汉晨报》于 2003 年 6 月刊发了两篇新闻报道，一篇题为"收受贿赂八万元，人称女张二江……"，另一篇题为"与多位男性有染，霸占司机长达六年，枣阳有个'女张二江'"。这两篇报道除了谈到尹冬桂因受贿将接受审判外，更多地涉及尹冬桂的两性关系问题，并与以前报道过的湖北腐败分子、与众多女性有染的原天门市市委书记张二江相提并论，冠之以"女张二江"。文章见报后，被多家报纸及网站转载。当时尹冬桂正关押于看守所，听到社会上的传闻后，出现精神异常，后被鉴定为创伤后应激性精神病。后尹冬桂将报社告上法庭，要求被告赔偿各类经济损失 8 万元，精神抚慰金 41 万元。

襄樊市襄城区法院一审认为，《武汉晨报》2003 年 6 月 25 日的两篇报道内容失实，所用语句不当，对尹冬桂的人格尊严造成侵害，被告报社应当承担民事责任。法院认为，不能苛求新闻媒体的用语有如法律用语般规范，但应当客观真实，尤其涉及对案件的报道，应少用批判性的字语。"张二江"是湖北乃至全国对男女关系问题的特殊代用用语，含有贬义。《武汉晨报》的两篇报道从标题到内容均严重侵犯了尹冬桂的人格权利，导致其社会评价降低，名誉受损。这两篇报道又被多家媒体转载、上网传播，影响范围相当广泛。尹冬桂虽因多重压力导致精神异常，但失实报道对尹冬桂的刺激应该是主要的。本案最终以被告报社向尹冬桂书面赔礼道歉，同时赔偿经济损失和精神抚慰金共 69 315 元结案。[1]

---

[1] 参见湖北省襄樊市中级人民法院民事判决书（2004）襄中民二终字第 382 号。

案例二：　　　　　　　　　对李庄案的先入为主

案例概述： 2009 年 12 月 14 日，《中国青年报》以"重庆打黑惊曝'律师造假门'"为题发表报道，文章以直接陈述的形式说："李庄，48 岁，混迹律师界十余年，其所在的康达律师事务所在京城也颇有'背景'。注重'身价'的李庄此次肯来重庆打涉黑官司，除受龚刚模的生意伙伴相邀答应来'捞人'，其实更重在'捞钱'。"文内多处使用了类似被认为带有侮辱嫌疑人人格性质的语言，引起舆论质疑。中华全国律师协会宪法与人权委员会副主任、一级律师陈有西在网络上发表《法治沉沦，中国青年报奇文批判》一文，从八个方面公开批评媒体在法庭尚未开庭之时，便通过报道抹黑被告，"官气十足，媒体定罪，未审先判，将涉嫌犯罪定性为已经犯罪"，还"以偏概全，恶意贬损中国律师整体形象，对所有到重庆辩护的律师贬低为同小姐一样的圈钱者"。[1]

案例三：　　　未成年人李某某强奸案报道中媒体失范现象严重

案例概述： 2013 年 2 月 22 日，有微博网友爆料某歌星的儿子李某某涉嫌强奸罪，已经被警方刑事拘留。随后北京市公安局某分局证实了此消息，舆论一片哗然。由于本案是未成年人犯罪案件和强奸案件，均属依法不公开审理的范围，案件信息应该被严格控制。但是从 2 月案发到 11 月二审宣判，包括中央媒体在内的众多媒体纷纷报道此案细节，并对李某某个人和家庭信息展开无所忌惮的曝光，包括他的家世、学校、孩提时代的优裕生活、留学时打架以及曾因打人而被劳教的劣迹等，继而波及他的父母的各自身世、恋爱结婚史、成名经过，均暴露无遗。虽然 7 月初北京市公安局法制办发言人呼吁媒体不能披露未成年嫌疑人的信息，但已不能从根本上控制相关信息的发布与传播。到案件开庭时，媒体上形成第二次相关信息传播浪潮，双方律师、家庭法律顾问争相发言曝料，披露案情事实与观点，甚至公开了受害人的妇科检查记录，在法庭之外形成了第二个战场，几乎所有媒体均卷入相关报道，某些低俗、侮辱性质的标题或言论公然刊印在报刊上，而呼吁媒体依法报道的声音近乎绝迹。

2014 年 1 月，国家新闻出版广电总局下发通知，对两家相关媒体做出通报。通知说，2013 年 6 月 28 日，山东《聊城晚报》刊载题为"李某某他妈的要求高，律师不干了"的新闻报道；2013 年 9 月，上海《新民周刊》第 35 期刊载题为"李某某他妈的舆论战"的封面报道。两媒体使用内容低俗的新闻标题，有

---

〔1〕 陈有西："法治沉沦：中青报奇文批判"，载陈有西学术网 http://www.chenyouxi.com/cnweb/html/youxishuofa/201212261474.html. 另据报道：北京市东城区人民法院已于 2015 年 6 月 8 日发出的《受理案件通知书》，表明李庄诉中国报名誉侵权案已获言案，载东方网 http://roll.eastday.com/c1/2015/0609/3138980017.html.

失社会公德。目前，山东省、上海市新闻出版局分别对《聊城晚报》、《新民周刊》下发警示通知书，予以通报批评并责令整改。两家媒体均已对相关责任人作出处理，并进行认真整改。[1]

案例四： **央视直播大毒枭糯康死刑引发争议**

见本《守则》"26. 死亡"典型案例三。

【依据】

（一）道德依据

《中国新闻工作者职业道德准则》（2009）

第六条 遵纪守法。……

2. 维护采访报道对象的合法权益，尊重采访报道对象的正当要求，不揭个人隐私，不诽谤他人；

3. 维护未成年人、妇女、老年人和残疾人等特殊人群的合法权益，注意保护其身心健康；

……

《中国法制节目编辑记者自律公约》（2007）

第八条 在采访报道中，应当尊重采访对象的意愿，不得使用讥讽、贬损的词汇和语言，尤其是在采访刑事案件的受害人时，不得披露被害人的个人隐私和其他有可能影响到被害人人身安全、个人名誉的情况。

（二）政策依据

《关于新闻采编人员从业管理的规定（试行）》（2005）

第二条 新闻采编人员要遵守宪法和法律，……依法维护报道对象的合法权益。……

最高人民法院、最高人民检察院、公安部
《关于坚决制止将已决犯、未决犯游街示众的通知》（1988）

近来有少数地方将已决犯、未决犯游街示众，这种做法是违法的，在国内外造成很坏的影响，必须坚决制止。……现再次重申：各地公安机关、检察机关和审判机关务必严格执行刑事诉讼法和有关规定，不但对死刑罪犯不准游街示众，对其他已决犯、未决犯以及一切违法的人也一律不准游街示众。如再出现这类现象，必须坚决纠正并要追究有关领导人员的责任。

---

〔1〕 "两家报刊因李某某案新闻标题被通报整改"，载《中国新闻出版报》2014年1月3日。其他内容根据多家媒体报道编写。

(三) 法律依据

《中华人民共和国宪法》（2004 修正）

第三十三条 ……中华人民共和国公民在法律面前一律平等。

国家尊重和保障人权。……

第三十八条 中华人民共和国公民的人格尊严不受侵犯。禁止用任何方法对公民进行侮辱、诽谤和诬告陷害。

《中华人民共和国民法通则》（2009 修正）

第一百零一条 公民、法人享有名誉权，公民的人格尊严受法律保护，禁止用侮辱、诽谤等方式损害公民、法人的名誉。

《中华人民共和国刑事诉讼法》（2012 修订）

第二百五十二条 ……执行死刑应当公布，不应示众。……

《中华人民共和国监狱法》（2012）

第七条 罪犯的人格不受侮辱，其人身安全、合法财产和辩护、申诉、控告、检举以及其他未被依法剥夺或者限制的权利不受侵犯。……

【编写组观点】

对有罪、有错者人格尊严的不尊重，是当下的新闻报道中一个具有普遍性的问题。比如，不注重对罪错者的名誉权等人身权利的保护，过早公开犯罪嫌疑人的姓名、照片，对未成年违法犯罪人缺乏必要的保护措施，对公捕公判等新闻进行了不适当地传播等。在某种意义上可以说，国家尊重和保障人权常常也体现为国家对罪错者的保护力度上，因此，新闻报道尤其是案件报道应当建立必要的规范，以传播正确的法治理念，有效维护国家的人权形象。

1. 坚持法律面前人人平等的原则，保持对人的应有的尊重，不能对罪错者"妖魔化"；同时，充分考虑报道的社会效应，不能将罪错行为"英雄化"、"魅力化"；此外，还要特别警惕对案件当事人"符号化"、"概念化"的趋势，如将邓玉娇比喻为"女杨佳"，将尹冬桂称作"女张二江"等。

"罪错应负责任，人格不容侮辱"，这是现代法治社会的一个基本精神。法律可以剥夺人的财产、自由乃至生命，但不可以剥夺人格权利特别是人的尊严。我国《监狱法》规定："罪犯的人格不受侮辱，其人身安全、合法财产和辩护、申诉、控告、检举以及其他未被依法剥夺或者限制的权利不受侵犯。"对犯罪人"妖魔化"的描写早已为现代法治精神所不齿。同时将案件当事人"符号化"、"概念化"，也是对被"脸谱化"的当事人的人格尊严的一种变相的侮辱，而且这种"先入为主"，也影响案件的公正审理。

我国新闻界长期以来存在的正面形象"高、大、全"化和反面形象"假、恶、丑"化的两个极端，使得对反面人物的报道手法常常千篇一律，罪错者在一些报道中几乎都是一副同样的丑恶嘴脸或"脸谱化"形象。

然而另一方面，也要特别警惕对有罪错者"英雄化"地描写。当前，在追踪报道一些抢劫、强奸、杀人等恶性刑事犯罪案时，犯罪嫌疑人往往被一些媒体描绘成无所不能的英雄，犯罪分子形象得到美化，犯罪事件也就因此变得情有可原，甚至有的犯罪行为还成了"正义之举"。这种报道方式无形中建构了一种"犯罪英雄主义"。这种展示犯罪亚文化的新闻手法极易夸大犯罪价值观，产生错误的引导。尤其让人担忧的是，这种犯罪亚文化展示对于处于叛逆年龄，是非观念尚未成熟，在严酷的生存竞争中处于劣势，不为社会主流文化所认同，深受挫折感折磨的青少年而言，无疑是向他们展示了错误的生存方式。正如专家所言，不适当的犯罪新闻报道其实就是一种情境因素，虽然不一定会直接导致犯罪，但是，它们却可以成为一种影响犯罪率和个别犯罪人行为的解释因素。

新闻报道不应鼓励和刺激犯罪，这是国际传媒界的一个普遍原则，同样应为我们新闻界所熟知。

2. 坚持无罪（错）推定的理念，对公开判决前的犯罪嫌疑人信息如姓名、照片等，非因必要不得公开。基于无罪推定的刑法理念，任何人在未经法院审判之前都不得确定为有罪。因此，对尚未审结的刑事案件的犯罪嫌疑人、被告人，非因必要，不宜公开披露其姓名和照片等身份信息。因为未经审判，就存在不是犯罪人的可能。这时，如果披露了其身份信息，不仅使证人对嫌疑人的指认工作受到不当影响，而且也容易使其名誉受到侵害，生活受到影响，同时使媒体的公信力受到严重损伤。

3. 对公捕公判等违反法治的做法坚决不予报道与传播。公捕公判、游街示众是赤裸裸的侮辱。最高人民法院、最高人民检察院、公安部《关于坚决制止将已决犯、未决犯游街示众的通知》（1988 年 6 月 1 日）对此有过明确的态度：将已决犯、未决犯游街示众，这种做法是违法的，在国内外造成很坏的影响，必须坚决制止。《刑事诉讼法》第 252 条第 5 款明确规定："执行死刑应当公布，不应示众。"媒体必须熟谙这些规定，不传播违反法治精神的文字和图片，相类似地，对于有关部门为了推进工作，将"发廊女"或"小姐"乃至罪犯的形象公开化、半公开化，即涉嫌侵犯她们的名誉权、隐私权，损害她们的人格尊严的做法都要保持高度的警惕。

4. 对未成年的违法犯罪人进行充分的新闻保护。在世界各国法律和新闻职业道德中，对未成年犯罪人和性侵犯事件被害人（有时是未成年人，有时是成年人；有时是妇女，有时可能是男性）保护的规定俯拾即是。我国法律对未成年的犯罪人是绝对不可披露，而且不仅是犯罪的未成年人个人信息不得披露，对违法的未成年人以及性侵犯案件中尚未成年的受害人也以同样的措施加以保护，这符合《预防未成年人犯罪法》的基本精神。

使用化名或在相关部位打上马赛克，是媒体在处理这类报道时经常采用的一种方式。其目的在于防止有错推定，模糊身份信息，避免名誉损害。但是，这种方式必须足以使人无法辨认和猜测，否则，任何徒劳无益的努力，都无法克减媒体的责任。

总而言之，新闻媒体必须时刻谨记：从思想深处剔除"有罪（错）推定"的思维，平等、公平地对待每一个可疑人员；即便嫌疑人的罪错得到了某种程度的证实，其人格权同样应该得到维护。

> 37.4 最大限度降低案件报道的副作用。
>
> 37.4.1 非经授权，不泄露侦破手段和防范技术。
>
> 37.4.2 对犯罪过程、作案手法、技巧、细节等，非因必要，不作具体描绘。
>
> 37.4.3 不夸大违法犯罪的行为后果，不渲染暴力、血腥场面。（见"23. 暴力"）
>
> 37.4.4 对违法犯罪人既不"妖魔化"，也不"魅力化"，不对案件及其当事人"符号化"、"概念化"。

【背景】

案件报道有时会产生一些记者和编辑在制作和播出新闻时意料之外的信息，这些信息主要有侦查手段的泄露、犯罪手法的展示、血腥和暴力场面的渲染以及犯罪嫌疑人的"妖魔化"或者"魅力化"（"英雄化"）。而这些"副作用"的信息，一方面使得别有用心的人具有更强的反侦察能力，或是引起未成年人的效仿，给侦查机关带来更多的麻烦；另一方面对受众法治价值观的树立以及身心健康也不利。因此，从信息的采集加工者做起，尽量降低案件报道带来的副作用，是法治新闻必须研究的课题之一。

【典型案例】

案例一： **报道生活作风，"伤"了蒋艳萍**

案例概述： 蒋艳萍原是湖南省建筑工程集团总公司副总经理，曾经是湖南省知名的"女强人"，头上罩着"三八红旗手"、"优秀共产党员"、"模范干部"等许多光环。因受贿、贪污罪等，于2001年7月24日，被长沙市中级人民法院一审判处死刑，立即执行。

在2001年3月份的4天庭审中，来自中央、省市51家新闻媒体的100多名记者到现场采访。记者们各寻视角，深层展示着此案可供挖掘的"新闻价值"。

媒体紧紧抓住蒋艳萍的"作风问题",将一场严肃的审判变成了捕风捉影的道德谴责。金钱、女人、性、官位等"惹眼"因素一个都不放过。如某报一篇题为"美色铺就升迁路:湖南今日审判厅级女巨贪"的文章中说,蒋艳萍是靠财色双送,得以步步高升的。"仅有初中文化的蒋艳萍原是一名工人。1982年调到长沙,在省建六公司劳动服务公司下属的碧波商场当一名仓库保管员,不久,便与主管单位的一位副主任勾搭成奸。就在他的关照之下,两年后,25岁的蒋艳萍被破格任命为商场经理。蒋艳萍是个大胆的女人,碧波商场也因她的'开放'和魄力一度红火。1996年下半年她又被提升为六公司党委书记。蒋艳萍官场发迹靠的是两招:一招是送钱送礼;一招是出卖肉体,想方设法傍有实权的高官。"

事实上,这些所谓性贿赂的隐私性内容在检察院的指控中并不存在。[1]

案例二:　　　邓玉娇案:先入为主的"细节"渲染

案例概述: 2009年5月10日晚,湖北省巴东县邓贵大、黄德智等人酒后到该县野三关镇雄风宾馆梦幻娱乐城玩乐。黄德智强迫要求宾馆女服务员邓玉娇陪其洗浴,遭到拒绝。邓贵大、黄德智极为不满,对邓玉娇进行纠缠、辱骂,在服务员罗某等人的劝解下,邓玉娇两次欲离开房间,均被邓贵大拦住并被推坐在身后的单人沙发上。当邓贵大再次逼近邓玉娇时,被推坐在单人沙发上的邓玉娇从随身携带的包内掏出一把水果刀,起身朝邓贵大刺击,致邓贵大左颈、左小臂、右胸、右肩受伤。一直在现场的黄德智上前对邓玉娇进行阻拦,被刺伤右肘关节内侧。邓贵大因伤势严重,经抢救无效死亡;黄德智所受伤情经鉴定为轻伤。

2009年6月16日上午,湖北省巴东县人民法院公开审理了"邓玉娇案",并作出一审判决。巴东县人民法院认为,邓玉娇在遭受邓贵大、黄德智无理纠缠、拉扯推搡、言词侮辱等不法侵害的情况下,实施的反击行为具有防卫性质,但超过了必要限度,属于防卫过当。被告人邓玉娇故意伤害致人死亡,其行为已构成故意伤害罪。但案发后,邓玉娇主动向公安机关投案,如实供述罪行,构成自首。经法医鉴定,邓玉娇为心境障碍(双相),属部分(限定)刑事责任能力。据此,依法判决对邓玉娇免予刑事处罚。

从案发到作出一审判决的一个多月时间里,媒体对"邓玉娇案"进行了大量新闻报道和评论,引起了公众的极大关注。一开始,被害人的"官员"身份和被告人的"女服务员"身份引起了公众的注意,加上新闻报道中的"三名官员逼服务员提供'特殊服务'","拿钱炫耀并扇击邓玉娇","多次将邓玉娇按倒"等关键性情节,激发了人们对当地官员的愤慨和对邓玉娇的强烈同情。在一些媒体的倾向性报道的影响下,社会舆论几乎一边倒地支持邓玉娇,甚至出现了

---

[1] "美色铺就知迁路,湖南今日审厅级女巨贪",载《华商报》2001年3月20日。

"邓玉娇英雄说"、"邓玉娇烈女说",大众普遍认为邓玉娇不该为她的"英雄行为"承担责任,因此,甚至有人发出"邓玉娇有罪=天下人有罪"的言论,也有人撰文称"邓玉娇案开启了全民皆法官的时代"。

【依据】

(一)道德依据

《中国广播电视播音员主持人职业道德准则》(2004)

第八条 坚持播出内容与播出形式的高品质、高品位,不迎合低级趣味,拒绝有害于民族文化、社会公德的庸俗报道。

《中国法制节目编辑记者自律公约》(2007)

第十四条 法制节目编辑记者要自觉抵制凶杀、色情、恐怖、荒诞、猎奇和低俗的报道内容,努力提升法制节目的品位,拒绝可能被青少年模仿及有可能造成其身心伤害的内容和形式,努力营造有利于未成年人健康成长的舆论氛围。

《中国新闻摄影工作者自律公约》(2005)

4. 在新闻照片的文字说明中,不对新闻做影响事实的"拔高"、"移花接木"和"无中生有"描述。

《互联网站禁止传播淫秽色情等不良信息自律规范》(2004)

第六条 不渲染、不集中展现关于性暴力、性犯罪、性绯闻等新闻信息;此类内容须严格控制数量,并不得在多个频道或栏目同时登载。登载这类新闻信息,应有利于弘扬社会正气和维护社会公德,确保导向正确。

(二)政策依据

《中宣部、中央政法委关于进一步加强和改进刑事
案件报道工作的意见》(2010)

三、严格规范案件新闻报道。各类各级媒体的案件报道要严格遵守法律规定,符合法律程序,严守报道规范。

......

(四)不披露案件细节。不对犯罪行为、作案手段做过细描写,不渲染凶杀、暴力、色情、恐怖等情节和场景。

《中宣部、中央政法委关于加强和改进案件报道工作的通知》(2005)

三、完善案件宣传工作制度,严格规范案件新闻报道

......

(四)不得全文引用案卷内容,不得披露政法机关的办案细节,不得暴露侦查手段,不得描述审讯方略、策略、技巧。

(五)不得对犯罪行为、作案手段做过细描写,不得渲染凶杀、色情、恐怖等情节和场景。......

（七）严格控制绑架、劫持人质、爆炸、投毒、纵火等危害公共安全案件的报道，特别是不得报道容易诱发犯罪的情节，防止产生负面影响。

《广播电视涉及政法宣传的意见》（1996）

在电视报道中，注意树立政法干警文明执法的良好形象。对执法中出现的不文明语言、不文明行为，包括警容警貌方面存在的问题，在镜头上要尽可能避开。

对于案件报道要依法宣传，不报道作案细节和破案手段，报道中使用规范的法律用语，画面要避免刺激性。

《国家广播电影电视总局关于加强涉案剧审查和播出管理的通知》（2004）

二、各省级电视剧审查机构对涉案题材的电视剧、电影片、电视电影要加强审查把关，特别是对表现大案要案，或表现刑事案件的电视剧、电影片、电视电影、电视专题节目中展示血腥、暴力、凶杀、恐怖的场景和画面，要删减、弱化、调整。

《广播影视加强和改进未成年人思想道德建设的实施方案》（2004）

14. 要严格控制渲染暴力、凶杀、恐怖等内容的剧目。各级电视台的所有频道播出含有暴力、凶杀、恐怖等内容的涉案题材电视剧、电影片、电视电影以及用真实再现手法表现案件的纪实电视专题节目，必须在每晚23：00以后播放，特殊需要的须向国家广电总局专项报批。各级电视剧和电影审查机构对涉案题材的电视剧、电影片、电视电影要加强审查把关，特别是对表现大案要案，或表现刑事案件的电视剧、电影片、电视电影中展示暴力、凶杀、恐怖的场景和内容，要删减、弱化、调整，以防止此类情节和画面对未成年人产生不良影响。……

15. 要杜绝色情描写、淫秽画面、下流语言。……

17. 要抵制利己主义、拜金主义倾向，清除浮华媚俗、低级无聊等内容。……

（三）法律依据

《电影剧本（梗概）备案、电影片管理规定》（2006）

第十四条 电影片有下列情形，应删剪修改：

……

（四）夹杂凶杀、暴力、恐怖内容，颠倒真假、善恶、美丑的价值取向，混淆正义与非正义的基本性质；刻意表现违法犯罪嚣张气焰，具体展示犯罪行为细节，暴露特殊侦查手段；有强烈刺激性的凶杀、血腥、暴力、吸毒、赌博等情节；有虐待俘虏、刑讯逼供罪犯或犯罪嫌疑人等情节；有过度惊吓恐怖的画面、台词、背景音乐及声音效果；

……

【编写组观点】

以什么样的基调来报道案件，不仅体现着一个媒体的品位，而且对社会公众的行为产生深刻的影响。以人为本，理性平和，最大限度地避免案件报道的负效应，将已然发生的负面案件，通过报道转化成正面的引导，不降低格调，不追求猎奇，不寻求刺激，以实现案件报道"寓教于法，启迪人心，疏导情绪，化解矛盾"的效果，化腐朽为神奇，这应当成为专业媒体和专业媒体人矢志不渝的追求。

1. 不披露案件细节，不渲染私生活，保持报道的格调。新闻报道不应鼓励和刺激犯罪，这是新闻传播的一条基本原则。除非特别必要，如对案件定性有影响，对证据具有一定的证明力等，相关的犯罪细节必须在传播时予以过滤。特别是对那些有可能诱导和鼓励人们模仿犯罪行为的细节，刺激性较强的凶杀、吸毒、色情、恐怖、赌博等画面，离奇荒诞、有悖人性的残酷情节，必须毫不留情地进行删节、弱化或调整。

遗憾的是，一些案件报道为了吸引受众，喜欢在行为人如何实施犯罪方面大做文章，不惜笔墨地描述犯罪手段和作案过程，为他人模仿犯罪提供了机会。这一方面我们曾有过深刻的教训。因此，对案件细节的描写必须充分节制。在案情式报道中，不妨坚持"三个一笔带过"，即对于可能产生负面效应的犯罪细节（强奸、杀人、绑架等容易模仿的）一笔带过，对于与报道主旨无关的工作细节（如上班迟到）一笔带过，对于品位不高的生活细节（个人隐私、生活作风等）等一笔带过。这样一来，报道虽然损失了一些可读性，但总体上较好地把握了导向性，反而会赢得更多的读者。

新闻采访对当事人的私生活必须保持足够的尊重和克制，"强奸"或"性侵犯"如同一条高压线，能否披露，除了受害者本人，其他任何人都无权决定。作为大众传媒，必须对社会尽责，对涉及公民权利、公民社会道德评价的报道，保持高度审慎。

2. 保持情绪克制，以理性平和的笔调来反映案件事实与案件进程。一方面就是不故意美化或丑化犯罪者的行为及生活方式，不以同情的基调表现犯罪，使罪行显得正当或可以容忍接受；不以不准确、不恰当甚至夸大其辞的方式表现犯罪；不渲染犯罪过程与犯罪现场的血腥恐怖，尊重受众的感情，对具体的行为后果进行实事求是的报道。

另一方面，对不合法不文明的执法行为，比如警察过度使用暴力（如不必要的武力、对嫌疑人或罪犯揪头发示众等），法官、检察官侵害案件当事人或犯罪嫌疑人的合法权利（如剥夺被告人的辩护权等）等情况，不以肯定的态度进行正面表现。这是维护法律的尊严，维护执法机关形象的需要。

3. 尊重死者，保护生者，对自杀行为不渲染、不美化。中外自杀案件频发的教训一再表明，自杀是一种具有传染性的社会现象，媒介对自杀新闻的渲染、煽情、美化、浪漫化等手法会引起自杀率的升高。所以，对自杀的新闻报道必须保持足够的审慎。"报道时应避免美化自杀或简化死因，也不应令受影响人士更加悲伤，照片和自杀方法的细节也不应刊登，尤其是当该方法并不常见，小心报道的用词亦十分重要。"在改进报道方式时，要把对"自杀事件"的关注逐步引向对"自杀问题"的关注，不渲染、炒作自杀个案，谨慎报道，理性剖析，以启迪受众、尊重生命，为预防自杀营造良好的人文环境。（关于自杀报道的规范，见"41. 健康报道"及附件3。）

4. 把握报道分寸，有效引导舆情，努力通过客观平衡的新闻报道和公正评论，伸张司法正义，促进社会和谐。任何报道都有倾向性，都需要注意导向，把握好度，中立，平衡，客观，公正，案件报道也不例外。因此，所有传媒人都应当遵守法律规定，恪守职业道德，尊重司法规律和新闻规律，在司法案件报道中做到专业规范，理性平和，维权不越权，到位不越位，适度不过度，通过客观准确的报道和公正评论，伸张司法正义，促进社会和谐。

正如英国著名的大法官丹宁勋爵所言："传媒在司法活动中扮演着非常重要的角色，可以监督每一次审判是否公正、公开、光明正大。但传媒也有挣脱缰绳的一天。法律应该对其错误行为给予处罚。"在传媒与司法这种"收"与"放"的博弈中，现有的"7＋3＋N"的规范模式对于做好案件报道，传递司法信息，宣传法治建设，维护司法尊严，起到了积极的引导作用。同时应当看到，与社会公众日益增长的司法需求相比，这些规范在法律位阶上存在的先天不足意味着，一旦这种"收"与"放"的张力拿捏不准，就会使案件报道的时机欠妥火候欠佳，不是影响司法信息的公开，就是影响案件的传播效果与司法权威。

因此，做好案件报道必须在"一个遵守，两个尊重，三个维护"（即遵守法律规定，尊重司法规律、尊重新闻规律，维护法律尊严、维护公民权利、维护司法公正）的思路指导下，加强行业自律，切实做到"恪守程序，尊重人格，准确权威，合法守德，专业规范，理性平和"。在更高层级的新闻规范指引下，通过各方更加自觉的努力与协调，使案件报道"收"得依法，"放"得有度，收放自如间，实现司法公信力与公民知情权的两全其美，从而为"依法治国，加快建设社会主义法治国家"创造良好的舆论环境。

38. 人质（绑架）事件报道

38.1 不泄密。避免泄露警方部署而被劫持者利用。

38.2 不介入。非经警方允许不进入劫持事件现场；不以任何形式接触和采访劫持者；不进行现场同步报道。

38.3 慎重权衡"向公众播发信息"与"播发信息可能对事件产生恶劣影响"两者的关系。在确保人质安全、不妨害警方部署、不传播恐慌情绪的前提下，满足公众的知情权。

【定义与背景】

（一）定义

对人质劫持事件或其他暴力犯罪事件的报道，应把握的特殊报道原则：被劫持者或暴力受害者的生命价值绝对大于新闻报道价值。

（二）背景

在人质劫持或其他暴力犯罪事件的报道中，媒体人往往容易将新闻价值极端化和最大化，于是报道在"令公众知晓"信息的同时，破坏了事件中最应受到尊重的价值选择：受害者和人质的生命价值。

【典型案例】

案例一： **台湾艺人白冰冰之女白晓燕绑架案**

案例概述： 1997 年，台湾知名艺人白冰冰之女白晓燕遭绑架。该案发生期间，媒体不顾当事人的苦苦哀求，日夜追踪报道。白冰冰每一次去付赎金，都有媒体记者跟踪，一家电视台甚至租用直升机，在空中现场拍摄白冰冰交赎款的过程。媒体的介入实际上等于向绑架者通风报信，打草惊蛇，最终导致绑匪残忍地杀害了人质。在白晓燕案中，台湾某些传媒为获取新闻而不顾人质安危的做法遭到广泛谴责。此时期媒体的报道行为也成为台湾新闻媒体伦理标准的负面教材。

案例二： **2010 年菲律宾劫持香港游客事件**

案例概述： 2010 年 8 月 23 日，一辆香港旅游巴士在菲律宾马尼拉市中心被劫持，菲律宾警方实施突击解救行动，香港游客中 8 人死亡，6 人受伤。人质劫持事件发生后第三天的 8 月 25 日，菲律宾发行量最大的报纸之一——《马尼拉时报》就发表了一篇专栏评论——"失职的警察＋歇斯底里的采编人员＝人质悲剧"。评论中称，媒体在人质解救现场的直播报道和警察渎职一样，是人质解救失败的主要原因。另外有调查报告指控，有3家媒体相关责任人在事发当时拨打门多萨的手机，要求对门多萨进行采访，给警方与门多萨的谈判造成了严重阻碍。除此之外，一些媒体工作者还妨碍了现场医务人员和其他进行应急救援者的工作，一些受伤人质的治疗时机因此而延误。而现场大巴车上现场直播电视新闻中的警方行动，事后被认为是整个事件发展形势急转直下的重要转折点。[1]

【依据】

（一）道德依据

《中国新闻工作者职业道德准则》（2009 修订）

第二条 ……采访报道突发事件要坚持导向正确、及时准确、公开透明，全面客观报道事件动态及处置进程，推动事件的妥善处理，维护社会稳定和人心安定。

（二）法律依据

《反对劫持人质国际公约》（1979，我国 1992 年加入）

第一条 任何人如劫持或扣押并以杀死、伤害或继续扣押另一个人（以下称"人质"）为威胁，以强迫第三方，即某个国家、某个国际政府间组织、某个自然人或法人或某一群人，作或不作某种行为，作为释放人质的明示或暗示条件，即为犯本公约意义范围内的劫持人质罪行。……

【编写组观点】

"人质劫持"在犯罪归类上，应属于暴力犯罪的一种。暴力犯罪是指行为人使用暴力手段（包括以暴力相威胁）非法侵犯他人人身或财产的犯罪行为。这里所说的暴力手段，包括器械、武器、爆炸物等，也可以指犯罪人本身的体力。刑法上则以"叛乱"、"暴乱"、"绑架"、"聚众扰乱"、"暴动越狱"等来表示。事实上，传媒在报道暴力犯罪行为时的报道原则非常接近。基本可以按照学者张宸在研究中提出的三点原则来确定：①不泄密；②不介入；③权衡信息的发表。

以上三点还可以从另一个角度解读：媒体应努力实现传播的正效应，回避信息传播中可能导致的负效应，在"解决问题的同时，不带来新的问题"。

尽管"真实、客观、全面报道事实"是《中国新闻工作者职业道德准则》的要求，也是国际新闻界共同认可的准则，但它仍需在社会其他行业、领域的价值间求取平衡。即：在具体的事件中，新闻媒体"不做什么"或"怎么样做"往往是很重要的一个思路。因为，人质解救事件、恐怖事件中的新闻价值永远不能超越人质或潜在受害者的生命价值。也因此，一切以新闻价值和传播效果的实

---

〔1〕 根据新京报、南方周末相关报道整理。

255

现为中心的做法，看似极为专业，实际上则是把新闻职业道德极端化、教条化的一种表现。

在遇到此类报道题材时，现场的新闻工作者还容易表现出的一个问题是：角色错位。即容易将自己对于歹徒、劫持者的愤怒带入报道，做出非专业的举动。良好的动机无法确保有一个良好的、预期的效果。除了使用"动机－效果"理论来作为记者行为选择依据之外，还有一个更为简洁的思路：即记者的角色定位。记者应当是积极而理性的记录者，而不是热情洋溢的参与者。不参与到事件中去，也就不会做出超越记者权利、侵害他者权利的行为。

因此，在报道此类反社会新闻或暴力行为的内容时，"报道的同时不带来新的问题"应当成为报道的基本原则，在此原则之上，将"不泄密、不介入、权衡信息的发表"作为具体操作宗旨。

39. 财经报道

39.1 维护财经报道的客观性和公正性，新闻工作者不谋取和获得任何同报道对象有关的个人利益。（见"五、利益冲突"）

39.2 坚持财经信息传播的真实、准确、完整、充分，维护社会主义市场经济秩序，尊重公众的公共经济权利，也尊重经济活动中各方当事人的合法权益。

39.3 严格遵守财经报道的法律规范，不得违反证券期货市场"公开、公平、公正"的信息披露原则，尤其不得编造并传播有关证券期货交易的虚假信息，不得泄露内幕信息。

【背景】

财经报道对于市场经济活动的影响很大，在信息时代，信息本身是市场经济的要素。

财经报道关涉行为后果的责任概念，受到法律和伦理的制约。

以证券类报道为例。近些年，我国证券期货新闻信息传媒发展较快，但是由于法规不健全、缺乏有效的管理手段，致使证券新闻信息传播存在许多问题：有的信息传播机构和个人，利用虚假信息进行内幕交易、操纵市场；有的报刊为传播谣言和发泄不满提供版面，有的甚至刊登有诽谤性言论的文章；有些电台、电视台忽视对消息真实性的审核，与证券机构合办节目，或聘请从事股票买卖的人主持股评节目；电话声讯台纷纷开设资讯和股评热线，有些还散布虚假信息；个别证券公司在交易场所的电脑网络上传播政治谣言；内部报刊、非法印刷品刊发不符合实际的消息、股评，在市场上公开出售。这些问题的存在，严重影响了我国证券期货市场的健康发展，损害了广大投资者的利益。在这方面，国家加强了立法工作，政府相关机构也发布了相关规范，规定有关证券期货交易的信息，必须依法发布，不得误导市场和公众。这些均成为媒体及其从业者的行为规范。

【典型案例】

案例一： "苏三山事件"

案例概述： 1993 年 11 月 5 日，一个自称"北海正大置业公司"的机构向许多报刊发传真，称其已购得苏三山股票 5.006%，并称已同时电告中国证监会、深圳交易所（苏三山公司为在深圳交易所上市的公司）和苏三山公司。海南《特区证券报》未作任何核实即在次日头版头条发表，造成苏三山股票从开盘的 8.30 元涨至收盘的 11.40 元（当时尚未实行 10% 的涨停板制度）。经中国证监会等监管机构近一个月的调查，所谓"收购苏三山"是某违法分子买了苏三山股票高位套牢后故意编造假新闻借以"拔高出货"的大骗局。据查，由于相信报纸的报道，很多股民在此事件中受骗，损失达 8000 万元。[1]

案例评析： 根据中国证监会 1993 年发布的《公开发行股票公司信息披露实施细则（试行）》（现已失效）第五章第 20 条的规定，法人发生《股票发行与交易管理暂行条例》第 47 条所列的持股情况时，应当按照证监会制定的准则规定的内容和格式，将有关情况刊登在至少一种证监会指定的全国性报刊上。按照2014 年修订的《证券法》第 70 条的规定，证券信息应当在证监会指定的媒体上发布。而《特区证券报》并不是上市公司信息披露所指定的报纸，不具备这种资格，因此，该报在未经查实的情况下，刊登了伪造的广西北海正大置业公司的信函，应当承担由此引起的相应的法律责任。试想一下，如果新闻媒体熟悉证券法规条例，就能够及时地发现其中的破绽，不至于造成如此的后果。

另据有关报道，在《特区证券报》收到李某"北海正大置业"函件的同时，《深圳特区报》也曾收到同样内容的函件，但后者的做法却与前者截然不同。《深圳特区报》在收到上述内容的传真件后，在依据其附录的电话号码进行联络并证实无此电话号码的情况下，对该函件作出了不予刊登的决定。相形之下，《特区证券报》的做法明显有欠考虑，如果能够在程序上进行更加严格地把关，相信这条虚假消息就不会轻易地出台了。

---

[1] "苏三山事件"，载新浪财经 http://vip.stock.finance.sina.com.cn/corp/view/vII_ BigIssueDetail.php?id={3261336F-1545-40A0-9A34-60D852A3622E}. 另参阅"盘点 90 年代中国股市风险事件"，载 wangming0312 的博客 http://blog.sina.com.cn/s/blog_7afdae3d0100rn17.html.

案例二：   "广华事件"

案例概述： 1996 年 1 月，四川省广汉市国有资产管理局将所持有的四川广华公司国家股 5780 万股中的 3500 万股股票以协议方式转让给美国凌龙公司（中国工业集团），转让部分占广华公司总股本的 25%，凌龙公司由此一跃成为广华公司的最大股东。这一重大变动应该按照信息披露的规定和程序，先向中国证监会和证券交易所第一时间进行公告，后在各指定媒体同时进行信息披露，可是该消息最早却在 1 月 25 日的《中国证券报》上以独家新闻的方式透露出来，导致市场一度非常混乱。针对这一事件，中国证监会在其当晚发布的公开意见中指出"此举违反了《公开发行股票公司信息披露实施细则（试行）》（现已失效）第 19 条的规定，造成了不良影响"，并决定"1 月 25 日～26 日两天停止该公司流通股交易"。[1]

案例评析： 所谓"内幕信息"，按照《证券法》第 75 条第 1 款的规定，是指证券交易活动中，涉及公司的经营、财务或者对公司证券的市场价格有重大影响的尚未公开的信息，为内幕信息。《证券法》第 74 条规定了 7 种人属于"证券交易内幕信息知情人"。虽然相关规定主要是规范上市公司和发行债券的公司、中介机构及其高级管理人员和其他业务人员的，但对新闻机构和新闻工作者同样具有约束力。根据《证券法》，如果新闻记者事先获知内幕信息，属于"非法获取内幕信息的人"，不得买卖有关证券，也不得泄露该信息。

【依据】

（一）法律依据

《中华人民共和国刑法》（2011 修正）

第一百八十条 ［内幕交易、泄露内幕信息罪］证券、期货交易内幕信息的知情人员或者非法获取证券、期货交易内幕信息的人员，在涉及证券的发行，证券、期货交易或者其他对证券、期货交易价格有重大影响的信息尚未公开前，买入或者卖出该证券，或者从事与该内幕信息有关的期货交易，或者泄露该信息，或者明示、暗示他人从事上述交易活动，情节严重的，处 5 年以下有期徒刑或者拘役，并处或者单处违法所得 1 倍以上 5 倍以下罚金；情节特别严重的，处 5 年以上 10 年以下有期徒刑，并处违法所得 1 倍以上 5 倍以下罚金。

......

单位犯前款罪的，对单位判处罚金，并对其直接负责的主管人员和其他直接责任人员，处 5 年以下有期徒刑或者拘役。

内幕信息、知情人员的范围，依照法律、行政法规的规定确定。

---

〔1〕 张春晖："证券报道存在的问题及其对策"，载《新闻大学》1998 年第 3 期。

　　［利用未公开信息交易罪］证券交易所、期货交易所、证券公司、期货经纪公司、基金管理公司、商业银行、保险公司等金融机构的从业人员以及有关监管部门或者行业协会的工作人员，利用因职务便利获取的内幕信息以外的其他未公开的信息，违反规定，从事与该信息相关的证券、期货交易活动，或者明示、暗示他人从事相关交易活动，情节严重的，依照第 1 款的规定处罚。

　　第一百八十一条　［编造并传播证券、期货交易虚假信息罪；诱骗投资者买卖证券、期货合约罪］编造并且传播影响证券、期货交易的虚假信息，扰乱证券、期货交易市场，造成严重后果的，处 5 年以下有期徒刑或者拘役，并处或者单处 1 万元以上 10 万元以下罚金。

　　证券交易所、期货交易所、证券公司、期货经纪公司的从业人员，证券业协会、期货业协会或者证券期货监督管理部门的工作人员，故意提供虚假信息或者伪造、变造、销毁交易记录，诱骗投资者买卖证券、期货合约，造成严重后果的，处 5 年以下有期徒刑或者拘役，并处或者单处 1 万元以上 10 万元以下罚金；情节特别恶劣的，处 5 年以上 10 年以下有期徒刑，并处 2 万元以上 20 万元以下罚金。

　　单位犯前两款罪的，对单位判处罚金，并对其直接负责的主管人员和其他直接责任人员，处 5 年以下有期徒刑或者拘役。

《中华人民共和国证券法》（2014 修正）

　　第七十三条　禁止证券交易内幕信息的知情人和非法获取内幕信息的人利用内幕信息从事证券交易活动。

　　第七十五条　证券交易活动中，涉及公司的经营、财务或者对该公司证券的市场价格有重大影响的尚未公开的信息，为内幕信息。

　　下列信息皆属内幕信息：

　　（一）本法第 67 条第 2 款所列重大事件；

　　（二）公司分配股利或者增资的计划；

　　（三）公司股权结构的重大变化；

　　（四）公司债务担保的重大变更；

　　（五）公司营业用主要资产的抵押、出售或者报废 1 次超过该资产的 30%；

　　（六）公司的董事、监事、高级管理人员的行为可能依法承担重大损害赔偿责任；

　　（七）上市公司收购的有关方案；

　　（八）国务院证券监督管理机构认定的对证券交易价格有显著影响的其他重要信息。

　　第七十六条　证券交易内幕信息的知情人和非法获取内幕信息的人，在内幕信息公开前，不得买卖该公司的证券，或者泄露该信息，或者建议他人买卖该证券。

持有或者通过协议、其他安排与他人共同持有公司5%以上股份的自然人、法人、其他组织收购上市公司的股份，本法另有规定的，适用其规定。

内幕交易行为给投资者造成损失的，行为人应当依法承担赔偿责任。

第七十八条 禁止国家工作人员、传播媒介从业人员和有关人员编造、传播虚假信息，扰乱证券市场。

禁止证券交易所、证券公司、证券登记结算机构、证券服务机构及其从业人员，证券业协会、证券监督管理机构及其工作人员，在证券交易活动中作出虚假陈述或者信息误导。

各种传播媒介传播证券市场信息必须真实、客观，禁止误导。

（二）政策依据

《新闻出版总署 中国证券监督管理委员会关于印发〈关于加强报刊传播证券期货信息管理工作的若干规定〉的通知》（2010）

第五条 严格报刊新闻采编管理，确保信息来源合法真实。

（一）涉及证券期货市场改革监管重要政策的报道，须严格以证券期货监管部门正式发布的信息为依据。

（二）审慎报道可能影响投资者预期和市场稳定运行的新闻题材。涉及证券期货行业重要政策及其他可能影响市场稳定的重要信息，须事先向证券期货监管部门核实；涉及上市公司等市场主体的重要新闻信息应向所涉对象事先核实。

（三）记者报道证券期货市场新闻事件应尽量进行全面采访，并对信息源多渠道核实，信息来源应相互印证、真实可靠。严禁依据道听途说制造或编造新闻，不得凭借猜测想象炮制或歪曲新闻事实，避免误导性陈述。

（四）建立健全证券期货新闻转载审核管理制度，报刊转载证券期货新闻信息必须事先核实，确保新闻事实真实准确后方可转载；不得转载未经核实的新闻报道、社会自由来稿和互联网信息；不得摘转内部资料或非法出版物上的内容；不得随意转载境外媒体信息。

第六条 报刊刊发内容涉及具体证券、期货品种或者合约的评论意见或行情走势分析的，报刊出版单位应当对相关撰稿机构及人员是否具备证券期货投资咨询业务资格进行核实，并注明相关撰稿人员的证券期货投资咨询执业资格证书编码及所属机构全称。

第七条 报刊出版单位应当加强对提供证券期货信息的软件、终端等证券期货信息类产品广告的审查管理。报刊刊载涉及提供证券期货投资建议或者类似功能服务的软件、终端等证券期货信息类产品的广告，报刊出版单位应当核实广告发布人是否具备证券期货投资咨询业务资格，刊载广告应注明广告发布人名称和证券期货投资咨询业务资格证书编码。防止有关产品广告以夸大虚假营销误导投资者，防止不法机构利用有关产品广告招揽客户、从事非法证券活动。

第八条　报刊出版单位引用或发布基金评价结果的，应当引用具备中国证券业协会会员资格的基金评价机构提供的基金评价结果。

第九条　报刊出版单位及主管主办单位须加强对报刊所属新闻网站的运营管理，建立证券期货互联网新闻信息内容管理责任制度，规范互联网资本市场新闻信息服务工作。

第十条　证券期货类报刊和开设证券期货专刊、专版的报刊要建立健全从事证券期货新闻采编人员的岗位规范，配备专业财经采编力量。总编辑、主编及主要采编人员应具有 5 年以上新闻专业工作经历，熟悉证券期货业务。从事证券期货领域报道的记者原则上需具备 2 年以上财经领域报道经验或证券期货从业经历。见习记者、实习记者及试用人员不得单独从事证券期货新闻采访报道。

<h3 style="text-align:center">《广播电视播出机构工作人员违反宣传纪律
处分处理暂行规定》（2002）</h3>

第十条　违反有关规定，有下列情形之一的，对负有直接责任的主管人员和其他直接责任人员，情节较轻的，给予警告或者记过处分；情节较重的，给予记大过、降级、降职或者撤职处分；情节严重的，给予开除留用察看或者开除处分：

……

（五）违反规定发表分析预测、炒作个股的消息、文章等，误导股市，造成不良后果的；

……

<h3 style="text-align:center">中宣部新闻局《内部通信》（1998 年第 15 期）</h3>

新闻媒体刊播证券期货市场信息，必须客观、准确、完整、公正，核实无误。必须注明信息发布主体，完整地提供信息来源。严禁刊播虚假信息和错误信息。对于因刊播虚假或错误信息导致市场出现异常波动，给投资者利益造成损害的，有关部门将依照法律、法规予以严肃查处。对于故意制造和传播虚假信息、操纵市场、欺骗投资者的，将依法追究法律责任。

【编写组观点】

财经信息的传播，特别是证券期货市场信息、汇率市场信息等的传播，法律性和政策性很强，稍有不慎可能造成严重后果。传播者有责，新闻工作者必须以高度负责的精神，在依法报道的前提下，准确把握有关经济政策与经济知识，加强社会责任感，确保报道的准确、严谨、公正和导向正确，不可误传误导，违反国家相关法律、政策和纪律。

40. 科技报道

40.1 对科学发现、发明创造、科技成果的报道要以严格的专家评议、权威实验、权威期刊认定和成果鉴定意见书为依据，如实报道、推荐、宣传。

40.2 区分真伪科学，对所谓灵异事件或其他超自然现象，在未获得权威论证与科学结论前，原则上不予报道。

40.3 尊重科研管理部门的权威信息发布与解释，注意科技成果公开报道的时限性与有关保密原则。

40.4 尽量交代科研经费的来源。

【定义】

本条所称的"科技成果"，是指包含医学研究和临床治疗在内的科学研究和技术应用。

【典型案例】

案例一：　　　假新闻：中国每年有220万青少年死于室内污染

案例概述：2010年5月16日中新社发布新闻称：一项权威机构最新调查显示，中国每年有220万青少年死于因室内污染所引发的呼吸系统疾病，因此被中国国家科技部列入"十五"科技攻关重大项目"室内空气污染控制措施的研究"科研课题。记者从中国疾病预防控制中心今天下午举行的新闻发布会上了解到，中国标准化委员会中国青少年卫生健康指导中心最新调查结果表明，中国每年有220万青少年死于因室内污染所引发的呼吸系统疾病，其中100万是5岁以下幼儿。

5月18日，卫生部在其官方网站挂出关于"中国疾控中心举行新闻发布会"不实报道的声明。声明说，疾控中心近日未以"中国疾病预防控制中心"名义举办过新闻发布会，中心也未发布过任何关于空气污染导致人群死亡的具体数据。同日，中新社总编室发出《关于〈中国每年有220万青少年死于室内污染〉一稿的说明》："我社记者于2010年5月16日依据中国疾病预防控制中心环境与健康相关产品研究所'十五'科技成果'室内空气重点污染物健康危害控制技术'推广会上提供的材料，播发了《中国每年有220万青少年死于室内污染》一稿，受到一些读者的质疑。现接到会议承办方北京海曼普环保科技有限公司给我社总编室发来的致歉函，称'该数据我公司未经核实，对于可能给读者造成的误解我公司深表歉意'。中国疾病预防控制中心环境与健康相关产品研究所科技成果推广办公室对此表示认可。"

有人从该新闻的最后一段文字中发现，这篇报道有植入式广告之嫌：中国科技部、卫生部、中国疾病预防控制中心、中华预防医学会、中国保健协会、中国卫生监督协会等部门今天在此间举行"国家'十五'重大科技攻关项目——室内空气污染控制措施研究成果发布会"称，由中国疾病预防控制中心环境所研制的以海曼普滤芯为主要净化材料的海曼普快速除甲醛空气净化器，成功为解决中国普遍存在的家装污染和室内空气污染提供了一种有效的手段。[1]

案例二：　　　　　　　　　　　　**媒体助推张悟本**

案例概述：2007 年起，张悟本以民间营养师的身份，在北京一些社区搞健康养生讲座，并在"中研健康之家"坐诊。2009 年，张悟本在中央电视台大制作的电视栏目《大国医道》中担任《食疗篇》的主讲，做了 30 集专题片《把吃出来的病吃回去》。2009 年张悟本的讲稿《把吃出来的病吃回去》由人民日报出版社出版。他宣称绿豆、茄子、白萝卜等可调理身体，治疗疾病。

2010 年 2 月 1 日～4 日，张悟本在湖南卫视《百科全说》栏目开讲座。此后，张悟本的知名度达到第一个高峰。3 月 15 日～18 日二上《百科全说》。4 月 4 日，张悟本三上湖南卫视，他的名字开始红遍全国。

直到 5 月中旬，有媒体报道张悟本学历涉嫌造假。其撰写的《把吃出来的病吃回去》中宣扬的"绿豆治百病大法"也被质疑。5 月 26 日，张悟本在北京召开恳谈会回应媒体质疑。北京工商和卫生两部门于当天突击检查"悟本堂"，就其是否存在虚假宣传、超范围经营等问题开始介入调查。5 月 28 日，卫生部首次公开否认张悟本"卫生部首批高级营养专家"身份，有关负责人表示：卫生部从来就没有聘过"高级营养专家"。"悟本堂"暂停营业，中研健康之家也暂停张悟本的预约。5 月 31 日，"悟本堂"再次开门营业，但张悟本并未现身；6 月 1 日，"悟本堂"再次停业；6 月 2 日，"悟本堂"连夜被摘去牌匾；6 月 3 日，"悟本堂"门脸被拆除；6 月 4 日，南京等地市民将张悟本告上法庭；6 月 5 日，张悟本所著养生书籍被全国书店全面下架；6 月 7 日，"悟本堂"公布退款步骤，同意退还市民预付款。湖南卫视《百科全说》停播。

中华中医药学会副会长兼秘书长李俊德在接受《人民日报》记者采访时表示，要防止伪专家误导公众，首先，需要网络、出版社、电视台、报纸、杂志等大众媒体对撰稿或者接受采访的专家严格把关，认真核实其身份的真实性，对涉及中医养生保健的知识应该请中医专家来审核把关；其次，卫生主管部门也应加强管理，发现冒充专家身份的人，应追究其法律责任；最后，各相关部门应建立

---

〔1〕 贾亦凡、陈斌："2010 年十大假新闻"，载《新闻记者》2011 年第 1 期。

打假联动机制，让伪专家无处藏身。

【依据】

（一）道德依据

《中国新闻工作者职业道德准则》（2009 修订）

第二条 ……

（二）宣传科学理论、传播先进文化、塑造美好心灵、弘扬社会正气，增强社会责任感，坚决抵制格调低俗、有害人们身心健康的内容；

……

第三条 ……

摘转其他媒体的报道要把好事实关，不刊播违反科学和生活常识的内容；

……

（二）政策依据

《中共中央、国务院关于加强科学技术普及
工作的若干意见》（1994）

11. 要充分利用大众传播媒介，开展多种形式的科普宣传。要从提高全民素质和培育下一代的高度认识科普宣传的重要性，重视传媒的科学教育功能，把科普宣传作为整个宣传工作的重要内容。要在报刊、图书、广播、电视和电影等大众传播媒介中加大科普宣传的力度和数量，通过政策发动、舆论引导，造成声势，逐步形成"学科学、爱科学、讲科学、用科学"的社会风尚。要鼓励和提倡新闻工作者学习科技知识，加强对科普宣传的鼓励和支持。……要明令禁止有关涉及封建迷信或尚无科学定论、有违科学原则和精神的猎奇报道以及不良生活方式的宣传。对某些不易划清界限或暂时不能定论的内容或活动，应严格加以控制。对确实造成不良影响的机构和个人，应予以相应处罚；对个别触犯刑律的，要予以制裁。

（三）法律依据

《中华人民共和国科学技术普及法》（2002）

第十六条 新闻出版、广播影视、文化等机构和团体应当发挥各自优势做好科普宣传工作。……

第三十条 以科普为名进行有损社会公共利益的活动，扰乱社会秩序或者骗取财物，由有关主管部门给予批评教育，并予以制止；违反治安管理规定的，由公安机关依法给予治安管理处罚；构成犯罪的，依法追究刑事责任。

【编写组观点】

诚如爱因斯坦所言，要使科学造福于人类，而不成为祸害。包括医学在内的科学技术，不断会有新发现、新学说、新方法、新设备问世，要避免误导公众相信或接受，就需要记者既担任科学普及的翻译者，把深奥的原理、复杂的背景用通俗而准确的形式告知公众，也需要记者担当起批判者和监督者的角色，去伪存真，审慎报道，就像著名的健康报道记者莎朗·布朗里所言，"我们的工作不是去吹捧每一点小进步，而是在大商业与医学研究交叉地带的黑暗角落投下光明"。

为了保证公众接触到真实的科技新闻，编写组认为，记者的报道要做到：

首先，要交代清楚谁是研究的资助者。政府机构、企业和基金会，都可能成为某项研究的资助者，无论为了政绩、金钱还是行善，报道要为公众提供研究的政治、经济、社会和科学背景，帮助公众进行真伪和风险判断。

其次，还要注意了解学说和成果的科学性是否经同行评议，实用成果的推广应用是否经过合法验证，如药品、医疗设备和手术的准入。

再次，要让公众理解科技的渐进性，要报道对该成果的不同意见、有待完善和进一步研究之处。还有，使用"国内先进"、"国际水准"之类的说法，一定要有依据。

最后，要谨慎报道"有效率"、"治愈率"等统计数据，仔细核查数据的获得过程、认真辨别数据的真实含义。

41. 健康报道

41.1　疾病与医疗领域报道须格外重视、尊重病患者的隐私权。（见"19. 隐私"）

41.2　对某些疾患的报道要避免对病人的污名化效果。

41.3　描绘或展示病体及疾患要避免刺激受众的感官。

41.4　涉及自杀的报道需避免对社会不良的示范效应。（见附件3）

【定义】

"污名"（stigma）一词最早来源于古希腊，原意是一种身体标记。这种标记刻在或烙在某些人的身上，表示带有这种标记的人是不受欢迎的，需要回避和远离。1963年Goffman将污名引入到心理学的研究领域，他将污名定义为个体的一种不被信任和不受欢迎的特征，这种特征降低了个体在社会中的地位。污名的本质是一种消极的刻板印象，是社会对某些个体或群体贬低性的、侮辱性的标签，对被污名者有着深刻的影响。

某些疾病，尤其是一些传染性疾病，如艾滋病、乙肝等，由于感染途径的特殊性（如性传播），容易引起公众对患病个体和群体的偏见和歧视。媒体报道时要避免对其感染途径进行道德化的叙述，以防公众对该类疾病的防控和治疗的认识产生偏差，对感染者和家属产生歧视。

所谓"示范效应"，是由于媒体对自杀等精神疾患的情感性渲染可能引发的模仿等后果。

【典型案例】

腾讯 QQ 相约自杀案网络被判免责

案例概述： 自 2010 年 6 月初起，张涛多次在腾讯公司经营的不同的 QQ 群上向不特定的对象发出自杀邀请，内容为"浙江男找人一起烧炭自杀"等。2010 年 6 月 23 日，时年 20 岁的上海大学生范弈杰在 QQ 群上看到上述信息后，与张涛联系并约定于 6 月 24 日到丽水自杀。到达丽水后，二人一起住进市区某酒店，共同外出购买了脸盆、酒精、炭、密封胶带等自杀用具，回到酒店房间在卫生间里实施烧炭自杀。在自杀过程中，张涛用水浇灭了正在脸盆里燃烧的炭，终止自杀，并劝范弈杰也放弃自杀。下午 5 时左右，张涛不理会范弈杰"不要走，再来一次自杀"的要求，独自一人离开了宾馆。离开后直至晚上 8 时前，二人仍有手机通话和短信联系。晚上 11 时左右，张涛打电话给宾馆总台，告诉宾馆人员可能有人自杀。

范弈杰的父母认为，深圳市腾讯计算机系统有限公司（以下简称腾讯公司）及张涛涉嫌侵害生命权、健康权、身体权，向法院提起诉讼。而腾讯公司是否应当承担侵权责任成为本案的争议焦点。

一审法院审理认为：张涛和腾讯公司的行为间接结合发生损害后果，应当根据过失大小和原因比例各自承担相应的赔偿责任。死者范弈杰应自负主要责任。张涛应承担 20% 的赔偿责任。《全国人民代表大会常务委员会关于维护互联网安全的决定》第 7 条规定"从事互联网业务的单位要依法开展活动，发现互联网上出现违法犯罪行为和有害信息时，要采取措施，停止传输有害信息，并及时向有关机关报告"。但腾讯公司一直未采取措施停止传输"相约自杀"这一可能危害他人生命健康身体权的信息，长期放任违法行为和有害信息的存在，不履行监控、事后处理的法定义务，对死亡事件发生也有过错，应承担 10% 的赔偿责任。

腾讯公司不服一审判决，向丽水市中级人民法院提起上诉。二审法院审理认为：依照《全国人大常委会关于维护互联网安全的决定》第 7 条的规定，从事互联网服务的单位承担该义务的前提是"发现"，但显然并未赋予其必须主动"发现"违法行为和有害信息的义务。本案中，原告并未提供证据证明，在范弈杰自杀前，相关权利人已经通知并要求腾讯公司删除、屏蔽、断开链接相关信息，或者腾讯公司已确知相关信息存在的事实。本案中，腾讯公司仅为用户提供网络技术服务和交流平台，并没有对用户的聊天内容进行编辑、修改或者改变其接收对象，范弈杰通过腾讯公司提供的信息交流平台与他人相约自杀，其死亡系其积极追求自杀的结果，故腾讯公司的行为与范弈杰的死亡不存在因果关系。因此，腾讯公司不具备侵权损害赔偿责任的构成要件。二审判决驳回了死者范亦杰的父母对深圳市腾讯计算机系统有限公司的诉讼请求。[1]

案例评析： 从法律的角度看，二审法院的判决无疑是正确的。在两名网友相约自杀这一事件上，腾讯公司作为网络信息服务平台提供商，没有对网上信息进行编辑的义务，也没有对海量的未经编辑的不良信息主动发现并采取措施的法定义务。

关于媒体的禁载内容，不论是传统媒体还是网络媒体，都没有对自杀信息作出具体规定。但是法律上的无过错，不意味着可以改变自杀信息是一种不好的信息的性质，尤其是对于未成年人而言。在几乎同样的法律标准之下，传统媒体通过行业自律、媒体自律的方式较为有效地限制了包括自杀信息在内的不良信息的传播，这一历史经验可供网络媒体参考。

【依据】

（一）道德依据

《中国新闻工作者职业道德准则》（2009 修订）

第二条 ……

（二）宣传科学理论、传播先进文化、塑造美好心灵、弘扬社会正气，增强社会责任感，坚决抵制格调低俗、有害人们身心健康的内容；

……

（二）政策依据

《国家广播电影电视总局、卫生部、国家工商行政管理总局、国家食品药品监督管理局、国家中医药管理局关于进一步加强广播电视医疗和药品广告监管工作的通知》（2009）

二、广播电视媒体要严格审查医疗、健康类节目中嘉宾的资质，避免误导受众。广播电视播出机构自行制作播放宣传普及疾病防控等科学知识的医疗、健康类节目时，需要聘请医学专家作为嘉宾的，播出机构必须认真审核嘉宾的医师执业证书、工作证、职称证明等相关证明。禁止聘请不具备执业资质的人士担当医疗、健康类节目的嘉宾。严禁以演员和社会名人主持医疗、健康类节目。

【编写组观点】

健康报道是健康传播的重要组成部分，报道的科学与人道水准直接关乎公众科学素养的提高、健康福祉的增进、基本人权的实现。

---

〔1〕"大学生'QQ 相约自杀案'二审宣判，法官详解腾讯公司不担责缘由"，载法制网 http：//www. legaldaily. com. cn/legal_ case/content/2012－02/14/content_ 3348673. htm? node ＝33834.

对任何疾病的报道，对任何一位患者的采访，都是为了让社会认识某种生理或心理的疾病的传播途径、危害和防治方法，都是为了减轻乃至消除、预防疾病的威胁；为达此目的，要避免让患者付出不必要的代价。没有必要为了满足公众的好奇心或道德感，或者为了增添报道的人情味，而暴露患者的病情，更不能使用带有歧视色彩的称谓。

42. 图片报道

42.1 维护新闻摄影的真实性和可信度，避免迷惑或误导受众。

42.1.1 杜绝摆拍或导演画面。

42.1.2 在图片或影像的后期制作中，杜绝操纵内容和意义的修改。

42.1.3 对图片或影像的文字说明、不得歪曲其内容的真实含义。

42.2 尊重被拍摄者的人格。（详见"18. 诽谤"、"19. 隐私"、"20. 肖像"）

42.2.1 未经被拍摄者允许，不对处于私人场所（包括公共场所的私人区域）的个人进行拍摄，或刊发处于私人场所（包括公共场所的私人区域）的个人私生活照片。

42.2.2 表现遭遇灾难或不幸的人及犯罪受害者时，保持同情与谨慎。（见"25. 悲伤"、"26. 死亡"）

42.2.3 发表犯罪嫌疑人及犯罪分子（不包括未成年人）的照片，见"37. 案件报道"的规定。

【定义与背景】

（一）定义

新闻摄影的真实性和可信度与文字报道的真实性和可信度一样，构成新闻工作者维护新闻真实性原则的信条和职业规范。但是，在新闻工作实践中，违背新闻摄影的真实性和可信度的行为屡有发生，主要表现形式包括摆拍或者导演镜头、文字说明改变新闻事实、文字说明改变了与图片的关系、操纵修改图片和影像等方面。

在新闻现场，摆拍意味着导演镜头，是对采访对象的干涉、对读者的不尊重，也是对新闻真实性原则的违背。再现新闻场景、安排新闻事件，同样是导演镜头的表现。新闻工作者应杜绝导演镜头。

文字说明构成新闻图片作品的重要部分，图片与文字相结合，共同、完整揭示新闻图片作品的内容和意义。在新闻图片的文字说明中，不对新闻作影响事实的描述。

私人场所，指区别于公共场所的个人空间。在私人场所，个人不希望受到侵扰。如2009年，身穿比基尼的章子怡和前男友 ViviNevo 在位于加勒比海的法属岛屿 St - Barts 上 ViviNevo 拥有的专属私人海滩上晒太阳时被偷拍，包括章子怡疑似露点照片在内的80多张照片被曝光，国内大量网站和个别报刊进行了转载。

（二）背景

用图片与影像来记录现实、展示世界和保存历史，是新闻影像的重要作用。随着媒介品种的增多以及媒介内容信息供应的增多、人们信息消费方式的变化，我国新闻传播进入了一个"视觉时代"、"读图时代"，图片与影像报道对于受众的影响越来越大。而数字影像技术的发展与普及应用又深刻改变了新闻摄影的报道方式，影响到拍摄、存储、传输、后期制作、发布等所有环节，并且带来了许多新的伦理问题。其中，首当其冲的是数字摄影的真实性和可信度常常受到质疑。在新中国成立之初，我国新闻界曾很大程度上受到苏联的新闻照片"组织加工"的影响，导致摆拍现象一度泛滥，这种粉饰太平的极左思潮影响了许多新闻工作者，他们通过摆拍出来的照片呆板、不自然、人为拔高。在20世纪50年代中后期，我国新闻摄影界就展开了关于"组织加工"与"摆布"问题的讨论，但是，随着"反右"和"大跃进"以及"文化大革命"的推动，摆拍之风盛行一时，至今仍流毒未散。改革开放后，新闻摄影界深刻反思新闻摄影的真实性问题，对摆拍问题提出了批判，蒋齐生等新中国新闻摄影界的权威特别强调要"抓拍"，维护新闻摄影的真实性。

导演镜头的现象在西方新闻界也一直存在，屡禁不绝。不过，任何一名新闻工作者都明白，禁止导演镜头是全球新闻界的共识。

图片与影像的后期制作，是指对原始图片的剪裁、通过暗房工艺或 photoshop 等之类编辑工具对原始照片进行技术性处理，以及其他改变原始照片的视觉信息的技术手段运用。在数字影像时代，由于得到 photoshop 等之类编辑工具的支持，图片与影像的后期制作变得非常容易，而且制作后的图片与影像更为"逼真"，更容易迷惑读者。虽然图片与影像在后期制作上通过修改而造假的手法早已有之，如过去的"烘烧法"、"局部遮光法"、"气笔修改"等，但在数字影像时代这个问题更为突出，数字技术操控强烈引发了人们对于新闻摄影的不信任问题。

新闻摄影应在公共利益和个人权利之间寻求最理想的平衡。新闻摄影应尊重被拍摄者的人格，包括其隐私权、肖像权、名誉权。未经允许，不得对处于私人场所（包括公共场所的私人区域）的个人进行拍摄，或刊发处于私人场所（包括公共场所的私人区域）的个人私生活照片。近年来，出现了个别媒体对明星进行隐私揭露，甚至不惜窥探其私生活的低俗、不良之风，相关照片也有时见诸报刊和互联网上。遭遇灾难或不幸的人们和犯罪受害者如果拒绝接受采访拍摄，一般是由于他们在精神上承受着痛苦，处于不愿意被打扰的状态。这涉及隐私与尊严问题。此外，对他人痛苦的描述和暗示也可能引起读者的焦虑和不安。即使是犯罪分子也有公民权利和人格尊严，他们同样需要得到社会关怀，因此，除非经过相关部门授权同意，不应刊登他们的照片（涉及公务人员的职务犯罪则另当别论）。（参阅《守则》"三、他人权益"相关规定）

【典型案例】

案例一：　　　　　　　　《非典时期的婚礼》造假侵权

案例概述： 2003 年 5 月，供职于《武汉晚报》的摄影记者邱焰为拍摄以"非典"时期为背景的爱情题材照片，来到武汉一家婚纱店，物色了温州籍男模陈英和另一名女模特来帮忙。考虑自己在武汉事业的发展及提高模特知名度，在要求照片按模特身份登报，不作结婚新人报道后，陈英答应拍摄。两天后，《武汉晚报》第七版刊登了这张"一对情侣穿着婚纱，戴着口罩，穿过马路去拍照片"的新闻图片。2004 年 2 月，"非典时期的婚礼"获得 2003 年第 47 届"荷赛"（世界新闻摄影基金会年度新闻摄影比赛）日常生活类（单幅）三等奖。2004 年 3 月 23 日，照片中的男模陈英向温州媒体投诉，称"非典时期的婚礼"存在严重失实，照片上的人物场景从头到尾都是制造出来的，并诉称这幅严重失实的新闻照片导致了他与女友关系破裂，遂以名誉侵权为由将记者邱焰和武汉晚报社告上法庭，要求恢复名誉，赔偿精神损失费。2004 年 10 月 18 日，武汉市中院作出终审判决，原告陈英获《武汉晚报》赔礼道歉及 2 万元精神赔偿。[1]

图：邱焰拍摄的《非典时期的婚礼》

---

〔1〕 "《非典时期的婚礼》造假"，载《法制晚报》2004 年 10 月 21 日。

案例二：　　　　电脑 PS 火车经过与藏羚羊在桥下奔跑

案例概述： 2008 年，作为青藏铁路与可可西里野生藏羚羊和谐相处的重要见证，照片《青藏铁路为野生动物开辟生命通道》荣获"2006CCTV 新闻记忆年度新闻图片"铜奖。图片作者是《大庆晚报》记者刘为强。刘为强后来说：当初为了拍车、羊同时出现的瞬间，他在掩体里整整呆了半个月。"有羊没车，有车没羊，有车有羊我都经历过，但画面都不是很理想"，因而"心急之下合成再现了一把情景"。此事被网友称为"刘羚羊事件"，后被证明为继"周老虎"之后又一起 PS 照片事件。

2008 年 2 月 18 日，《大庆晚报》编委会通过互联网发表公开道歉声明："经查证核实，以及本人确认，为 PS 合成图片。本报特诚挚向中央电视台、新华网以及发表图片的媒体致歉，并为由此而造成的恶劣影响，向摄影界及广大读者和观众致歉。"《大庆晚报》作出三项决定：全面整顿新闻队伍，加强新闻记者的职业道德教育和职业操守教育；刘为强退回在中央电视台获得的奖杯和证书；对摄影部副主任刘为强给予解聘处理，并取消所获荣誉称号。《大庆晚报》时任总编辑王忠一引咎辞职。新华社中国图片总汇、人民图片网、中国新闻图片网、五洲传播图片库等 5 家国内图片网站（图片库也向社会发布"关于《青藏铁路为野生动物开辟生命通道》照片造假问题的联合声明"，宣称将从各图片网站数据库中删除刘为强的全部摄影作品，并取消其签约摄影师资格。刘为强在网上向广大网友道歉，并称甘愿为照片作假所带来的一系列后果负责。在这封信中，刘为强称"一位摄影人用一张合成照片获奖，真的很不仗义，很不道德"。[1]

案例评析： 刘羚羊、张飞鸽是相继发生的 PS 图片造假事件。画面上多出一只鸽子、将此时的车和彼时的羊"合成"在一张图片上，均违反了新闻摄影"记录瞬间"的真实性。

图：《青藏铁路为野生动物开辟生命通道》终证明为 PS 照片

---

〔1〕"《大庆晚报》就'藏羚羊 假照片'公开致歉"，载 http：//media.people.com.cn/GB/6892288.html.

案例三： 2013 中国十大假新闻之首——"深圳最美女孩"
给街边乞讨老人喂饭为策划

案例概述： 3 月 25 日，中国新闻网刊发了一则"深圳 90 后女孩当街给残疾乞丐喂饭感动路人"的新闻。报道称，在深圳打工的 90 后某女孩单膝跪地给残疾乞丐喂饭。在配图照片中，一名身穿粉红格子衬衫、扎着马尾辫的女孩单膝跪地，在给一位患有残疾的老人喂盒饭。女孩是湖南新化人，出生于 1991 年，目前正在深圳打工。3 月 24 日下班回家路上，女孩看到老人盯着快餐店里的盒饭后便掏钱为老人买来了盒饭，然后亲自喂饭。这则名为"深圳 90 后女孩给残疾乞丐喂饭"的图片报道在各大新闻网站与微博上疯转（包括《人民日报》、中央人民广播电台等媒体官网），众多网友为女孩竖起大拇指，称赞此举是社会正能量。但很快就有网友指出新闻是策划团体炒作。经深圳媒体证实，整个行为其实是某商业展的炒作。附近一位目睹拍摄过程的报刊亭老板称，女孩只喂了几口饭，便随拍照的男子离开。此后，策划者出面致歉，承认照片是摆拍。首发媒体中国新闻网也表示歉意，中国新闻社称已对当事记者、网站当日值班责任人等做出了处理。[1]

图："深圳最美女孩"给街边乞丐老人喂饭[2]

案例评析：《2013 年十大假新闻》课题组指出：这篇报道的作者郑小红是中国新闻社广东分社副社长、深圳记者站站长，在媒体开始质疑新闻的真实性时，她一再否认，再三追问后才承认是通讯员发来的稿子，自己并不在场。但她所说的通讯员石金泉，本是一名知名拍客加网络推手，曾为广东电视台以及深圳当地多家媒体供稿。2011 年，他因策划《眼癌宝宝母亲跪爬，被"富家公子"戏弄》

---

〔1〕 "2013 年十大假新闻"，载《新闻记者》2014 年第 1 期。
〔2〕 图片来源：http://news.lnd.com.cn/htm/2013-03/27/content_2812751.htm.

的虚假报道，公开向社会道歉。这样一个屡有"前科"的"通讯员"炮制出的虚假新闻为何能经一位资深记者之手堂而皇之地刊发出来呢？在事件水落石出后，郑小红发布了一则"致歉声明"，她承认自己"未严谨地核实新闻事实，没有善尽一个新闻记者的责任"，但依然强调自己的初衷是"出于传播正能量、传播真善美"。但我们很想追问一句：无中生有的正能量还能传播真善美吗？

对于媒体是否可以人为策划"好人好事"的观点值得讨论。课题组认为，人为策划的"好人好事"在媒体道德上是不被认可的。原因在于：首先，人为摆拍本身是一种行为艺术，艺术既可以反映现实，又可以超越现实，因而与新闻图片的"真实性"原则明显冲突。其次，导演事件往往出于一定的目的，如商业获利、政治煽动、道德感化等，这与媒体的客观报道和揭示事实真相的目的大相径庭。最后，弄虚作假的爱心故事对社会的危害不容小觑。其最可能的后果就是，从此人们对报道出来的所有爱心设防，处处怀疑"最美"，人与人之间的信任也就更加脆弱。社会需警惕道德的功利化倾向，避免让虚假的作秀伤害了道德本来的纯真。记者编辑对新闻把关责无旁贷，务必要学会在新媒体环境中擦亮双眼，甄别细节。

案例四：　　　　**侵扰他人的悲伤——一名新记者的困惑**

案例概述：《新闻记者》2004 年第 11 期转发了上海《新闻晚报》国内部记者李宁源在该报内部业务交流刊物《纸上谈兵》上发表的"一名新记者的困惑"一文。文中介绍：当地领导带领一群记者去采访在阿富汗遭恐怖分子袭击死亡的山东某地民工的家属时，该民工家人拒绝记者采访，因担心家里 88 岁的老人获悉儿子的噩耗而受到打击出现意外。但是，在村主任的陪同下，当地领导带领记者通过砸门的方式，硬闯进其家门。李宁源这样描述："终于，这最后一块保留隐私和尊严的堡垒被击溃了，他们只能眼睁睁地看着小院被无数陌生的脚践踏。""很快地，闪光灯闪动之下，记者们清楚地看到了屋里那一双双含着热泪愤怒地看着这一切的眼睛。很快地，所有的记者得到了自己满意的照片或录像，离开了。很快地，领导们在呼天抢地的哭声中完成了自己的'亲切慰问'。"李宁源作为随行记者之一，反思和质疑记者们这一行为背后的职业操守和价值取向。

【依据】

（一）道德依据

《中国新闻工作者职业道德准则》（2009 修订）

第三条　坚持新闻真实性原则。要把真实作为新闻的生命，坚持深入调查研究，报道做到真实、准确、全面、客观。

……

（二）报道新闻不夸大不缩小不歪曲事实，不摆布采访报道对象，禁止虚构或制造新闻。

......

（二）法律依据

《中华人民共和国宪法》（2004 修正）

第三十九条　中华人民共和国公民的住宅不受侵犯。禁止非法搜查或者非法侵入公民的住宅。

《公民权利和政治权利国际公约》（1976）

第十六条　人人在任何地方有权被承认在法律前的人格。

第十七条　一、任何人的私生活、家庭、住宅或通信不得加以任意或非法干涉，他人的荣誉和名誉不得加以非法攻击。

二、人人有权享受法律保护，以免受这种干涉或攻击。

【编写组观点】

新闻摄影的本质力量是真实。由于新闻摄影可以即时抓拍与新闻事件或新闻人物有关的决定性典型瞬间，从而准确如实地表达新闻摄影报道的内容信息，真实性构成了新闻摄影的核心价值。但是新闻摄影因受拍摄对象与拍摄条件等的限制，总会留下遗憾，而不可能像摄影艺术创作那样追求画面的完美，所以，新闻工作者始终要把传播信息特别是视觉信息放在第一位，而把传播美感放在次要地位。新闻摄影可以借用艺术构思和手法，但是，一切艺术构思和手法必须服务于内容信息的传播，并且，有的艺术构思或手法是严格禁用于新闻摄影的，比如导演镜头、操控修改等。真实是新闻摄影的生命，尤其新闻摄影在即时性、形象化地印证事实、记录历史方面具有独特优势，因此，新闻工作者更应以高度的责任心和使命感来维护新闻摄影的真实和客观，这一点，无论怎么强调都不过分。针对数字时代公众对于网络传播中"有图未必有真相"的质疑，新闻工作者更要始终警钟长鸣，不可突破违背真实性原则的底线。

如果新闻摄影造成了迷惑或误导读者的效果，则可认定为违背新闻摄影的真实性和可信度；同时，违背新闻摄影的真实性和可信度，往往是由于传播者具有主观上迷惑或误导读者的企图。这种侵犯受众和拍摄对象的权利的行为是一个伦理问题，应该予以公开谴责。比如：

（一）关于摆拍

摆拍是新闻摄影的大忌。在镜头前面，被拍摄的人物可能主动屈从摄影记者的导演，也可能进行传达自身意图的表演，或者无意受到镜头的控制而背离真实的状态；摄影记者也可能通过摆拍，改变被拍摄人物与周围环境或情景的关系。这些都会改变新闻事实。此外，"策划"或制造新闻事件、模拟或再现新闻场景，也是故意造假的行为，这时镜头所记录的并非新闻事实。

编写组认为，导演镜头是对读者的不尊重和欺骗，也是对新闻真实性原则的违背。在国外，很多传媒机构甚至对摆拍的记者予以解雇。在我国，各级新闻评奖拒绝摆拍的新闻摄影作品。在可能的情况下，插图照片、环境人物肖像等允许摆拍，但必须在图片说明中明确告诉读者它们是摆拍的。路透社关于摆拍的规范非常具体，操作性强，值得我国新闻界借鉴。

（二）关于图片文字说明本身的真实、准确与客观

文字说明对新闻图片作"拔高"、"移花接木"或"无中生有"式的描述，即在主观上违背了新闻真实性原则。

图片与文字说明的相关性出现偏差，存在以下可能：

第一，如上述某报的案例，将图中人物张冠李戴，造成文字说明有误；

第二，"空头照片"，即用库存的照片或存档的胶片给新闻报道作图解，但不顾原始照片的背景，或者未征得其对象的同意。如某报关于卖淫女的报道，配发了一张女性的肖像照片，尽管文字说明为"图文无涉"，但仍然存在误导读者和伤害照片当事人的可能。

西方一些国家的媒介自律规范对此有明确规定。如，德国《新闻业准则》规定：非纪实性图片，尤其是照片，容易让漫不经心的读者误解为纪实性照片的，必须标注出来。如下内容必须在图片说明或相应文字中给予明确指明或描述，以确保其不至于被漫不经心的读者误解：

——替代品或标示性图解（相同主题不同场合，不同主题相同场合等）；

——象征性图解（重构的景象，图表式的表述，艺术家在文本中描述的对事件的印象等）；

——集成照片或其他替代物。

又如，《斯洛文尼亚共和国新闻工作者准则》规定：图书馆的资料（档案里的照片）以及象征性图片需要明确说明。

新闻工作者应认识到，文字说明对于新闻图片不是可有可无的，必须确保文字说明的真实、准确与客观。插图照片、人物肖像照片、象征性照片、资料照片绝不可混淆于纪实性新闻照片，并且必须用文字说明注明。

此外，路透社还规定，在人物肖像或特写拍摄中使用特殊镜头（如宽角转换镜头、移轴镜头）或特殊的技术（如柔焦、变焦）来创造一个影像，图片说明也必须澄清。

第三，编辑对图片的文字说明进行删改时违背了新闻事实。玛格南图片社坚持这样的规范：摄影师对图片报道的真实和完整负有法律责任，必须亲自撰写图片说明，对编辑所做的删改，也要亲自审定。

（三）关于电脑技术与暗房处理

在图片与影像的后期制作中，应杜绝操纵内容和意义的修改，这是一个原则性意见。此问题讨论起来，各种情形非常复杂。比如，对色彩、色调的修改则需要持慎重态度。一般认为，可以对图片进行的细微修改，一般限于去除刮痕、灰尘，或调整反差和清晰度，进行必要的裁剪等。要禁止的则主要包括：移动被拍摄体的位置、增减内容、合成影像、随意变形颠倒等。此外，对于视频影像，应禁止过度剪辑，即不按照时序来播出场景，从而改变人们对于新闻事件进程的了解和认识。

（四）关于拍摄私人场所与空间

《中华人民共和国宪法》所保护的公民的人身自由，就涉及公民所处的相对"场所"或"空间"问题。侵害隐私权的排除，包括三种可能的情形：①公共利益原则。即新闻传播活动有必要揭露或公开个人与社会公共利益相关的行为。②当事人同意原则。如当事人自愿公开个人私事，即为排斥侵害隐私权的一个重要抗辩理由。征得同意不适用于未成年人。③使不可辨认原则。即公众不可能从媒介的传播活动中辨认或推断有关当事人，如媒体通过对当事人的图像、声音进行特殊处理，有意略去当事人的姓名、模样、身份等。

在当事人不同意的情况下，强行进入受法律保护的私人场所拍摄采访，无疑侵害了其隐私权，也可能面临私闯民宅的指控。在限制摄影的公共场所强行拍摄也属侵权。如在特殊教育学校、福利工厂等场所拍摄，一定要得到当事人或家长、监护人的同意，因为个人生理缺陷也属个人隐私，未经允许不得拍摄与传播。在公共场所的非公共区域，也不得强行拍摄。因为私人场所的概念应包括公共场所的非公共区域。比如：PCC明确规定，记者进入医院的病房采访前必须表明自己的身份并且获得允许。合众国际社明确规定餐馆的厨房为公共产业的私人区域。肯尼斯·科布勒所著的《美国新闻摄影教程》（黄利等译，陕西师范大学出版社2007年版）一书介绍，美国摄影记者在未经同意的情况下，对以下场所的拍摄也受到限制：①公立学校：进入学前班、小学、中学拍摄，须经校方同意；②进入警察部门、政府大楼、法院、监狱、军事基地、州议会拍摄，须经有关部门同意；③进入医院、康复中心、急救车、精神病医药、医务室、诊所等医疗场所拍摄，须经当事人或有关部门同意；④对公众开放的私人场所，如电影院大厅、商业办公室、宾馆休息室、餐馆等在无人拒绝的情况下可拍摄，娱乐场所须经当事人同意才能拍摄，购物中心、商场商店须经当事人同意方可拍摄；⑤住宅、走廊、草坪、公寓、宾馆房间、汽车在无人拒绝的情况下可以拍摄。国外的这些对相关私人场所或公共场所的私人区域的定义，值得我国新闻工作者借鉴。

未经同意，用长镜头对处于私人场所中的人进行拍摄，虽然未直接侵扰私人场所，但实质上是一种间接侵扰，也应受到限制。

刊发处于私人场所（包括公共场所的私人区域）的个人私生活照片，与拍摄处于私人场所（包括公共场所的私人区域）的个人照片本质是相同的，同样需要予以抵制。

编写组认为，《守则》第42条的规定涉及新闻工作者的责任问题，即尊重和保护个人的隐私和名誉权，也涉及新闻工作者的公正问题，即对待每一个社会成员都应该是平等的，还涉及新闻工作者的人文关怀问题，即对弱者予以周到的关怀。正因为新闻事业充满复杂性，新闻工作者在处理与被拍摄对象的关系时，应该恰当定位，把社会效益放在首位。

七、语言与文字

43. 基本用语用字标准

43.1 新闻报道和视听节目应以国家通用语言文字为基本的用语用字，标题、正文、标签、播音、配音、字幕应使用普通话和规范汉字，符合国家颁布的通用语言文字规范和标准，符合《汉语拼音方案》、《普通话异读词审音表》的规定。

43.2 除特殊情形需要，新闻报道和视听节目应当做到：

（1）不过多使用方言词语、文言词语、简称略语或生造词语；

（2）不使用有损规范语言的口音、语调、粗俗语言、俚语、行话；

（3）不在普通话中夹杂不必要的外文。

43.3 除特殊情况，以外国语言制作的新闻报道和视听节目应当配有中文字幕或以普通话配音。

43.4 除了研究、教学、人文传统等特定需要，新闻报道和视听节目一般不使用繁体字、异体字。

【背景】

语言文字是跟人类的生存发展联系在一起的，跟社会联系在一起的，也跟文明联系在一起。语言文字的使用涉及各行各业、千家万户，关系亿万人民群众切身利益，社会性强、影响面广。语言文字是文化的载体和标志，语言文字的传播是文化传播最直接、最便利、最有效的途径。语言文字是信息处理的主要对象，在信息化时代，语言文字的信息处理水平关系国家的信息化水平，促进语言文字的规范化、标准化是实现信息化的基础。在我们这样一个多民族、多语言、多方言、多文种、地域辽阔的人口大国，大力普及国家通用语言文字，是增进交流、促进民族团结和国家统一、提高生产生活效率和质量的基本条件，是国家法律的要求。

赖特的大众传播四功能说中，大众传播的社会功能包括解释与规定。即大众传播所传达的信息中通常伴随着对事件的解释。而解释的过程则需要语言文字等符号。新闻报道和视听节目在进行传播时，应当使用规范用字，才能更好地发挥解释功能。一方面要规范语言用词，尽量用正规普通话和汉语表达，另一方面要注意言语的纯洁性，避免对未成年人造成不良影响。

特别是近年来，网络技术的出现使网络语言发展迅速，一方面丰富了中国的规范语，另一方面也出现了冲击规范语，如修改成语的作法甚至破坏了中国标准语言文字的作用。如何保持祖国语言的纯洁性，大众传播及职业新闻工作者的任务繁重。

【典型案例】

案例一： **温家宝总理主动就地质专业术语公开更正**

案例概述：2009 年教师节前夕，温家宝总理到北京市第三十五中学看望师生。温家宝上午听了 5 节课，并就听课进行了点评。在点评走进研究性学习课时，温家宝说：还有一点，就是老师提问时，一个学生说我喜欢岩石，想研究岩石，这个学生也可能不知道老师备课的内容是要讲"教室"，但是老师很快把他的问题扭过去了，因为这堂课不是这个主题。这里反映出一个问题，就是教这堂课要求老师的知识非常渊博，学生爱好涉及的是大自然，老师讲的是"教室"，而对学生好奇的大自然应该给予积极回应。对学生的回答，老师应因势利导，问他看过多少种岩石？知道名字吗？老师就可以讲岩石的分类：沉积岩、岩浆岩、火山岩，启发学生热爱岩石，从而热爱地质。我不是让老师把原来备课的内容改变，而是因为学生想听的是大自然，老师要讲小空间，用简练的语言和提问的方式回答大自然的问题是必要的，而且并不困难。

10 月 12 日新华社北京电发表了温家宝总理致新华社总编室的更正信，全文如下："新华社总编室：贵社昨天播发我的《教育大计，教师为本》一文，其中岩石学的分类，应为沉积岩、岩浆岩（也可称为火成岩）、变质岩。特此更正，并向广大读者致以歉意。温家宝二○○九年十月十二日"[1]

案例评论：遣词用语的规范性关系到媒体社会责任的问题。媒体在传播社会文化过程中起到的是宣扬、传承、表率的作用，在拥有广泛传播性的前提下，媒体的任何一个字，一句话都会受到众多的关注，而报道内容文字语言的正确性和规范性则是媒体在承担的社会责任时应当要做到的基本要求之一。这一问题在涉及专业言语文字时显得更为重要。温家宝总理给新华社总编室的更正信，反映出温总理在涉及专业术语时的严谨态度。

案例二： **广电总局发布通知禁用 NBA**

案例概述：2010 年 4 月，国家广电总局对各广播影视机构下发了通知，提示

---

〔1〕 "温家宝总理的更正信"，载《人民日报》2009 年 10 月 13 日。

各个部门，要规范使用广播语言。在非外语频道，播音员主持人在口播新闻、采访、影视记录字幕等方面，不要使用外语以及外语缩写词。这也意味着，诸如NBA（美国职业篮球赛）、GDP（国内生产总值）、WTO（世界贸易组织）、CPI（消费者物价指数）等大家熟悉的英文缩写，将被尽量避免使用。据了解，此项"改口令"是为了提倡使用汉字，为更多观众能看得懂、听得懂电视广播节目，因此要求各电视台在没有必要的情况下，尽量避免使用外语以及外语缩写词。如果特殊情况下需要使用，需要在后面加上中文解释。此项通知不仅仅针对某一领域的报道，而是面向体育、经济、文艺等各行各业。[1]

案例评述：《通知》中提到的"广播电视所承担的推广使用普通话的重要任务和使命"是广播电视媒体在传承社会文化中的重要一环。尤其是对未成年人而言，他们正处于一个学习文化的过程中，接触媒体的信息内容也是他们学习的重要方式之一，如果媒体上过多的充斥不规范的语言或方言，不仅不利于他们普通话的学习，对其文化传统的接受和价值观的形成也同样会产生不良影响。

案例三：　　　广电总局要求译制片应以国家通用语言译制

案例概述： 2004年10月18日，国家广电总局通过网站公布了《广电总局关于加强译制境外广播电视节目播出管理的通知》。《通知》中提到，"牢记广播电视所承担的推广使用普通话的重要任务和使命，牢固树立政治意识、大局意识、责任意识，牢牢把握正确导向，切实做好广播影视译制境外节目的播出工作。各级广播电视播出机构一律不得播出用地方方言译制的境外广播电视节目。正在播出的用地方方言译制的境外广播电视节目必须立即停播，妥善处理"。有观点认为，广电总局的《通知》应该不是针对广州市场，其原因很大程度上是由于一些外国引进的动画片，如美国的《猫和老鼠》等，在中国很多地区"变味"播出。不少地方的电视台都把这部轻松搞笑的动画片配音成方言，加入了许多调侃的对白，甚至是比较低俗的语言，对小孩造成了不良影响，所以有关部门才出台《通知》予以约束。[2]

【依据】

（一）道德依据

《中国广播电视播音员主持人职业道德准则》（2004）

第二十一条　广播电视播音员主持人要积极推广、普及普通话，规范使用通用语言文字，维护祖国语言和文字的纯洁，发挥示范作用。

第二十二条　除特殊需要，一律使用普通话。不模仿有地域特点的发音和表

---

〔1〕　资料来源：搜狐新闻 http：//news.sohu.com/20100408/n271361632.shtml.
〔2〕　资料来源：搜狐新闻 http：//news.sohu.com/20041021/n222602884.shtml.

达方式，不使用对规范语言有损害的口音、语调、粗俗语言、俚语、行话，不在普通话中夹杂不必要的外文。

第二十三条 用词造句要遵守现代汉语的语法规则，语序合理，修辞恰当，层次清楚。避免滥用方言词语、文言词语、简称略语或生造词语。

（二）政策依据

《国务院关于推广普通话的指示》（1956）

（四）全国各地广播电台应该同各地的推广普通话工作委员会合作，举办普通话讲座。各个方言区域的广播站，在它们的日常播音节目中，必须适当地包括用普通话播音的节目，以便帮助当地的听众逐步地听懂普通话和学习说普通话。全国播音人员、全国电影演员、职业性的话剧演员和声乐（歌唱）演员，都必须受普通话的训练。在京剧和其他戏曲演员中，也应该逐步地推广普通话。

（五）全国各报社、通讯社、杂志社和出版社的编辑人员，应该学习普通话和语法修辞常识，加强对稿件的文字编辑工作。文化部应该监督中央一级的和地方各级的出版机关指定专人负责，建立制度，训练干部，定出计划，分别在两年到五年内基本上消减出版物上用词和造句方面的不应有的混乱现象。

《关于〈普通话异读词审音表〉的通知》（1985）

修订稿经国家语言文字工作委员会、国家教育委员会、广播电视部审核通过，决定以《普通话异读词审音表》名称予以公布。自公布之日起，文教、出版、广播等部门及全国其他部门、行业所涉及的普通话异读词的读音、标音，均以本表为准。

《关于广播、电影、电视正确使用语言文字的若干规定》（1987）

一、广播、电影、电视使用语言文字应做到规范化，对全社会起积极的示范作用。

三、电影、电视剧（地方戏曲片除外）要使用普通话，不要滥用方言。扮演领袖人物的演员在剧中一般也要讲普通话。如因内容需要，要用某些方言，也不能过多。使用方言的电影和电视剧的数量要加以控制。

四、电影、电视剧的片名，电影、电视剧片头的制作单位名、字幕、演职员表，以及电影、电视广告，使用文字要合乎规范，不应使用已经简化了的繁体字、被淘汰了的异体字和不规范的简化字。应当消灭错别字。简化字以 1986 年 10 月 10 日重新发表的《简化字总表》为准。使用汉语拼音，要拼写正确，分词连写，以汉语拼音正词法委员会公布的《汉语拼音正词法基本规则（1987 年）》为依据。

五、广播、电影、电视使用普通话要合乎规范，应当避免读音差错。普通话异读词的读音以《普通话异读词审音表》（1985 年 12 月修订）为准。

《出版物汉字使用管理规定》（1992）

第五条 报纸、期刊、图书、音像制品等出版物的报头（名）、刊名、封皮（包括封面、封底、书脊等）、包装装饰物、广告宣传品等用字，必须使用规范汉字，禁止使用不规范汉字。

出版物的内文（包括正文、内容提要、目录以及版权记录项目等辅文），必须使用规范汉字，禁止使用不规范汉字。

第六条 向台湾、香港、澳门地区及海外发行的报纸、期刊、图书、音像制品等出版物，可以用简化字的一律用简化字，如需发行繁体字版本的，须报新闻出版署批准。

第七条 下列情形可以不适用第5条、第6条的规定：

……

（四）经国家有关部门批准，依法影印、拷贝的台湾、香港、澳门地区及海外其他地区出版的中文报刊、图书、音像制品等出版物。

《广播影视加强和改进未成年人思想
道德建设的实施方案》（2004）

20.……除特殊需要外，节目主持人必须使用普通话，不要以追求时尚为由，在普通话中夹杂外文，不要模仿港台语的表达方式和发音。

《境外电视节目引进、播出管理规定》（2004）

第十七条 经批准引进的其他境外电视节目，应当重新包装、编辑，不得直接作为栏目在固定时段播出。节目中不得出现境外频道台标或相关文字的画面，不得出现宣传境外媒体频道的广告等类似内容。

《关于加强电视节目字幕播出管理的通知》（2005）

二、各级电视播出机构要采取有效措施，加快制定有关管理规定。要明确控制电视节目字幕错别字指标，并纳入工作绩效考核。要配备专门人员，加强电视节目字幕的校对和把关，使电视节目字幕的校对把关程序化、制度化。要明确责任，奖优罚劣，进一步强化对电视节目字幕的播出管理。

《新闻出版总署关于进一步规范出版物文字使用的通知》（2010）

三、高度重视规范使用外国语言文字。出版媒体和出版单位要进一步加强外国语言文字的使用规范化，尊重并遵循汉语言及所使用的外国语言文字的结构规律和词汇、语法规则。在汉语出版物中，禁止出现随意夹带使用英文单词或字母缩写等外国语言文字；禁止生造非中非外、含义不清的词语；禁止任意增减外文字母、颠倒词序等违反语言规范现象。汉语文出版物中需要使用外国语言文字的，应当用国家通用语言文字作必要的注释。外国语言文字的翻译应当符合翻译的基本原则和惯例。外国人名、地名等专有名词和科学技术术语要按有关规定翻译成国家通用语言文字。

《广电总局办公厅关于进一步加强电视剧
文字质量管理的通知》（2011）

三、电视播出机构应建立规范、有效的电视剧文字质量检查制度。已有电视剧文字质量检查制度的电视播出机构，应进一步完善相关措施，切实贯彻执行；尚未建立电视剧文字质量检查制度的电视播出机构，应立即着手制定相关办法和措施，可采用组织或聘用专人检查、与制作机构签订相关合同条款等方式，并尽快开始实行。中央电视台和省级电视台卫视频道应当在电视剧文字质量方面发挥表率作用，如发现黄金时段拟播电视剧单集字幕错别字达 2 处，应退回制作机构进行修改，并可根据合同条款要求制作机构承担相关责任，文字质量不达标不得播出。……

四、已经播出的电视剧，如被发现仍存在较多的文字错误，广电总局将依法对有关制作机构、播出机构给予相应处理、处罚。

（三）法律依据

《中华人民共和国宪法》（2004 修正）

第十九条　……国家推广全国通用的普通话。

《中华人民共和国国家通用语言文字法》（2001）

第二条　本法所称的国家通用语言文字是普通话和规范汉字。

第三条　国家推广普通话，推行规范汉字。

第十一条　……汉语文出版物中需要使用外国语言文字的，应当用国家通用语言文字作必要的注释。

第十二条　广播电台、电视台以普通话为基本的播音用语。

需要使用外国语言为播音用语的，须经国务院广播电视部门批准。

第十六条　本章有关规定中，有下列情形的，可以使用方言：……

（二）经国务院广播电视部门或省级广播电视部门批准的播音用语；

（三）戏曲、影视等艺术形式中需要使用的；……

第十七条　本章有关规定中，有下列情形的，可以保留或使用繁体字、异体字：……

（五）出版、教学、研究中需要使用的；……

第二十七条　违反本法规定，干涉他人学习和使用国家通用语言文字的，由有关行政管理部门责令限期改正，并予以警告。

《广播电视管理条例》（1997）

第三十六条　广播电台、电视台应当使用规范的语言文字。广播电台、电视台应当推广全国通用的普通话。

《出版物汉字使用管理规定》（1992）

第三条　本规定所称的规范汉字，主要是指 1986 年 10 月根据国务院批示由国家语言文字工作委员会重新发表的《简化字总表》所收录的简化字；1988 年 3 月由国家语言文字工作委员会和新闻出版署发布的《现代汉语通用字表》中收录的汉字。

本规定所称不规范汉字，是指在《简化字总表》中被简化的繁体字；1986 年国家宣布废止的《第二次汉字简化方案（草案）》中的简化字；在 1955 年淘汰的异体字（其中 1986 年收入《简化字总表》中的 11 个类推简化字和 1988 年收入《现代汉语通用字表》中的 15 个字不作为淘汰的异体字）；1977 年淘汰的计量单位旧译名用字；社会上出现的自造简体字及 1965 年淘汰的旧字形。

第五条　报纸、期刊、图书、音像制品等出版物的报头（名）、刊名、封皮（包括封面、封底、书脊等）、包装装饰物、广告宣传品等用字，必须使用规范汉字，禁止使用不规范汉字。

出版物的内文（包括正文、内容提要、目录以及版权记录项目等辅文），必须使用规范汉字，禁止使用不规范汉字。

第六条　向台湾、香港、澳门地区及海外发行的报纸、期刊、图书、音像制品等出版物，可以用简化字的一律用简化字，如需发行繁体字版本的，须报新闻出版署批准。

第七条　下列情形可以不适用第 5 条、第 6 条的规定：

（一）整理、出版古代典籍；

（二）书法艺术作品；

（三）古代历史文化学术研究著述和语文工具书中必须使用繁体字、异体字的部分；

（四）经国家有关部门批准，依法影印、拷贝的台湾、香港、澳门地区及海外其他地区出版的中文报刊、图书、音像制品等出版物。

【编写组观点】

大众传播对一国语言文字的统一起着规范与示范作用，对正处于学习成长时期的未成年人更是影响巨大。尤其在信息时代，网络用语的创造与更新都十分迅速，一国语言文字的统一与规范就更为重要。

对此，本守则所持的基本态度是严格依照法律规定的标准使用语言和文字。而这个标准就是"普通话和规范汉字"，具体的依据则是"国家颁布的通用语言文字规范和标准，符合《汉语拼音方案》和《普通话异读词审音表》"。

关于一国语言文字的标准是应当严格依照法定标准，还是要随着时代发展而与时俱进，不断吸收新的词汇，承认某些约定俗成的新语言，这实际是一个历久不衰的争议话题。其实，语言文字的标准化和与时俱进都是重要的，关键是边界划在何处，哪些是必须坚持的，哪些是可以调整的，而调整又应当遵循哪些法定程序。国家新闻出版广电总局在 2014 年初发出的相关通知，是政府依照《中华人民共和国国家通用语言文字法》及行政法规而采取的政策，是就上述争议所划定的边界，强调了法律的严肃性和规范价值，对部分不符合法律规定和可能损害国家语言文字统一的表达作出了必要的限制。《守则》43.2 的内容与法律、政府这一通知精神以及新闻职业道德的规范一脉相承。

传播符号的使用会对传播效果造成直接的影响，媒体在传播以外国语言制作的新闻报道和视听节目时，应当注意传播符号的转化，为节目配中文字幕或普通话配音，不仅为受众提供便利，也对提升传播效果有所裨益。目前中国与世界各国的交往越来越多，除了每天不断出现的国际新闻，外国文化产品的传播也大量存在。与此同时，受到较好的外国语言训练的公民也越来越多，这使大众传播中夹杂外国语言文字的情形不时出现，不仅影响了部分受众的文化权益，也不符合通用语言文字标准。对此，《中华人民共和国国家语言文字法》要求外国语言文字必须与中国语言文字有一个对接与转换的模式，具体表述为"用国家通用语言文字作必要的注释"；而政府相关机构的政策规定则具体化为"要规范使用外国语言文字，不在普通话中夹杂不必要的外文"。《守则》43.3 根据法律与政策规定，专门规范广播电视有关外国语言文字的表达标准，强调外国语言文字必须与中国语言文字加以转换，对外文表达以"必要"为原则，不鼓励"不必要"的外国语言文字表达。

中国是有悠久文化历史的国家，几千年间创造了灿烂的文化。当代大众传播既要传承历史文化，又要坚持当代的法定标准，以利于人们的日常生活和中国与世界的交往。法律与政策必须在二者间划出界线。这个边界就是《国家通用语言文字法》第 17 条第 5 项的规定。本守则将二者的区别表述为"一般"与"特殊"，"特殊"的情形是法定的"研究、教学与人文传统"，而"一般"的情形则是"不使用繁体字、异体字"。不使用是原则，特殊情况是例外。

44. 避免语言文字伤害

> 新闻报道和视听节目应避免因语言文字的不当使用而引发的冒犯、冲突或伤害。（见"三、他人权益"）

【背景】

汉语因其内容含义丰富而常常会出现一字多义，一词多解的情况，而不同的民族习俗和语言习惯又将这种多样性扩展了。正确把握字词表达是新闻报道和视听节目中的基本要求，在遣词造句时尤其应当注意避免因语言文字的不当使用而引发的各种不良后果。

【典型案例】

案例一：　　　　　　广告称不买产品是"木头"遭投诉

案例概述：1997 年 10 月，日本某公司在我国一家电视台做过一种广告，为自己生产的一种刀具做大力宣传。广告词说："如果还有人无动于衷的话，那他就是木头做的。"消费者不买刀，就说消费者是木头做的，这一广告词构成了对消费者人格的侮辱，严重地伤害了消费者的自尊心。大连市铁路东站老退休工人王立富的被这句广告词激怒了，他知道，当年日本 731 部队做活体细菌试验时，就将受人宰割的中国人称为"原木"。他拖着病弱之躯，历经千辛万苦，忍受种种失望，到过几十个部门，上访近百次，费时一个月，终于迫使 MT 公司修改了那句广告语。[1]

案例二：　　　　　　电视小品调笑弱势群体遭批评

案例概述：赵本山的小品是历年央视春节晚会的必有节目。而文化学者吴祚来连续写出文章，对其节目调笑残疾人、寡妇等弱势群体提出批评。文中写道："我们看到随后出来的受捐赠母亲的形象，与鲁迅笔下的祥林嫂并无二异，见面就叩头，面无表情两眼发呆，听凭摆布。无论是编剧的潜台词还是演员的行为语言，对这位单亲母亲充满戏谑与取乐的意味"，"东北二人转中有一个自贬自损、互贬互损的传统，这种方式在当今相声界也广泛流行，说穿了，就是通过自我贬损与互相嘲讽，来达到搞笑的目的。在传统社会里，因为艺人地位低下近于乞丐，所以以丑怪低俗来取乐于人，获得盘中餐口中食，但无论如何搞笑，它都离幽默很远，而离低级趣味很近"，"关注弱势群体与失学儿童，应该用一种令人感动、给人尊严的方式，如果像《捐助》小品里表现的这样，对弱势群体的变相歧视与搞笑，那么无论是受捐者还是捐献者，都毫无尊严可言。我们的艺术家更应该懂得尊重弱势群体，通过艺术表现每一个人的爱心与尊严。没有个人的尊严，就没有符合人性的幸福生活"。[2]

案例三：　　　　周杰伦口齿不清"七里香"被改编"骑李湘"

案例概述：中新网 2005 年 6 月 23 日电据东森新闻网报道，红遍两岸三地周

---

〔1〕 "伤心的白马寺"，载《文汇报》1998 年 3 月 24 日。

〔2〕 "文化学者批评赵本山：文化娱乐界需要高高的尊严"，载中国新闻网 http：//www.ce.cn/xwzx/gnsz/gdxw/201002/15/t20100215_ 20968801. shtml.

杰伦的"七里香"这首歌，为周杰伦拿下多个音乐奖项，更是在大陆红到不行，不过现在却有大陆网友把七里香改了歌词。妙的是，因为周杰伦原本就发音不清，因此整首歌并没有翻唱，字字句句全是出于周杰伦亲口演唱。

周董的七里香，传唱大街小巷，不过当七里香成了"骑李湘"，重点不在于谁是李湘，但是歌词却全变了样。这首歌原本是赞咏爱情的情歌，现在却成了色情黄腔，网友恶作剧，不仅填上了新词，字字句句却全是从周杰伦口中唱出。这首改编的黄腔版的"七里香"，只因为周董口齿不清，唱得实在太像了。甚至连歌曲结尾，网友也能切实抓住最新台湾绯闻脉络。不少大陆网友直夸改编歌词的人想象力丰富，还有听力，七里香无妄之灾，周董怪也只能怪自己口齿不清惹的祸了。[1]

案例评析：在这个事件中，因为汉语读音相似而造成语义的彻底改变，并且牵涉到的含义极其粗俗，虽然具有娱乐性却因其低俗而难登大雅之堂。网友的此类调侃不应当被媒体进一步宣扬，这不仅是对原作者的侵害，更是对被调侃对象的侮辱。

【依据】

（一）道德依据

《中国广播电视播音员主持人职业道德准则》（2004）

第二十六条　与受众和嘉宾平等交流、沟通，做到相互尊重、理解、通达、友善，赢得公众信赖。

（二）法律依据

《中华人民共和国宪法》（2004 修正）

第三十八条　中华人民共和国公民的人格尊严不受侵犯。禁止用任何方法对公民进行侮辱、诽谤和诬告陷害。

【编写组观点】

关于避免语言文字的冒犯与伤害，是世界各国大众传播标准中不可缺少的内容。显然，污言秽语、大爆粗口，属于侮辱性的表达，是宪法法律所明确禁止的，这并非难点。但是那些贬损取笑他人的，则属于较为隐性的歧视与冒犯，受到伤害的常常是弱势群体，如残疾人、老年人、鳏寡孤独等，或打工者、外地人、犯罪嫌疑人等。大众传播中某些调侃、嘲讽的语言，漠视他们的尊严，破坏了人与人的平等与相互尊重，令大多数人在笑声中忽略被取笑者的人格，每每在社会上产生批评就不足为怪了。

---

〔1〕　载文新传媒 http：//www．news365．com．cn/wxpd/yy/yywx/t20050624_552335．htm．

45. 减少语言文字差错

45.1　尽一切努力降低新闻报道的语言文字差错。

45.2　报刊及网站原创节目文字差错应控制在万分之一之内。

45.3　新闻媒体应当及时发现并更正语言文字的使用错误。

【背景】

避免和减少差错是严肃与负责任的媒体从业者的基本行为规范。其中包括减少语言文字方面的差错。在这方面，出版领域存在着法定标准，广播电视的标准尚不十分明确与统一，而网络传播中则存在着无序与缺乏规范的情况，这恐怕是网络语言文字相对无序的原因之一。

【典型案例】

央视主播播错字承担经济责任

案例概述： 王小丫首次做客湖南卫视访谈节目《说出你的故事》时自曝：刚做主持人时，常常因为乡音难改被扣钱，"有一个词叫英雄，刚开始我还分不清'英'是前鼻音还是后鼻音。后来我就随身带着新华字典，因为说错一个字要扣200块钱，有一个月被扣了700块"。媒体披露，大江网报道：2008年6月7日，白岩松在都江堰第四中学为高三学生做心理辅导，讲到自己不是学播音出身，初到央视时经常发音不准，读错字。当时，台里规定主持人念错一个字罚50元。有一个月，白岩松被罚光了工资，还倒欠栏目组几十块钱。2010年3月5日《羊城晚报》披露：央视主播念错字扣钱大家都知道，而《新闻联播》是扣得最多的，作为新闻中心副主任的李瑞英还要被"连坐"，"只要有人念错字，我这个副主任就要扣钱，我们的管理是半军事化的。而且出错分得很细，最严重的就是直接下岗"。李瑞英回忆她有一次将几率的"几"念成了第三声，结果观众就打来电话说读错了，扣了200块钱。[1]

【依据】

（一）政策依据

《关于广播、电影、电视正确使用语言文字的若干规定》（1986）

八、电影、电视制作部门要建立严格的审查校对制度。必要时可聘请语言文

---

〔1〕 "王小丫读错字被罚700元"，载搜狐视频《说出你的故事》http://tv.sohu.com/20110228/n279563578.shtml.

字方面的专家作顾问。对那些在语言文字规范化方面工作卓有成绩的单位和个人，要给予表彰或奖励。

九、各地语言文字工作部门，要密切配合广播、电影、电视部门做好语言文字规范化工作，并积极开展有关的宣传和咨询服务工作。

（二）法律依据

《中华人民共和国国家通用语言文字法》（2001）

第十九条 凡以普通话作为工作语言的岗位，其工作人员应当具备说普通话的能力。

以普通话作为工作语言的播音员、节目主持人和影视话剧演员、教师、国家机关工作人员的普通话水平，应当分别达到国家规定的等级标准；对尚未达到国家规定的普通话等级标准的，分别情况进行培训。

第二十六条 违反本法第二章有关规定，不按照国家通用语言文字的规范和标准使用语言文字的，公民可以提出批评和建议。

本法第十九条第二款规定的人员用语违反本法第二章有关规定的，有关单位应当对直接责任人员进行批评教育；拒不改正的，由有关单位作出处理。

《图书质量管理规定》（2004）

第五条 差错率不超过 1/10 000 的图书，其编校质量属合格。

差错率超过 1/10 000 的图书，其编校质量属不合格。

图书编校质量差错的判定以国家正式颁布的法律法规、国家标准和相关行业制定的行业标准为依据。图书编校质量差错率的计算按照本规定附件《图书编校质量差错率计算方法》执行。

第十七条 经检查属编校质量不合格的图书，差错率在 1/10 000 以上 5/10 000 以下的，出版单位必须自检查结果公布之日起 30 天内全部收回，改正重印后可以继续发行；差错率在 5/10 000 以上的，出版单位必须自检查结果公布之日起 30 天内全部收回。……

《普通话水平测试实施办法（试行）》（1994）

第十一条 1946 年 1 月 1 日以后出生至现年满 18 岁（个别可放宽到 16 岁）之间的下列人员应接受普通话水平测试：

……

4. 广播、电影、电视、戏剧，以及外语、旅游等高等院校和中等职业学校相关专业的教师和毕业生；

5. 各级广播电台、电视台的播音员、节目主持人；

6. 从事电影、电视剧、话剧表演和影视配音的专业人员；

……

第十二条 现阶段对一些岗位和专业人员的普通话等级要求：

……

2. 专门从事普通话语音教学的教师和从事播音、电影、电视剧、话剧表演、配音的专业人员，以及与此相关专业的毕业生应达到一级甲等或一级乙等水平。

【编写组观点】

语言的规范与发展就是人们语言使用的约定俗成的演进过程。规范并不是一成不变的，也要与时俱进，为语言的使用便捷和信息的准确交流制定统一传播的规范规则。

《守则》第45条主要解决违反语言文字规范的责任承担，目的是尽量减少语言文字的差错。目前，新闻出版的差错标准为万分之一，超过这一标准的出版物属于"不合格"出版物。体现出对文化传承、对消费者负责的态度。这是目前我国文化传承中有关语言文字最为明确的法定标准，具有参考价值。本守则建议网络原创作品也遵循这一标准，但事实上差距甚远。网络媒体的语言文字差错防控机制是目前这一领域的重点。广播电视尚无全国统一的语言文字差错标准，一般大型广电媒体内部都有自己的差错防范机制与责任标准，但并不能做到每个播出机构都有机制与标准。是否需要像出版业一样，产生全国统一的差错率与责任标准，是需要探讨的问题。

八、更正、答辩与道歉

46. 更正

> 发现新闻报道失实，应当及时公开更正（包括撤销网络信息），消除不良影响。

【定义与背景】

（一）定义

"更正"是使事物比以前更准确的变化。体现在新闻报道中，是对因各种原因造成的失实报道和虚假新闻的补救与说明。

（二）背景

据我国学者对世界 84 个国家或地区的新闻职业道德准则的比较分析，2/3 以上的国家或地区明确规定，报道失实必须"及时更正"。事实上，更正不仅是世界各国新闻界高度关注的职业道德问题之一，也是法律问题。我国行政规章和法律对此均有相关规定。

但是在新闻实践中，我国新闻界普遍缺乏更正的积极性和主动性。许多媒体发现错误后，首先选择的是隐瞒，很少主动做更正。甚至在失实报道引起侵权纠纷时，有的媒体宁可选择经济赔偿，也不愿公开更正并赔礼道歉。这一现象成为影响传统媒体公信力的重要原因之一。

【典型案例】

案例一：　　　　　　　　　**报道失实，更正免责**

案例概述：2000 年湖南常德发生特大持枪抢劫银行案，经公安机关侦查，确系张君所为。李基武是张君作案时所乘出租车的司机，被列为嫌疑人之一，并被依法拘留。期间《深圳商报》将李基武作为嫌疑人之一公布了姓名，并称其已经承认 4 起抢劫杀人案。后经甄别，李基武被公安机关确认清白，在羁押 10 天后被释放。李委托代理人与《深圳商报》社交涉，报社经调查后认为先前报道失实，遂做了更正。李基武就此提起侵犯名誉权诉讼。深圳市一审与二审法院均将被告"进行了更正，消除了对上诉人的影响"为理由，免除了媒体的侵权责任。[1]

案例二：　　　拒不更正失实报道，电视台承担侵权责任

案例概述：公民刘景全2000年7月被河南遂平县公安局拘留，后检察院批准逮捕。经检察机关复查，该案被撤销，检察机关就错误羁押刘景全123天予以国家赔偿。在刘被羁押期间，县电视台在新闻节目中播出了刘被警察讯问的录像，及当地村民给公安机关赠送锦旗等镜头。在这些报道中，刘被形容为"南霸天"，存在敲诈勒索行为。受报道影响，刘外出应聘、打工、经商受到不同程度影响，均遭失败。他要求电视台赔礼道歉未果，遂提起侵犯名誉权诉讼，并最终获胜诉。判词指出："刘景全涉嫌诈骗一案经驻马店市人民检察院、遂平县人民检察院做出撤销，并予以国家赔偿，说明遂平县人民检察院对错误将刘景全当作犯罪嫌疑人予以逮捕的职权行为已公开纠正，嗣后，遂平电视台即有更正报道的义务。2003年3月，刘景全曾向遂平电视台要求赔礼道歉，恢复名誉，意即要求其做出更正报道，但遂平电视台却未作更正报道。"[2]

【依据】

（一）道德依据

《中国新闻工作者职业道德准则》（2009 修订）

第三条　……

（四）刊播了失实报道要勇于承担责任，及时更正致歉，消除不良影响。

《中国广播电视编辑记者职业道德准则》（2004）

第十二条　报道一经发布，如果发现错误，应立即公开更正。

（二）政策依据

《报刊刊载虚假、失实报道处理办法》（1999）

二、报纸、期刊刊载虚假、失实报道和纪实作品，有关出版单位应当在其出版的报纸、期刊上进行公开更正，消除影响；致使公民、法人或其他组织的合法权益受到侵害的，有关出版单位应当依法承担民事责任。

三、报纸、期刊刊载虚假、失实报道和纪实作品，致使公民、法人或者其他组织的合法权益受到侵害的，当事人有权要求更正或者答辩，有关出版单位应当在其出版的报纸、期刊上予以发表；拒绝发表的，当事人可以向人民法院提起诉讼。

---

〔1〕　参见广东省深圳市中级人民法院判决书（2001）深中法民终字第1225号。
〔2〕　参见河南遂平县人民法院民事判决书（2003）遂民初字第64号。

（三）法律依据

《中华人民共和国民法通则》（2009 修订）

第一百二十条　公民的姓名权、肖像权、名誉权、荣誉权受到侵害的，有权要求停止侵害，恢复名誉，消除影响，赔礼道歉，并可以要求赔偿损失。……

《中华人民共和国侵权责任法》（2009）

第十五条　承担侵权责任的方式主要有：

（一）停止侵害；

（二）排除妨碍；

（三）消除危险；

（四）返还财产；

（五）恢复原状；

（六）赔偿损失；

（七）赔礼道歉；

（八）消除影响、恢复名誉。

以上承担侵权责任的方式，可以单独适用，也可以合并适用。

《最高人民法院关于审理名誉权案件若干问题的解释》（1998）

新闻单位根据国家机关依职权制作的公开的文书和实施的公开的职权行为所作的报道，其报道客观准确的，不应当认定为侵害他人名誉权；其报道失实，或者前述文书和职权行为已公开纠正而拒绝更正报道，致使他人名誉受到损害的，应当认定为侵害他人名誉权。

《出版管理条例》（2011）

第二十七条　出版物的内容不真实或者不公正，致使公民、法人或者其他组织的合法权益受到侵害的，其出版单位应当公开更正，消除影响，并依法承担其他民事责任。

报纸、期刊发表的作品内容不真实或者不公正，致使公民、法人或者其他组织的合法权益受到侵害的，当事人有权要求有关出版单位更正或者答辩，有关出版单位应当在其近期出版的报纸、期刊上予以发表；拒绝发表的，当事人可以向人民法院提起诉讼。

【编写组观点】

更正首先是法律问题。严格地说，"更正"应当是新闻法或媒体法中的概念，我国《民法通则》、《侵权责任法》等民事基本法中并没有"更正"的字眼，但并不意味着更正不是法律责任。上述两部法律均将"恢复名誉，消除影响，赔礼道歉"作为被告承担民事责任的方式，而作为行政法规的《出版管理条例》更是将"公开更正"作为出版者的法律责任。法律并不专门为传播业制定，不过显然，"更正"与"恢复名誉，消除影响，赔礼道歉"的精神实质一致。而被损害的当事人有权对"拒绝发表"更正者起诉，"拒绝更正报道"者可能承担侵权责任，也是行政法规和司法解释的一致精神。可见，更正是媒体的法定义务，无论是司法审判，还是行政管理，没有例外。

更正也是新闻从业者最重要的道德问题之一。只从法律上考虑更正的意义远远不够，因为它只能解决失实报道损害他人名誉的问题，尚不能解决失实报道对社会与公众的责任。无数事实表明，失实报道常常带来严重后果，诸如"纸馅包子"一类的虚假新闻虽然并未具体妨碍某个个体的名誉，但给社会及公众带来的负面影响几乎无法计算。《中国新闻工作者职业道德准则》作为最重要的职业规范文件，不论是 1997 年修订版，还是 2009 年修订版，对失实报道"及时更正"的内容始终存在着。

不愿更正与不会更正是目前中国新闻界较为普遍的顽疾，广电业尤甚。如学术界人士所言，这种现象的存在与我国媒体的党报传统有关，也与广电业进入市场相对较晚有关。1997 年生效的《广播电视管理条例》未明确规定广播电视播出机构的更正义务，可以视为一个制度性缺陷，但这并不能得出广电业根本不承认更正责任的结论。2004 年发布的《中国广播电视编辑记者职业道德准则》第12 条明文规定："报道一经发布，如果发现错误，应立即公开更正。"这说明，无论从法律、法规或新闻职业准则出发，"发现失实应及时更正"应当是一个无争议的问题。遗憾的是，现实中，"宁可赔钱、不愿更正"的现象仍然存在，甚至成为某些媒体特别是广电媒体及其从业者的思维定式。

编写组认为，对失实报道尽可能不做更正的思维应当从媒体从业者的意识中彻底根除。

《守则》第 46 条有几个关键词。关键词之一是"发现"二字，它是指采取更正措施的启动点，这里并没有表示"失实"由谁发现，发现者可能是媒体从业者，也可能是消息源，更可能是被报道者或投诉人。任何人发现失实，均可能启动更正程序。而是否更正，要以是否失实为前提。关键词之二是"新闻报道失实"，这是指更正的范围，它仅限于新闻，并不包括其他类型作品的传播。至于媒体传播的以真人真事为基础创作的文学艺术作品是否失实的问题并不包括在内。关键词之三是"及时更正"，它包括了澄清事实、不容拖延两重含意。前者是新闻报道真实性要求，后者是新闻报道时效性的要求。关键词之四是"消除不良影响"，这一规范包括如下含意：首先，"消除影响"是《民法通则》及《侵权责任法》规定的承担侵权民事责任的方式，它可以通过更正来实现，但有时仅仅更正也可能难以完整实现"消除影响"的效果。此时，综合运用其他一些方式，包括连续报道、答辩、道歉及补偿损失等均有助于实现"消除不良影响"的效果。

47. 答辩

> 新闻报道相关当事人对报道内容提出异议时，应当尽快提供机会使其为自己公开申辩。

【定义与背景】

（一）定义

"答辩"通常是指答复别人的指责、控告、提问，为自己的行为或论点辩护。在新闻传播中的答辩，是指新闻报道和其他作品的相关当事人对于涉及自己的内容提出公开的说明、辩解或者异议。

（二）背景

更正和答辩是我国《出版管理条例》规定的法律制度，新闻出版署1999年发布的《报刊刊载虚假、失实报道处理办法》中甚至具体规定了发表更正或答辩的时间与版面。作为避免新闻侵权纠纷的法定方式之一，我国媒体比较了解并习惯采用更正方式，而较少使用答辩方式，2009年修订的《中国新闻工作者职业道德准则》甚至根本未提到这一法律制度。由于不了解、不熟悉这一制度安排，我国新闻界失去了不少避免纠纷与诉讼的良机，新闻报道的公正性也因此受到损害。然而，不论是中国共产党的一贯方针政策，还是世界各国新闻法律制度或职业准则，都允许被新闻报道所指责的人公开地为自己辩护，这也是现代社会公正原则的重要体现。本守则将"答辩"作为基本职业标准列入其中，以期新闻从业者掌握并积极运用这一专业规范，以确保新闻的真实与公正。

【典型案例】

交警呼益经："我跳进黄河也洗不清"

案例概述：2002年5月27日上午，河南安阳市广播电台一档直播的交通热线节目接到了一名听众的投诉，称三天前当地一名姓呼的交警扣了其驾驶本，他给呼姓交警送了两盒烟才索回了驾驶本。主持人表示将派记者调查后再做答复，随即挂断了电话。此事没有继续报道。交警呼益经听到节目后向法院提起名誉权诉讼，称并无收取香烟的情况，电台未经核实即播出听众投诉，影响了自己的声誉和前途。此案一审法院以电台无过错为由驳回了原告的起诉。呼益经没有上诉，但他向中国青年报记者说："我跳进黄河也洗不清"。[1]

---

〔1〕 "公权私权孰轻孰重，热线直播遭遇两难"，载《中国青年报》2003年1月15日。

案例评析：关于媒体对于该项投诉的处理方式，有研究者指出：如果主持人在通过评论引导听众等待调查结果后，还安排让被投诉的交警呼益经同样在直播节目中介绍事件经过，也就是通过让其运用答辩权的方式来平衡听众投诉可能产生的失实情形，即使公安交警支队不再对此事做进一步调查，甚至直播节目也不再报道或评论此事，听众也会因了解了双方的说法而做出自己的判断，被投诉的交警呼益经也不会再感到"跳进黄河也洗不清"了。[1]

【依据】

（一）政策依据

《中共中央办公厅转发〈新闻改革座谈会纪要〉》（1988）

被批评者有不同意见可以反批评，反批评也应发表，反批评者同样要负责。

（二）法律依据

《出版管理条例》（2011）

第二十七条 ……报纸、期刊发表的作品内容不真实或者不公正，致使公民、法人或者其他组织的合法权益受到侵害的，当事人有权要求有关出版单位更正或者答辩，有关出版单位应当在其近期出版的报纸、期刊上予以发表；拒绝发表的，当事人可以向人民法院提起诉讼。

《报刊刊载虚假、失实报道处理办法》（1999）

三、报纸、期刊刊载虚假、失实报道和纪实作品，致使公民、法人或其他组织的合法权益受到侵害的，当事人有权要求更正或者答辩，有关出版单位应当在其出版的报纸、期刊上予以发表；拒绝发表的，当事人可以向人民法院提起诉讼。

【编写组观点】

我国新闻界的更正、答辩意识较差，可能是个不争的事实——不仅新闻从业者中很多人不知答辩为何物，某些专门讲授新闻传播学的教师对此也有不了解。其实，"答辩"是由我国《出版管理条例》规定的法律制度，也是世界各国新闻界通行的纠错机制的重要组成部分。

"答辩"制度与新闻界所追求的"公正性"有着某种天然的联系，尤其当新闻报道内容涉及批评，涉及存在争议的事件与问题时，它是对所谓"一面之辞"的有效避免。事情是复杂的，新闻界凭着记者有限的调查手段，要将真相查得水落石出存在许多困难。而我国的改革是渐进式的，一些过去可能被认为错误的事（如计较劳动报酬），很可能在今天被认为是正确的、合法的。因此，对于同一个新闻事实的评价，很可能众说纷纭，甚至莫衷一是。此时，受到媒体批评与指

---

〔1〕《中国新闻（媒体）侵权案件精选与评析五十例》，法律出版社 2009 年版，第 346 页。

责的相对人（被批评者）如果得不到申辩的机会，媒体难免陷入思想专制的泥淖。特别是当被批评者就新闻批评所涉及的事实做出补充与申辩时，更是对接近事实真相提供了新的可能性。

法庭审判中，被告人享有法定的辩护权，如果他未经辩护即被定罪，则属典型的违反程序正义的审判，判决的正当性与合法性均将受到高度质疑。同理，不允许被批评者申辩的新闻批评，将媒体置于说一不二的权威境地，竟比公权力机关（如公检法）还要强势，不仅难以实现新闻报道所追求的"公正、全面"，更可能引发侵权诉讼，令本来较小的纠纷最终酿成败诉的结局。

《守则》第47条设计"答辩"条款突出以下几项主要内容：

首先，与更正可以由任何人启动不同，答辩是应由新闻报道相对人提出要求而启动的。

其次，答辩应当尽快，既及时反映新闻报道相对人的意见，也及时补充新闻事实，符合新闻时效性的要求。

再次，答辩的机会可能是多种多样的，一般以异议新闻的同等方式、版面、时段、字数等发布，原则上不应超过报道的原篇幅。

最后，答辩应当是公开的。

48. 更正与答辩的程序

48.1　更正和答辩的请求可以由新闻相对人或其近亲属以及受众提出。

48.2　新闻工作者发现报道失实应当主动提出更正的请求。

48.3　更正与答辩都必须针对原文。

48.4　新闻相对人提出更正与答辩的请求（视刊播周期而定的）应有一定期限，逾期可不予接受。

48.5　对相关当事人的答辩，新闻单位应当在（视刊播周期而定的）最近期限内发表。期限由各媒体根据自己的发表周期及诉讼时效等决定。

48.6　更正与答辩应当发表在与原文相同的版面位置或节目时段；或与当事人协商决定。

48.7　答辩一般应发表原文并有字数的限制，亦可通过连续报道的方式发表。

48.8　新闻单位如不同意更正或刊登答辩，应当在（视刊播周期而定的）一定期限内通知相对人并说明理由。

> 48.9　对于损害国家、社会和他人的利益，违反宪法和法律，有侮辱、虚假等不当内容的更正与答辩请求，可不予刊播。

【编写组观点】

"更正与答辩的程序"是就更正与答辩的阶段、顺序、过程以及相关人的关系做出的安排。

据我国学者对世界84个国家或地区的新闻职业道德准则的比较分析，2/3的国家或地区明确规定，对失实报道的更正必须"及时"。在实践中，我国新闻界普遍缺乏更正、答辩的积极性和主动性。许多传媒发现错误后，不愿公开更正、不给报道对象答辩机会的情况比比皆是。其中对更正道歉制度没有程序性安排是这一制度执行不好的重要原因之一。守则本条"更正与答辩的程序"即为解决将更正与答辩落到实处的程序性安排。

其中48.1要求新闻工作者在发现新闻失实后应当主动申请启动更正程序。

48.4~48.7是刊播更正与答辩的期限、版面与节目时段以及方式。由于各媒体的刊播周期不同，有的是日报或日播，有的是周报或周播，还有的是月刊甚至双月刊等，因此条文中强调"视刊播周期而定"，但不论何种周期，都应当安排在"最近期限内发表"，既为确保新闻的时效性，也为尽快消除此前的不真实或不公正的报道带来的不利影响。这些安排表现出职业新闻工作者纠正过失与错误的诚意。

48.8~48.9是执行更正与答辩程序的例外情况，既包括"对于损害国家、社会和他人的利益，违反宪法和法律，有侮辱等不当内容的更正与答辩，可不予刊播"，也包括对任何不予刊播的请求均需在一定期限内通知相对人。这些安排表现的是新闻单位及职业新闻工作者对大众传播内容的严肃负责态度，即便对受众等关于更正与答辩的要求十分重视，也不能失去原则。对于不符合大众传播基本标准的、违反法律与传播伦理的要求不予支持。

49. 道歉

> 新闻报道出现严重失实、不公正及伤害公众情感等情形时，应当对相关当事人及公众做出道歉。

【定义与背景】

（一）定义

据《现代汉语词典》，道歉，即表示歉意，特指认错。

据《中华人民共和国民法通则》之规定，"赔礼道歉"是构成民事侵权后，承担侵权责任的法定方式之一。

（二）背景

新闻报道及大众传播经常会犯错误，包括新闻报道失实、内容不公正、伤害公众的情感等。本守则所设各项规范，其根本目的在于尽量减少错误，但是错误仍然在不断出现。客观地说，任何人和机构都不可能不犯错误，特别是在追求新闻时效性的大众传播领域尤其难免。既然不可能不犯错误，则对待错误的态度与挽救方法就格外重要。"更正"是针对新闻失实的解决之道，"答辩"是针对新闻报道不公正的解决之道，而"道歉"则是对因新闻报道失实及不公正对各方面带来的伤害的弥补措施，它更体现为精神层面的追求。造成伤害是否能诚意道歉，是媒体公信力的重要考察指标。在新闻侵权纠纷中，也是最终能以和解方式解决法律冲突的重要前提。

【典型案例】

案例一：　　　　　赔礼道歉的"致歉词"需经法院同意

案例概述： 尹冬桂诉《武汉晨报》侵害名誉权一案（见本书"15. 尊重他人权益"案例二相关内容）法院判决媒体构成侵害名誉权。判决内容共有4项，其中包括"①长江日报社在《武汉晨报》第3版上书面向尹冬桂赔礼道歉，以消除影响，恢复名誉。内容及篇幅均须本院审查确认"。媒体不服一审判决，提出上诉，二审法院对上述一审判决内容维持原判。[1]

案例评析： "赔礼道歉"原本属道德价值范畴，却被我国《民法通则》创造性地上升到了民事责任方式层面，使它浸透着法律的力量，其强制性及其产生的威慑作用，使它不再只是表现为生活中轻松的"对不起"。关于《民法通则》规定的民事责任的方式，理论界一直有争议，但是2010年生效的《中华人民共和国侵权责任法》仍然将其作为承担民事侵权责任的方式之一固定下来。因此可以说，"赔礼道歉"已经成为我国民事侵权领域成熟的法律制度。事实上，"赔礼道歉"几乎是所有人格权诉讼中承担侵权责任的必备方式。

现实中，曾经有败诉方坚决拒绝履行赔礼道歉责任的案例。但魔高一尺，道高一丈，为避免法律责任不落实，一些法院也会在判决书中载明：道歉词"内容须经本院核准，逾期不履行，本院将在一家全国发行的报纸上刊登本判决内容，所需费用由败诉人负担"。

案例二：　　　　　BTV为"纸馅包子"报道失实道歉

案例概况： 2007年7月19日，北京电视台的主持人在"北京新闻"节目时

---

〔1〕 见湖北省襄樊市中级人民法院民事判决书（2004）襄中民二终字第382号。

间为一则题为"纸做的包子"虚假新闻向公众道歉。10天前，该报道由北京电视台生活频道"透明度"栏目首播，称该栏目编导通过暗访，发现在北京市朝阳区东四环附近的早点铺中出售用废纸箱和肥猪肉做馅的小笼包。这一消息经各媒体、网站转载引起社会广泛关注。

北京工商、食品安全部门对该报道高度重视，迅速组织执法人员，每天对全市的早点市场进行彻底检查，均没有发现"纸箱馅包子"。北京警方也为此专门成立专案组，全力核查此事，于7月16日初步查明事实真相——该报道系"透明度"编导炮制的新闻。

北京电视台在致歉中承认生活频道对"纸做的包子"的报道"审核把关不严，管理制度执行不力"，并承认报道播出后造成了恶劣的社会影响，表示要"高度重视这一恶劣事件，深刻汲取教训，严肃查处相关责任人员"。[1]

案例三：　用"耻辱"形容女子举重失利，《都市时报》在头版公开致歉

案例概况： 2012年伦敦奥运会期间，年仅17岁的女子举重小将周俊三次试举全部失败，草草结束了自己的奥运会之旅。无成绩、无名次，中国女子举重多项最差纪录都被周俊一人刷新。在赛后对周俊失利的报道中，各媒体都充满了惋惜和失望的情绪。一些媒体用"耻辱"一词来形容周俊的失利。云南《都市时报》在报道中使用了"中国女举最耻辱一败"的标题。

这些报道引起网友的讨论和批评。特别是"耻辱"这样的措辞引起了网友的强烈不满，很多人认为不应该由一个17岁的小将来承担全部失败。尤其是其参赛的内幕被逐渐揭露出来后，周俊得到了越来越多人们的同情。网友们普遍认为，不是只有冠军才值得尊重和赞扬，现在的比赛越来越功利化，反倒失去了奥林匹克精神，我们同样应该为周俊鼓掌、加油。更有网友语气激烈地表示："忽然有种预感，周俊这孩子会被这帮孙子们毁了一辈子"。

2012年7月30日晚间，云南《都市时报》总编辑周智琛在其实名微博上称，由于该报报道周俊三次试举失败而使用了"耻辱"一词，他决定在明天的报纸上向周俊公开道歉。

〔1〕 详见《京华时报》2007年7月19日。

以下为《都市时报》致歉信原文：

亲爱的周俊妹妹：

17 岁的你，站在世界瞩目的舞台，要用 17 岁的双手举起比 53 公斤要重很多很多的负荷。17 岁的你的同龄人，或许还在暑假的被窝中，等待爸妈烹制的美味佳肴。只有 17 岁的你，坦然承受三次抓举的失利，神情肃然，但淡定。我们有过 17 岁，但已经不再 17 岁，想当年，我们可能因为生活中的丁点挫折，已泪流满面。

遗憾的是，由于编辑部的工作失误，我们在昨天的报纸上做了一个十分错误的标题，妄言你的伦敦失利是"中国女举最耻辱一败"。

其实，我们已经知道你足够努力，我们更知道你还只是个孩子，但却忽略了胜败乃常事，体育竞技中体现出的追求更高、更快、更强的精神才是最为宝贵的要旨。你既已上场，并全力以赴，已是我们的英雄。

周俊妹妹，我们为我们的低级错误郑重向你道歉，并盼你以后的路越走越好，最重要的是，要快乐，我们会一直为你守望。

特此致歉

都市时报 [1]
2012 年 7 月 31 日

【依据】

（一）道德依据

《中国新闻工作者职业道德准则》（2009 修订）

第三条 ……

（四）刊播了失实报道要勇于承担责任，及时更正致歉，消除不良影响。

（二）法律依据

《中华人民共和国民法通则》（2009 修订）

第一百二十条 公民的姓名权、肖像权、名誉权、荣誉权受到侵害的，有权要求停止侵害，恢复名誉，消除影响，赔礼道歉，并可以要求赔偿损失。……

《中华人民共和国侵权责任法》（2009）

第十五条 承担侵权责任的方式主要有：

（一）停止侵害；

（二）排除妨碍；

（三）消除危险；

（四）返还财产；

---

[1] "媒体向周俊道歉：你上声已经是我们的英雄"，载网易新闻 http：//news. 163. com/12/0731/09/87NV.

（五）恢复原状；

（六）赔偿损失；

（七）赔礼道歉；

（八）消除影响、恢复名誉。

以上承担侵权责任的方式，可以单独适用，也可以合并适用。

【编写组观点】

赔礼道歉源于道德责任，是行为人认识到自己行为的错误而产生的内疚感，从而向受害人承认错误，表示歉意。一般而言，承认错误、表示歉意，主要是通过话语完成的，而一些通过书面道歉的方式显示出特别的郑重，这是赔礼道歉的内核。

赔礼道歉在法律责任上的适用和道德责任上的适用完全不同，道德责任的赔礼道歉不需要强制或"责令"，是否公开也不一定，没有适用条件的限制，是行为人对自己行为的自我否定和对给他人造成伤害的真诚歉意。诚如"道歉的六个等级"一文所说：真心道歉代表着道歉人愿意承担自己的责任。这种道歉也是最难的。

媒体及其从业者之所以需要道歉，主要基于三个原因。

首先是因为新闻报道失实，违背了新闻真实性原则，在更正的同时附上道歉，以示对真实性的重视及态度之真诚。新华社记者杨明向刘翔的道歉、北京电视台就"纸做的包子"节目的道歉可视为这类道歉的典型。大量的此类道歉是道义上的。而严重失实，构成侵权，则需要在承担消除影响、赔偿损失责任的同时，同时向对方赔礼道歉，这是法律责任。

道歉的第二个原因是新闻报道不公正。因为偏离了公正立场，媒体有时会将某些指责强加于某人，例如《都市时报》称举重小将周俊三举失败是"耻辱"即属此类。《最佳方案：公平报道的美国经验》一书介绍，西方新闻学研究曾花了两年时间了解美国公众对"公正"的理解，大体包括"不偏不倚，公平，合乎逻辑和伦理，不带成见，不偏爱、不带私利和偏见，无预设的意见或判断，客观，不受个人信念或想法影响，对每一方都公平"。但新闻界认为自己所理解的公正与公众的立场有些差别，如并不意味着给各方提供同等的时间与版面，不意味着没有轻重缓急等。它应当包括五个要素：准确、平衡、完整、无偏见、合乎伦理。因此，那些不准确的、不平衡的、不完整的、带有偏见的以及违背伦理的报道会被认为是不公正的。由于违背了新闻的准则，因此需要道歉。

道歉的第三个原因是伤害了公众情感。需要注意到，以上所举媒体及新闻工作者道歉的事例中，有数起是首先引起了公众的普遍反感与批评。显然这样的新闻报道不仅仅伤害被报道的个人，也损害了社会的公平正义标准，伤害了公众的普遍情感——所谓引起众怒。此时，主动的承认并纠正错误，以真诚的道歉挽回负面影响，正是传媒维护自己的公信力的最佳选择。

九、违反《守则》规范的
投诉与处罚

50. 受理投诉的机构

新闻单位应当设立专门机构受理公众对本新闻机构及新闻工作者违反《守则》行为的投诉。

【定义与背景】

（一）定义

所谓"投诉"，是指向有关部门或有关人员申诉。各领域或行业都可能面临投诉问题。

目前我国法律规定的较为完善的投诉程序是《中华人民共和国消费者权益保护法》的相关规定。

（二）背景

新闻机构为公众服务，需要保持与受众的联系，接受公众的批评与监督，需要必要的形式。我国《出版管理条例》规定："……报纸、期刊发表的作品内容不真实或者不公正，致使公民、法人或者其他组织的合法权益受到侵害的，当事人有权要求有关出版单位更正或者答辩，有关出版单位应当在其近期出版的报纸、期刊上予以发表；拒绝发表的，当事人可以向人民法院提起诉讼。"这一安排更是将受理要求更正答辩的投诉作为侵犯人格权诉讼的前置程序。尤其是近年来，随着新闻职业道德问题的逐渐暴露，虚假新闻、有偿新闻、有偿不闻、低价炒作等违反新闻职业道德的现象不断出现，在社会上引起了不满，也引起了各媒体的关注。为了改变这种现象，一方面政府主管部门要求认真对待公众投诉，另一方面各媒体自身也通过受众联络部门、纪委检查部门、监察部门等接受公众投诉，逐步成为常态。

【依据】

（一）道德依据

《中国广播电视从业人员自律公约》（2007）

第十四条 中国广播电视协会负责对本公约组织实施，并对遵守情况实行监督。

（一）中国广播电视协会充分依靠社会各界力量对广播电视从业人员遵守本公约情况进行监督。

（二）广播电视从业人员有违反本公约的，任何单位和个人均有权向中国广播电视协会进行投诉。

……

《中华全国新闻工作者协会关于建立新闻工作者
接受社会监督制度的公告》（1997）

三、凡发现新闻单位和新闻工作者有违反新闻职业道德、搞有偿新闻等不正之风的行为，社会各界人士均可向违规人员所在新闻单位或主管部门举报、投诉，也可向中国记协或各省、自治区、直辖市记协举报、投诉。……

（二）政策依据

《中宣部、广播电影电视部、新闻出版署、中华全国新闻工作者协会
关于禁止有偿新闻的若干规定》（1997）

……要建立健全内部监督制度，发挥纪检、监察部门的作用，确保规定落到实处。要接受社会监督，中华全国新闻工作者协会和各新闻单位要分别向社会公布举报电话，确定专人负责，认真受理。……

【编写组观点】

是否接受公众的投诉，不仅仅是一个态度问题，还是机制问题。在发达国家，新闻自律机制的共同的特点是各媒体不仅有投诉专用通道，而且公布自己的专业标准和处理投诉的程序性规定。越是享有影响力和公信力的媒体，越是如此。作为一种自律的制度设计，不仅各媒体有投诉机制，新闻界作为一个行业也有投诉机制。如英国报刊投诉委员会那样，公开、坦诚地就如何处理投诉向公众作出 12 项承诺，确实已经是较为成熟的运作模式了。

观察我国新闻界的相关情况，在新闻界职业道德问题（如有偿新闻、失实报道）较为突出的时候，上级主管机关较为重视，各媒体也会闻风而动，立即公布举报电话。一旦时过境迁，便又恢复原面貌，难以形成长效机制。目前，各媒体对公众监督的态度还只是公布举报电话，而向公众公布专业标准和处理投诉的程序性规定的，本编写组尚未找到。部分媒体的专业标准在媒体内部公开，但并不对公众公开。至于新闻行业建设新闻评议会一类的机构，虽然呼吁多年，也研究多年，但在传统媒体领域始终没有建立起全国性的机制。在这方面，网络媒体似乎走在前边：2006 年 4 月，由北京市互联网宣传管理办公室指导，北京网络媒体协会主办的北京网络新闻信息评议会成立，对北京网络媒体行业开展新闻信息服务的情况实施社会公众评议，已经开展了多次活动。

对于使用本《守则》的新闻机构而言，公布举报电话等接受投诉的基本信息，只是重视公众投诉、公众监督的第一步。至于负责受理投诉的机构，各媒体可能有不同的安排，但是也应当公布。如果读者、听众、观众、网友对新闻报道有意见、有批评，却根本不知道应当找谁，又何谈"重视公众监督"呢？

51. 处理投诉的原则

51.1　公开原则。

51.1.1　受理公众投诉的机构及联络方式应当公开。

51.1.2　《守则》的内容应当以印刷品、网站等方式公开。

51.1.3　对严重违反《守则》行为的处理结果应当公开。

51.2　救济原则。

对涉嫌违反《守则》规范的新闻工作者提供必要的辩护、申诉等救济手段。

【定义与背景】

（一）定义

"公开"作为一个词语包含如下一些含意：①将事情的内容暴露于大众；②把秘密公布出来；③不限定参加者、特属某集团或某范畴；④完全不隐蔽。

"信息公开制度"是有关保障公民了解权和对了解权加以必要限制为内容的法律制度。

"权利救济"是法律术语，指在权利人的实体权利遭受侵害的时候，由有关机关或个人在法律所允许的范围内采取一定的补救措施消除侵害，使得权利人获得一定的补偿或者赔偿，以保护权利人的合法权益。

（二）背景

公开、救济是本《守则》所设定的处理投诉的两个原则。其中公开原则是核心。救济原则是使投诉程序更为公正的保障之一。由于我国新闻界的投诉机制尚在建设过程中，因此这些原则的设定带有探索性质。

【依据】

（一）政策依据

《关于切实加强和改进广播电视舆论监督工作的要求》（2002）

……

五要建立和完善接受社会监督的机制。各级广播电视机构要向社会公布监督举报电话，接受对新闻采编人员违纪违规行为的举报，并对举报内容调查、核实、处理，将有关情况向举报人作出答复，向主管部门报告或向社会公布。因报道失实或不当，侵犯他人合法权益的，要公开更正，澄清事实，消除不良影响。

（二）法律依据

《政府信息公开条例》（2008）

第三十六条 法律、法规授权的具有管理公共事务职能的组织公开政府信息的活动，适用本条例。

《中华人民共和国劳动合同法》（2012）

第三十九条 劳动者有下列情形之一的，用人单位可以解除劳动合同：

……

（二）严重违反用人单位的规章制度的；

……

第四十三条 用人单位单方解除劳动合同，应当事先将理由通知工会。用人单位违反法律、行政法规规定或者劳动合同约定的，工会有权要求用人单位纠正。用人单位应当研究工会的意见，并将处理结果书面通知工会。

《中华人民共和国工会法》（2001）

第二十一条 企业、事业单位处分职工，工会认为不适当的，有权提出意见。企业单方面解除职工劳动合同时，应当事先将理由通知工会，工会认为企业违反法律、法规和有关合同，要求重新研究处理时，企业应当研究工会的意见，并将处理结果书面通知工会。

职工认为企业侵犯其劳动权益而申请劳动争议仲裁或者向人民法院提起诉讼的，工会应当给予支持和帮助。

《事业单位工作人员处分暂行规定》（2012）

第三条 给予事业单位工作人员处分，应当坚持公正、公平和教育与惩处相结合的原则。

给予事业单位工作人员处分，应当与其违法违纪行为的性质、情节、危害程度相适应。

给予事业单位工作人员处分，应当事实清楚、证据确凿、定性准确、处理恰当、程序合法、手续完备。

第三十九条 受到处分的事业单位工作人员对处分决定不服的，可以自知道或者应当知道该处分决定之日起 30 日内向原处分决定单位申请复核。对复核结果不服的，可以自接到复核决定之日起 30 日内，按照规定向原处分决定单位的主管部门或者同级事业单位人事综合管理部门提出申诉。受到处分的中央和地方直属事业单位工作人员的申诉，按照干部人事管理权限，由同级事业单位人事综合管理部门受理。

【编写组观点】

《守则》第 51 条主要规定新闻单位处理公众投诉的两项原则。

第一个是公开原则，指评价投诉的标准（指守则内容或本媒体的专业标准）和处理投诉的结果应当公开。新闻界与公开的关系十分密切，它的一切努力都是为了公开真相，因为这一职业应当最欢迎公开，最不惧怕公开。公开也是公正的基础，那些不能公开的事项难免受到公众对其真相、对公平与公正的质疑。新闻界声称自己为公众服务，负有社会责任，那么就必须尊重公众的意见。一个公开的、透明的接受公众监督的机制，表现出的是为公众服务的真诚态度。一个完整的投诉机制，不仅指一个媒体定有专业标准，同时也有处理投诉的程序性规定。严格执行程序性规定的结果，将确保每一项公众投诉有始有终。

第二个是救济原则，是指一旦投诉成立，由于相关新闻工作者将可能受到处罚，承担责任，作出处罚决定的新闻单位应当确保他们获得必要的救济。无救济即无权利，有权利必有救济，这是法治社会的至理名言和人权保障的金科玉律。根据相关法律的规定，如果处罚涉及用人单位单方面解除劳动合同，事先通知工会是法定程序，工会有权要求单位纠正错误的决定，职工也有权提起劳动争议复议或者诉讼。受到处分的事业单位工作人员，也有权申请复核。救济原则及其制度将确保对投诉处理的公正性。

52. 违反《守则》规范的责任

构成违反《守则》规范的行为，由新闻单位区别不同情况，决定以下列方式承担责任：

(1) 新闻单位公开更正、道歉；（见 "8. 更正、答辩及道歉"）

(2) 责令违反《守则》规范的新闻工作者做书面检查；

(3) 依新闻单位内部管理制度问责；

(4) 依《事业单位工作人员处分暂行规定》的规定给予警告、记过、降低岗位等级或者撤职和开除处分；

(5) 依劳动合同或聘用合同的约定修改或解除合同。

【定义与背景】

（一）定义

对"责任"的理解通常可以分为两个意义。一是指分内应做的事，如职责、尽责任、岗位责任等。二是指没有做好自己工作，而应承担的不利后果或强制性义务。本条所指"责任"，是指违反守则规范而产生的对当事人不利的后果。

（二）背景

违反《守则》规范需要承担责任，这是本《守则》与一般职业道德的不同之处。通常，职业道德是行为人的内心选择，自觉自愿，并无任何的强制力。但是作为一个新闻机构，一个组织或一家公司，如果全都靠每个行为人的内心力量自我约束，因为每个人的内心标准不同，每个媒体的传统和内部文化也不相同，将很难形成团队力量。此时，以守则为基础的采编专业规范成为一个新闻单位的内部规章制度的一部分，只要符合《劳动合同法》规定的规章制度产生的程序，就成为一个单位内部的"法规"或用人单位与劳动者的共同约定（合同或协议），由此产生法律上的效力与责任后果。

【典型案例】

记者参与企业间不正当竞争，判刑后遭开除

案例概述： 辽宁电视台记者周密因参与编造梦宝床垫存在所谓质量问题的虚假新闻，被法院判处损害商品声誉罪，辽宁电视台在 2005 年 6 月 17 日决定对其给予开除公职的处分。

沈阳市中级法院于 2005 年 4 月作出终审裁定："周密为给床垫生产商王振亮帮忙，利用自己是电视台记者的职权，在明知未对梦宝床垫进行质量鉴定的情况下，给假消费者韩庚沃组织语言，编造虚伪事实，并在电视节目中予以曝光，给被害单位的商品声誉造成重大损害。"沈阳市中级法院判处周密犯损害商品声誉罪，单处罚金 2 万元。[1]

【依据】

（一）道德依据

**《中华全国新闻工作者协会关于建立新闻工作者
接受社会监督制度的公告》（1997）**

三、……中国记协收到举报、投诉后，将及时向有关新闻单位通报情况，并督促他们认真查清事实真相。如情况属实，由有关主管单位的纪检监察部门根据有关规定，区别不同情况，对违规人员作出处理。同时，要选择一些典型案例公

---

〔1〕 资料来源：新华网 http：//news. ifeng. com/mainland/detail_ 2012_ 08/29/17192098_ 0. shtml.

开报道，使广大新闻工作者从中接受教育。

《中国广播电视从业人员自律公约》（2007）

第十四条……

（三）对违反本公约的，中国广播电视协会将视程度和情节实行劝成或行业通报，对严重违反本公约的提请行政管理部门给予处罚。

（二）政策依据

《关于坚持不懈地抓好新闻队伍职业道德建设的通知》（1994）

在加强职业道德建设中，要注重自我监督、自我约束机制的建立和健全。要根据本单位的工作特点，制定相应的规章制度，严格自律，并自觉接受社会监督。

（三）法律依据

《关于新闻采编人员从业管理的规定（试行）》（2005）

第十条　对违规违纪的新闻采编人员要按有关规定和纪律严肃查处。新闻采编人员有虚假报道、有偿新闻等行为，情节严重的，一律吊销记者证。凡被吊销记者证的新闻采编人员，自吊销之日起 5 年之内不得从事新闻采编工作；因故意犯罪被判处刑罚的，终身不得从事新闻采编工作。

《事业单位工作人员处分暂行规定》（2012）

第二条　事业单位工作人员违法违纪，应当承担纪律责任的，依照本规定给予处分。……

第五条　处分的种类为：

（一）警告；

（二）记过；

（三）降低岗位等级或者撤职；

（四）开除。

其中，撤职处分适用于行政机关任命的事业单位工作人员。

第六条　受处分的期间为：

（一）警告，6 个月；

（二）记过，12 个月；

（三）降低岗位等级或者撤职，24 个月。

《广播电视播出机构工作人员违反宣传纪律
处分处理暂行规定》（2002）

第十四条　广播电视播出机构发生上述违反宣传纪律的行为，造成严重不良影响或严重后果的，对负有主要领导责任、重要领导责任的主要负责人实行责任追究，在其他直接责任人员所受处分档次下，酌情给予处分、处理。

第十五条 违反宣传纪律，造成较严重不良影响或较严重后果的，给予纪律处分后，调离宣传岗位或解除聘用合同。因故意违反宣传纪律被开除或辞退的，广播电影电视系统各单位不得重新录用、聘用其为广播电影电视工作人员；因过失违反宣传纪律被开除或辞退的，广播电影电视系统各单位3年内不得重新录用、聘用其为广播电影电视工作人员。

第十六条 广播电视播出机构中的共产党员违反宣传纪律的，还应根据《广播电视播出机构中的共产党员违反宣传纪律党纪处分暂行规定》给予党纪处分。广播电影电视系统的报刊、出版社、信息网站、发射台、转播台、监测台（站）等，参照执行本规定。

第十七条 广播电视播出机构工作人员违反宣传纪律行为触犯刑律的，移送司法机关处理。

第十八条 给予有关责任者处分，按照干部人事管理权限进行；处分后的工资处理按国家人事部的有关文件执行。

《新闻记者证管理办法》（2009）

第三十四条 新闻机构及其工作人员违反本办法的，新闻出版行政部门视其情节轻重，可采取下列行政措施：

（一）通报批评；

（二）责令公开检讨；

（三）责令改正；

（四）中止新闻记者证使用；

（五）责成主管单位、主办单位监督整改。

本条所列行政措施可以并用。

第三十五条 新闻机构工作人员有以下行为之一的，由新闻出版总署或者省、自治区、直辖市新闻出版行政部门给予警告，并处3万元以下罚款，情节严重的，吊销其新闻记者证，构成犯罪的，依法追究刑事责任：

（一）违反本办法第17条，从事有关活动的；

（二）违反本办法第18条，编发虚假报道的；

（三）违反本办法第19条，转借、涂改新闻记者证或者利用职务便利从事不当活动的；

（四）违反本办法第20条，未在离岗前交回新闻记者证的。

第三十六条 新闻机构有以下行为之一的，由新闻出版总署或者省、自治区、直辖市新闻出版行政部门没收违法所得，给予警告，并处3万元以下罚款，可以暂停核发该新闻机构新闻记者证，并建议其主管单位、主办单位对其负责人给予处分：

（一）违反本办法第 6 条，擅自制作、仿制、发放、销售新闻记者证或者擅自制作、发放、销售采访证件的；

（二）违反本办法第 8 条，提交虚假申报材料的；

（三）未按照本办法第 9 条、第 10 条，严格审核采编人员资格或者擅自扩大发证范围的；

（四）违反本办法第 16 条，新闻机构内未持有新闻记者证的人员从事新闻采访活动的；

（五）违反本办法第 20 条，未及时注销新闻记者证的；

（六）违反本办法第 22 条，未及时办理注销手续的；

（七）违反本办法第 28 条，未履行监管责任、未及时为符合条件的采编人员申领新闻记者证的或者违规聘用有关人员的；

（八）违反本办法第 29 条，未公示或公布有关信息的；

（九）违反本办法第 32 条，未按时参加年度核验的；

（十）对本新闻机构工作人员出现第 35 条所列行为负有管理责任的。

第三十八条 新闻记者因违法活动被吊销新闻记者证的，5 年内不得重新申领新闻记者证，被追究刑事责任的，终身不得申领新闻记者证。

【编写组观点】

本条名为"违反《守则》规范的责任"，是《守则》的最后一条。

《守则》的大部分内容是行为规范，它解决了新闻采编行为的准则问题，但是并不能解决违反行为准则的责任问题。显然，职业道德靠从业者的内心选择，因而不具有任何强制性。职业道德准则的约束力有限，是一直困扰发达国家和地区的新闻评议会的基本问题之一，中国也不例外。发生违反职业道德的事件，行业组织一般只能发表声明，以舆论谴责，几乎不能实施任何制裁。表达自由本来就张力十足，面对各种利益与诱惑，再加上职业道德没有任何强制力，即不需要承担任何责任，有部分新闻工作者大胆越过底线就不是令人吃惊的事了。因此，本《守则》试图就职业道德缺乏约束力的问题做出某些探索。这种探索集中体现在本节：主要是通过建立程序性规范的构架，来解决违反《守则》如何承担责任的问题。

以往，我国新闻单位均属于事业单位，并不适用劳动法。而目前，许多纸媒已经转为企业，广播电视业中部分节目实行制播分离，专门制作节目的公司员工以及以派遣方式到广播电视播出机构工作的业者也呈增加趋势，这意味着我国传媒领域中适用《中华人民共和国劳动合同法》的业者越来越多。即使业者属于事业单位员工，由于《事业单位工作人员处分暂行规定》的生效，对违反纪律的员工也明列了各项责任标准和承担责任方式。这为新闻单位对采编行为的有效管理提供了制度上的依据。各媒体要善于运用法律制度的规定，使得采编行为规范与对员工行为的规范与合理控制有效衔接起来，方可使本来没有任何强制力的守则规范产生必要的约束力。

具体做法是：将《守则》作为本单位的规章制度，成为劳动合同、聘用合同的附件一并予以签署。所有的合同都有"遵守单位的规章制度"的约定，因此按照《守则》的规定从事采编工作是员工在入职时与用人单位的一项约定，是合同义务。由于合同是双方的合意，员工在入职时自愿签署，因此违反《守则》规范的采编行为即具有违约的性质，《守则》由此具有了合同上的约束力。

"严重违反规章制度"，是用人单位依法单方解除劳动合同的法定条件。需要注意的是，根据我国《劳动合同法》第4条的规定，用人单位的规章制度必须符合两项法定的条件：首先，必须经过民主程序，即"直接涉及劳动者切身利益的规章制度或者重大事项时，应当经职工代表大会或者全体职工讨论，提出方案和意见，与工会或者职工代表平等协商确定"。其次，规章制度必须公示，或者明确告知员工。由于没有经过民主程序，不符合法定条件，一些涉诉单位的重大规章制度在劳动争议仲裁或诉讼中被依法否定了效力；而没有让员工明确知晓的规章制度也面临被判无效的可能性，因此本编写组建议守则应当人手一册。只有同时满足上述两项条件，才能确保规章制度的有效性。

本条内容的责任方式分为两部分：第一项由单位承担，主要是更正与道歉。其他责任方式由员工承担，从书面检查到经济处罚，直至开除或解除合同。

后记

　　《〈媒体人新闻业务守则〉释义》（以下简称《释义》）是一本依据中华人民共和国法律、新闻工作者职业道德各类准则以及新闻传播的一般规范提炼出的条文、解读、案例与观点。

　　《释义》由传播法专家徐迅主持编写并统稿。本书初稿的写作始于2009年，由徐迅、阴卫芝、王松苗、李国民、季为民、周俊、庄永志、金君俐、袁志坚共同完成；中间经过数次补充、修改、完善，参与人员包括徐迅、阴卫芝、周俊、李国民；守则原则部分由周俊、阴卫芝写作；金君俐、孙兆华对研究资金做出了贡献。

　　守则条文同样经过数次修改，历时四年，参与意见人员包括一线编辑记者、总编或总编室主任、媒体法律顾问、新闻传播学界教授。其中，一线编辑记者包括王宝卿、王爱军、刘畅、高岩、杨成、杰文津、宋燕、刘彦、庞皎明；媒体总编、总监编室主任有陈春彦、伍刚、真东、李秀平、赵信、瞿维妙、黄文杰；政府新闻管理部门官员有高常力、范帆、农涛；媒体法律顾问有仇刚、黄晓、杨海萍、贾桂茹、陈于农、徐明、高芳、王婷、赵刚、任重远、武子征、刘家辉；新闻传播学界的研究者有陈力丹、陈昌凤、宋小卫、唐润华、吕艺等。

　　在《释义》的编写过程中，中国政法大学新闻与传播学院5届、17位研究生参与了该项工作。他们分别是：

2008级：黄芳、赵静丽、李敏；

2009级：吴琳、吉倩、张鸿南、朱茜、张志婧、白洁、徐翀；

2010级：周阳、范鑫；

2011级：张立芳、陈婕；

2012级：肖斌、冯琳、吴玉环。

在此一并致谢！

《媒体人新闻业务守则》编写组

2015年4月3日

声　明　　1. 版权所有，侵权必究。

　　　　　2. 如有缺页、倒装问题，由出版社负责退换。

图书在版编目（ＣＩＰ）数据

《媒体人新闻业务守则》释义 / 《媒体人新闻业务守则》编写组编著. —北京：中国政法
大学出版社，2015.6
　ISBN 978-7-5620-6087-1

　Ⅰ.①媒… Ⅱ.①媒… Ⅲ.①新闻工作－中国 Ⅳ.①G219.2

　中国版本图书馆CIP数据核字(2015)第132570号

出 版 者　　中国政法大学出版社
地　　址　　北京市海淀区西土城路 25 号
邮寄地址　　北京 100088 信箱 8034 分箱　邮编 100088
网　　址　　http://www.cuplpress.com（网络实名：中国政法大学出版社）
电　　话　　010-58908435（第一编辑部）　58908334（邮购部）
承　　印　　固安华明印业有限公司
开　　本　　720mm×960mm　1/16
印　　张　　21
字　　数　　400 千字
版　　次　　2015 年 6 月第 1 版
印　　次　　2015 年 10 月第 2 次印刷
定　　价　　49.00 元